U0574053

PROCESSUAL SOCIOLOGY

过程社会学

Andrew Abbott

[美] 安德鲁 · 阿伯特 —— 著 周忆粟 —— 译

北京师范大学出版集团
BEIJING NORMAL UNIVERSITY PUBLISHING GROUP
北京师范大学出版社

总　序

无论依据何种判定标准，历史学都足以跻身人类最古老的知识之列，社会科学的历史则显得短了许多。虽然我们所熟知的近代欧洲思想家并没有在历史学与社会科学之间划出一条泾渭分明的界线，但在启蒙运动之后，科学主义的影响使人们开始将科学方法从道德哲学和人文关怀中剥离出来。例如，在其名著《旧制度与大革命》开篇第一段中，托克维尔(Alexis de Tocqueville)就明确宣告，他要写的不是一部法国大革命史，而是对这场革命的研究。到了19世纪末20世纪初，社会学、政治学等知识范畴逐渐成形。时至今日，在我们大多数人眼中，这些社会科学学科已然具有了不同于历史学等人文领域的内在规律。

不仅如此，学科藩篱与专业壁垒还使历史学家和社会科学家互相产生了根深蒂固的成见。历史学家往往对从历史个案中提炼出一般化理论嗤之以鼻；社会科学家则多不愿在原始材料上下苦功夫，甚至轻蔑地认为历史学家是为自己提供研究素材的“体力劳动者”。一方面，在历史学界获得普遍认可的社会科学家少之又少；对于历史学家向社会理论或社科方法的“越界”，学界同行始终抱有怀疑态度。在其名篇《理论的贫困》中，马克思主义历史学家E. P. 汤普森(E. P. Thompson)强调：“历史学既不是制造飞往全球的协和式客机般宏大理论的工厂，也不是一系列细微理论的装配线。它同样不是‘运用’‘检验’或‘证实’

外来理论的巨大实验站。这些都和它无关。它的工作是复原、'解释'和'理解'它的对象：真实的历史。"①另一方面，对于社会科学家是否应染指历史课题，社科阵营内部的争议始终没有平息。在1991年的一篇著名文章中，英国社会学名宿约翰·戈德索普(John Goldthorpe)断言，社会科学家应当老老实实地专注于当代议题，而把过去发生之事留给历史学家，因为社会科学无法为历史议题提供任何可靠的研究方法。② 不是所有人都如此不留情面，但持有这种看法的学者其实不在少数。

然而，这种学科分野远非理所当然。且不说历史学和社会科学在本质上都是对人类社会的认识和理解，更不用说过去和当下本就没有判若鸿沟的界限，越来越多的学者认识到，画地为牢给两个领域均造成了不小的伤害：缺乏历史视野与事件剖析，社会科学恐将失去鲜活的脉络与纵深的厚度；无视理论陈述与个案比较，历史学很可能错过验证个案特性与发现历史共性的契机。

值得欣喜的是，这种状况正在持续好转。从20世纪60年代开始，社会科学与历史学之间的对话逐渐多了起来。在社会科学界，尤其是社会学界，学者对基于变量的静态回归分析提出了深刻的质疑，并对如何展现历史过程提出了许多新的思路。西方社会彼时的剧烈社会动荡更是激励小巴灵顿·摩尔(Barrington Moore, Jr.)、莱因哈德·本迪克斯(Reinhard Bendix)、西摩·马丁·李普塞特(Seymour Martin Lipset)、什穆埃尔·N. 艾森施塔特(Shmuel N. Eisenstadt)、欧内斯特·盖尔纳(Ernest Gellner)、塞缪尔·亨廷顿(Samuel Huntington)、

① E. P. Thompson, "The Poverty of Theory or an Orrery of Errors," in *The Poverty of Theory and Other Essays*, London, Merlin, 1978, p. 238.

② 参见 John H. Goldthorpe, "The Uses of History in Sociology: Reflections on Some Recent Tendencies," *British Journal of Sociology*, 1991, 42(2), pp. 211-230。

查尔斯·蒂利(Charles Tilly)、伊曼纽尔·沃勒斯坦(Immanuel Wallerstein)、迈克尔·曼(Michael Mann)、约翰·马尔科夫(John Markoff)、兰德尔·柯林斯(Randall Collins)、西达·斯考切波(Theda Skocpol)等人写出了格局宏大的比较历史分析传世之作，历史社会学也成为热点领域。在历史学界，至少从稍早的马克·布洛赫(Marc Bloch)、乔治·勒费弗尔(Georges Lefebvre)和费尔南·布罗代尔(Fernand Braudel)算起，E. H. 卡尔(E. H. Carr)、E. P. 汤普森(尽管他对理论有过上述批评)、埃里克·霍布斯鲍姆(Eric Hobsbawm)、劳伦斯·斯通(Lawrence Stone)、雅克·勒高夫(Jacques Le Goff)、弗朗索瓦·菲雷(François Furet)、保罗·韦纳(Paul Veyne)、莫纳·奥祖夫(Mona Ozouf)、皮埃尔·诺拉(Pierre Nora)、汉斯-乌尔里希·韦勒(Hans-Ulrich Wehler)、佩里·安德森(Perry Anderson)、彼得·伯克(Peter Burke)、汉斯·梅迪克(Hans Medick)、卡洛·金茨堡(Carlo Ginzburg)、小威廉·休厄尔(William Sewell, Jr.)、海因茨·席林(Heinz Schilling)、琼·沃勒克·斯科特(Joan Wallach Scott)、林恩·亨特(Lynn Hunt)等一大批学者开始有意识地吸收社会科学的洞见，将社会史、文化史等领域的研究大大推进了一步。

除此之外，一批学者开始深入思考历史与社会科学之间的关系。在出版于1959年的《社会学的想象力》中，C. 赖特·米尔斯宣称："社会科学本身就属于历史学科……所有名副其实的社会学都是'历史社会学'。"[①]这种说法在当时应者寥寥，但20年之后，蒂利、阿瑟·斯廷奇科姆(Arthur Stinchcombe)、菲利普·艾布拉姆斯(Philip Abrams)、斯

① [美]C. 赖特·米尔斯：《社会学的想象力》，李康译，203～204页，北京，北京师范大学出版社，2017。

考切波等人开始系统探讨社会科学所固有的历史属性。[1] 在他们眼中，历史社会学不是研究历史的社会学，更不是社会学的分支领域，而是一切社会学研究的题中应有之义；比较历史分析也不是政治学的独立研究领域，因为对政治制度与行为的研究必然蕴含横向或纵向的历史比较维度。在这种观念影响下，蒂利、沃勒斯坦等人主张以"历史社会科学"(historical social science)一词来指代这一跨学科领域。

到了20世纪90年代，随着一大批青年学者登上舞台，历史社会科学在经验材料、理论和方法上都有了新的进步。在材料上，外语技能的提升与相关档案的开放使得一手资料的获取和研究不再是历史学家的"专利"；在理论上，罗伯特·K. 默顿(Robert K. Merton)所倡导的"中层理论"发挥了持久的影响，新生代学者致力于对历史事件进行更为细腻的基于社会机制(social mechanisms)的研究，时间性(temporality)、路径依赖(path dependence)、关键时点(critical junctures)、结构(structure)、能动(agency)、因果性(causality)、或然性(contingency)、轨迹(trajectory)等概念呈现出焕然一新的面貌，社会学、政治学、经济学、历史学、人类学甚至哲学、文学之间呈现出有益的理论互哺；在方法上，社会网络分析、过程追踪(process tracing)、反事实推理(counterfactual thinking)、模糊集合(fuzzy set)、集合论(set-theoretic methods)、质性比较分析(QCA)以及各种质性分析软件使历史社会科学早已不再是简单的线性历史叙事。在西方，历史社会科学已经

---

① Charles Tilly, *As Sociology Meets History*, New York, Academic Press, 1981. Arthur Stinchcombe, *Theoretical Methods in Social History*, New York, Academic Press, 1978. Philip Abrams, *Historical Sociology*, Ithaca, Cornell University Press, 1982. Charles Tilly, *Big Structures, Large Processes, Huge Comparisons*, New York, Russell Sage Foundation, 1984. Theda Skocpol ed., *Vision and Method in Historical Sociology*, New York, Cambridge University Press, 1984.

进入“井喷期”，成为一个振奋人心的跨学科研究领域。

“历史-社会科学译丛”正是在这种背景下应运而生，它旨在将历史社会科学的经典与前沿著作以一种系统的方式介绍给中文读者，为相关研究和教学提供有益的参考。放眼中国，无论是社会学、政治学，还是历史学、经济学，对历史社会科学的兴趣都前所未有地高涨，优秀成果层出不穷，专题会议令人应接不暇，相关课程更是吸引了最优秀的青年学子。中国社会的转型为历史社会科学提供了研究大问题的丰富素材，中国历史的悠久为中国学人提供了理论对话的难得机遇。我们坚信，假以时日，中国学者必能写出与西方经典一较长短的作品。同时我们也要看到，对于历史社会科学的重要理论和方法，中国学界仍然处在任重道远的学习阶段。照搬西方的理论和方法固然不对，但唯有以开放的心态学习、借鉴、比较和批判，我们才能在学术的道路上走得踏实，走得长远。

是为序。

李钧鹏

2020 年 7 月 27 日

致　敬

仅以本书纪念我的哥哥弗兰克

前　言 ix

这本书汇集了过去十几年中不同时期的九篇理论论文。其中有些以前出版过，有些被翻译成其他语言或在小地方出版，还有些从未发表。虽然表面上它们涉及多样的议题，但这些论文共享一个共同的主题：用过程论方法取径(processual approach)阐述社会世界。

我的所谓过程论取径，指的是一种假定社会世界中的一切事物从一个瞬间到下一个瞬间都处于不断地形成、重制和消解自身(及其他事物)的过程中的方法。社会世界并不像经济学家所认为的那样由原子般的单位组成，它们间的相互作用遵循各种规则。社会世界不由塑造和决定个体小生命的宏大社会实体组成，如涂尔干(Émile Durkheim)及其后来者的社会学所遵循的那般。社会世界也不由给定单位之间的冲突组成，如马克思(Karl Marx)和他的许多模仿者的作品所述。社会世界同样不由决定和塑造我们感知的象征性结构组成，就像格尔茨(Clifford Geertz)和施耐德(David Schneider)的传统所认为的那样。这些都是杰出的传统，每一项在分析人类事务方面都有其成功之处。但本书的取径不同。

一种过程论的取径始于对个人、社会实体、文化结构、冲突模式——所有这些事物的形成和消解加以理论化：它们如何在一个又一个瞬间随社会过程在时间中展开。过程论取径的世界是一个事件的世界。个人和社会实体不是社会生活的元素，而是定义在接续事件的世

x 系(lineage)上的模式和规律。它们是一支世系中的时刻；随着时刻隐入过去，它们同时塑造事件的下一次迭代。简言之，过程论取径从根本上讲是历史的。其他取径起始所使用的全部微观元素本身都是过程论中的宏观结构。结构的稳定性需要被解释，而不是被假定的。

过程主义的直接渊源是实用主义和与之对话而成长起来的芝加哥社会学学派。不幸的是，芝加哥学派里从未有人费心撰写一个系统的社会理论。实用主义者更关注心理学而不是社会理论。此外，当实用主义者开始严谨地对待过程主义时却被意外打断：乔治·赫伯特·米德(George Herbert Mead)的死中断了他刚刚开始阐述的对怀特海(Alfred North Whitehead)的回应。

作为这些不同传统的继承者之一，我多年来一直致力于系统阐述一种过程性的社会理论。但如此巨大的企图不可避免地会产生子问题和中间影响。事实上我发现，正是通过对这些子问题的仔细研究，我才获得了更普遍的清晰性；而当我以演绎的方式处理我的任务时，常常达不到这样的效果。例如，过程论方法需要一个明确理论化的时间观念，为此我在十多年前将我关于社会时间的各种理论和方法论子问题的研究工作汇集到《攸关时间》(*Time Matters*)一书中。其中我讨论了诸如时间性的本质(the nature of temporality)、转折点的问题(the problem of turning points)、社会实体形成的机制(the mechanism of social entity formation)等理论问题，以及诸如如何想象因果关系和社会行动，如何处理时间顺序的诸多模糊性，如何操作化事件概念等方法论问题。

本书汇集了另一批此类论文，这些论文研究了过程论方法的不同方面。在某些情况下，我质疑或扩展了先前集子中的论点。第一部分首先直接介绍过程本体论的一些方面。第二部分接着讨论这个本体论在方法论(第四章)和理论(第五章)上的引申含义。

这前五章构成了一个单元。在某种意义上，它们位于“现在”，仍然保持着传统社会理论的视角，认为理论是对社会世界的一种抽象看法，一种从外部往内部看的视角。然而，过程论关注社会现实的日常形成，不可避免地挑战关于这种形成的经验事实：社会事件不仅由因果机制产生，而且由道德判断和价值产生。因此，本书后四章面对的一些问题涉及社会过程的道德和价值特征，以及任何企图研究它的科学计划对应的道德和价值特征。第三部分的章节涉及个人结果和社会秩序的问题，第四部分的章节涉及社会科学中规范性实践的问题。 *xi*

这四个部分中所有的分析都是建议性的。(相比之下，我目前手头关于过程社会本体论——本书第一部分的主题——的正式阐述的书稿比这整本书的篇幅都要长。)但是这些章节抓住了过程主义必须解决的问题的重要方面。在一个读者注意力较短的世界里，有针对性的文章很可能比系统的阐述更能有效地传达观点。

现在让我更详细地回顾一下这本书的内容。正如我所说，第一部分的三篇论文涉及社会本体论问题。第一章考虑社会事物在过程论世界中的持久性，即它们的“历史性”。大多数研究社会生活的方法视持久性为理所当然，但这是过程论思维的一个中心问题：如果变化是事物的常态，那么为什么有的事物保持不变？第二章从过程论的角度对人性问题进行了思考：如果人性总是在变化，我们如何谈论“人性”？第三章扩展了我在《职业系统》(*The System of Professions*)一书中的生态论点，认为仅仅把某个特定的社会区域想象成一个被强大力量包围的生态是不够的，就好像社会过程的一部分在移动，而其周围环境保持固定和持久。不，一切皆变化。因此，我们必须把整个社会世界看作由这样的生态系统构成，这些生态系统相互关联在一起，使得每一个不断变化的生态系统看起来都是与之相联的其他生态系统的“强大的外部力量”。

这三章中的每一章都展示了当我们以过程论处理社会世界时，社会世界看起来会是如何不同。个体和社会实体在时间中动态地形成。而且，它们在某一时刻彼此之间的关系（生态）构成了一种相互对话。这种对话与世系的跨越时间的对话一样重要，后者试图将过去、现在和未来捆束在某一特定的社会事物上。因此，情境不仅在时间意义上重要，而且在（社会和物理）空间上也很重要。这些章节延续了我在《攸关时间》第三部分中初次探索过，并在稍早的著作《院系与学科》（*Department and Discipline*）中展现的经验分析雏形。（我所有的书都与现在这本有着完整的联系，因此简单起见，在它们第一次以“作者，年份”的形式出现之后，我将以书名的形式引用它们。）

第二部分的两章将这一过程论的焦点转移到一个新的领域，即社
xii 会学理论化的前提。第四章阐述了前一章所研究的时间二重性。生态的概念最初（至少对我来说）出现在一个经验上显而易见的事实中，即职业在某一特定时刻的历史在某种程度上更多地取决于其他职业的同时代环境，而不是它们自己随时间推移的“叙事”的某种内在逻辑。历史性很重要，但它重要的原因是历史性赋予了行动者当前的属性，这些属性可能对他们在当下的生活有利或不利。但尽管生态观点解决了这个难题，但它并没有真正解决一个哲学问题，即我们应该如何开始把“现在”当作一个瞬间来思考，如何把过程清楚地看作时间流逝的一瞬间。第四章从方法论和理论两个方面论述了这一问题。它敦促我们扩大我们的工具库，超越我们熟悉的通常支持我们方法的叙事框架，无论是量化的还是质性的方法。我们还需要一种抒情社会学，我指的是一种关于时刻和情感认同的社会学。这一章强调了用纯粹的叙事取径分析过程所带来的危险，找回了一种“瞬时的”理解时间的取径，这种方法被马克思主义者批评的同时，也被曼彻斯特学派通过批判“民族志的现在”所批评。它也含蓄地挑战了我自己《攸关时间》第二部分中的

一些论点，并扩展了那本书中第七章的论点。同时第四章也提出了“人文社会学”(humanist sociology)的可能性，这将在本书的结语中再做讨论。

让我们在理论思维中变得更具过程性这一点，除了迫使人们有意识地思考跨时间与跨空间的关系，还有另一个重要的后果。这个后果就是亟待解决的社会问题的数量大大地增加了。如果序列(时间上的位置)很重要，那么“A在B之后”和“B在A之后”就是不同的。如果生态(空间上的位置)很重要，那么“A在B和C附近”和“A在D和E附近”是不同的。由此，过程论思维使人对殊相(particularity)更加敏感。更重要的是，过程论不仅从自我的角度定义了殊相，而且从自我周围角色的角度定义了殊相。位置的复杂性组合起来增加了我们分析社会生活的难度。第五章探讨了这一过剩现实的含义，过剩在过程论的思维中表现得非常明显。当然，这一章的原始动机更为抽象：一方面它简单地从社会过剩现实出发，另一方面它考虑到我们显然缺乏任何理论手段来思考过剩。但是，在过程论思维中涉及的组合性复杂提供了一个研究过剩现实的动机，而过程论理论则提供了对过剩起源的描述(通过习性化、群体瓦解等)和我们处理过剩的策略(如通过序列化——在一个充斥过剩商品的世界里，按顺序享受各种不同的好处)。

如前所述，第三部分和第四部分向规范性转变。这一转变由过程 *xiii*
论方法促成，也许甚至是过程论所必需的。过程论观点提醒我们，只有现在才真正存在。过去的所有因果效应都必须通过影响现在的形态而起作用(我在第一章中称之为“将自身编码进社会结构”)。但是，所有“因果”效应转变到一个瞬间里为道德活动创造了空间。因果效应只决定当前事物的一个方面。“现在”也由我们的行动决定，我们都是在道德的标志下，在“应然”的标志下，进行实践和判断。在这两个部分中，我开始分析这个应然的领域。

值得注意的是，其他一些社会理论将道德行为视为经验事实：一些需要因果解释的事物。涂尔干对道德的分析就是如此。尽管他自己是一个执着于道德义务的人，但是他根本不把道德义务看作外在的、由社会引起的，而是内在的义务(我将在第九章中分析这一矛盾——我称之为“知识异化”)。事实上，在大规模的涂尔干式的社会过程研究方法中，很难看出道德，甚至自由意志的位置，这在涂尔干的概率性社会因果观中成为“误差项”。但通过坚持所有的“致因”都流经现在，过程论不可避免地为作为现象的自由行动创造了一种真正的开放性。因此，对道德活动的分析就成为一项特殊的义务。

第六章和第七章从一个经典问题开始：我们对良好社会生活标准的探讨。至少在个人层面上，这些问题通常被视为简单的经验问题。好的生活是富有的生活、幸福的生活、性满足的生活或其他。同样在社会层面，我们有帕森斯式的“社会秩序问题”概念。第六章和第七章质疑这些来自经验领域的个人结果和社会秩序概念的朴素自大。第六章讨论了个人生活的各种可能标准，即所谓结果的问题。它认为，我们通常的常识概念“事情的结局”实际上是非常规范的，关于它们对时间和过程的思考尤其如此。因此，该章考虑了一系列更广泛的可能的结果概念，并指出了它们不可避免的道德特质。第七章在社会层面进行了同样的分析，考虑了帕森斯(Talcott Parsons)提出的社会秩序的经典问题。但我将这种分析扩展到他考虑的简单秩序以外的许多其他秩序形式。同样，中心问题涉及我们如何想象将“价值”定位于时间中，这个问题困扰着自亚里士多德以来的哲学家。这两章由此分别侧重于
xiv 个人和社会的“善”的过程论叙述。两者基本上都是推测，就像前两章一样，它们为自己的过程论立场增添了一种理论承诺，即扩大社会学的研究范围。

第八章和第九章讨论了社会学本身的道德实践问题。因此，它们

捕捉到社会科学不可避免的道德性质更为特殊的后果。就像之前对个人结果和社会秩序的分析一样，它们成长于过程论立场与事件道德塑造的直接接触。第八章讨论了不平等问题，因为传统社会学已经通过非时间性、非空间性的方法对不平等问题进行了实证研究。该章首先表明，看似是测量的决定，其实是规范性的决定，延续了第六章发起的对“常规的经验实践”的批判。然后，我的批判转向过程论框架，考虑了我们思考不平等时所固有的本体论问题。第八章不仅认为对不平等的大多数分析无意中假定了它们实际上可能并不提倡的道德立场，而且还表明，大多数不平等概念在时间上是如何的不连贯。我们只有通过对可取的生活过程进行公开的规范性分析才能纠正这种不连贯。

第九章转向一个非常具体的问题，即职业道德的问题。但我不是把它当作经验问题，而是作为一个道德问题：与其说我们如何从经验角度理解职业道德，不如说我们如何生活在定义了职业学术人员事业的道德实践中。该章从知识异化问题入手，即从用一种方式理论化社会生活的同时以另一种方式过生活这一现象入手。接着我分析了涂尔干对道德的立场，最后发现它自己被迫从理论上解释如何最好地结合对社会生活的经验和规范分析。我相信这一结合是过程论下的社会本体论的要求。这种分析不可避免地走向一种既是经验的又是道德的社会过程概念；它走向一种社会科学，这种社会科学不仅包括经验性和理论性工作，而且还包括目前社会科学中仅存在于政治学理论中的明确规范性工作。

这本书描绘了一幅人文社会学的图景作为结尾，在我看来这幅草图源于过程论的视野。虽然人文主义在某些方法论框架内最为明显，但我相信它体现了一种在所有方法论中都可行的立场。尽管这幅草图最初是作为对“批判社会学”和类似政治计划主张的评论，但在这里它 *xv*
依赖于构成本书基础的社会过程的概念。它直接源于理论。

由此，这本书有一个清晰的逻辑和一个基本的共同主题。但这些章节仍然保持足够的独立性，可以单独阅读。在编辑方面，我的目标是在强调共同主题的同时，在每一章中都留下了最初激发论点的独立动机。这造成了偶尔的重复以及偶尔的章节之间的突然过渡。但表面上的不恰当是保证这本书可以分章独立阅读的代价，本书的内在是统一的，并确实具有一种我在前面的总结中强调的方向感。

本书的文本还有一个方面可能会让读者感到不协调。这些章节并非都用相同的修辞结构写成，也并非都采用相同的理论模式。也许最突出的是有些章节采用非常详细的正式说明，而另一些则采取对话般的口头形式。第二章和第三章之间以及第六章和第七章之间的过渡尤其明显。

这背后的解释很简单。所有这些章节都是以正式讲座的形式开始，但有些章节比其他章节的起源更为久远。当然，本书经过编辑已经大大改变了原有内容，但先前出版的仓促仍留下了大量印记。第三章到第六章出版于需要大量学术工具的环境下。第一、第二章和第七、第八、第九章要么未出版，要么出版于学术工具不重要的环境下。因此，第三章至第六章有许多脚注，采用固定、通常是程式化的修辞结构，它们所包含的论据与理论论点一样多甚至更多。它们还有更多的内部标识。相比之下，这之前及之后的章节包含的论据较少，使它们的论点呈现出松散的话语形式。

所有这些章节涉及相当广泛的学科和方法。它们从量化转到质性，然后又转回来，鼓励读者跟着我进入他们不熟悉，而我也不是专家的文献中。然而我相信，理论化的主线和焦点成功地将所有这些交叉学科联系在一起。实际上，在我看来，这些章节真正体现了“跨学科”这个词的恰当意义。

至于实际的写作顺序，第三章从 20 世纪 90 年代末开始，第一章

和第六章从21世纪初开始。尽管它们最初的出版日期不同，但这三章
或多或少一起写成。第四章和第七章始于2000年中期，也是或多或少 xvi
一起写成的。第二章和第九章分别始于2009年和2011年。第五章最早写于2009年，经过五年的发展变成现在的版本。第八章写于2014年，直接收入本书。

我把这本书献给我已故的哥哥。他和我在许多肤浅的方面不同，但在一些深入的方面却奇怪地相似。我写学术书。他挥汗建了一个小牧场。但我们都为生活和他人所迷惑。我们年轻时像动物一样打闹，成年后却很少见面。但他的死清楚地表明了一种被掩盖的纽带中那未被觉察的力量。愿他安息在活着的时候少有的平静中。

目　录

第一部分

小　引 ………………………………………………………… 003
第一章　个体的历史性 ………………………………………… 005
第二章　过程论思想中的人性 ………………………………… 020
　人性的维度 ……………………………………………………… 023
　过程论思想中的人性 ………………………………………… 029
　结　论 …………………………………………………………… 038
第三章　关联的生态 ………………………………………… 040
　介　绍 …………………………………………………………… 040
　生态的形式结构与关联的生态 ……………………………… 046
　关联生态：实例 ……………………………………………… 059
　过度决定与生态的涌现 ……………………………………… 084

第二部分

小　引 ………………………………………………………… 091
第四章　抒情社会学 ………………………………………… 093
　抒情社会学的问题 …………………………………………… 095

抒情的概念 …… 101
抒情社会学 …… 106
时刻、地点、情感 …… 121
结　论 …… 147
第五章　过剩的问题 …… 148
社会理论中的稀缺与过剩 …… 153
同一性论证 …… 163
过剩作为问题 …… 169
应对过剩的策略 …… 177
结　论 …… 190

第三部分

小　引 …… 195
第六章　结果的概念 …… 198
保罗·拉扎斯菲尔德的结果观念 …… 201
超越拉扎斯菲尔德式的结果 …… 208
贴现与决策 …… 213
现有的和可能的结果概念 …… 221
结　论 …… 235
第七章　社会秩序与过程 …… 238
社会秩序的问题 …… 238
过程主义与秩序 …… 243
过程论秩序的概念 …… 250

第四部分

小　引 …… 275
第八章　作为过程的不平等 …… 279
美国社会学中的不平等概念 …… 280
不公正的度量 …… 285
公正本体论的预备条件 …… 292
最后一个例子 …… 300
第九章　经验与道德的职业主义 …… 303
导言：职业主义之谜 …… 304
定义和涂尔干 …… 311
帕森斯与职业的功能主义分析 …… 318
一个实用主义观点 …… 322

结　语 …… 333
参考文献 …… 352
主题索引 …… 373
译后记 …… 383

第一部分

小　引

以下三章涉及社会本体论。我提出了一种过程论取径来理解个人 1
和社会实体的本质。事实上我的论点是，个体是社会实体，在许多方面与科层组织、社会运动和同期群(cohorts)没有区别。

前两章最初为会议演讲而写，并一直保留了讲稿特有的非正式语气。相比之下，第三章从讲稿演变为论文，因此包含更多的学术工具：脚注和参考文献。

然而，这三章都来自相同的过程论传统。它们都以“社会世界不断变化”为前提，回应了社会生活本质上的历史性。因此我必须解释稳定。这三章理所当然地认为，社会过程是时刻的过程(process of moments)。而且这些时刻是局部的，在空间和时间意义上都属于“现在”(“presents”)。事件是行动和互动的局部结合。事件将当前的偶然性结合成新的关系和结构，并成为下一时刻的约束和潜力以及下一时刻的过去。这些假设要求我们重新思考传统社会分析单位——个体和社会结构——的本性。这一结果具有惊人的意义。

因此，第一章中关于“个体历史性”的论点意味着，关于社会过程“层级”(“levels”)的共同理论——生物学、人格、社会结构、文化或我们可能使用的任何其他理论系列——在根本上是误解。层级并不存在。社会实体和力量并不比个人大。它们只是定义在事件上的一种不同的
模式，而事件是社会过程的真正底层。同样，提出人性概念的过程性 2

论证意味着关于经济人（*Homo economicus*）理性的争论只是次要的。人性的重要事实涉及人格如何联结过去、现在和未来，而且由于人格的社会性，这些联系可能因文化而异。最后，关联生态的论点强调了这样一个事实，即单一行为体——个人或社会实体——从来都不是纯粹自由的，而是必须始终在他人塑造的条件下创造其未来；不仅是在社会性意义下的邻近他人，也包括更远的人。这反过来也意味着单靠分析一个社会结构没有意义。结构总是与它们以外的其他社会结构有关，与法律体系和其他行动者有关，而这些行动者或结构本身也位于进一步的竞争中并陷于自身的困境。社会过程通过所有这些事物"跨越现在"的排列和不排列（disalignment）展开，而不是在某些局部达到均衡。

这三章介绍了对社会生活的过程论思考。最重要的是，它们从变化这一公理开始。变化不是偶尔发生在稳定社会行动者身上的事情。变化是社会生活的自然状态。稳定是一种创造，或者更常见的是，一种语言幻象。没有"社会运动"（"social movements"），只有社会的运动（social movement）。

第一章　个体的历史性[①] 3

在这里，我主张我们应该重新把个体当作历史中的重要力量。我的这一主张并不意味着回到伟大男人或伟大女人的历史。可以肯定的是，社会结构可以而且在某些时候确实将非凡的力量赋予特定的个人以塑造未来。但在这种情况下，最关键的待解释问题不是这些人的品质或行动，尽管它们可能很有趣。相反，关键的问题是这种社会结构出现的条件和稳定的条件。例如，真正的问题不是伊丽莎白一世(Elizabeth Tudor)为什么选择不婚，而是为什么会形成这样一种社会结构，在其中她对婚姻的拒绝会产生如此持久的政治后果。在这个意义上，伟人历史只是一个经验定义的历史分支，来自一般化的、社会结构的历史。这并不是关于作为个人的个体问题，甚至不是关于作为一个群体或类型的个体，而是事关造就特定个体重要性的条件。因此，我敦促我们回归的不是对个体的伟人式的思考模式。

我也不会敦促转向通常被我们称为“生命历程视角”的观点。尽管我过去在职业方面所完成的一些工作至少在方法论上肯定与这一观点同源。众所周知，在生命历程方法中，我们不会像在基于变量的社会 4

① 本章最初是 2003 年为社会科学史学会(Social Science History Association，简称 SSHA)所做的主席演讲。随后，该讲稿经少许修订后发表于协会的期刊：“The Historicality of Individuals,” *Social Science History* 29，no 1(2003)：1-13。版权归 SSHA 所有，经杜克大学出版社许可转载。我在这里稍微编辑了一下，但并没有改变非正式演讲的语气。

科学中那样通过观察许多案例来寻求事件的意义。相反，我们观察不同案例，通过这个或那个事件与个人经历的展开之间的关系找到事件的意义。不管是采用叙事方式，用文本方法(textual methods)研究个体生活的“故事”，还是采用分析方式，利用时间序列方法(time series methods)、序列分析(sequencing analysis)或其他形式化的方法，研究某个变量在个体生活过程中的取值的有序序列，无论哪种方式，我们都对个人生活结果的序列性展开感兴趣。①

这种对结果的相对强烈的关注严重限制了生命历程方法。社会过程没有结果。一切都在继续。个人也没有结果，除了在像凯恩斯所说的长期中我们所有人必然预期的不变结果。因此，生命历程研究对个体结果的隐性分析焦点产生了重要的问题，我们可以从职业生涯的概念中看到——这是我自己的实质性领域(对工作和职业的研究)的核心生命历程概念。在对职业生涯的研究中，我们经常把个人看作一张终极白纸，社会过程的结果将被书写在上面。从分析的角度来说，大多数职业生涯研究都假定大的社会力量把微小的个体呼来唤去，从而对个人的工作经历产生接续的影响，并将这些经历作为最终的待解释项。如果将这一前提转化为更为实质性的语言，我们可以说，技术、劳动分工、市场和法律制度的重大外生变化决定了落入其中的工作个人的接续经验。

但是当然，中间结果也构成职业生涯。那些经历过各种中间结果的个体也在不断采取行动，而与此同时他们的职业生涯仍在形成过程之中。这些行动构成了经验的进一步结果。因此，一种摆脱生命历程分析中隐含的死胡同的方法是：将我们的注意力集中在更进一步的结

---

① 我将在第四章中考虑如何替代这种序列性。对结果概念更长的分析请参阅第六章。

果上，即工作个体开始对加诸他们身上的更大的社会力量做出解释和行动(通常是集体性的)，以回应那些力量。当然，有一种文献这么做了：我们关于社会运动所做的长期而杰出的调查研究，关注工人对资本主义变迁做出的反应。这些社会运动正是工人中出现的社会结构，以应对资本家的社会结构对他们个体所施加的压力。实际上，还包括资本家无法控制的、我们称之为“形势”(conjuncture)的一般社会结构 5
方面的压力。[①]

但是，像社会运动研究一样，这种文献也忽略了一项关于个人的核心事实。这就是我所说的个体的历史性。我将坚持认为个体的历史性是决定大多数历史进程的核心力量。简言之，我要论证的是个体继承的大量经验随时间传递下去，形成了一股巨大的社会力量。用人口统计学的术语来说，这些经验是过去同期群经验的现在剩余(the present residue of past cohort experience)。我们很容易忽视这股多半是无形的力量，因为当我们进行历史分期思考时，我们几乎不可避免地会陷入这种疏忽之中，就像我们在群组层面进行研究时经常发生的那样。事实上，随着时间的推移，无论时段性分析有多么便利，个体巨大的连续性都不允许这么做；在某一特定时期内生存的大多数个体也活在紧接着它之前的时期内。简言之，个体是历史的中心，因为正是他们才是联系历史从过去到现在的主要蓄水池。这就是我所说的个体的历史性。

让我更详细地从我所谓的历史性开始讲。首先，我指的是随时间产生的连续性。我认为，随着时间的推移，个人在某种程度上具有连续性，而社会结构却没有。请注意，每当提出“社会变革正越来越快”这一常见看法时，我们都认为“个人连续性占相对主导地位”。该论断

① 在第四章中可以看到，这是一个来自布罗代尔的术语。——译者注

涉及一项假设：个人的寿命比社会结构要长。因为只有如此，个人才必须忍受社会结构带来的变化，这迫使个体真实地认识到易变性的程度。在一个被认为是社会变革发生得越来越快的世界里，必须由个人的历史连续性来提供过去和现在之间的强健联系。正是个体的历史性使我们能够——甚至是迫使我们——认识社会变化。

其次，认为社会变革发生得越来越快的信念也包含了一种信念，个人连续性与社会结构连续性之间的不平衡程度在过去要比现在小。也就是说，虽然有些人可能希望把这种观点看作公理，即个人随着时间的推移比社会结构具有更多的连续性，但个人连续性和社会结构连续性之间的实际关系可能是一个经验问题，随时间和地点的变化而变化。我完全同意我们应该把历史连续的程度作为一种经验变量来考虑。但为了便于解释，我将在这里主观地将我的理论置于对当代社会的典型化理解中。在我看来，在这种理解中我们应理所当然地认为个人比大多数社会结构“持续时间更长”。

6 这种“持续时间更长”可能涉及不同种类的事物。乍一看，历史性至少有三个主要维度。第一个维度是**生物性**（biological）。个人的身体在某种意义上随时间而言是连续的。虽然我们身体的细胞不断更新，但这种更新显然比通过“逐步更换成员来更新一个正式组织”这样的类比更为精确。身体几乎以字面意义下的方式传递了过去的记录。身体保留着疾病有机体，保留了过去营养的隐性记录，保留了过去行为的记录：关于职业的、运动的、药物滥用的、无保护性行为的。身体的免疫系统保留了过去接触和没接触各种病原体的记录。

上述这些很少被如此精准地保留在任何社会结构中。根据这种生物学意义下的历史性，婚姻也许是最接近个人的社会结构。因为各种各样的婚姻实践——性、卫生、居住、饮食等——无疑导致了这种生物遗产的汇集。从字面意义上讲，夫妻实际上变为一体。而婚姻，就像任何其他的二元社会结构一样，也在很大程度上取决于两个人生物性的生活。任何一方的死亡都会终结婚姻，因此从长远来看，婚姻也总会死去。所以婚姻在生物历史性上有点像个体。

但是，除了婚姻这样的关系之外，大多数社会结构都没有这种物理连续性。成员不断更迭。规则和实践来来去去。即使是或多或少建立在生物共性或共同生物历史上的社会结构——性别、亲属结构、治疗各种疾病的游说组织等——也没有见到个人身上那种相对广泛而又集中的生物连续性。

因此，个体的历史性在其第一重意义上是生物性的。生物体自身携带着大量的历史经验，这些经验近乎直接写进他们的身体里或身体上。个人历史性在其第二重意义上是**纪念性的**(memorial)。它产生于生物个体独特的集中记忆。我的意思不一定是社会结构什么都记不住。我认为我对过去社会科学史学会(SSHA)会议的记忆，既属于这个组织也属于我自己。[①] 不同的是，个体人类的记忆集中在他们的生物自我里，这不是社会结构产生记忆的方式。世界上现存的关于安德鲁· 7
阿伯特的记忆，可能有相当多的，甚至大部分都集中在我的脑子里。当然，在我的老师、同学、同事、朋友、学生、亲戚、保险推销员，甚至可能是上周四在火车上检我票的检票员的脑海中，也存在着成百上千的这样的记忆。在这个意义上，社会理论必须记住，“自我”散落于社会景观中，而不是完全集中在一个生物位置。

但即便如此，个体的纪念性自我也不如社会结构的纪念性自我那么透明。正如我刚才所说，大部分关于安德鲁·阿伯特的记忆在我的脑海里。相比之下，像SSHA这样的社会结构的记忆相当均匀地分布在数千名会员、前会员、我们期刊的读者、举行年会的酒店里的员工

---

① 如前所述，本次讲座最初是在SSHA年会上进行的，因此我选择了这个例子。

的大脑中。没有任何单一感觉器官收集了主要的，甚至是数量众多的关于 SSHA 的记忆。即使是我们的执行官也只掌握着全世界对 SSHA 记忆的一小部分。让我重复一遍，这种记忆的分布并不意味着 SSHA 没有记忆。恰恰相反，每次当组织的主席发现涉及组织先例的政策问题时，都会出现各种各样关于组织的记忆：有时相互支持，有时相互矛盾，有时更鲜亮，有时更模糊，但记忆总是分布在许多不同的人身上。这种记忆虽然多样，却分布广泛且相对均匀。相比之下，个体的记忆相对高度集中。这使得其连续性的影响更大。

有人可能会注意到，一个组织的记忆分布广泛在另一种意义上也成立，因为组织记忆包含在广泛的档案记录中。这些**记录**(records)构成了历史性的第三个载体。就其全部目的而言文字档案就是为了记录社会实体或个体，因此是一种历史化。与生物和纪念历史性不同，我们似乎很难证明记录中个体的历史性会超过社会结构的历史性。然而，作为法人的个人与公司有着大致相同的历史承受力，他们毕竟都是法律主体(*personae fictae*)。因此，有一个作为法律存在的我，由记录我的出生、婚姻、财产、债务、合同义务、兵役、信用记录、公民权利和义务等的文件松散地构成。这一法律存在大致相当于一个公司的法
8 律存在，被记录在类似的基础文件中。公司的法律存在是关于合并、财产、债务以及合同义务等。尽管因此公司的法律历史性在某种程度上与个人的法律历史性相似，但前者能以后者所不能的任意方式被截断和限制。因此，即使是公司也缺乏自然人的法律历史性，尽管像所有真正的社会实体一样，在存在时间上它们可能会超过个人。

此外，绝大多数的社会结构不是公司，甚至不是正式组织。它们包括社区、职业、报纸读者、教堂会众、社会阶层、族裔、技术社群和消费群体：它们通常是无组织或非组织性的，但作为社会结构仍然具有重要意义。它们通常没有正式的记录。即便有，记录也往往各式

各样，随时间快速变化。甚至它们没有被记录的记忆也散布在迥异的人群中，这些人与社会结构具有不同的关系。只有少数社会群体中的成员与社会结构的大量记忆保有联系，即便有也是微小的联系。

此类社会结构具有相当透明的历史性。它们丰富的记忆既不体现在少数人身上，也不体现在法律实体上。由于它们的记忆分布广泛，而且记录往往不牢固，社会结构可以迅速而容易地改变。几乎没有什么能让它们随时间保持连贯性。例如，社会学作为一门学科，大约一个世纪以来都类似于一种社会现实。在那段时期里，社会学已经相当快速地从一群进步、有明确共同宗教利益的“做好人”群体、改革者和政治性的学者，变为一个高度职业化的社会科学家群体，他们有专门的学科协会旨在培养大学教师。这一变化的主要原因在于，这门学科完全可以轻松地忘记过去——将过去以体面的沉默留在退休同事们的头脑中，在今天消逝。

大致上，历史性包括生物、纪念和记录的连续性。至少还有一个可能的例子可以说明这一点：目前个人的历史性的总质量(mass)比所有社会结构(极少数社会结构除外)的总质量都要大。这会造成什么后果？第一个后果是，在社会过程中“更大的社会力量”不再高踞个人之上。正如我们亲身体验，它们高踞在特定的个体之上。但它们并不能超越个体历史性的巨大质量。因为虽然个体很容易被死亡抹去，但大量的个体却不能。而这样大量的个体积蓄了来自过去的巨大连续性。这种连续性以相当特殊的人类物质(human material)那硕大、顽固的体积质量挑战了我们所争论的“巨大社会力量”——分工、技术形式、资 9
本主义的到来——人类物质严重限制了这些大力量实际上能够实现的目标。

例如，这种连续性意味着，我们不能以时段书写历史。我们习惯于按时段来书写一个民族的历史：爵士时代、大萧条时代、20 世纪 60

年代、里根年代，等等。这使得“美国”这样的社会结构的历史“自我”像是一串接续的快照。但是，大多数这个序列的参与者在相邻快照中当然是同一批人。大萧条时期的工人群体——1930年时15岁及以上的人——有四分之三的人在1920年已至少15岁。也就是说，大多数生活和工作在大萧条时期的人也生活和工作在爵士时代。（事实上，根据这个定义，其中大约有一半的人自1910年起便是工人，当然不一定人处在美国。）也就是说，大萧条很大程度上落在经历过真正繁荣的人身上。这一事实显而易见但仍然重要。离开它我们无法理解大萧条的经验。

随着人口年龄的增长，这种记忆的蓄水池变得越来越深。在过去的一个世纪里，美国人口的中位数年龄从23岁上升到36岁，年龄分布的75百分位数从39岁上升到51岁。这些变化对社会记忆的影响非常巨大。到2003年为止，我们已经走过1973年的大转折三十年了——那一年越南战争结束，布雷顿森林体系瓦解，第一次石油危机到来，水门事件听证会结束。在2003年，至少有43%的人口在1973年时至少已有10岁，因此可以记住上一个时代，即法国人称之为“黄金三十年”的那个时刻，战后三十年辉煌的经济增长和平等主义。相比之下，美国内战三十年后，战争结束时至少已10岁的人口中，只有24%的人还活着。由此，三十年记忆蓄水池的存量在现在几乎是当时的两倍。因此像人口这样的封闭群体的历史连续性在很大程度上是其生存人数的函数。我们现在认为社会变革如此之快的原因是我们中更多的人活得更长，因此经历了更多的社会变革。

这似乎是一个我们都已了解的微不足道的例子。但我们写东西的时候可不记得这一点。例如，我关于历史性的重要性的论证也意味着，实际上不存在独立的、一次一次的人口调查这样的事情。所有定期重复的调查在很大程度上都是隐性的面板数据。保罗·拉扎斯菲尔德

(Paul Lazarsfeld)在论证“人们在同一场选举中投票，但不是在同样的议题上”时就说，许多选民利用他们目前的投票来回应更早出现的政治关切，这种关切可能在几次之前的选举中也推动了他们的投票。这句话值得引述： 10

> 例如，对1948年选举产生作用的趋势不仅建立在新政和良政时代，而且可以追溯到父母和祖父母的忠诚、过去时代的宗教和种族分歧，以及死气沉沉的地区和社区冲突。因此，在一种非常真实的意义上，任何特定的选举都是各种选举、各种政治和社会事件的组合。人们在某个特定的11月投票选举总统，但他们的选择不仅仅基于前几个月甚至四年发生的事情；在1948年，一些人实际上是就1940年的国际主义问题投票，另一些人实际上是就1932年的大萧条问题投票，还有一些人实际上是就1860年的奴隶制问题上投票。(Berelson，Lazarsfeld，and McPhee 1954：315-316)①

请注意，只有在完美记忆的假定下，这些因素组合的影响才是直接的。这反过来表明，我们应该认真研究记忆变化的深度和准确性。在何时、如何以及为什么记忆变化会发生？当然，在实践中这不是选举研究的发展方向。大多数选举研究是由让特定候选人上台的这一务实目标驱动的。因此它们重点关注个人历史性的特殊影响：相对少数的人在选举中改变了之前的立场。从实用主义的角度来看，这些“流动的选民”远比极为稳定的普通选民重要，也比导致他或她稳定的历史性更重要。

---

① 拉扎斯菲尔德自己的社会理论将在第六章中得到讨论。

还要注意，这种关于记忆和连续性的影响——关于历史性的影响——会有显著差别，特别是对于那些在典型生命历程中很少发生的事件。投票的发生具有很大的规律性，因此历史性的影响虽然巨大，但在时间上相对连续。但对于生活中的罕见事件，结果表明若特定事件发生在生命中的时间越晚，它在总体人口记忆中投下的阴影就越短，而它受人口年龄变化的影响就越多。美国人民很快就忘记了没有联邦
11 医疗保险(Medicare)的世界，因为只有9%的人口在1964年时处于60多岁的年龄段，并因此经历了没有医疗保险的老年生活。这批少数人很快就消失了，所以医疗保险很快就被假定为一种权利。相比之下，征兵制仅结束于10年后(1973年)，30年后的今天在全美国28%的男性人口中仍然记忆清晰。由于征兵影响的是年轻人，因此30年后这28%在某个时刻受过影响的男性仍然健在。于是恢复征兵可能比废黜医疗保险更容易，因为更多能记住征兵的人仍然活着，而他们可能见过征兵的先例。当然，正如这个特别的例子所表明的，由于他们在这方面有过不好的经验，他们也可以更强烈地反对征兵。历史性影响的方向并不是被事先[*ex ante*]确定的。我们知道的只是一项事实，即记忆在任何关于征兵的讨论中的作用都比在医疗保险讨论中的作用大得多。

我之前所举的投票和政治立场的例子直接涉及个人的记忆。但是劳动人口为我们提供了一个更普遍的历史性形式的例子。这不是记忆和记录的描述性的历史性，而是如身体的历史性那样，一种普遍、实质性的历史性。

让我从一个例子开始。2000—2005年退休的工人不仅仅是一个恰好退休的任意群体。相反，在决定退休的时刻他们背负相当具体的历史包袱。他们可以卸下其中一些，如他们的受教育水平；他们的平均受教育程度比现在的劳动力要低很多，但这并不是特别重要。可他们

其他的一些历史包袱非常重要。例如，这个退休同期群中的男性工人里大约一半是退伍军人，他们可以享受各种特殊福利，这一点非常重要。另外很重要的一点是，虽然工会的工资和福利在他们工作生涯的早期处于峰值(当时是工会资深成员的那些人收入和福利颇丰)，但正好在今天退休人员应该为退休而存钱的时候，这些工资福利开始迅速下降。这一群体带入退休的财务和实际资源因此被他们历史性的劳动经验决定性地塑造了。他们的过去被“编码”进他们的现在，装扮为“他们的父母在类似时点上也缺乏退休资源”。当然，医学上的周期变化意味着今天的退休人员可以比他们的父母在退休时多活十年，但也要付出相应的代价。由于这一编码，这 1400 万人(美国劳动力中 55～64 岁 12
队列中的退休部分，约 55%是男性)在过去 40 年中美国工作世界不断变化的表面下，提供了一个巨大的关于连续性的、过程和结构的蓄水池。这种连续性包括个人记忆、共同的社会经验和政治经验，以及对应的态度、共同的物质资源模式和大量的共同工作经验。①

这种通过时间延续的个人属性和经验的质量可以被认为是第四种历史性，我称之为**实质**(substance)。常见的体现实质历史性的概念是终身收入(lifetime income)概念，它间歇性地被视为度量不平等的一种方法。但将它看作不平等的度量就是简单地把它看作一种结果，一种没有进一步后果的事物。我们只是用它来将一种生命历程和另一种生命历程做比较。虽然这种比较已经足够重要，但正如第六章和第八章将要讨论的那样，过程论对终身收入的兴趣不止于此，我们还感兴趣的是生命历程中任何给定点的进一步因果关系。也就是说，我们对直到某个特定点的终身收入感兴趣。其中的部分原因是它随后允许或阻

① 本段中的例子(以及更一般化的编码论点)在第二版《经济社会学手册》(*Handbook of Economic Sociology*)中我写的关于工作和职业的章节(Abbott 2005)中有更详细的阐述。

止的那些事——如轻松或困苦的退休。每一项此类资产（如每一项负债）都通过时间向前推进，并在任何时候向其拥有者展示各种可能性和限制。

纵观整个同期群队列，大量这种实质性的历史性在任何时候都是核心决定因素，不仅决定该群体的经验，而且还决定它周围的整个社会。例如，退休队列的实质历史性意味着即使允许我们对退休的感觉在所分析的历史时期发生变化，我们也不能从某种抽象的意义上设想“退休”。每一组同期群队列都将带来一系列不同的资产和负债，这些资产和能力由他们创造和经历的历史积累起来。此外，由于在某一时刻退休涉及几个潜在的待退休者队列，即使是时段性的方法也不能捕捉到这样一个事实，即在某一时刻退休涉及的各个同期群都会给它带来一套系统性的、多样的、被编码的经验，这种多样性本身将在那个瞬间决定退休的政治。

对退休时刻而言成立的结论在更普遍意义上也成立。在任何特定的时刻，事件和时段的变化都标志着不同群体的经历。长期趋势、局部波动、特殊变化——所有这些标志都在同期群上留下了难以磨灭的
13 印记。特征性的工作轨迹、技能和经验集、财务资源、职业和就业特定的优势和劣势——所有这些印记都通过简单的个人历史性被带入未来。

在任何时刻，这些印记的总和，这些编码的历史经验的总和，构成了一套可能性和约束。各种行动者都在现在时刻置于这些可能性和约束下。主要时段事件——大多数工作世界模型中“更大的力量”——并不是这个历史结构体系的外生力量。它们自己也作为其中的一部分产生作用。例如，如果没有新的技术设计或官僚观念，雇主就不能雇用那些尚未存在的特定类型的受过高等教育的工人。也就是说，在任何给定的环境中，个体历史性的编码将雇主强制在其约束下。在短期

内，雇主可能不得不与表现欠佳的工人打交道。从长远来看，他们可能不得不以各种方式应对这些限制。雇主可能需要改变劳动过程，以利用现有的劳动力和技能供应。他们可能需要强制或促进移民，或将生产转移到新的劳动力市场。他们可能需要支持机构来培养特定的技能。但他们必须做出某种反应。他们的历史不仅由他们自己创造，也不仅仅由他们通过与工人阶级的社会运动进行竞争而创造。历史性被编码的质量实际上是它们最大的单一约束。①

在这一点上，我的论点——如果允许我粗暴直接地解释它——可能仅仅是历史人口统计太重要了，因此我们不能把它留给人口学家。但我想至少要给另外两个候补论点起个头，这两个论点都与前述的先祖论点有关，一个是其直系后代，另一个与其联姻，给先祖带来了巨大而威严的嫁妆。

直系后代的论点涉及从思考个体的历史性转移到思考中间群体的历史性。我已经谈到了在诸如整个人口和劳动力这样的群体背景下的实质历史性。这些是巨大的、包容性很强的群体，从中退出通常有直接和相对统一的方法。在前一种情况下意味着死亡，在后一种情况下意味着退休或其他脱离劳动力的途径。但是，比方说当我们开始在个体职业上引入我的历史性概念时，我们就进入了一个全新的领域。很 14
明显，在任何职业历史的一般理论中，设想一种个体职业的历史性应是第一步，但这非常困难。这一概念必须涉及在职业中交织进出的所有个体的实质历史性的线索，其中包含正常的人口统计学过程：进入职业、内部流动和退出。与此同时，这一概念还必须涉及更传统的职业“历史”，即随着时间的推移，职业任务和职业组织的继承的内部故

① 参见布林特和卡拉贝尔的著作（Brint and Karabel 1989），他们讨论了社区大学因雇主的需求而被迫做出的改变。

事。它还必须涉及关于职业位置的背景历史，职业的位置在劳动分工中经常发生根本性变化。这是我自己的第一个关于职业的研究重点所在：生态层面。[①] 正是这一点，将个人的个体历史性重新引入职业的宏观和生态层面分析中。这种分析在很大程度上已为我们所掌握。这是我的第一个候补论点。

我的第二个相关论点——“通过联姻”的论点——稍显难以捉摸。它是这样的：一旦我们使用编码的概念来认识到大量过去的历史被带到现在的方式——当我们把个体历史性的全体记住时——它们成为资产、负债和对当前的约束，我们就必须再迈出一步，看看结构重组如何在当前进行。也就是说，我们必须看到编码是如何从一个时刻向前移动到下一个时刻，这个过程可能会重新安排整个社会结构。

这里隐藏着一个重要的前提。编码理念的效用在于它使我们摆脱了一个由以下事实带来的陷阱：过去真真正正地消失了，且事实上，在历史距离上不可能存在任何效应。历史性和编码的概念通过以下方式使我们摆脱了这个陷阱；它们提醒我们过去的某些部分不断地被(重新)编码到当前的共时性(synchronic)社会结构中，它表现为时间的持久性。然而，在那由时刻到时刻的接续的现在中，社会结构里的一切
15 都处于危险之中，一切都可能改变，甚至包括“大结构”。与此同时，关于编码的过程和本质的某些东西造成了一种错觉，即存在着各式“大的历史结构”且不知何故会持续很长时间，并产生进一步的幻觉，认为某些社会结构持续而长久——如我们的老朋友“现代资本主义”和“生产关系”。我们需要弄清楚这种致幻过程是如何运作的。毫无疑问，这不

① 关于职业，参见Abbott 1988a。(如前言所述，我将在下文中简单地通过书名《职业系统》来指代本书。我自己所有的书都将以这种惯例引用。)这一段的理论论点在斯蒂芬·摩根(Steven Morgan)、大卫·格鲁斯基(David Grusky)和加里·菲尔兹(Gary Fields)编辑的一本关于流动性理论的书(Abbott 2006)中有更详细的说明。

仅涉及“因果”类型的直接共时性决定，也涉及通常称为“文化”型的概念重组。这是我所说的联姻论点所带来的嫁妆。通过认识到编码涉及事物重新排列的共时性阶段，我们将编码的过程打开，向认知和更广泛的文化重组开放。[①]

总之，我有一个要点和两个候补论点。主要的论点是，历史人口统计学确实太重要了，不能留给人口学家，因为我们谁也不能忽视个人历史性的影响。生物个体的持久质量是现存最大的“社会”力量之一。第一个候补论点是，当我们看待诸如职业、社会运动等中间社会群体时，认真对待历史性会变得更加困难。第二个候补论点是，弄清楚个人和社会群体的历史性如何从一个时刻到另一个时刻进行编码，将不可避免地让我们思考文化决定和行为决定。在这三个论点中，隐含着过程论方法中理论化和研究的主线。

---

① 因此，我的论点比诺曼·赖德(Norman Ryder)的更动态。赖德关于同期群与社会变化的经典论文讨论了编码差异对同期群中不同生活的影响(“各种参数的跨同期群的时间差异可用于描述这些聚合的历史”)，参见 Ryder 1965：861。赖德设想的结构后果主要是稳定或静态地动态的(statically dynamic)：例如，世代间的静态冲突或简单地通过同期群更替表达社会变化。然而，他确实认识到了这里强调的更具动态意义的同期群的影响。他指出，“尽管创新的刺激最有可能来自雇主，但新方向的可行性在某种程度上取决于教育系统对它们的预期程度”(Ryder 1965：848)，这清楚地表明了将过去的同期群经验作为历史现实时，对宏观结构的影响。

16

第二章　过程论思想中的人性①

在前一章结尾提到的三条潜在发展路线中，最容易继续探讨的是个体的历史性本身。前一章指出了一些有助于维持"一支个人的世系"的连续性的力量：可以是物理性的或生物性的事物，记忆或蓄意保留的记录。很明显，这些力量对于理解社会群体(如职业、社会阶层或族群)在时间上的实际连续性——"物性"(thingness)——至关重要。我们可能认为对于个体而言几乎不需要考虑连续性，因为身体已经提供了它。此外，有一个与身体有关，或更广泛地说与"原子个体是社会过程的主要单位"概念(社会科学和行为科学中经济学和心理学共同的概念)有关的观点认为，人类个体的存在具有某些普遍性质。这一"人性"的概念实际上是替代过程论方法的其他方案的基本组成部分。所有这些方法都将个人随时间的连续性视为非问题(nonproblematic)。因此，由于过程论观点始于问题化这种连续性，重要的第一步是解决人性概念
17 的问题。我们需要探讨在过程论假设下什么样的人性概念是可能的。作为本书论点合乎逻辑的下一步，这一章对该问题进行讨论。正如其他章节一样，我保留了最初激发这篇文章的论点，只在对人性概念进

---

① 本章最初是为 2009 年 7 月在瑞士卡斯塔塞尼亚的加博尔德别墅举行的"追踪人性的概念"会议而撰写的论文。我感谢哈尔维第学院(Helveticum Collegium)的盛情邀请和支持。一份德文译本作为 Abbott 2011 出版。我在这里做了一些修改。不过正如前一章所述，我并没有改变口语中相对非正式的语调。

行总体回顾之后才转向明确的过程主义。

在学术生活中，一位工作的社会科学家不可避免地会遇到许多关于人性的概念。人们已经习惯了在它们之间跳转：从经济人到过度社会化的瘾君子，从自我和本我到由基因决定的性情，从格尔茨(Clifford Geertz)的无限可塑性到艾克曼(Paul Ekman)的普遍情感。如果不进行这种转变，我们就不可能了解其他学科的同事；即使是在社交场合，也常常需要不断调整谈话过程中调用的人性概念。

然而，在我自己的作品中，我至少已经35年没有用过"人性"这一概念了。当我最初开始学习社会学时，我相信人性。我希望能尝试许多关于它的理论并最终决定哪一个是正确的。但在读研究生的某个时候，我似乎完全放弃了人性的概念。

这并不是说我没有对人类做过一般性的假设。我确实做过。因为我不确定这些假设之间相互是否一致，我已尽了最大努力在不论何种情况下都最小化这些假设。社会学作为一门学科，其前提假设了人类的易变，且远比心理医生和经济学家所认为的容易得多。或者用一种不那么有争议的方式来说，社会学家在社会过程中感兴趣的事情更多地来自人类之间的差异，而不是他们之间的相似性。无论"人性"概念是指生活世界的现实还是来自学科话语的先验假设，社会学家都倾向于关注人与人之间的差异而非相似，因此他们很少使用人性概念本身。

但社会学与其他学科交界，于是社会学家总是与相信人性的同事们交流。因此我们和经济学家(包括一些政治学家)争论经济人的假设。但这并不是一场关于人性的严肃辩论。经济学家们会自己首先承认经济人只是一种假设，甚至可能是一种错误假设；毕竟米尔顿·弗里德曼(Milton Friedman)最著名的论文便关注这个问题。但最近，心理学以其新的生物学装扮重新崛起。心理学已开始提醒我们社会科学家， 18
我们有一整个学科的同僚在思考人类计划时的第一倾向是创造一个关

于人性的概念，或者在经验数据中寻找这样一个概念。这些同事真诚地认为，了解人类生活的最好方法是发现人性的普遍性及其发展。而在我看来，这个项目从一开始就注定要失败。[①]

显然我们必须从头开始，描述我们关于这件事的谈话中存在的问题。我说“关于这件事”，而不是“关于人性”，因为后者的措辞假定了生命世界中存在着人性这种事物，这种事物**实质**上存在，而不是根据**定义**存在(作为现实而不是我们发明的东西)。也就是说，我们的第一个问题是：该术语可能仅仅是一种名物主义便利(nominalist convenience)，指的是一组被相对定义，且因此根据定义它们存在的事物集合，如“人性由全体人类所共享的个人部分组成”。这一“人性”显然不能是空集，因为“人”这个类别存在。但是事实并不能保证该集合的内容在解释社会生活如何工作时具有任何真正的重要性，而这是我们在社会科学中使用“人性”概念的真正含义。我们都有五根手指，但社会科学家并不认为这是人性的一部分。我们都有意识，但意识通常不被认为是人性的一部分。现代意义上的人性是指特定倾向性的集合——倾向于特定类型而非其他类型的行动。

但第二，“人性”这一术语可能是一种**误导性**的名物主义便利(即对生活世界中没有的事物贴上标签)。或者更极端的是，它可能是一种表演(performative)，意图让我们把包含在特定人性概念中的事物作为现实来表现。正如 W. I. 托马斯(W. I. Thomas)著名的格言：“如果人们把某些情形定义为真实，那么它们的后果就是真实的。”这确实是对经济人概念的一种可能的批判。经济人可能看起来是人性现实，仅仅因为经济人作为一种对人性的理解，在成千上万的教室里，每天都被数

① 这里提到的弗里德曼论文是“The Methodology of Positive Economics”(Friedman 1953)。

以百万计的学生当成科学真理学习。考虑到在教育上投入的时间和金钱的目的是让现代人依此作为，学生们这么做并不令人惊讶。

因此，我将尝试以下方法来避免自己预先接受任何特定的关于人 19
性实质概念的语言，但我将毫不犹豫地去讨论在一般智识领域内已被使用的各种概念。更具体地说，我在这里反思两个主要问题：第一，在讨论人性时隐含的各种维度；第二，在社会生活的过程论理论中使用的类似人性的假设。

人性的维度

我从人性应有的概念开始。作为一名实用主义传统的思想家，我认为人性应该是我们在实践中运用的一套关于人类的假设，用来建立我们对人类状况的各种探究。关于这个粗略的定义，我想强调三点。第一，我说“人类”(humanity)而不是“人”(human beings)，是为了强调我不愿意预先判断这些假设是关于人体或人格(在启蒙运动和达尔文主义之后，这两处是“人性”最常见的场所)，还是关于人类生活或生命的其他单位。第二，我说的是“我们在实践中运用的假设”而不是“先验概念”，因为我认为后者是一种幻想，我不觉得存在或可能存在一套关于人性的正确或“真实”的假设。依我看来，在社会过程中的某个特定位置上，有一套关于人类基本特性的初步理念(working ideas about foundational qualities of humanity)。它们构成了适用于该位置的所有人性观念。但它们只是初步的理念，而不是柏拉图式的。

第三，我说的是“建立”，而不是“作为……逻辑基础”，因为我不想担心这些概念是否是有意为之，是否相互一致等。对我来说，这些概念明确或隐含地建立在关于人类经验的一组局部论据的基础上，这就足够了。请注意，这种立场确实包含了一种信念，即如果没有某种人性假设，就几乎不可能对人类进行连贯的论证。如果一个论证不是重言式的或纯粹表演性的，它必须有某种基础。

当然，假设“所有关于人类的连贯论证都必须涉及人性假说”，那就是假设“某些事物只有在像我们这样充满普遍自命不凡的知识系统中才是真实的”。有许多知识系统限制了“人类”(人性概念所适用的群体)
20 的特性，限定在我们今天认可的人的概念上：属于某种类型、具有某种肤色或地位。但我认为，我们现在可以自然地认定对人使用推定的普遍概念是创造任何可接受的知识类型的必要条件。我的意思不一定是所有的人类有机体在任何可接受的知识类型中都会被设想为相同，而只是他们在某种方式下都会被设想为人，而这种“方式”就是我们所说的“人性”的支配概念。所有我们物种的成员都必须被理解为人。

那么让我重复一下，“人性”是一组关于人类的假设，某人在实践中使用这些假设来发现他或她对人类状况各个方面的调查。根据这个定义，便可产生许多不同的人性概念。这些概念可以用许多不同的方式分类。

首先一个问题是“人性”所在的位置。虽然绝大多数人性的概念都将其设想为内在于人类个体，但有一小部分人认为人性存在于群体中(群体由个体组成)，甚至存在于整个物种。基于个体的人性概念的例子我们已经足够熟悉了。这里有各式各样的本能理论：弗洛伊德(Sigmund Freud)与他的生存本能(Eros)和死亡本能(Thanatos)，威廉·托马斯与他的四个愿望，等等。事实上，人们可以把“本能”看作一个用来标注任何个人的特质的术语，只要它们是(1)恒常的，(2)体现在一个物种的每一个实例中，(3)极其重要，但(4)无法从其他事物中推得。这不禁让我们怀疑，这样的观点是否可能不在凡勃伦(Thorstein Veblen)的“工人阶级的本能”背后；也不在马克思(Karl Marx)作品中普遍存在的对人作为创造者的更含蓄的信仰——“技艺人”(*Homo faber*)背后。但本能理论并不是唯一将人性定位于个体的理论。功利主义也会这样做，还有一系列用理性来识别人性的立场也是如此。[①]

反过来，社会性(sociability)也有各种各样的“本能”概念，它们实际上把社会化和社会生活本身作为人性的中心。在社会学中，我们经常把这种观点归于西美尔(Georg Simmel)，但同样也可以追溯到亚当·斯密(Adam Smith)的“同情心”和“以物易物的倾向”。尽管如此，那些把社会性看作人性的一部分的人通常把它建立在一个被认为是独立和自给自足的自我概念中。

相比之下，一个更激进的群体仅仅认为人的本性是社会性。亚里士多德倾向于此，杜威(John Dewey)全心全意地致力于此。在此阵营中，隐含的思维集中于模仿和模拟上，如塔尔德(Gabriel Tarde)和他的模仿律，以及凡勃伦和他的相对追求和炫耀性消费概念。许多明确和隐含的种族、族裔、性别等本质主义理论也存在于该群体。对他们 *21*
而言，人性本质上是一种群体性质。

因此，对人性概念进行分类的第一种方法是根据其单位：一些人认为人性是一种个人的属性；其他人认为它必然是群体性的；还有一些人认为它主要位于特定的社会群体中，每个群体都有自己的“人性”。

第二种对人性概念的分类依据的是人经验的三个基本区域，即它们是否涉及**情感**、**行动**或**意义**。有一些讨论人性的方法主要关注**情感**，弗洛伊德的取径是其中最明显的一种。弗洛伊德对人性的预设关系到

① 托马斯的术语中译为“欲望”，分别是：对新鲜经验的欲望(the wish for new experience)，对安全感的欲望(the wish for security)，对反应的欲望(the wish for recognition)，对承认的欲望(the wish for response)。参见［美］威廉·托马斯：《不适应的少女——行为分析的案例和观点》，钱军、白璐译，3页，济南，山东人民出版社，1988。凡勃伦的术语来自 *The Instinct of Workmanship and the State of the Industrial Arts* (1914)。——译者注

心理能量、冲动控制的结构以及对性、对和平、对其他形式的情感满足的渴望。当然，他的一生经历了好几个阶段，而且有趣的是，他划分人性的单位在某种程度上从早期和中期的“个体”过渡到后期的“社会群体”。尽管他对人性单位的划分有所改变，弗洛伊德主要关注的还是情感体验，这种体验既为他的论证提供了“人性”的前提，也为那些前提的发挥提供了舞台。

相比之下，马克思更专注于**行动**。他的人性单位是社会阶级，他对社会阶级所做的事比他们的情感体验更感兴趣，马克思其次感兴趣的是各阶级的想法。对于马克思来说，情感和意义由社会阶级产生，社会阶级本身就是先验行动的凝结框架。马克思的人性工具箱中包括了劳动、劳动权力、异化的劳动、剩余产品、阶级利益的概念，它们都本质上是行动的概念。他直截了当地告诉我们，人自己创造自己的历史(尽管受到“更大力量”的限制)。实际上，这种对行动的关注是马克思与他所反对的整个经济人传统的共同点。

与弗洛伊德或马克思不同，写《西太平洋上的航海者》的马林诺夫斯基(Bronislaw Malinowski[1961]2017)对特洛布里亚人如何**理解**他们的世界感兴趣。可以肯定的是，他花了很多篇幅描写人类活动(如造船)。但这本书的总体目标是理解人们如何通过这些活动来理解生活，从而赋予它意义。通过这些意义，特洛布里亚人可以进行他们的日常生活。这个项目不可避免地使马林诺夫斯基投入关于人类本性的象征性方面的假设，实际上是关于“无意义”的危险假设。这些也是其他人类学作品的核心，如埃文斯-普理查德的《阿赞德人的巫术、神谕和魔
22 法》(E. E. Evans-Pritchard[1976]2014)，其中关于意义创造必要性的假设是这本书的核心。

因此，我对人性概念的第二种分类是根据他们所关注的经验区域。有的关注情感，有的关注行动，有的关注符号。这些关注依次为其他

关注提供了不同的框架，从而创造了一系列复杂的可能性。

我的第三个分类建立在人性概念是纯粹形式化的还是包含内容的这一区分之上。经济人是纯形式化方法的典范。霍布斯（Thomas Hobbes）、洛克（John Locke）、曼德维尔（Bernard de Mandeville）、边沁（Jeremy Bentham）和他们的同行并没有告诉我们人类想要什么，只是说人类的天性是渴求事物。康德（Immanuel Kant）的定言令式（categorical imperative）也是如此，它缺乏任何实际的内容，仅仅要求我们应该始终采取行动，就好像我们的行动准则建立了一个普遍的规律。

相反，弗洛伊德告诉我们，我们想要特定的东西：母亲，或性关系，或与母亲发生性关系，或其他。也就是说，弗洛伊德想要的是有具体内容的事物。当然，弗洛伊德并不是唯一基于内容的人性理论家。亚里士多德的"人是政治动物"是另一个这样的观点，此外还有一长串的作家认为人类具有宗教本性或惊奇感。在有内容和无内容之间的是诸如马斯洛（Abraham Maslow）的需要层次理论和晚期马林诺夫斯基的功能人类学，他认为人有一系列基本需求，辅以一些补充需求。事实上，所有种类的强功能主义论述都处于这个中间位置。

人性概念的最后一个维度是易变性（mutability）。有些概念认为人性是不变的。经济人是其中一种，霍布斯的"人类的天性"以及"争斗的三种原因"也一样。其他人遵循亚里士多德的观点，认为人和其他一切事物一样，有一种"生机"（entelechy）——一种存在于他内心的、不可避免地在他生命中实现的本质实体。在这样一种观点中存在着变化，但并不是真正的易变性；因为尽管存在着表面的变化，但它们仅仅是人类成为他自己的标志，成为在他心中一开始就存在的某种东西。在黑格尔（Georg Wilhelm Friedrich Hegel）那里，这种转变成了人与他自己的可能性与必要性的结合，一种导致服从于现实的偶然性的结合。[①]

我们可以采取另一个步骤，用相对的方式定义人性。根据这一观点，人类的本性只是在任一特定社会中个体人类的某些方面，它们的
23 变化比其方面更慢，因此成为对其他方面的约束。这种观念中的人性与**传统**相似，我们可以用相似的方式将传统定义为“文化系统中变化最缓慢的方面”。然而，这种对人性的相对定义给我们带来了一种全新的理解社会生活的途径。因为这种方法意味着——或者至少暗示了——社会生活中的一切都在不断变化。在这样一种设想中，人性只是一个不断变化的世界中变化最慢的部分。这是一个过程论的观点，需要进行全面的论述。

然而在我们继续进行这项论述之前，总结一下我迄今为止的论点是很有用的。我注意到了人性概念的四个不同维度：

(1)主要涉及人类个体还是社会群体；

(2)到底主要涉及情感、行动还是意义；

(3)是形式化的还是实质性的；

(4)是承认改变还是坚持不变。

我们可以想象一种对人性概念的调查，调查一个社会中人性概念的不同维度如何发生变化以及何时会发生变化。或者我们可以看看这些不同维度之间存在的逻辑约束和关系。尽管这些事情可能很有趣，但它们不是我自己最直接关心的问题。我主要关注的是第四个不同点：与完全基于过程论原则的社会本体论兼容的人性概念的形式。如果一个人认为世界永远处于变化过程中，那么人性的概念会变成什么呢？

---

① entelechy/entelecheia 的中文译法多种多样，如生机、实现(性)、隐德莱希等，并无定论，其出处见亚里士多德的《论灵魂》412a，10。——译者注

过程论思想中的人性

我已在其他地方勾勒了过程论的本体论。[①] 过程本体论从解释社会变化这一问题开始，它通过假设变化(而非稳定)是社会生活的自然 24
状态来解决解释变化的问题。这一做法使得解释稳定性成为社会理论的核心问题。在过程论观点中，当我们谈论稳定时意味着我们观察到了事件的世系，这些世系随着时间的推移或多或少地重复发生。也就是说，社会过程由流动的事件组成。在这股流动中，各种事件以非排他性的方式联系在一起形成世系。在我们看来，世系构成了我们在大多数社会理论中认为处于微观层面的存在：人格和社会群体。

与我们所熟悉的亲属血统一样，这样的世系具有模糊性和边界复杂性。它们在社会生活中不断地被重制，虽然它们具有某种内在的连续性，但它们并不是简单实现了的亚里士多德式的生机。我们即人格(we are personalities)，不是因为我们有某种内在指针，由生物学甚至是儿童期性特征所决定；我们即人格，是因为我们不断地通过在以前生活中创造的经验、记忆、可能性、联系等重制自己。此外，我们的人格不在自己的完全控制之下，因为他人的反应是基于他们想象中的我们的人格，而不是对人格本身或我们想象的人格做出反应。因此打个比方，我们的感觉器官不是人格的唯一业主，而是主要股东，不时

① 这一过程本体论在《院系与学科》(Abbott 1999)和《攸关时间》(Abbott 2001b)的后记中我已做了一定程度的阐述，尽管这两个论述都不系统。(我在后文都直接以标题引用这两本书。)在我撰写后来成为本章的论文时，我希望我对本体论的完整陈述——当时已经体现在一本关于这一问题的书的修改稿中——将很快出版。不幸的是，这还没有发生。这一本体论的重要部分——如编码——已经在前一章中第 15 页脚注①和第 18 页脚注①中提到的相关部分中得到了讨论。

地与一些脾气暴躁的“局外人”进行代理权争夺。此外我们的感觉器官被卡在一个身体里，这个身体只是部分地受感觉器官的控制，但部分控制的现实在一些重要方面限制了感觉器官：通过疾病、贪欲、疲倦，或者让身体变成许多其他的东西。

在这样一个世界里，人性的通常元素被分解了。社会团体和个人并没有完全分开，因为两者都是由事件定义的世系。若一个特定事件是一支世系的一部分，这并不会妨碍它成为另一支世系的一部分，就像我属于阿伯特世系并不妨碍我进入奥恩、德拉诺、迪迪、奥谢、奥马霍尼、林奇和凯利赫世系。[①] 任何事件都同时存在于许多社会“事物”中。此外，这样的本体论还将笛卡尔式个体分解为至少三个部分：身体、感觉器官或意识，以及人格。因此，一般的人性概念的首选——无论是认为人性在个体中还是在群体中——都不再有意义。

至于下一个维度——情感/行动/意义——我在本章没有特别的简要介绍。然而，我倾向于把情感当作在我们在身体/感官/人格**边界上**建立世系时产生的经验模式；倾向于把行动当作与人格之间有关、社
25 会实体之间有关、人格与社会实体之间的边界有关的经验模式；倾向于把意义当作使用文化材料来阐明与所有其他世系之间关系的经验模式，甚至是通常使用文化材料来阐明在其他世系内部的关系的经验模式。基于这些假设，人性概念再次被分解，因为在这些经验的一种或另一种经验模式中，未必存在某一类型的永久稳定性。此外，如果这种稳定性确实存在，很可能它们间不可区分，因为这三种经验模式都只是单一过程的不同方面。

但是第三个维度(形式/实质)和第四个维度(变化/不变)显然在任何基于过程本体论的人性概念中都处于核心位置。由于我的本体论依

---

① 这些分别是作者父系和母系三代内的血统/世系。——译者注

赖于变化，所以我的人性概念也必须依赖于变化。此外，由于我希望任何这样的概念是一般化的，我必须使我的人性概念大致形式化。上面给出的相对性概念开始了这一行动。在这个概念下，如果某物是离散个体世系中变化最缓慢的一部分，那我们便称之为“人性”。从这个意义上说，它是每个个体的“传统”，我们可以将它的一般化模式称之为共同的个体“传统”，即人性。

请注意，根据这一论点的推论，随着个体寿命越来越长，人性将在世界的团结中发挥越来越大的作用。①（我们在第一章中看到了这一论点。）在一个人均期望寿命达到70～90岁的世界里，“传统”——在持久的**社会**事物这一特殊意义上来说——显得越来越渺小。除了外在形式，几乎没有什么社会结构能持续那么长的时间；与个人相比，它们的实践、信仰、承诺、记忆和组织以惊人的速度变化。

更重要的是，当一个社会过程中所有微观实体都是由事件的世系构成时，在这样的世界中重要的“本性”并不在于世系的特征，而在于世系形成过程本身的规律。因此，“人性”由那些控制社会世系“稳固性”的事物组成；由塑造了将世系稳定为人格和社会群体的过程的事物组成。

我已经在第一章中写了该过程的一个方面，我称之为**历史性**。我所说的历史性，是指一些过程的总和，在这些过程中事件试图在持续中的**现在**留下相对永久的痕迹。在任何特定的时刻，严格意义上的**过去**不存在。只有那部分能影响**现在**的**过去**存在，它们以某种方式把自己编码进持续中的**现在**，当**现在**以永恒的方式不断进入被忘却的**过去**

① 根据与作者的交流，随着个体寿命的增加，个体能够获得的体验越来越多。在此过程中，个体人性的内在统一在所有个人和社会实体之间的联系中扮演相对于过去而言越发重要的角色。此处的团结（solidarity）意味着世界上各种各样的感情或行动的统一。——译者注

26 时，留下可以不断地自我复制的痕迹。因此，历史性的载体是任何社会生活描述的中心。（事实上，这在社会世界的非过程性解释中和在过程性解释中一样真实。）

我已对历史性做了四个方面的区分。第一个方面是有形物质的历史性。对于社会事物来说，物质历史性是指建筑、道路、城市、物理基础设施等在最广泛意义上所建造的环境。当然，对于个人来说，物质历史性的核心是身体本身，它记录了过去的疾病接触、过去的使用和误用，等等。至少在现在，拥有这样一个身体是人类本性的一部分，我指的是“拥有”这样一个身体所包含的一切，特别是死亡。正如我们在 20 世纪将死亡推迟近了 20 年后发现的那样，社会进程部分地通过人类个体的常规死亡而发生，这是极其重要的。[①]

历史性的第二个方面是纪念性——记忆在头脑中的存在。在生物个体中我们对此很熟悉，但正如我在前一章中所说，一个特定的个体感觉器官只包含与该生物个体相关的全部记忆的一部分：其余的记忆都在前男友、修理工、同事等“其他人的大脑”中。当然，社会团体也有这样的记忆，但他们的分布要均匀得多。没有哪一种感觉器官拥有绝大部分的记忆，因此，尽管社会群体在短期内的变化速度比个人快得多，但从长远来看，它们受死亡的影响没那么严重。

历史性的第三个方面是记录历史性——以书写、电影、数字化或其他长期存储形式创造体现过去的记录。记录之所以重要，是因为相对生物继承的不可避免过程（死亡），记录是安全的。有趣的是，社会实体产生的记录比个人要多，个人的记录主要存在于头脑中或他人的

---

① 在第一章中，由于我只谈论个人，所以我用“生物历史性”（biological historicality）这个词来形容我在这里所说的（个人的）物质历史性（corporeal historicality）。社会群体的物质历史性不仅存在于身体中，也以“实体形式”存在于建筑物、城市、公路等物理基础设施中。

口中。(注意，这一形态正因社交媒体的出现而改变。)因此，在大多数时代，传记是一种比制度历史更困难的艺术。毫无疑问，部分原因是社会实体通常被认为比个人“更大”，尽管正如我们所看到的，这种说法在很多方面并不真实(特别是在时间持久性方面)。

综上所述，这三种历史性形态的各种内容可以称为**实质历史性** 27
(substantive historicality)。实质历史性包括记忆、特性、经验、相互关系和特定同期群共同拥有的资源。正如美国社会保险体系即将破产的迹象所显示的，即使是简单如我这代人——美国婴儿潮一代——的“记忆”这样的物质历史性也会对当前的现实产生巨大的影响。[1]

因此，“人性”的第一个关键部分就是**历史性的特性**(quality of historicality)。我们并非在每一刻都重新开始社会生活，而是被裹挟在一部分的过去中开始生活。这部分的过去被编码进我们所体验的社会过程之中。人性从根本上是历史的。

“人性”的第二个部分是简单的**经验的序列性**(sequentiality of experience)，即我们以特定的顺序体验世界，一个事件接一个事件。这种特性有许多指标。第一项是我们现在的经验相对过去而言占主导地位。我不想为这种支配地位假定某种规则的函数形式，尽管显而易见，人们倾向于将其与对未来的前瞻性贴现函数进行类比。因为即使有这样一个函数，它显然必须随着年龄的变化而变化。随着个人年龄的增长，更深的过去会在他们的生活中占据更重要的地位。(我将在第六章中回到这个主题。)

第二项经验的序列性指标是我们可以称之为“**叙述动词**”(narrative

---

[1] 第一章将实质历史性作为第四种类型。在本章中，我拓展了前三种类型的定义，并将它们的全部内容重新定义为实质历史性。当然，正是这一内容在数百万人中的特定安排构成了编码在远处产生“更大力量”和历史行动的手段。此处不考虑该安排的细节。

verbs)的大量集合，与阿瑟·丹图(Arthur Danto)的“叙述句”概念类似。① 这些动词预先假定了两个时刻。这样的英语动词都以“re-”开头，如“rewrite”和“remarry”，因为这些动词的前提是早期事件(分别是关于书写和婚姻)发生在过去的某个时点。但我们还有更明确的案例，如“to regret”。若没有过去，则无法后悔。后悔不可避免地涉及过去的事件(当然，这可能是希望但“未发生”的事件，也可能是发生了不希望有的事件)。因此，在动词“debunk”“betray”“remember”和“forget”中，每一个都将当前的行为与过去的行为或情况联系起来。一切都表明经验的序列性。我之前已提到世系是我们所观察到的微观社会世界的基
28 础，所有这些动词都准确地描述了将事件编结成或抽离出世系。在一个事件和过程的世界里，这些编结的过程是“人性”的核心。

但对于这种序列性有一个更为具体的持久假设，在我看来，这似乎贯穿了社会世界的大多数过程论方法。这就是**习性化**(habituation)的概念。大多数社会思维的过程方法似乎理所当然地认为，随着时间的推移，人们(事实上，可能还有社会群体)会养成习惯。对于这些习惯是好的(杜威)还是坏的(韦伯)存在分歧，但“习性化普遍存在”这一假设似乎是对人类本性进行过程性思考的主要实质性信念。

习性化假设有可能是一种意识形态，尤其可能是一种19世纪的人性意识形态，包括对成就、新奇和进步永不停息的渴望。人们可以很好地想象大多数文化都会涉及习惯的概念，习惯的出现似乎是生活世界中经验的一个明显性质。但是习惯的存在并不一定意味着它——特别是习惯的危险和邪恶——应该是一种文化中的主导思想之一。然而，这些信仰显然是现代世界人格意识形态——更广泛地说是文化意识形

① 丹图(1985)2007，第八章。在后面的章节中，这个参考将重复出现几次。[在本书中，narrative同时作为“叙述/叙事”出现，兼顾在人文传统(如丹图)和社会科学传统下不同的译名。第四章将着重讨论叙事问题。——译者注]

态——的核心。事实上，现代性的大部分主题，不仅认为习性化是普遍的，而且认为是坏的；事实上，过去一般是被拒绝和超越的。这也就是说，我们关注的是习惯的某一面：进步的理念。

一种不那么意识形态化的说法是，我先前关注了**记忆**——**过去**在**现在**的存在——意味着同时关注**期望**——**未来**在**现在**的存在。因为如第一章所述，如果**过去**是以被编码的约束存在于**现在**——历史性形成了实质性的限制——那么**未来**是以(被编码的?)可能性存在于**现在**，因为对**未来**的叙述又回到了可能的计划中。[①]

在这里我们可以复制我先前论点的逻辑：考虑未来可能对当前的人性产生的影响。其中最明显的含义是自由选择(freedom to choose)的特性。因为**现在**的其他可能性让我们可以自由地演绎各种**未来**。可以肯定的是即便这些**未来**受某些约束，它们仍然可以保持足够开放，因为我们需要不断地选择计划以行动或不行动。在我看来，这也是过程 29
论框架中人性的一个基本概念：不仅有习惯，还有选择。第九章和结语将探讨这个事实对我们的道德经验的影响。

展望**未来**，我们再次发现近在咫尺的**现在**的主导地位。正如即逝的**过去**最明显地包围着我们一样，眼前的**未来**往往也是我们选择的主要基础。当然，这一问题在关于双曲贴现和指数贴现的文献以及更广泛的关于时间偏好的文献中都得到了很好的研究。一个研究较少的问题是我们何时想要我们的结果？现在？以后？或是永远？对当前的关注被建立在通常的贴现概念中。事实上，“现在确实是历史上最重要的时刻”是建立在19世纪的观念下的，这个观念仍然支配着我们的世界，包括计算机、太空旅行和放射肿瘤学。[②]

---

① 我将在第七章中对习惯和进步的概念进行更广泛的讨论。读者可能会认识到这种对记忆和期待的观点是圣奥古斯丁《忏悔录》第十一卷的核心论点之一。

② 第六章和第七章将更广泛地讨论进步和方向的问题。

因此，序列性在**未来**和**过去**以及在两者之间的转换中都很重要。在这里，我们也发现了同样的叙述动词，同时指的是一个**现在的**时刻和一个**未来的**时刻：预言、预见、承诺、欲求、期望、恐惧、期待。这些动词描述了我们在前进过程中对事件的选择：我们选择什么事件作为我们自己的一部分，以及我们拒绝什么事件。因此，我们看到，个人在正式意义上以叙事方式体验他们自己；或在简单意义上，向自己讲述自己的故事。因为他们不断地在事件的流动中演出他们自己，从而形成了一支正在展开的世系：自我。

当然，这也同时发生在社会群体身上，尽管社会群体在演出自己的过程中对身体的使用与个体对身体的使用有很大的不同。但是，这种使用在一般形式上是相同的，嵌入在事件的流动中，并在分离其他事件的同时将某些事件永远编结到世系的组织中。

因此，当我们沿时间向前看时，序列性弥漫着人性，就像我们向后看时一样。正如我之前提到的，很明显，当以过程理论回顾**过去**时，习性化似乎是一种关于人性的必要假设。同样，当过程理论**向前**看时，相关的进步和新奇概念也占据主导地位。杜威是这里最清楚的例子，他彻底的乐观主义没有被两次世界大战、法西斯主义和其他20世纪的
30 恐怖所打败。当然，进步的理念可以很好地融入其他的理论框架中，并且很可能被认为是现代普遍的人性意识形态之一。

同时，正如习惯有时不被认为是不断进步的专业知识(杜威)而作为一种僵化的惯例(韦伯)，新奇有时被认为是进步[奥格本(William F. Ogburn)]，有时仅仅是时尚[索罗金(Pitirim Sorokin)]。不同种类的人性假设和对它们的不同评价在这里是明显可能的，甚至在过程论阵营中也是如此，对它们的评价取决于一个人是悲观或乐观。然而，人们总是假设未来会走向某个方向。至少在社会科学中，还没有人既采取过程论的立场，同时也为一个随机的、无方向的**未来**而争辩。

最后，我应该指出人性的过程论概念的两个方面，这两个方面包含在我的本体论假设中，而我的论点都基于这些假设。第一，我一直假设一个局部位置的概念。世系在局部形成。它们更容易接触到社会过程的某些部分。它们有一种“此时此地”的性质，不同于整个过程中的大多数其他“此时此地”。也就是说，每一支世系在这个过程中都有一个特定的位置，成为某个特定的人或事物，这是人性。自相矛盾的是，特殊性是普遍存在的。

第二，虽然我没有分析人类经验的三个区域——情感、行为和意义，但在我看来，这三个区域至少有一个基本属性产生于人类生活的社会性。这三个区域中的每一个都产生了一个概念，成为评判它的标准。这只是一个经验事实，从我们所了解的任何社会或文化的考察中都可以明显看出。对于情感，标准是我们可以称之为同情的东西，一种“存与性”(being-with-ness)。对于行动来说，这是“应然”(oughtness)。对于意义和象征，标准是“真实”(truth)。关于这些标准的内容，我不准备多说。这些内容的多样性超越了所有的想象。也就是说同情并不一定意味着像我们文化中认为的那样，为某人感到难过。简单而言，同情意味着，任何我们已知的文化都有一个标准来思考个人之间，甚至社会实体之间关系的正确性(rightness)。同样，应然不一定意味着当代的法律和道德，真实也不一定意味着与现代科学的要求一致。我的意思是，这些标准的某些版本涌现在所有已知的人类生活形式中。

最重要的是，它们一起涌现。我们常常认为真实和应然是分开的：“是”(is)与“应”(ought)。我们常说马克思和进步主义者这样的思想家
“**是**且**应该**并肩一起”。更有可能的是他们自然就是一起的，而我们现 31
代人则假装他们分开。因此，我们通常将社会行为视为纯粹的物质的和因果的(在社会科学中)，然后再另行将其判断为对或错(在法律中)。

这一过程的“追尾”（tail-chasing）特征十分明显。更一般地说，人类最常见的联系方式“是”且“应该是”表演性的——通过建立一系列“应当”来定义一个世界，然后我们把它们当成真实。在现代世界，我们假装情况并非如此。我们相信我们有无内容、形式化的社会应然（效用、正义等），把这些应当的实质留给个人，把我们的注意力集中在以最狭隘、最物质主义的方式构想的真理上。由此我们产生了一种文明，它把注意力集中在诸如“最美味的发酵葡萄汁”和“最有助于人们忍受被事先[*ex ante*]定义的无意义现实的化学物质”上。但在大多数社会和文化中，一种表演性现实的经验占主导地位。这确实是人类作为一个物种所做的事：他们想象空中的沙堡，然后生活在里面。结语将在一定程度上扩展这一论点。

结　论

我已经讨论了人性概念的四个维度：它们在哪里定位人性，它们包括哪些社会经验的区域，它们是形式化的还是实质性的，它们是否承认变化。作为一名过程主义者和实用主义者，我在这些维度的第一个方面拒绝坚定的立场，因为我拒绝个人和社会实体之间通常的尖锐区分。而在第二个方面，我假设人性概念必须处理人类经验的所有区域（而不是情感、行动和意义三者中的某一个），因为我主要关注时间的流动对这些概念施加的性质。这迫使我提出了一个人性的概念，重点关注人（和社会群体）随时间而变化的方式的“本性”：芝加哥学派过去称之为“自然历史”。

关于我自己的人性概念的细节，人性首先植根于物质的、纪念的、记录的三种历史性模式和它们所带来的实质历史性的复杂性。我的概念涉及这些模式的相互作用并塑造作为一个人或社会实体的发展世系

的方式。它也植根于我们所说的“选择性”(optativity)，即人类设想替
代性未来的能力，甚至是社会过程中替代性未来单位的能力。(与未来 32
相关的选择性和与过去相关的历史性类似，但我在此不调查其特定
细节。)

其次，人性植根于经验的序列性，它对过去和未来事件的连续性引用，以及它通过将不同的事件编结在一起，在每一个时刻内对一支世系的不断构建。这一点在大量的动词中得到了体现，这些动词正式地体现了自我的叙事概念，通过定义方向性的行动来定义自我。

再次，人性植根于习惯和新奇的永恒对话中。这两者都可以实质上有意义，也可以是琐碎和空洞的。虽然我的个性很明显是一名实质性的习惯主义者，视大多数的新奇为空洞，但我现在对它们没有什么特别的立场。

最后，人性是围绕着指导我们日常生活的理想来组织的，同时使我们自己和我们参与的社会实体成为现实。这些可以松散地称为同情、应然和真理，但它们有一个实质性的内容，甚至有一种形式本身就建立在社会过程中的特定位置。它们是一种基本的统一体，但我们的文化可以用不同的方式将它们分开(也确实这么做了)。探索它们可能性的界限似乎是人类计划的核心。

33

第三章　关联的生态[①]

介　绍

在前两章涉及的诸多主题之外，我已经开始澄清过程论方法中重要的二重时间性。一方面，一切都在变化，因此一切都是历时性的(diachronic)，甚至社会过程实体本身。实体的涌现仅仅是因为历史性使然。实体作为往往会复发的事件的世系涌现，从而成为传统本体论中看似稳定的个体。特别是物质的、纪念的和实质的历史性提供了联系的基础，为持续中的活动所用。这些联系创造了我们将称为“一个人”或“一个群体”的世系。但是另一方面，由于一切都在变化，所以一切都是偶然的。只有**现在**存在，**过去**的一切影响都必须通过编码来发挥作用。这种编码与瞬间到瞬间的行动相结合，在延续的偶然性**现在**(contingent presents)中保存了**过去**的影响，直至当下的**现在**。在这个共时性的(synchronic)**现在**中，**过去**被编码的部分会产生效应，但影响的方式不是自动，而是与所有的**现在**面临的情况一样：存在被修订和重新定向的风险。

我们尚未考虑的是这些影响到底如何发生：偶然性、约束和行动

---

① 这一章最初是1999年10月在法国社会科学协会的讲座内容，2003年出版了法语版，经过在各大学和专业协会的演讲，2005年英文版发表于 *Sociological Theory*。正如我在前言中提到的，这一章及之后三章将比前两章更学术化。

如何在当下相互作用，将各种瞬时性事件结合成另一个安全的**即将成为过去的现在**(present-become-past)，进而影响下一个接续的**现在**。这 34
是行动的时刻，也是逻辑上接续的编码时刻——乔治·赫伯特·米德称之为“流逝”(passage)。关于流逝的一项重要理论事实是，它发生在复杂的社会关系的网络中。在某种程度上而言，在“水平方向上”时间性的**现在**是巨大的，它有许多子部分、子结构、子空间。这不是经济学家的均衡世界，在那个世界里，每个人都同时通过一个所有人都面对的固定价格与其他人互动。(我们可以创造这样的世界，我们称之为市场，但它们并非自然状态。)这种复杂地存在于时刻中的社会结构(social-structure-in-the-moment)包含了所有来自遥远的**过去**并可以影响**现在**的信息，无论是作为记录或其他形式被编码的历史性，或者更重要的是作为一种邻接和关系的**现在系统**。这一系统是一种瞬时的社会结构，它提供了地点、设施和约束条件，从而塑造了当下可能的行动。

对这种“时刻中的结构”的通称是**生态**(ecology)。通过使用这个词，我当然提及了一个悠久的研究传统，这个传统并没有明确地将自己定义为过程主义。它更多地认为自己是“空间中的情境”而不是“时间中的情境”。但是，正如我在其他地方提出的(Abbott 1997)，这两种情境在实践中的逻辑是相关的。过程主义者对社会时间的方法涉及生态论者在某一时刻处理社会结构的方法，因为被编码的社会结构包含了所有关于因果过去的有效信息，而这是解释“在远处的历史行动”如何对在本体论意义上从瞬间到瞬间地存在着的社会世界发生作用的唯一方法。因此，生态思想的哲学基础在于过程主义；同样，过程主义的哲学基础在于生态。这两个概念是结合社会时间和空间方法的共轭部分。

虽然如此，但生态理论通常被理解为调和两种传统本体论——个人主义和社会涌现(social emergentism)——的方法之一，这些方法体现了明显不同的社会生活观点。所以我们也可以用这种方式作为本章出发点。长期以来，关于社会系统论述的一个争论涉及个人主义者与涌现论者的对立。对于个人主义者来说，社会系统是个体现象加合的结果，通过如市场这样简单的结构进行聚合。对于涌现论者来说，社会系统构成一个独立的层级，其完全的社会结构对“低于它们”的个体现象施加强制力。在这些根本对立的观点之间，长期存在着一些中间观点。在这些中间的叙述中，人们创造自己的历史，但是——容我把
35 马克思主义的格言变成一个过程主义版本——在创造过程中，他们也制造了扩展结构，从而反过来使他们不能在自己选择的条件下创造这些历史。

因此，换一种说法，这一章中我的任务是在这里扩展那些中间概念中最著名的一个——生态的概念。生态论点在社会学中很常见。芝加哥学派在研究行业、互动以及最著名的城市现象(从精神疾病到市场营销)时，几乎无处不用。生态思维在都市研究中仍然很重要，虽然有人反复宣布它的死亡，却只是更显出生态思维的活力，正如最近出现的社区效应的阶层模型所示。生态论点也从物理的都市空间扩展到了抽象的社会空间。沃勒斯坦(Immanuel Maurice Wallerstein)著名的“世界体系”本质上是一个生态概念，汉南(Michael Hannan)和弗里曼(John Freeman)对组织的种群生态分析方法依赖于明确的生态论据，正如麦克弗森(Miller McPherson)对组织和行业采取的类似方法。①

---

① 生态论证常常出现在比较历史的背景下，相比基于案例的叙事和形式化因果比较，它提供了一条中间道路。它包含了比单一个案分析更广泛的事实范围，但保留了叙事的巨大吸引力：偶然的相互作用。人类生态中的经典引文是帕克、伯吉斯、和麦肯齐(1925)2016 和 Hawley 1950。另见休斯(Hughes 1971)关于职业的论述，戈夫曼([1963]2017)关于互动的作品。关于芝加哥学派的“死亡”，参见 Alihan 1938，Castells 1967，Dear 2002。关于阶层模型，参见 Bryk and Raudenbush(1992)2016。抽象的生态论点包括沃勒斯坦(1976)2013，Hannan and Freeman 1977，Rotolo and McPherson 2001。

然而，生态理论通常是特殊而非一般的。例如，社会科学中常见的生态论述考虑了一系列在不同地区的行动者（如世界体系中的国家）所组成的系统。但是，生态论述通常会对这些系统之外的事物做出很强的假设。例如，在世界体系理论中，宗教扮演的是一种尚未被研究的角色；各个国家结合成一种模式化的生态互动，但各种宗教却没有。社会世界只有一部分被认为是受我们称之为“生态”的条件约束；其余部分是固定的。多年来，对于芝加哥学派不愿意研究城市的外部联系、金融结构和政治经济学，外界也提出了同样的批评。①

我在这里用**关联生态**的概念来回应这一批评。我没有把一个特定的生态想象成拥有一套固定的外部环境，而是从关联的生态角度重新认识社会世界，其中每个生态都充当着其他生态的灵活环境。因此， 36
这个概念总体上是一般化的。为了便于解释，围绕一个特定的生态展开讨论是最容易的。我将在这里探讨职业。

因此，就像民族国家、种族等一样，职业构成了一个生态。不同职业希望在竞争中扩大自己，接管这一或那一领域的工作，通过专业知识体系将这些工作组成“管辖权”（jurisdictions）。各种内部和外部的力量不断地为管辖权的得失创造潜力。不同职业通过把握空缺、加强或放弃早期管辖权来采取行动和做出反应。除了这一象征性做法将任务组成可理解的、确定性的管辖权外，各种职业化的结构性器官——有时会变得更强，有时甚至更弱——为职业提供了一种结构性锚定。最重要的是，一个职业发生的每一桩管辖权事件都会导致相邻职业出现新的空缺或新的失败。②

该论点抓住了职业历史中强烈的生态论特征和偶然性特征，并提

① 参见沃勒斯坦（1976）2013：162-165。对于芝加哥学派的这种批评，可参见 Castells 1967，Logan and Molotch 1987。

② 这一段概括了《职业系统》的论点。

供了一种理论上的替代方法以取代目的论史学。在目的论史学中，职业像独立单位一样生长，由内部的生机（entelechies）主宰，就好像职业具有一种“人性”的等价物一样。我在前一章讨论（并拒绝）了该观点。但是，空缺和失败的概念为成功预设了一个标准，而这个标准实际上来自外部。在我最初的解释中（《职业系统》第三章），几个职业对合法控制权的主张被不同的“接收者”（audiences）评判：国家、公众、工作场所的同事。这些外部评判认可了职业的诉求，从而使它们有效地对抗竞争对手。但管辖权的外部裁判从职业系统之外获得自己的合法性。通过不加批判地认可外部力量，我们犯了上述错误，认为这些外部世界的国家、公众或工作场所仅仅是接收者：他们是固定无误的实体，能恰当地判断职业权威的诉求。

但举例来说，国家并不是一个简单和统一的实体。恰恰相反，它本身就是一个生态。国家是复杂的互动结构，充满了相互竞争的亚组，并被生态力量所支配，这与推动职业系统的生态力量非常相似。由此可见，国家对某一职业管辖权诉求的承认比我们想象的要复杂得多。像执照这样的管辖策略不仅必须在职业系统内取得成功，而且必须在
37 国家生态系统中取得成功，这两种成功通常来自不同原因。要做到这一点，任何这样的项目都必须在两个生态系统中同时生效。

都市过程中也有类似模式。在简单的生态模型里，城市或地区性的房地产模式来源于在这个市场上运作的企业的区位竞争。但事实上，这些模式不仅源于房产公司和开发商的生态竞争，也源于其他生态：一般商业部门、非营利性部门和政府部门。任何一个成功的开发项目都必须同时把所有这些生态中的某些参与者结合在一起。因此，在区域空间生态中竞争的行动者并不是真正的单一行动者，而是一个将一组公司、政府机构和志愿者协会联系起来的联盟，与其他由公司、机构和协会组成的联盟对抗。联盟的成员在个体生态系统中互相竞争，

但联盟的获胜是因为这些局部竞争的结果可以被整合成一个整体成果。请注意，在这样的系统中，这个或那个联盟成员的历史，以及这个或那个特定生态的历史，最终都来自联盟的历史。因此，系统中最重要的变量是那些促进或约束联盟的变量，以及那些决定联盟各种策略的变量。例如，相邻生态中相对规模的差异可能会限制结盟的可能性；局部生态中成员安排的多元性，以及相互连接的生态之间竞争速度的差异都可能是这样的变量。①

这些例子说明了在不丧失生态理论所提供的最初优势的情况下，关联生态论点有潜力来支撑对社会过程的一般性的分析。生态理论的简单形式使我们摆脱了由于假定“内在发展”而产生的虚假史学(在职业的例子中，是“职业化”思想中隐含的发展观念)。由于考虑到了许多相邻生态同时存在，所有这些生态的参与者都寻求跨生态边界的联盟、 38
资源和支持，因此关联生态的论点超越了第一种生态思维形式。由此，我们可以发现另一层面的偶然性。关联生态的观点提供了一个初步模型以解释过去社会行为的连续轨迹是如何编码到当前社会结构的关系中，成为下一轮行动的地点、设施和约束的。

因此，这一章提出了一个具有双重复杂性的论点，它从前两章轻松流畅的形式转向了全部由学术工具组成的更详细的阐述也就毫不奇怪了。过程论观点不仅仅是一幅草图，它还是一种发展成熟的关于社会生活的取径，可以支持扩展的和详细的经验论证。本章开了一个头，以下四个章节都包含了这类论点。

---

① 这一联盟的论据隐含在萨脱斯(Suttles)的 *The Man-Made City*(1990)中。类似的观点包括在埃布尔关于抽象网络(Abell 1989)和隆关于城市(Long 1958)的论述中。隆将城市描述为“游戏生态”：政治游戏、银行游戏、公民组织游戏、教会游戏等。但对隆而言，联盟只是相对独立、定义明确的游戏之间的偶然联系。在目前的论点中，相对而言联盟将生态作为一个整体的定义单位。尽管如此，这两个论点具有很强的相似性。

本章共分为两部分，第一部分为理论部分，第二部分为经验部分。我们首先要厘清我们现有的生态概念并使之形式化。因此，理论部分从生态分析所需的定义开始，然后对生态的各种属性进行简要讨论。最后对本文提出的特定发展——关联生态概念——进行了理论分析。接下来是用两组非常扩展的例子来说明这个论点的力量。第一组例子说明了生态间联系作为一种偶然现象的重要性。第二组四个更简短的例子表明，几乎不可能在生态之间建立制度化的联系，并且进一步证明了生态间存在着各种不同的力量区隔它们。

到目前为止，这一章比前两章更为详细和充分。大部分之前的阐述都以扩展例子的形式进行。只对理论感兴趣的读者可以跳过它们。但本章的最后一节(关于过度决定和产生生态的条件)确实再次拾起了主要的理论线索。特别是我将生态视为潜在的一般化概念，诸如市场、层级制等事物都可以被视为其特殊情况。

生态的形式结构与关联的生态

定　义

当我们把一组社会关系称为生态时，指的是最好从多个既不完全
39 相互约束也不完全独立的要素之间的相互作用来理解它。因此，我们一方面将生态与机制、有机体进行对比，另一方面将其与原子论和还原论进行对比。后一种对比是直接和广义的：生态涉及单位之间的某种关系，而原子论和还原论只涉及单位本身或其聚合体的性质。前一种与机制和有机体的对比更为具体。当我们在社会世界中遇到完全和常规的整合时，我们会使用“运作方式”这般的隐喻，正如角色理论中(role theory)的“规则控制的系统”。当我们遇到其中元素在灵活的内环境稳态中一起移动的系统时，我们使用有机体的隐喻，正如在结构功

能主义中所做的。与这两者相比，在生态思维中，元素根本不被认为在一起运动；相反，它们互相约束或竞争。“生态”因此命名了一种比机器或有机体更不统一的社会结构；但生态比由古典自由主义下自主的、原子般的个体或微观经济学下依概率性互动的理性行动者组成的社会世界更为统一。

这一语言表明生态的概念是分析性的、隐喻的，而非本体论的。但在这一章中，我将把生态当成事物，即以本体论的方式谈论它。例如，我将把“职业的生态”或“大学的生态”作为特定的社会结构来讨论，而不当成“用其他方式进行划分的结构”这般的隐喻性理解。通过这样做，我排除了一个问题：“生态”这个词到底是指社会结构的一个实际种类，还是仅仅是一个理论框架，我们可以用它来解释各种类型的社会结构？这是很重要的问题，但它太大了，无法在这里分析。

在分析层面上，生态的概念涉及三个组成部分：**行动者**、**位置**和一种将一个生态与另一个联系在一起的**关系**。在职业的生态中，这三个要素是职业本身，一组受控的任务，以及职业与任务之间的联系。因此，这个生态的基本结构似乎很清楚。但我们不应该继续进行看似“明显”的假设，即先有任务，然后才是职业，接着是联系。这是功能主义假定的——实际上隐含的顺序。但无论是作为经验判断还是作为分析前提，这都不正确。除了在某种过于抽象而与社会理论无关的意义下，一个生态的诸位置(如职业生态中的任务)并非预设。生态的位置是一个在行动者和位置之间构建关系的过程，这个过程实际上同时构成并界定了行动者和位置。从分析和经验上讲，关系性过程先出现。
我把这个关系性过程称之为**联繫**(ligation)。通过避免用现有的普通语 40
言单词(联系 linkage)，我希望提醒读者，联繫同时构成一个行动者、一个位置和他们之间的关系。[①] 例如，在第一次世界大战中创造出了一种处理受炮弹冲击士兵的精神病学方法，这重新界定了精神病医生是谁，什么是炮弹冲击，而不仅仅是定义了一个已存在的群体和一个给定任务之间的关系。[②]

由于联繫在经验和分析上具有优先性，我们必须记住，行动者和位置纯粹是社会互动的内生因素。这对于位置的概念来说尤其困难。我们熟悉的笛卡尔坐标系使我们总是把空间想象成一个空的连续体(empty continuum)。在这个连续体中，位置由我们从外部强加的规则坐标来定义，而不参考任何内部产生的拓扑结构。但是社会空间与此不同。它没有空位置。它的拓扑结构是在相互作用过程中被相对定义，因而是完全内生的。由此，职业的“位置”——像处理肥胖或酗酒这样的任务——并不依赖一套抽象属性，这些属性在社会互动之前将职业定位在某个抽象的社会或文化空间内；而是由于不同职业在争夺社会上潜在的专家工作的过程中构成了某些社会、心理或生物现象(如肥胖或酗酒)的集合。酗酒介于医学、心理治疗、法律等领域之间的位置，取决于这些职业的活动，而不是来自“酗酒现象”中提前辨别出的变量属性。事实上，这对于酗酒的定义和对其在职业系统中的位置一样正确。

社会空间中没有空位并不意味着所有社会空间的“构成”都一样。

---

① ligation是一个生化术语，意思就是联结/连接。但作者希望用这个不太常见的词语提醒读者联繫“同时构成一个行动者、一个位置和他们之间的关系”。为了突出这种视觉上的反差，我用了繁体的“繫”。——译者注

② “联系”(linkage)一词稍后将专门指不同生态主义者之间的联结(connections)。除了这一术语的变化外，本节对职业生态本身的论述直接概括了《职业系统》的论点。炮弹冲击的示例在Abbott 1982：266-275，459-461中进行了讨论。[请注意在作者后续的写作里(本章最初写于1999年)，linkage的含义有所改变，指的是事件之间的联系(the tie between events)。——译者注]

例如，有一些“潜在的可职业化的工作”的领域目前构筑于松散的常识理解下，就像以前称之为“变迟钝”的现象，后来变成“老年痴呆症”“器质性脑综合征”，最后变成“阿尔茨海默症”一样。相对于一个特定的生态，对于还没有形成特定位置的经验的一般性区域而言，用一个正式的名称来命名很有用的。我将把这些区域称为“竞技场”(arenas)。这个术语并不包含“竞技场在某种程度上是由社会功能所预先定义的”这样 41
的概念。[①]

在我们对第二个生态，即大学系统的观察中，对这些概念细节的仔细关注会体现出作用。在美国，高等教育由几千所机构组成，每一个机构都构成了一个组织性的势力范围，其中各个学科、专业和其他专家组一方面争夺控制研究和教学的物质资源，另一方面争夺知识和智识领域的控制权。这个生态中的行动者并不像职业那样是固定的、互相之间专属划界的群体。它们的内生性更明显。但它们是相当确定的社会事物。其中一些是职业本身，另一些是定义明确的学术学科，还有一些是潜在的职业、学科和跨学科，它们不断地从专业化和跨学

---

① 当然，作为术语，“竞技场”可能存在一个无限回归的论证，因为我没有给出定义或划界竞技场的方法，也拒绝将它们按功能定义。要解决这种无限回归，除了直接讨论之外还需要一些论据，但在这里，我简单地给出了一个粗略的答案：我们可以合理地谈论竞技场，因为竞技场是由社会过程的过去状态所定义的，正如先前常识分类给出的例子所示。任何社会世界都不可能不包含某种预先存在的拓扑结构。因此，合理的设想是，“位置”在“竞技场”中被新近定义，它既不由当前的位置定义形成，也不由普遍功能形成。我很遗憾似乎本章使用的术语有些任意倍增，但只有严格的定义才能驯服常识术语的多义性(multivocality)。以下术语在本章中具有特定的含义：竞技场(arena)、接收者(audience)、化身(avatar)、束(bundle)、生态(ecology)、铰链(hinge)、管辖权(jurisdiction)、联系(linkage)、联繫(ligation)、位置(location)、地位(position)、设置(setting)和解决方案(settlement)。(这些术语部分来自《职业系统》的中译，根据本章的语境我做了微小的调整：例如，arena 本来被译为“场所”，以及后文的 heartland，在本章被译为“核心地带”，之前译为“核心业务”。——译者注)

科的空间中凝结出来(condensing out of specializations and interdisciplinary space)。这些行动者之间的变化要比职业间的变化快得多，而且个人在它们之间的流动要比他们在职业之间的流动要快得多。

这个生态中的位置——这些群体试图控制的事物——在大多数情况下都不如职业中的位置那样为人所熟悉，这主要是因为它们不易具体化——学科知识除外。像大学中的行动者一样，大学生态的位置也显然是内生的。这些位置由教学和研究领域内的地点构成，还包括各种资源：物质资源(财政、基础设施)、人口资源(如学生)，甚至象征性资源(即在某些智识问题上的典型主导地位)都有望依附于它们。在
42 这种学术控制的构成中，位置可以以许多不同的方式进行组合——远比职业生态中有更多的方式和更多的重叠。由于它们与定义明确且相对稳定的职业管辖权有很大的不同，我将使用“解决方案”(settlement)一词来指大学生态中组成的这些位置。学术解决方案可以采取不同形式：特殊的教员、学位专业或专攻、一套课程、或多或少受控制的知识体系或这些知识的不同组合。它们可能涉及研究实践、证据公约，也许还涉及知识应用的系统，以及所有的期刊、学位、会议等结构化机构。解决方案间没有专业管辖权之间强烈的排他性。学术学科之间没有明显的分离，学科通常在方法、理论和主题内容上重叠，有时在风格和传统上的差异大于实质上的差异。

大学生态的其他解决方案甚至更加不确定。例如，博雅教育、课外生活和技术转让都是“非学科”解决方案的例子。每一种解决方案都位于大学生态中的一个位置，与特定教员有关。每一种解决方案都可能有自己的特殊实践和知识形式，以及自己的社会结构、支持和资源。这些“解决方案”也可以看作组织职能，而这正是关键所在。从生态的角度来看这些例子，我们能够正确地将它们视为更具活力的，这也使得大学世界更不像机器而更具偶然性。请注意，这些解决方案通常与

学科性解决方案交错。①

由于本章将“接收者”的概念（从一开始对职业的分析中）替换为“关联生态”的概念，因此对大学生态的接收者进行一些评论很重要。在职业生态中，很清楚谁是行动者，谁是行动者主张的接收者：一方面职业是行动者，另一方面工作场所、公众和国家是接收者。但在大学生态中，还不清楚生态到底在何处结束，以及其中各种主张的接收者从何处算起。我们可能认为大学校董和州立法者完全是外部的接收者， 43
但学生、行政以及在许多情况下外部客户不仅构成类似于职业生态中工作场所、公众和法律这样的接收者，而且还构成内生的行动者。例如，许多类型的大学行政人员都有自己的协会、学位和相应知识。事实上，他们对于学术解决方案的形成有自己的思考方式。如同学科和职业分割了知识世界的各个维度，在这种意义上大学行政“歪曲”了整个生态系统——最先也最多受到影响的是智识维度，对行政来说智识并不重要，他们宁愿围绕学生的类型、资源的类型、教育的类型来塑造大学生态不同的解决方案。我们可以对学生群体提出一个同源的论点。根据此处所用的术语，大学生态可能是接收者作为行动者融入生态的地方，或者用这里所发展的术语来说，是一处两个先前关联的生态正融合成单一生态的地方。

因此，大学生态要求我们将“职业系统”中隐含的生态形象一般化，它迫使我们看到职业管辖权只是一种位置，而其他生态的拓扑结构可能更加重叠和交错。它也迫使我们把生态的边界看作新的问题。然而

---

① 我避免重复使用“管辖权”这个词，正是因为大学生态的位置不像在这个词所暗示的那样明显分离。我在这里使用术语“解决方案”是按照《学科的混沌》(*Chaos of Disciplines*)中的含义(Abbott 2001a：136-144)，我使用这个定义在这里进行分析。在《职业系统》(109～123页)中，我以不同的方式使用了“解决方案”，用它来表示职业和工作之间联系的确切特性：专属控制、劳动分工、客户区分或其他。

从根本上说，它仍然依赖于生态的基本概念，即作为一组行动者、一组位置以及两者之间的一组联系。

一个更极端的生态例子是政治系统。尽管称国家为生态似乎有违直觉，但任何政府都由数十个相互竞争的单位和部分组成。在美国，任何一个特定的地方都由几十个“政府”管理：镇、郡、州和联邦政府，如果只列出标准的同心结构的系列，其中经常添加各种重叠和交错的“部分政府”：学校董事会、水利委员会、污水处理区、区域当局、规划委员会等。即使在奉行国家主义的法国，人们也会说政府和部门都是复数的；最高行政法院(the Conseil d'État)的存在恰恰是为了使行政国家不会分裂成相互竞争的派系。简言之，在实践中“国家”既不是单独统一的事物，也不是由许多部分组成的复杂机器，同样也不是许多个人意志的集合，而是由竞争对手组成的另一种生态，尽管有些成员可以直接接触政府机构。

但是，当我们去政治中寻找生态的基本单位——行动者、位置、联繫，事情就会变得相当复杂。当然，政治有一个非常简单的“可见”
44 生态。政治体系被刻意设计成在正式组成的政治行动者之间发生冲突的环境。例如，民主政治体制下的立法机关、行政委员会和选举委员会可被视为政治体系中一组可见的位置，在这些位置上包括应当行动的政治代表、行政任命对象、选举人和其他正式组成的社会行动者。这些行动者旨在控制这些位置，就像一种职业控制一个管辖权或一个学术学科控制它的解决方案。其他政治活动如果不是非法的，也起码被认为是“非正式的”。因此，至少出现了一个看起来稳定、有组织、完全驯化的政治“生态”。

但是，正如大学生态远远超出了学科范围，政治生态也总是超出这些被正式建构的行动者和他们正式的行动环境，包含了更多的内容。事实上，这些行动的环境成为一个子系统，它只决定政治过程中的中间利害关系，而政治过程实际上发展得更广泛。[①] 在这个更广泛的政治生态中，存在许多种不同类型的行动者：政党、公务员、行政部门、压力集团、记者、各领域专家等。更重要的是，该生态中的“位置”并不是前面提到的正式立法机构、行政委员会和选举委员会；这三者最好被视为简单的竞争环境。从生态意义上讲，由于它们是内生于竞争空间中的地位，所以根本不是位置。政治生态中真正的位置是类似职业中管辖权的事物，政治上被关注的问题构建了政治中的位置。正如职业管辖权是由职业为了面对潜在任务的连续性而构建的，学术界的解决方案则是来自类似的连续性：欲知之事、致知的方式和要教的学生。另一种说法是没有哪个政治团体有兴趣仅仅为了统治立法机关而统治立法机关，它真正想要统治的是一些政治问题、决策和结果。

这些政治决策、行动以及结果才是政治生态中真正的位置，为了
表示它们，我在此后称它们为政治“束”（bundles）。[②] 政治束类似于职 45
业管辖权和学术解决方案。束的例子包括“社会政策”“干预主义经济政策”或“放松管制”。与管辖权一样，政治束没有固定或给定的形态，也没有预先存在的政治拓扑结构。把政治看作事先[*ex ante*]已统一为连贯的问题束是一个错误，这与功能主义的职业理论所犯的错误完全相同，因为该理论认为职业的形态是由抽象的功能需求决定而不是由互动和竞争的无尽过程决定的。政治问题、政策和结果通过社会行动而

① 自由主义国家的古典理论家——其中最重要的是写《社会契约论》的卢梭——设想了一个政治平等的领域，该领域与可能存在不平等的公民社会分离。但即使是卢梭也敏锐地意识到，实践中的政治活动比正式的政府机构的要多得多。这些问题将在第八章和第九章中成为（讨论）中心。

② 数学概念下的 bundle 在中文里的常见译名是“丛”或“纤维丛”。与作者所运用的其他数学概念不同，在本章中“束”的概念并非来自数学，尽管与作者讨论时他表示“丛”所隐含的空间之间映射的关系可能是一个未来的研究方向。——译者注

不是功能上的必要性被彼此连在一起。①

束在一些重要方面不同于解决方案和管辖权。第一，这三个概念明显代表了稳定性的不同程度。职业管辖权在相当长的时期内都很稳定。学术解决方案会比较快地转变，而对政治问题的重新捆束打包会很快发生。例如，在不到十年的时间里，放松管制的问题从民粹主义左翼政治的一部分变成了保守主义政治的主要内容。在美国，类似的重新捆束人们已司空见惯，部分原因是两党制。由两党制带来的政治简化使得捆束变得很严酷。第二，这三种类型位置的分离程度不同。管辖权以排他性关系为模型，而解决方案与捆束更常用的是重叠与巧合。医学对身体健康专家治疗的控制，法律对法庭和司法机关的垄断仍然是一种职业的理想；跨学科是大学中经常出现的理想；而党派联合体是在政治上经常出现的理想。

然而，在所有这三个例子之下的基本概念是生态的概念，由一组行动者、一组地点和它们之间的一组联系组成。这三个要素的性质可能会改变，但概念的基本原理相同。一个生态包括行动者、位置和联
46 繫。联繫是主要的过程，当它在交互中展开时，产生了构成的行动者和位置的模式。这样的模式有时看起来像一个真实的、事先[*ex ante*]确定的结构。正如我们所见，联繫在不同的生态中表现为不同形式，包括管辖权、解决方案、束，并在持续时长和排斥程度上(及其他方面)有所不同。

---

① 任何一个特定政治行动者的目标不一定是掌握这个或那个政治问题，甚至不是掌握这个或那个政治束，而是看到这个行动者所关心的大部分政治问题获得成功。劳曼和诺克(Laumann and Knoke 1987)在他们对美国国家政治领域的研究中，展示了这种生态中行动者多样化的策略。有些行动者完全关心的只有一小部分问题，但在所有场合都要深切地关注它们。其他人则全力以赴，用质量代替数量。请注意，对于专门人士来说，最佳策略是将自己的政策束施加于他人身上，而多面手则希望在他人捆束问题的基础上取得成功。

生态的属性

我之前说过，当生态彼此接触时，我们看到一个生态中的亚组(subgroup)与另一个生态系统中的亚组之间涌现出联盟。这些联盟和促成联盟的接触点成了决定性因素，决定了一个由关联生态组成的系统。但这种接触和联盟的可能性由各生态的内在特性所决定。因此，我们必须首先讨论这些内在特性的不同之处。

我们从行动者及其相关位置的形式开始：行动者和位置的维度、数量和覆盖性模式。在有些生态中，行动者大小一致，在另一些中则大小不一。在分布上，一些生态中包含一两名主要行动者，他们被较小的群体包围，也许还有一些隔离开的行动者。其他生态则更为均一。最后，一些生态有纯粹排他性的行动者，例如，职业通常互相分离。相比之下，政治行动者往往以复杂和不可化约的方式互相重叠，因为单一个体和亚组可以是几个不同的“较大”政治行动者的成员。

当相邻生态在行动者规模、分布和排他性方面具有相同的物理形式时，它们之间联系的展开方式将与相邻生态之间具有不同形式时所对应的展开方式相当不同。因此，当关联生态中的每一个都包含少量排他性行动者时，我们可以期待在两组行动者之间会有简单的对应关系。当它们像上面讨论的政治生态一样，同时具有复杂而透明的形式时，我们很可能会看到短暂的联盟，而同态就不那么重要了。在第三种情况下(相联系的两个生态的物理和结构可能存在很大差异)，情况似乎很难预测，正如我们将在下面医疗执照的例子中所看到那样。

我们还必须考虑被创造出的位置的模式：职业的管辖权、学科的解决方案、政治中的束等。一些位置系统具有高度排他性，如职业管辖权。另一些位置系统则在某些维度上重叠，而还有一些则在维度上鲜明地分离，如学术界的学科解决方案。有时，如在政治生态中，很 47
难在任何地方找到真正的排他性。事实上，正如我们将看到的，各种政治束的确切重叠模式是政治生态的重要利害关系之一。除了重叠的程度不同之外，还在许多其他重要的维度上关联的位置系统可能发生不同。位置可大可小，填充紧实或松散覆盖，等等。考虑到所有这些差异的不同维度，两个生态的位置结构之间的同态程度将对它们之间可以建立的联盟类型产生非常强烈的影响，就像它们的行动者结构之间的同态程度能产生的影响一样大。

最后，我们必须考虑行动者和位置之间的联系，即不同种类的联繫。联繫在生态之间的差异也很大。即使在职业领域，我们也看到了各种各样的管辖权：不仅是专属控制，而且还有分工、客户差异化等。在大学里，学科之间的广泛而实质性的重叠通常伴随着方法论上的鲜明差异；但在某些情况下，则几乎没有实质性的重叠，解决方案确实完全具有排他性。更宽松的解决方案，如博雅教育或技术转让，也有从排他性到相互渗透等各种程度的类型。在政治生态中，各种各样的问题和政策可以以无数种难以想象的复杂方式捆绑在一起。正如我所指出的，这些捆束方式趋向于稳定地变化。一般来说，联繫包含一长串变量：排他性、强度、划分类型、法律地位、外部认可等。与行动者和位置一样，为了理解联繫为它们之间的结盟提供了怎样的可能性，最重要的是我们必须在不同生态中详细比较不同联繫。

对相邻生态的内部形态及其同源性的分析必须辅以对其不同时间结构的分析，因为时间结构也影响着生态之间联系的可能性。正如生态的共时竞争空间中存在着行动者和位置的数量、模式和联繫的问题，一个生态也存在着不同时间颗粒的问题。行动者、位置或两者之间的联系都有节奏和周期。职业生态，以及更广泛的工作生态里最重要的趋势之一是行动者节奏的历史加速。在19世纪，职业人员在青年时期开始学习，此后终身不需要继续教育。但是到了19世纪、20世纪之交，以工程师为例，他们在职业生涯结束之前就已经开始看到他们的知识过时了。其他职业也紧随其后。今天，几乎所有的职业都面对着如此快速的节奏。然而，当知识不能持续到职业生涯的尽头时，职业 48
生涯的概念就会受人质疑，而这反过来又开始挑战职业本身的基本人口构成。职业人口最初由具有共同职业生涯模式的个人组成。尽管信息工作在当前经济中具有巨大的重要性，但我们清楚地看到“信息职业”未能在职业生态中成为稳定和有效的行动者。一个直截了当的事实是，知识的转变太快使一个真正的信息职业不可能出现，除非这个职业的设计围绕一个生命阶段的概念(life-stage concept)重新组织自己。[①]

由于一个给定的生态有其自身的特征性节奏，两个生态之间的联结可以依赖于这些节奏之间的平行和差异。正如我们下面将看到的，医疗执照一直是19世纪医生们关注的一个重要问题。但对于他们所面对的政治系统而言，其重要性只是偶尔出现。结果是多年来医生的盟友经常改变，因为他们在政治生态中找到的朋友对他们基本不感兴趣。因此，不仅相邻生态的共时性结构会对它们之间的联系造成区别，而且它们的时间结构也会对之造成区别。

在阐述了影响生态之间联系可能性的各种差异之后，我们便可以回到最初的问题，并将生态之间的联系理论化。综上所述，关联生态的概念认识到，任何特定生态内的事件——管辖权主张、解决方案的模式和政治效能感的变化——都是相邻生态事件的人质。在《职业系统》中的“生态/接收者”模型中，这种人质关系被认为是一种外部判断。国家或公众对专业管辖权的要求做出判决，并以外部理由接受或拒绝接受这些要求。然而，在关联生态论点中，这种人质关系更是相互的。双方都是生态，双方都在寻找交易之外的东西。为了在一个生态中取

---

① 的确存在这样的生命阶段行业，如快餐厨子(short-order cook)，但他们往往难以组织集体行动。见Abbott 2005以及第一章中给出的示例。关于信息职业，参见《职业系统》第八章。

得成功，一个特定的竞争策略因此必须为邻近生态的盟友提供结果。重申一个先前的例子，医疗执照的通过(或被取消)仅仅是因为这样做不但为医生或他们的“非常规”竞争对手提供了回报，而且也为一些政
49 治团体对抗其政治竞争对手提供了回报。例如，执照可能给予公务员理由去要求更大的预算，从而在公务员与立法者之间的冲突中帮助前者。

导致这些双重奖励的问题在两个生态内各不相同，我将称这些问题为**铰链**(hinges)。生态内部和生态之间的共时和历时模式为跨越生态边界的行动者和位置之间的联盟创造了可能性。探索这些可能性的是各种生态间的联系人，他们私下耳语和谈判，从而建立未来的联盟。在这些探索中，铰链逐步出现：那些在两个生态中同样奏效的策略。请注意，一条铰链提供的不仅是不同的回报，而且实际上在它所联系的两个生态中可以是完全不同的类型。再举一个医疗执照的例子：我们将看到，在医疗界，铰链是联繫的一个特征，而在政治世界里它是一个有争议的位置。

事实上，这种我们称之为**铰链轴**(axes of hinges)的差异很可能是使生态分离的原因。如果两个相邻的生态为同一种资源争执不休，而问题在两个生态内占据着相似的轴，那么就几乎没有什么能阻止生态间的融合。正是因为不同职业内的政治的组织形式不同——围绕不同问题、拥有不同类型和性质的行动者、拥有不同的位置概念和联繫概念，以及不同的节奏——所以职业的世界并不是简单地融入更普遍的政治世界。

这种分离的一个很好的例子是社会学本身的出现。它首先始于一个更大实体的一部分，即进步主义改革运动，其基本活动领域不是大学，而是政治。19世纪末随着大学制度逐渐凝聚成新的形式，正好位于大学里的改革者们形成了一些改革，其中一种地方性版本的改革便

是社会学。社会学直到20世纪30年代和40年代才摆脱了与政治世界的最后直接联系。但是1900年以后大学扩张所带来机遇在创造了学术社会学的同时也创造了一种全新的竞争。这种新的竞争定义了社会学与周围出现的其他(新)学科竞争的方式:人类学、政治科学,以及稍微古老些的经济学和历史学。最终这些竞争方式,如"本科专业"和"学科专业化"的概念,意味着学术社会学必须从改革中分离出来或融入社会工作的学术教学中。但这个学术竞争的条件并非被事先[*ex ante*]规 50
定的。它们产生于学术环境中学科本身的内部冲突。①

正是这种新的竞争竞技场有时有能力把自己建立成独立的生态。这使得生态分析作为一种一般化策略颇有价值。否则,社会过程将简单地由一个未分化的流动(就像在历史学中的纯粹偶然理论所认为的那样)或一个系统性地扩散和分化的系统(如帕森斯那进化的功能主义中所述)组成。但是,通过将生态视为当前的竞争场所,这种竞争可以联系在一起,甚至在某些情况下可以合并或分割,我们可以在不假设任何固定或功能结构的情况下,降低社会过程的偶然复杂性。

为了评估这一论点,我们需要考虑一些关联生态的例子。我将以职业体系为我的核心生态,研究它与周围生态之间的一些联系案例。

关联生态:实例

职业生态和政治生态

为了展现以关联生态方式进行的分析,我从两个医疗执照的例子

---

① 关于社会学的早期历史,参见Turner and Turner(1990)以及*Department and Discipline*,Abbott 1999,chap. 3。请注意,"铰链"的概念在某种程度上与Padget and Ansell 1993"稳健的行动"(robust action)的概念一致,两者都涉及不同结构之间经纪点(brokerage point)运作的重要性。

开始。执照问题将职业和政治生态结合在一起。在第一个例子里——19世纪纽约州的医疗执照问题——行动的成功源自一次成功的铰链行动：废除执照同时带来了政治和医疗两方面的回报。在第二个例子里——同一时期英国的医疗执照问题——行动失败了，因为尽管它在政治生态方面取得了成功，但它在职业生态方面未能提供足够的回报以动员起一个充分的支持联盟。

以纽约作为第一个例子，我首先从行动者、位置和医学生态联繫史开始。[①] 在19世纪纽约州的医学生态里，行动者包括三个不同的医
51 学派别：对抗疗法派(allopaths)，他们继承了稍早期的英国和欧洲大陆医学；顺势疗法派(homeopaths)，19世纪40年代来自德国的新派别；折中派(eclectic)，他们试图接受所有的方法。还有汤姆森派的草药医生(botanical doctors)和一大堆助产士、药剂师、药商和其他角色。与后者没有组织或者组织不佳的情形不同，这三个医学派别走的是职业化的结构性道路：拥有期刊、学会、以大学为依托的医学院，等等。这条道路的一个关键部分是颁发职业执照。执照通常被认为是由州政府授权用于惩罚那些不受学派认可而行医的人。但由于这三个派别做不到互相承认，协调行动不可能发生。

这些不同行动者之间争论医治人类身体的问题。通过管辖权的斗争，这些问题构成了我们现在认定为“健康”的管辖权。但在19世纪，健康管辖权到底包含哪些内容尚不清楚。例如，婴儿分娩直到19世纪期间才被“医疗化”，甚至都没有完全地“医疗化”；分娩通常被认为是一个家庭事件，而不是一个健康事件。

---

① 纽约州医学史上最重要的资料来源是Walsh 1907；Duffy 1968，1974；以及Van Ingen 1949。关于全美国的医疗执照，Rothstein 1972仍然是最重要的来源。一项详细的研究是Rosenfeld 1984。关于法律史，我遵循了Walsh 1907的叙述，细节来自我自己阅读的立法机关议事录。

在联繫方面，19 世纪的大部分时间里，所有不同的行动者团体都在争夺医疗工作的各个领域的控制权。高阶职业以专属管辖权为目标，低阶职业以保留一个自由的、对所有人开放的领域为目标。在 19 世纪早期，对抗疗法派数次赢得又失去了专属管辖权，但大约在 19 世纪中叶，杰克逊式的放任自由完全开放了医疗工作。在 19 世纪的最后三分之一时间里，三个主要流派大致平行建立，伴以对其他行动者的各种限制(尽管执行力往往很弱)。

最后在 1907 年，出现了对所有这些势力范围的全面重组。在目的论史学中，这是所有 19 世纪职业化的来来往往所趋向的目标。相反，从关联生态角度来看，1907 年的执照制度意味着出现了一个机构系统，为终止一种形式的管辖权竞争提供了一个可接受的基础，同时也开始了其他形式的管辖权竞争，无论是在医学上的还是在政治上的。[①]

在整个 19 世纪，三个派别的医生人数远远不够，更不用说靠对抗 52
疗法一个派别的医生来满足全州的健康需求。于是在实践中，管辖模式往往是一种客户区分(client differentiation)，派别医生们服务地位较高的客户，其他人服务地位较低的客户。然而，正如我们在考虑生态之间的联系时会看到的，有许多特定的医疗“位置”，实际上是应政治制度的要求而构筑。同样在那里，高阶治疗者的目标是建立一个小团体的专属管辖权，而低阶治疗者的目标是摧毁它。

与这种相对简单的医学生态相比，政治生态极其复杂。首先，政

---

① 参见 Rothstein 1972，最重要的是 Rosenfeld 1984。关于顺势疗法派，参见 Kaufman 1971。在整个 19 世纪，几乎每年都有人提出新法律来规范医学实践，但大多数都消失在众议院的公共卫生委员会中。我在这里报告我自己对州文件的回顾结果。任何关于纽约政治的未被引用的主要论断都来自这些回顾。从 1792 年到 1907 年，有八个成功的项目旨在加强药物管制。这些成功可能建立在二十次至三十次失败之上。此外，还有四个到五个成功的撤销或推翻监管的提议，以及相应的相当多的失败尝试。

治活动的场所很难界定。美国那出乎意料的国家形式为政治创造了三大环境——城市、州和联邦，但并没有真正决定哪些政治问题需要被解决，在哪里解决，为什么要解决，全国性的问题——如一直持续到内战的蓄奴问题和战后的重建——形成了一些政党，但不是全部政党，其余的纯粹属于地方政治。至于城市和州的政治，它们的关系在 19 世纪被多次改变(诞生了四部纽约州新宪法)。在谁主宰纽约市的问题上，不同派系轮流占了上风。此外，政府和私人活动之间的界限相当模糊。19 世纪的城市政府通常充当协调和转递代理的角色，帮助土地所有者改善当地基础设施，而不是作为收入的一般再分配者和公共基础设施的创造者。①

所有这些都意味着“纽约州政府”的身份，甚至实际上它所指的“管理纽约”的含义，都相当模糊。例如，1866 年，州立法机关管理了纽约市的税收、债务、建筑法规和公共卫生，州长任命治安、卫生、消
53 防和移民专员，而纽约市市长任命街道专员和渡槽专员，选民选举市长、市政委员会、市政委员、教育专员和管制员，管制员又任命市医院和城市监狱的专员。

正如这长长的名单所示，纽约政治生态中的行动者众多且多元。这些行动者包括政党，政党依次又由俱乐部、消防公司、商业利益团体和“资助沼泽”(patronage swamps)组成，最后一个是政党控制下政府工作的特定领域。此外还有一个广泛的行政团队(实际上，是几个相互竞争的行政团队，其中一些在奥尔巴尼，一些在纽约市)。奥尔巴尼也

---

① 19 世纪纽约州和纽约市政治的资料来源丰富多样。目前没有明确和完整的叙述。Hammond 1844 和 Jenkins 1846 仍然是重要的来源。简单的总结来自 Brown 1922 和 Johnson 1922。最近的重要研究是 Spann 1981，Hammack 1981 和 McCormick 1981。关于城市的特定作用，参见华纳(Sam Bass Warner)的经典之作 *The Private City*(1968)。另参见 Teaford 1984，McDonald 1986，Einhorn 1991 和 Monkkonen 1995。

有立法机构，有时由该市的坦慕尼协会(Tammany Hall)控制，有时由州北部的共和党机器控制。① 还有摄政委员会(Board of Regents)，即一个终身制的名人理事会(其空缺的填补由政党控制的州政府指定)，负责监督纽约州所有的公共和私人教育机构。在整个19世纪，也有公认的代表私人利益的团体，如在19世纪70年代和80年代在幕后统治纽约州的精英改革者。

在这一政治生态中，许多迥异的行动者所处的成败攸关的位置非常不同。它们包括关于公共政策的决策、关于公共支出的决定，以及最重要的是，首先考虑什么是“公共”问题。这些位置涉及农业、制造业、健康、运输业、零售业、教育、犯罪、奴隶以及其他许多方面。因此，各职业旨在建立和控制我们最终称之为“医学”的管辖权，它们所采取的竞争活动发生在政治行动者的背景下。这些政治行动者本身在一个“代理人生态”(政府代理人和私人代理人)中互相竞争，其中的核心问题是大量以及期限不定的商品和服务将如何被分配以及由谁支付。事实上，纽约州也是一个小团体组成的生态。这些团体为了自己的小理由而打小仗。这种生态的位置和行动者的复杂性是如此之大，以至于很难描述任何真正的政策“束”结构。可以肯定的是，当时存在着一些重大问题，但它们以各种令人眼花缭乱的方式组合和重组。

在这两个生态之间有着广泛的联系和多样的诉求。医学被混在许 54
多问题和社会机构中，其中各种身份发挥着作用——政治或技术官僚，国家主义者或医学身份。公立综合医院、检疫医院、精神病院和智障人士收容所不仅雇用了许多医生，而且还为医疗游说提供了目标。游

① 关于瑞德老板(Boss Tweed)、坦慕尼会堂和坦慕尼协会的历史记录众多，但在大多数情况下这些记录的目标更多是提供刺激价值而不是认真地分析。Werner 1928 仍然很重要。Mandelbaum 1965 是最早将瑞德视为第一个解决协调问题的政治家(尽管瑞德自己不这么看)，在那之前协调问题一直困扰着美国大城市的政治。

说目标包括“公共卫生”、公共道德及就业。医务人员曾在许多政府办公室和委员会任职，他们关心的是我们现在称之为公共卫生的事项：一个城市的卫生部门，一个传染病委员会，一个“暑期医生”管理局，当然还有埃利斯和斯坦顿岛上庞大的检疫和移民检查系统。在这里，医生也扮演了几个角色：雇员、改革者和政治代理人。各类医生都参与了有关医学法律问题的公开辩论：堕胎、精神病患者的法律地位、严重的医疗事故、验尸官的职能以及保险和养老金问题。当然，他们还公开谈论了他们声称与“公共卫生”有关的领域的各种话题(公共卫生在当时还不是一个常见的话题)：清洁水、下水道、街道清扫。医生们把这些政治活动视为公共卫生的技术政治问题，并对此进行了认真的研究。但其他政治行动者往往把医生们的干预视为党派行动或利己行为。因此，医生们希望被当成专家，但这种自命在很大程度上受制于他们的政治活动。①

根据关联生态的论点，政治系统对治疗士(healer)的内部事务(如对抗疗法派和顺势疗法派之间的斗争)感兴趣只发生在当两个派别分别与政治生态中的不同政治地位联合起来时。因为只有这样，作为职业的对抗疗法派和顺势疗法派之间的斗争才能为政治生态中的任何人提供有用的政治资源。这可能解释了 19 世纪末医疗执照问题的普遍拖延，这通常被归因于医学派别之间的模糊冲突。相反，由于对抗疗法派和顺势疗法派在许多医生们活跃的政治-医疗领域不互为对手，没有任何政治行动者有动机为他们中的任何一方提供执照以换取党派支持。

---

① 关于纽约的公共卫生问题，见 Duffy 1968，1974。有关医疗影响的一个令人惊讶和有趣的故事，请参阅 Goldman 1997 描述的克罗顿渡槽(Croton aqueduct)和下水道的历史。医生们赞成使用下水道，他们发现自己成了参与营利性粪便产业一方的反对者，因为这一产业正在新泽西州的农田里用纽约市的粪便施肥。纽约医学院的政治作用已经得到了充分的研究。参见 Van Ingen 1949 和 Duffy 1968，1974。

例如，关于霍乱流行的起源有一场很大的辩论：霍乱到底是来自人类接触还是来自“瘴气”(miasmas)？这两个理论暗示了不同的政策，代表不同的政治成本以及支持者和批评者。对一方而言，政策是隔离(在昂贵的专科医院，类似“别在我后院”以邻为壑式的理解方式，以及昂贵商业物品的运输延迟)；对另一方而言，政策是公共卫生计划(包括昂贵的纯水、损害粪商利益的湿下水道、损害地主利益的房屋检查等)。但是，由于对抗疗法和顺势疗法都包含了这两种理论的支持者，因此在治疗领域内的竞争性问题没有为政治获利提供依据。① 55

19 世纪早期至少提供了一个明确的例子，只有在跨职业竞技场(interprofessional arena)取得成功的同时也能服务于政治生态中某些行动者的利益的情况下，医疗执照的变化才得以发生。1843 年，越来越多的抱怨接二连三地涌向立法机关，人们要求废除对所有未经授权治疗的处罚。在 1844 年 5 月 2 日，州众议院确实以 61 票对 40 票(NYAJ 1844：1042)取消了那些现有的处罚。②

尽管辉格党人和民主党人各执一词，民主党人自己也在被动与主动政府的问题上分裂成激进分子和“保守派”(hunkers)，但这一胜利并

---

① 关于对抗疗法派对霍乱观点(瘴气/细菌双方)的扩展讨论，请参见 Rosenberg 1962，chap. 4，9，12。在顺势疗法中，瘴气理论可以在各种来源中找到(例如，Warner 1858：106ff；Small 1876：236)。相比之下，细菌理论及其传染/检疫的含义，可以在 Comstock 1868：43-44 中找到。大多数顺势疗法派与大多数对抗疗法派一样，都是骑墙派(见 Paine 1867，这是对顺势疗法的极好的回顾，该方法首先宣布细菌理论，然后毫不犹豫地转到一个瘴气模型)。因此，这两个学派在涉及医生和政治生态中的其他行动者的广泛政治问题上的差异已经变得不那么明显了，他们可能不再关心如何解决职业生态中的冲突。因此，顺势疗法医学协会从 1865 年就得到了州政府的认可，自 1874 年起就有了一家州立顺势疗法精神病院。

② 纽约州议会的上下两院：众议院(Assembly)和参议院(Senate)都出版了议事录(Journals)和档案(Documents)。我已经分别将它们标示为 NYAJ、NYAD、NYSJ、NYSD。对于议事录来说，只需注明年份和页码就够了。对于文件，必须添加档案编号。因此，“NYSD 1844，31：3”是指 1844 年参议院 31 号档案的第三页。

不是党派政治的结果。事实上，没有参与投票的人数表明，这对任何一党来说都不是一个必要的问题。但是投票的地理分布表明，支持继
56 续监管的票源来自三个地区，这些地区的郡人口众多，已获授权的医生数量也多：纽约市及其周边地区、奥尔巴尼市西部人口众多的郡以及与宾夕法尼亚州接壤边界沿线的南部各郡。反对监管的投票来自纽约州的农村和山区：安大略湖沿岸的郡、极北的阿第伦达克山脉附近的郡以及奥尔巴尼和纽约市之间的卡茨基尔和塔康尼克区域的郡。因此，这一场投票极大程度上反映的是城市地区和农村地区的对抗，而决定胜负的关键是草药在农村地区的重要性。

但这并非有关医疗执照的立法辩论中讨论的内容。相反，他们辩论的是关于分裂辉格党、激进分子和保守派的党派问题——关于激进政府的问题，并且各方都使用了辩论中最高的措辞筹码——民主、自由、平等和科学。例如：

> 阁下的委员会还没有认识到，当自由地用光明和真理的力量与对手进行战斗时，科学在与另一长期存在的医生职业，在与错误和江湖医术的公开、公平的竞争中不会有任何损失或者惧怕。（NYAD 1843，62：6）

> 一种习惯于管理自己，得意于自己的聪明才智的人，是没有耐心自我克制的；他们不想要保护，只想要调查自由和行动自由。（NYSD 1844，31：3，5）

这种浮夸的语言告诉我们，医疗执照在1844年的废除，是由于经验派治疗士(其中最主要的是被称为汤姆森派的草药医生)在与对抗疗法派医生的竞争中为民主党激进派提供了一个机遇，来宣扬后者对自

由、竞争以及对普通人理性的信仰。废除计划的成功并不是因为汤姆森派在各种医学争论上说服了立法机关的成员们；相反，它的成功是因为该立法机关的一些成员认为废除与否的问题将给他们一次向敌人——保守派和辉格党人——进行言辞攻击的机会。医疗行动的发生来自它可能成为政治行动的时机。

因此，像在纽约州放松对医生的管制这样的事件成为一个铰链事件。它不仅处于职业系统中，而且处于政治系统中。显而易见，一个铰链事件必须同时在两个生态系统中“成功”这一规则，对两个生态同样有力，即如果动力来自政治生态的话，它必须在医疗生态中也成功。 57
19 世纪英国医疗执照的对照案例——一个行动失败的案例——清楚地表明了这一点。

我们再次回顾一下参与生态的行动者、位置和联繫。19 世纪初，英国有四种不同的治疗士，以及江湖医生、草药医生、助产士等。第一，大约有 1500 名医师(physicians)，他们受过大学教育、地位很高，而且长期以来一直被组织为皇家医师学院(Royal College of Physicians)。第二，有几千名外科医生(surgeons)，他们是古老一些的医疗理发师协会(barber-surgeons' guild)的后裔，在 1800 年被组织为皇家外科学院(Royal College of Surgeons)。尽管对外科医生而言有资格证书和考试，但都不严格。人们可以很容易地通过军事手术学(military surgery)进入这个职业。第三，还有药剂师(apothecaries)：他们是卖药的商人，同时向客户提供建议。药剂师在 1815 年获得了一项法案的支持以对这个职业进行认证，同时开展职业认证考试；他们还注册了“药剂师”这个词。通过这些行动，他们在 19 世纪的医疗执照游戏中迈出了第一步。药剂师的地位比外科医生要低，但数量要多得多。19 世纪 20 年代在英国他们大概有一万人。19 世纪初来自药剂师的竞争使外科医生强化了考试，许多行医的男性都同时通过了这两个考试。[①]

除了这三个群体外，还有药商(chemists)和药材商(druggists)，这是一个组织不太严密的群体，他们只是简单地销售药物(不给任何建议)。药剂师将他们视为对手和地位不及自己的人。药商也受到议会法案的管理，尽管这些法案主要关注的不是医疗实践而是药物的纯度。除了药商，还有更多其他的治疗士。当时整个社会普遍缺乏医疗服务，这意味着许多人以其他名目进行各种形式的一般行医，而不用任何形式的资格认证或称谓。所有这些都实践了我们现在称为全科医学(general medicine)中的不同部分，包括分娩时的照料等任务。当然，“医生”这个头衔没有得到保护。而且正如在美国一样，“医疗化”的实际程度并不明确。

58 这一专业生态中的持续竞争表现在对其进行法律控制的诸多尝试中：1815 年的《药剂师法》，以及后续在 1825 年和 1833 年的修订；1816 年、1818 年、1841 年、1844 年、1845 年、1846 年、1847 年、1850 年、1854 年、1856 年、1857 年和 1858 年出台的规范医疗实践的法案，1834 年的医学教育甄选委员会，1847 年的医疗职业甄选委员会，以及一个试图在公务员和军队内规范医生的长期和复杂的历史。像在美国一样，有很多尝试但成功的不多。但是，由于顺势疗法派在英国并不像在美国那么强大，所以英国职业生态中的实际竞争动态不

① 这一时期英国医学界的一般资料来源包括 Reader 1966 和 Loudon 1986，前者将医学工作者置于更广泛的背景下，后者是对实际医学实践的一流、极其详细的研究。关于药商/化学家，参见 Russell et al. 1977，他们很好地描述了药剂师和分析化学家(analytical chemists)的复杂联盟，这两个群体在美国是完全独立的。另见 Erickson 1952：243ff 中的讨论。(chemist 在 19 世纪的英国包括了今天我们认为互相独立的两种职业：化学家和药商，前者最终脱离了大众职业，于 1877 年成立了 Royal Institute of Chemistry，并演变成今天的英国皇家化学学会。该职业的发展本身可以阿伯特教授所说的“边界形成”过程来描述，理论论述参见《攸关时间》第九章。——译者注)

同。在美国，竞争或多或少发生在地位相当的学派之间，至少在草药医生撤退之后。而在英国，这场竞争的特点是团体之间在一个垂直的层级制度下的地位竞争。（1858 年，当三大集团联合起来对付其余人时，这一切就结束了。）①

这种垂直波动的职业生态所面对的是另一个本身就是垂直组织的生态——政治生态。比美国程度更甚的是，英国的政治领域是围绕着一个正式的民主结构——议会——而建立的，大多数政治行动者必须通过议会来引导他们的努力。尽管有一个相当重要的议会外政治(extraparliamentary politics)，并且 19 世纪的英国政治大多围绕政治行动者进入议会展开，但对医疗执照而言，重要之处在于议会政治生态的核心确实很小。下议院大约有六百个席位，议会活跃团体的总人数不可能超过两三千人。伟大的伦敦政治俱乐部——布鲁克斯、卡尔顿、改革俱乐部——组成的政治联盟型塑国家的政治，他们不仅控制着议会，而且控制着赞助人遍布的官僚机构。②

在这个小小的竞技场里，真正的行动者是不断变动的联盟，由个 59
人友谊，继承的政治忠诚，以及迅速改变的个人财富所影响。他们旨在控制的位置是“官职”(office)，也就是说，手握君主的权威来组建一个政府，从而有能力启动主要的立法，并在维持家庭和联盟财富方面

① 议会活动的清单来自我自己对下议院议事索引、议会辩论议事录、下议院议会记录以及相关年份的大量主题目录(Cockton 1988)的调查。关于医疗团体之间的各种谈判和复杂性，请参阅 Berlant 1975，Loudon 1986，尤其是 Newman 1957。最后这本书对法律情况进行了详细的描述，但仅仅是从医务人员的角度。

② 19 世纪中叶的英国政治通常被认为是从 18 世纪末成形的贵族政治到维多利亚时代晚期的民粹主义、政党主导的政治的过渡。这种观点最主要的代表人物是诺曼·加什(Norman Gash 1953，1965，1972)，但它仍然是标准观点(例如，可参见 Jenkins 1996)。关于自由主义出现的一般研究，参见 Parry 1993；关于改革的另一种观点，参见 Newbould 1990。

行使一些相当大的资助权。正如许多民主制度那样，拥有官职远比维持政治的一致性重要得多；在整个19世纪里，我们都可以看到英国首相仅仅为了继续执政而提议和通过法案的例子——那些他们私下里完全反对的法案。迪斯雷利(Benjamin Disraeli)通过的1867年的改革法案只是其中最著名的例子。这种围绕个人事务而不是政治束的政治生态的组织形式，源于政治阶层的统一利益，即在与社会稳定相适应的情况下，尽可能慢地放下政治权力。在这样的一个世界里，政党冲突涉及的家庭政治传统比它争夺的政治束还要多，而且事实上，政党决不强烈地依附于特定的政治位置。当然，保守党倾向于保护过去，并扎根于旧的土地所有者们的利益。但保守党也包括像罗伯特·皮尔爵士(Sir Robert Peel)这样的技术官僚，他们甚至愿意废除为保守党主要选区(土地所有者)提供资金的谷物法(Corn Laws)。但是辉格党(后来是自由党)和保守党一样是大土地所有者，甚至可能拥有更多土地。①

正如纽约一样，我们现在称之为公共卫生的活动领域在医学生态和政治生态之间建立了重要的联系。但是，这一新兴竞技场中的驱动
60 力不是医疗或政治。它主要来自行政，主要来自著名的埃德温·查德威克(Edwin Chadwick)。他一开始担任国家济贫法专员的秘书，后来又在卫生理事会(General Health Council)任职，查德威克过人的精力

① 关于官职的赞助制度，参见Lewis 1952：32，他评论说："大部分政府职位都成了对上层阶级的户外救济。"注意，尽管各党派的阶级利益压倒性地一致，但保护主义托利党人、技术官僚皮尔派和"改革"辉格党/自由派体现了足够的"差异"，从而实现了一种杠杆作用，即更大的公共差异迫使议会进入对英国生活的大改革。事实上，有人可能会说，为了与纯粹的内部争论(关于地位和优先权的次要问题)对抗，英国的大贵族们利用公众的较大差异为他们的武器，并间接导致他们权力的基础被废除。这是民主政治制度刻意自我相似的特征的一个例子，即政治阶级轻微的自我利益差异被裹挟到整个社会的更大的差异，从而使政治阶级的内部战争产生的政策正好被更广泛的利益群支配。参见*Chaos of Disciplines*，pp. 173ff。这种自相似性是达尔([1961]2011)所描述的古典多元论的隐藏基础。

驱使他和他的调查人员——有时是医生，有时是工程师，有时是中产阶级的改革者——进入了几十个领域：清洁水、墓地、住房卫生等。其中一个领域是医疗执照，因为查德威克整洁的行政头脑对这样一个事实感到愤怒：有相当一小部分济贫法医疗人员(在王国的每个教区都有一名)不论在哪方面都不具备行医资格。奇怪的是，济贫法医疗人员最终通过提供更便宜的服务与正规的医疗行业竞争，而正规的医疗行业往往因此而攻击济贫法体系(见 Lewis 1952：76)。同时，查德威克对公共卫生的愿景涉及工程师、药商、医生、外科医生和药剂师。这个愿景不仅是医学上的，而且是更广泛的科学上的。(查德威克是一位教条的边沁主义者。)这是英国医学界没有像纽约那样深入参与“公共卫生”政治的几个原因之一。他们对国家慷慨与否的依赖程度要小得多，因为救贫院并不能维持那些最积极申请执照的医生群体的就业。更糟糕的是，救贫院却为那些“执照持有人”所鄙视的低阶从业人员提供了就业机会。因此，国家实际上是职业生态本身的竞争对手。[①]

在 19 世纪 40 年代，也就是医疗执照许可活动最广泛的时期，故事是这样的：不管采用哪种形式的执照，在两个生态系统中都无法产生回报。1840 年，辉格党在一个外科医生党派团体的要求下提出了一项执照法案，这些外科医生的真正目的是攻击普通医师、外科医生和药剂师的管理机构。但从专业生态的角度来看，这一策略被证明没有对任何人起到很大的政治作用。内政部(负责英国内政)或多或少地站在了现有团体的立场上(Hansard 3rd series，56：362-363 [1841])，事

---

① 关于这一时期真正的国家官僚制度的出现，参见 Parris 1969。对查德威克的经典研究参见 Finer 1952，而查德威克对公共卫生的影响则参见 Lewis 1952。对最终形成的公共卫生领域的一个更详细的研究，最近的参见 Hamlin 1998，其中特别描述了来自济贫法医务人员的竞争(Hamlin 1998：93ff)。关于济贫法医务人员日常生活和实践，参见 Loudon 1986，chap. 11。

61 实上该法案没有吸引到真正的支持者，吸引的只是来自各方的怀疑。这是因为不管是支持或反对该法案都没有任何政治利益可言(参见 Newman，1957：154ff)。

然而，在1841年大选后，罗伯特·皮尔爵士再次当选首相，他的新任内政大臣詹姆斯·格雷厄姆爵士(Sir James Graham)在1844年提出了一项重大的医疗改革法案。格雷厄姆的行动在一定程度上是对反对党(辉格党)政治家们的稳步推进的回应，他们中大多数先前都与医疗主题没有什么联系。相反，医疗改革现在对他们似乎是一个有用的议题，因为他们可以利用它来批评政府，于是格雷厄姆试图先发制人，解除这个威胁。事实上，即使是格雷厄姆理论上的盟友，如济贫法委员会的查德威克，也似乎成了危险的朋友。[①] 格雷厄姆的法案有着漫长而曲折的历史，但他多次尝试在不同治疗士群体的利益冲突中进行调解，都以失败告终。最终，他们都团结在了对该法案的痛恨周围：该法案试图建立一个强有力的、中央的、由政府任命的委员会，并将监督职业执照的颁发。这一次，医疗执照在政治生态中起了作用，而在医学生态中却没有。

更普遍的情况是，太多的行动者对医疗执照持有太多不同的观点；在这两个生态系统中都找不到一种单一可行的执照方案。在皮尔政府那有些威权和技术官僚的做法下，执照是创建政府机构这一个更广泛

---

① 对詹姆斯·格雷厄姆爵士的标准研究参见 Erickson 1952，罗伯特·皮尔爵士的标准传记是 Gash 1972。对皮尔政权的一项研究是 Corsby 1976。查德威克在和医生们玩他自己的政治游戏(参见 Hamlin 1998：182-183)。他还和格雷厄姆玩游戏，格雷厄姆的弟弟被任命为司法部长而查德威克明显对此不赞成(Lewis，1952：32)。查德威克的《卫生报告》是那个时代最具革命性的文件之一，而格雷厄姆出于政治需要“保持谨慎的保守”(Lewis，1952：62)。格雷厄姆可能一直在医学界寻找武器，以便与查德威克展开政府内斗争。查德威克是一个独立委员会的秘书(济贫法专员)，他的职位允许他随意干预对政治阶层具有重大意义的事情，而他并没有完全赞同政治阶层的观点。

计划(束)的一部分。这是关于官僚化和社会控制的计划，已经在新的济贫法、工厂法和大都会警察的创设中形成。其他政党把它视为实现各种短暂政治用途的便利工具。与此同时，医学界将其视为一个急迫的垄断问题，这一事实明确体现在了对格雷厄姆法案的反对上。这一法案有力地保护了两所皇家学院，而药剂师和其他全科医生对此表示强烈不满。一旦格雷厄姆与全科医生达成和解，他就失去了精英那一方。由于失去了既得利益，他们攻击了格雷厄姆。① 62

然而，执照作为铰链的失败为医学生态本身带来了持久的影响。在英国，全科医生全国联合会(the National Association of General Medical Practitioners)对1841年和1844—1845年的医疗法案中三家专业团体的活动提出了明确的反对意见从而崛起。因此，执照辩论不仅导致了复杂的联盟，还导致了专业生态内部的新结构。

这第一组例子强调了前面讨论的生态不同特性的重要性。第一，它们显示了研究相关生态系统中各行动者之间大小和其他性质的相对可比性有多重要。在纽约，对抗疗法派医生和顺势疗法派医生人数相当，但比折中疗法派医生要多。除医生以外的治疗士人数可能超过所有三个医师团体总和。然而，与州内主要政治团体和组织相比，所有这些医疗团体都很小。1840年，纽约的医生人数约为3000人，到1900年，医生人数为6000～7000人。而作为诸多政治俱乐部中一个的坦慕尼协会，在1892年的人数约为15000人(Blake 1901：150)。可以

① 哈姆林如此评论："查德威克为皮尔和詹姆斯·格雷厄姆爵士提供了一种无害但可行的方式，让温和的政府应对英国问题的两极分化状态。"(Hamlin 1998：157.)也就是说，更广泛的公共卫生是拟议中的铰链事项。但是，由于医疗行业在反对政府资助的改革方面表现出相对统一的阵线，而不是表现出次级职业之间的各种不同观点，因此不可能采取联合行动。如果药剂师打破常规，情况可能会大不一样。关于这种政治的形成的医学方面视角，参见Berman 2002。

肯定的是，与医疗执照密切相关的政治行动者——立法机关、摄政者、纽约州和纽约市的卫生委员会——要少得多。但总体而言，政治世界比 19 世纪的纽约医疗世界要大得多。医生不过是政治生态中四处飘荡的少数压力集团之一。相比之下在英国，政治生态小而集中。

同样重要的是联繫的一般差异。医疗行动者要么以排他性为目标，要么已经基本上是排他的了。成为一个对抗疗法医师就是不要做一个顺势疗法、折中疗法或草药医师等。其他治疗士也是如此。但在政治世界中，不存在这样的排他性。坦慕尼协会的成员也可能是议会成员、
63 州政府或市政府的官僚或其他的行政人员、政府委员会成员、民主党官员等。这么做不会让他们失去坦慕尼协会成员的身份，也不会失去作为这个或那个行业成员的身份，后者相对于职业生态而言意义重大。政治行动者不是排他性的行动者。事实上，各种行动者的确切重叠关系到整个政治生态。

这引出了第二点。我们必须认识到，一个生态中的位置可以具有另一个生态中联繫的特性。对于纽约的医生来说，医疗执照关系到行动者和位置之间联系的一个关键属性，即专属管辖权的特质。对于英国医生来说，医疗执照不仅是一种联繫的特质，而且定义了社会行动者的边界；最终，所有三个受管制的医疗职业都与其他职业联合了起来。相比之下，在政治生态中，执照并不是行动者和位置之间联系的特征。相反，这是一项政策，即位置。因此，在政治生态中，医疗执照是一个小问题，作为巩固和控制更大政治环境的一种方式与其他许多事情捆束在一起。在纽约，执照与其他关于各种自由的问题捆束在一起，在我的例子中是以自己的方式自由地追求健康。相比之下，在英国，它与公共卫生和社会控制捆束在一起，作为良好政府的先决条件。

前面提到的第三个关键问题是时间颗粒。对于医生来说，执照是

一个永恒的问题；但当人们投票通过一些法律，并创建一些行政结构使其在实践中得以体现时，他们认为这一问题可以一劳永逸地得到规范。相比之下，无论是城市还是州一级的政治事务都要草率得多。它们并不考虑长远，而只考虑短期。政治生态很少关注未来十年以后的监管问题。更不用说让政治生态设想明确的规章制度。实际上，20 世纪晚期的医疗执照是由于护理职业的扩大、医生助理的出现以及对管理式护理的监管而被有效地掏空的。这两个生态在执照发放上的利益节奏不匹配无疑意味着在执照发放问题上的几十年斗争中，不管是对对抗疗法医生还是顺势疗法医生而言，医生们的盟友必然有所不同。随着政治万花筒在政治体系中翻出新的空缺，医生们一会儿建立了一个新群体，一会儿建立另一个群体，作为他们追求执照的主要盟友。这种节奏性的不协调或许也意味着，只有当其他医疗问题——主要是
医疗费用和专业化问题(Stevens 1971)——开始提供原材料，政治的摩 64
天大楼能在政治生态那更快的时间尺度上被堆砌出来时，医生们才最终成功地获得了“永久”执照。执照是永久的，完全是因为它不再是一个政治上有用的争论。

职业生态和大学生态

一个职业可以寻求与邻近生态中某个特定单位的联盟，也可以尝试在该生态中创造一个自己的化身(avatar)。在某种意义上，这将是一个制度化了的铰链。我们刚刚就看到这样一个尽管是反面的例子：在济贫法中的医疗官员是政府在职业生态中的创制。这种策略通常会导致原型和化身之间的冲突，因为他们面对根本不同的竞争环境。对化身的重塑很好地显示了生态强大的内部动态，以及这些内部条件倾向于保持生态之间分离的方式。为了说明这些动态，我将在这里考虑四个在职业生态和大学生态之间尝试创造化身的简短例子：两个起源于

职业生态，两个起源于学术生态。

在某种程度上，化身过程已可从美国学术生态的三种基本类型的行动者或学科的横截面事实中可见一斑。这三种基本类型的行动者或学科被松散地定义：是否授予研究生学位，是否授予本科学位，或两者兼而有之。首先，有30个左右的“核心地带”(heartland)学科同时授予两种学位，如数学、经济学、英语等。核心地带院系几乎只聘用他们所在学科的博士生，并且总是与博雅专业本科生联系在一起。其次，除了这些核心地带学科外，还有纯粹从事研究的学科，如认知神经科学、发展研究和文艺复兴研究，它们有时会产生自己的博士毕业生，但一般没有本科专业。这些学科通常与大学以外、政府和工业界的研究领域联系在一起。最后，还有一些我将称之为“本科学科”的学科，如刑事司法、职业治疗、电影研究和波多黎各研究，它们通常基于某一行业(occupation)、身份或其他一些本科需求因素的领域(fields)，并
65 且通常不会产生和雇用自己的博士毕业生。① 本科学科往往是由寻求学术生态地位并迎合学生实际思维的大量的实践性职业所创造的化身。虽然美国社区大学最初的目标是把博雅教育带给大众，但到了20世纪70年代，整个运动已经转为行业导向。许多以实践为基础的行业在这一时期进入了高等教育体系，最显著的例子是护理。1950年护理培训几乎完全以医院为基础，到了1990年几乎完全改成以大学为基础。②

---

① 我在《学科的混沌》第五章进行了广泛的讨论。

② 事实上，1949年，87%的护理学生就读于1070所医院学校(West and Hawkins 1950：10，19)。小型医院的护理人员大多选自学生，他们在第二次世界大战期间提供了80%的家庭护理服务(Haase 1990：2)。然而，到1983年，医院只剩下281所学校，从中毕业的护士只占14.9%(*Facts about Nursing*，1984-1985：138，126)。然而回顾第一章的核心主题，我们应该注意到，医院学校培训的护士数量庞大，这意味着整个职业人群在当时仍有50%在医院接受过培训(*Facts* 1984-1985：27)。关于社区学院体系的转型，参见Brint and Karabel 1989。

但是，学术生态的塑造力改变了学术的化身——实践职业。第一个例子是计算机科学(CS)。计算机科学起源于应用数学和电气工程。其主要协会成立于第一代电子计算机全面发展之前：1947 年成立了计算机械协会(Association for Computing Machinery)，1952 年成立了工业和应用数学学会(Society for Industrial and Applied Mathematics)。到 20 世纪 60 年代第三代计算机问世时，计算机编程和系统分析已经成为一种广泛的工作形式。但他们缺乏正式的学术基础。对快速和大规模培训的需求，对计算机知识的系统进化的需求，以及对似乎是事后的、基于配方的知识的合法化，使这些知识能够被任何一个足够聪明的人掌握的需求：所有这些需求逐渐召唤出一门学术学科。①

在训练方面，这个学科非常成功。自 20 世纪 70 年代适度扩张后，80 年代和 90 年代设置 CS 课程的学校数量激增，CS 本科毕业生的数量从 1978 年的 7200 名增长到 1989 年的 35000 名。这一数字在其后就趋于平稳，因为编程工作离开美国流向印度，但在美国所有授予的所有学士学位中，这一数字仍占 3%左右。CS 领域也开始接近博士生的核心地带水平，现在在拥有博士学位的教师中几乎自给自足。②

但是，实践职业和学术学科在很大程度已经脱钩了。虽然目前对 66
基础编程技能的需求很大，但这些技能的变化速度非常快。更甚的是，计算的理论问题在很大程度上独立于程序设计的变化，甚至是程序设

---

① 职业组织的译名不可避免地存在前后不一致，本书遵从这样的顺序：(1)存在被广泛使用中译名的则根据该名称；(2)没有中译的则将 association 译为协会，society 译为学会。——译者注

② 在本节(全部四个例子)中，有关学院课程的数据来自相关年份的 *College Blue Book*，第 4 卷。同样，所有关于学位的数字都来自 *Digest of Education Statistics* 的相关记录，它由国家教育数据中心(National Center for Educational Statistics)编制，并可从政府印刷局获得。有关组织成立日期的数据来自 *Encyclopedia of Associations*。有关早期计算机科学教育发展的资料，参见综合性的 Austing et al. 1977。

计的水平。因此，CS学系很难找到教师有意愿来教授需求高的技能，因为学院教师对这些技能本身没有兴趣或不认为其重要。基本上，另一批独立培训的教师被雇用来教学。综上所述，CS与应用数学及相关学科的学术竞争使一定水平的抽象成为必要，学术领域以此能够快速地与应用领域保持距离。而且，与医学领域的情况不同，应用领域在实践中并不直接依靠学术创新而生存。同时实践学科仍占主导地位。直到2004年，还没有一个纯粹学术性的独立计算机科学的学会。①

另一种向学术学科转变的动力来自实践职业的案例是犯罪学。可以肯定的是，核心地带的学科确实研究犯罪问题，但实践职业并行成长。美国惩教协会(American Correctional Association)成立于1870年，国家缓刑协会(National Probation Association)成立于1907年。警察培训在20世纪30年代出现在大学的背景下，“警察科学”在1934年成为主要的核心地带犯罪研究期刊的一个单独的部分。到1941年，从事警察培训的大学教员——其中大多数是前警察——自己创立了全国大学警察培训官员协会(National Association of College Police Training Officials)，在1947年，该协会改名为犯罪学促进学会(Society for the Advancement of Criminology，SAC)，1957年，一旦“促进”似乎达成了目标，就再次改名为美国犯罪学协会(American Society for Criminology，ASC)。

因此，犯罪学领域的主要学术团体来自一个“学术化”了的科系，
67 其最初的目标是培训警察。但是学术生态追求抽象的巨大压力并未停

① 关于到2000年为止学术性计算机科学教育与工业界需求之间的差异，参见2002年3月 *Computer Science Education* 专刊《软件工程教育与培训》(“Software Engineering Education and Training”)，特别是编辑赛义迪安(Hossein Saiedian)的导论(2002)。事实上，基于ACM、SIAM和IEEE的计算机学会仍然是最重要的计算机科学专业学会。

止。虽然核心地带从事犯罪研究的学者和新近学术化了的“警察科学家”在同样的地方发表文章，但他们之间没有跨学科的协会把他们拉到一起。于是不可避免地，他们挤进了警察培训师们的SAC/ASC。更多的核心地带学者开始在新兴的犯罪学学系和学校工作。到1953年，核心地带的一位社会科学家担任了ASC的主席，而自1963年以来，几乎所有的ASC主席都是核心地带的社会科学家。目前，ASC有30%的成员是社会学或其他核心学系的学者，35%的成员来自犯罪学系，15%是其他“本科学科”的，加起来总共有80%是纯粹的学者。学术界对ASC的接管——一半来自核心地带学系，同时超过一半是这些院系毕业的博士——反过来又为另一个以实践为基础，正在学术化中的团体——国际警察教授协会（International Association of Police Professors）——创造了一个机会（实际上几乎要求了团体的建立），该团体成立于1963年，于1971年更名为刑事司法科学家学会（Academy of Criminal Justice Scientists）。①

这种模式——学术化，接着是从学术那边捕获人才和从实践那边引发的新的学术化——的部分原因来自一项巨大的成功：美国大学中刑事司法研究从20世纪60年代的少数几个学院迅速扩展到今天的数百所学院，反映在从1978年的17000名本科毕业生到2000年达到27000人，约占美国所有颁发的学士学位的2%。但是，这也受到了核心地带学者对ASC使用的推动。随着旧核心地带的中心学科竞争的加剧，实质性的专业化在某种程度上为个人的职业发展和子专业的资源

① ASC的一般历史参见Morris 1975。这些成员百分比来自我自己对当前ASC目录的随机取样（www.asc41/director/title.htm，2003年12月访问）。核心地带的犯罪学家群体可以追溯到他们的跨学科的协会杂志的历史，到1934年为止，*Journal of the American Institute of Criminal Law and Criminology* 一直有一个“警察科学”部分，并在1951年杂志标题上增加了“与警察科学”（*and Police Science*）。

确保提供了一处躲避竞争的庇护所。因此，ASC 的历史由它在两个生态中的不同功能所驱动：来自职业生态的合法化，以及来自学术生态中的竞争缓冲。[①]

68 当创造新化身的扩张是一次从特定的学术生态转向职业生态的扩张时，新化身的情况会有所不同。我在这里探讨两个例子：心理学和经济学。这两个学科的学位模式都有核心地带学科的特征，大约每 20 个学士学位中就产生一个博士学位。在 20 世纪中，两个学科都在学术界之外发展了大量的队伍。然而，它们有着截然不同的发展模式。

心理学最初是一门学术学科，美国心理学会（APA，建立于 1870 年）是一个学术研究者的机构。应用心理学——后来被称为“临床心理学”——从两个阵地发展而来。第一个是在问题青少年指导诊所、学校和刑事法庭的犯罪问题上，心理学家通常成为由精神病学家领导的治疗小组的成员。第二个是完全自主的智力和人格测试管辖权，由于第一次世界大战中军队阿尔法测试（Army Alpha test）的非凡影响而被广泛地介绍给公众。在 20 世纪 20 年代，心理测试逐渐蔓延到整个美国社会，从商业到学校，从医院到法庭。[②]

应用心理学家通常是女性。应用心理学在 APA 难以得到认可。（1945 年以前，正式 APA 会员资格要求有研究生阶段的出版物。）一个失败的应用心理学协会在 20 世纪头 10 年的时候突然出现又消失，随后 APA 出现了一个临床部门（1919—1937）。1937 年，临床心理学家再次脱离了 APA，创立了美国应用心理学协会（American Association of Applied Psychology）。这个协会在 1945 年被重新吸收进了 APA。这

① 关于早期犯罪学教育，参见 Piven and Alcabes 1968。

② 关于心理学作为一门学科的历史的基本资料来源，参见 Riesman 1991，Napoli 1981，Routh 1994 和 Capshew 1999。

时，第二次世界大战——大约四分之一的美国心理学家参与其中——已经坚定地证实了临床心理学家是士兵、学生、工人和雇员们在智力、职业目标和个性特征上的合法测试者。战后，崭新的国家精神卫生研究所(NIMH)花了大量的资金培训临床心理学家，这一领域迅速扩大。临床心理学进入心理治疗的第一步也始于战后时期。

20 世纪 70 年代，临床心理学家的认证和执照在美国各地迅速发展，到 1980 年几乎覆盖了所有的州。截至目前，临床心理学家在 APA 中占主导地位。包括检测费用和心理治疗费用也从各种第三方支付者那里获得了补偿，这标志着在职业生态中临床心理学家战胜了主要竞争对手精神病医生。临床心理学家的优势是如此明显，以至于学
者们脱离了 APA，早在 1959 年就建立了心理测量学会(Psychonomic 69
Society)，1988 年建立了更为成功的美国心理科学协会(American Psychological Society)。后者现在是学术但非临床的心理学家的基础专业协会。

因此，心理学的例子中，学术学科产生了一个实践分支。在大约 60 年的时间里，它变得如此强大，以至于驱使学术界自己走向分裂。学术学科试图转世到职业生态中的失败来源于职业实践的压力驱使 APA 朝着那些致力于心理学的一般理论和实验的学者所不能接受的方向发展。在这一过程中，临床心理学最终建立了自己独立的学术系统——“专业心理学”学系——拥有独立的期刊和知识体系。这类学系的院系很少有基础心理学的研究人员，学系的研究人员主要致力于治疗效果、测试的建构等应用问题。

心理学的实践起源于该领域本身发明的技术以及外界对其的快速接受——除了与精神病医生发生的冲突。相比之下，那些冒险(这一冒险从学科的早期便存在)进入政策和建议舞台的经济学家们发现自己被

商人、官僚、志愿者领导人以及其他声称在同样的事情上拥有同等专业知识的人所包围。在经济学的早期——美国经济学会（AEA）成立于1885年——其成员从从事商业和管理工作的应用经济学家到大学里的教授，有着相当无缝的过渡。这一点的标志是该学科出现专门兜售经济专业知识的独立机构——国家经济研究局（National Bureau of Economic Research），它始建于1920年。

但20世纪30年代和40年代发生了重大变化。战争年代带来了运筹学（operations research，OR），其成本效益分析迅速成为应用经济学家的基本工具。OR更像是心理测试——直截了当，只有专家才能做到，但又不需要太多真正的专业知识。这是客户所希望的，又由职业人士所控制和拥有。同时，战争时期也带来了凯恩斯主义的经济学，这是一个全面而比较学术的体系，在战后的30年里主导着国家的经济政策。更重要的是，这一时期给学术经济学带来了复杂的统计和数学工具，深刻地分裂了学院经济学家和应用经济学家。到了20世纪50年代，阿罗（Kenneth Arrow）和德布鲁（Gerard Debreu）正在进行他们今后获诺贝尔奖的工作——一般均衡理论：一个具有变革性的辉煌理论，但也包含一些似乎来自尘世之外的假设。这类工作除了作为合法性图腾，与应用经济学完全无关。

70 因此，在战后占领了学术经济学地位的数学化的驱动下，抽象的发展开始将学科的学术和实践两翼分开。尽管如此，应用经济学家从未离开AEA，而AEA持续由学术经济学家主导，虽然自1930年以来，这些学术经济学者拥有自己的统计和数学经济学协会[经济计量学会（Econometric Society）]。这一联盟得以继续是因为应用经济学家普遍认为，学术经济学家的数学梦为他们自己更为朴素的工作提供了合法性。大多数应用经济学只涉及前两个学期的微观经济学和第一个学

期的宏观经济学。应用经济学家和学术经济学家们报告说，这是他们真正共享的知识，而且事实上这是他们仅知道的。但是，学术经济学家们那伟大的数学白日梦——多年来一直是内部哀叹的对象——提供了一份不可理解的证据，证明应用经济学最终依赖于“科学”。①

即使学术和应用经济学家进入同一座政策竞技场并为此开战，这一点也成立。一个很好的例子是，在分析联邦政府人力资源计划时学术经济学家和应用经济学家之间的冲突。这场辩论的双方是那些希望通过随机实验来测量项目有效性的应用经济学家们与那些希望使用“科学”统计方法的学术经济学家们，后者由詹姆斯·赫克曼(James Heckman)领导，而赫克曼实际上凭借这些统计方法获得了诺贝尔奖。但是尽管这场斗争漫长、艰难、悬而未决，但并没有产生心理学内的那种分裂。显然，应用经济学仍然与学术经济学有一定的联系，正如我已经指出的那样，部分原因是它所从事的职业竞争非常激烈。因此，学术合法化成为应用经济学的一项重要资源，并使其与学术生态紧密联系。②

这四个案例表明，试图让化身穿越生态边界不可避免地会遇到这样一个问题：化身所处生态中的内部竞争力量往往会将化身推向提前无法预见的方向。从这个意义上说，没有办法建立一个完美的铰链。在两个不同的生态中，没有一个结构能够完全摆脱相互作用的不同压力。

① 关于经济学家的知识，参见 Reay 2004。

② 人力资源的例子来自 Daniel Breslau 1997a，b 的工作。

71

过度决定与生态的涌现

尽管关联生态具有普遍性，但在某些情况下，就关联生态进行分析显然是不可能的。最重要的这种情况发生在由于大量的联系存在而使得生态之间不再分离的时候。

军事活动的竞技场就是一个很好的例子。不同军种间竞争的主题是一个古老的主题，军事竞技场似乎很适合用生态分析进行描述。这一生态中的基本行动者将是不同军种及其下属单位：陆军、海军、空军和海军陆战队，以及隶属于它们的各种特种部队、潜舰部队等。在传统的军种间竞争模式中，这些行动者竞争的资源是人力和金钱，但在生态模式中，我们将把“位置”看作被垄断的工作束——特定的战术任务；而在这些任务之外，则是构成战略束的战术任务束。对资源的指挥应该来自对这些战略束的控制。例如，当 20 世纪 60 年代美国核威慑力量进入水下时，对资源的指挥从空军流向了海军。

当然，在美国军事史上的很长一段时间里，一个关联生态模型很有效。军队是一个小领域，由相互竞争的团体组成，它们分别控制着广泛分散的战术任务，并在华盛顿面临一个相当直接的政治生态。州政府偶尔也会参与进来，因为在镇压民事混乱中军队被广泛使用。尽管大多数这样的工作都落在两性（hermaphroditic）（州/联邦）的国民警卫队的身上。

但是后“冷战”时期的战略世界使得这种模式非常不合适。在当前的帝国主义形势下，美国军队必须保持一系列复杂的战略产出，从核威慑到重大常规战争的准备，再到帝国主义军队特有的一长串准战争行为：反恐、对恐怖主义的报复、涉及种族和财产冲突的警察行动，

以及政策制定者认为美国拥有利益的地方——保护在世界各地工作的
美国国民，保障维持美国霸权的自由贸易，等等。这类任务要求军官
具备与军事技能一样多的政治技能，并涉及与美国和非美国机构、政
府和私人机构的广泛合作。这些产出所涉及的生产网络过于密集，无 72
法在控制这项或那项战略服务的军事竞争分支中概念化。①

事实上，军队被太多的生态所包围而无法向任何方向移动。我们不妨把它想象成一系列的职业，涉及开拓不同的管辖权：由谁控制传统战争、非常规战争和战争以外的其他行动？这一系列职业只能捕获统治军事的关系体系的一小部分。正因为这个原因，在如莫顿·哈普林(Morton Halperin)的《官僚政治与外交政策》(*Bureaucratic Politics and Foreign Policy*，1974)这样的有关军事官僚政治的伟大著作中，作者花大部分时间来首先阐述了一系列人物及其利益：军队的分支机构，文职和军事官僚机构，国家安全委员会，中情局，担心基地关闭和军事业务的国会议员们，渴望军事利润的武器制造商们。只有这样，他们才能追溯各种各样的设置和仪式；通过这些设置和仪式，这些不同角色和利益可以在做出决策之前、期间和之后发挥影响。这些书描绘了这样一种系统，它被影响力、联盟和反对力量过分堵塞，以至于

---

① 军事“生态”的文献大多是规范性的。双方对军种间关系的生态观点大体一致。他们的分歧在于争论这种竞争是好事还是坏事。那些认为军种间通过竞争产生更好的安全性的人认为，历史记录表明，外部(文职)政策官僚机构(他们自己也卷入其他竞争，尽管这在国防文献中没有强调)的大规模干预会带来危险。Hoffman 1999 就是一个例子。而那些认为军种间竞争会导致协调失败的危险的人认为，历史记录强调了军种间生态竞争的危险。戴维斯(Davis 1985)举例说明了这种“危险的竞争”概念，甚至提出了一个关联生态的论据。他论证平民政治性参战者(国会和政府行政部门)利用军种间竞争在五角大楼实现平民政治目标(Davis 1985：155ff)。Halperin and Halperin 1985 也提供了一些值得注意的例子。总之，一个相关的生态方法可能适用于军事，但只有在极其小心的情况下使用。我自己对军事的分析见 Abbott 2002。

不能被视为一个生态关系或竞争相对开放的系统。在这样一个充斥着影响和过度决定的世界里，生态模型的用处不大。

这种关于过度决定的争论意味着社会过程的一个区域是否具有特定的生态性质是一个经验问题。因此，另一个重要的问题是，这种生态出现的条件是什么。如果我们能在未来的工作中回答这个问题，我们也可以理解为什么在某些情况下，我们会看到社会结构中的过度决定、拥挤的区域，这些区域在性质上并非生态的。

73 但是，对过度决定的认识也让我们回到了我在本章早些时候的评论。一方面我们可以将生态与机制和有机体（两个关于结构的伟大的涌现理论）进行对比，另一方面可以将其与原子论和还原论（关于结构的个人主义理论的两个支柱）进行对比。我建议可以将生态视为一般模型，在其中，其他几点都是限制性的案例。描绘这样一个可能的社会本体论组织是很有帮助的。

所有这些观点都试图为社会生活提供一般的本体论模型。观点之间差异的第一个维度是这样一个本体论中实体的“层级”。对于原子论者——如微观经济学——来说，实体就是生物性个体。社会实体只是外表而已。对于涌现论者来说——不管他们使用的是机械隐喻还是有机体隐喻——社会实体都是真实的，而个人行为仅在社会决定的平均值附近显示随机变化。然而，生态的观点对于实体持不可知论，实体可以是个人或社会。事实上，作为一种过程论观点，生态思维倾向于将实体的本质视为内生的。实体可以出现或消失。它们不是事先[*ex ante*]固定的，即使是在它们的“层级”中。事实上，一致的层级在这样的本体论中不是必需的概念。

差异的第二个维度是相互关系的程度（degree of interrelation）。在微观经济学的原子论观点中，行动者/实体没有关系。面对由总供给和总需求所确立的市场现实，他们采取了独立的行动。原子论社会结构中有一些新的网络概念确实构想了这种关系，但这些概念很难捕捉网络随着时间的推移产生的变化。在涌现论者的观念中，通常有关于单位之间的相互关系的很强的观点。这些观点可以或多或少是刚性的或机械的，也可以反映固定的或变化的(因此是“有机的”)分工。同样，生态观点位于中心位置。它认识到了相互关系，但没有对它们做出强有力的假设，尤其是对它们的固定性质的假设。相反，由于生态逻辑思维是过程性的，所以关系在时间中不断地形成及重制。我刚刚所提及的一种极端情况是，在这种情况下存在着如此多的相互关系，以至于在严格意义上的生态系统中经常出现的灵活竞争变得不可能。

在过程本体论下，我们认为社会过程由发生在当前的一系列个体和社会实体上的事件组成，这些事件随后被联结成具有历史性的世系(也许在此过程中会明显地改变它们)，然后可能瞬间被编码到社会结构中——也许是通过先前讨论过的历史性中的一种形式，或作为过程中不同实体之间的新的当前关系。这些关系定义了共时性社会结构各 74
部分的相邻系统。在**个体**历史性比**社会**历史性有更强结果的时刻，个体世系可能为这个过程提供最合适的本体论模型。在相反的情况下，社会世系可能占主导地位。因此，适当的(微观经济学或涂尔干式的)模型将是一个经验问题。与之相似的是，当前实体之间的相互关系也可能不同；它们可能不相关，或在动态结构中具有竞争性关联，或与固定结构刚性关联，或灵活地与波动的劳动分工相关，甚至与几乎不可移动的结构超高密度地相关。同样，这是一个经验问题。“生态”一词代表了这些概念的最内生的版本：对时间波动最为开放的概念、对行动最为开放的概念、对层次或动态变化最为开放的概念。它将其他概念开始时的术语问题化，因此似乎提供了有用的一般概念，其他概念确实可以被视为特殊的或限制性的案例。当编码产生相对刚性和永久性的结构时，我们期待的可能是严格的官僚系统。当它创造了巨大的互换性领域时，我们期待市场。因此，严格意义上的生态只是这些关系的一种版本，一种体现了编码结构最强历史偶然性的版本。其他的本体论可以被视为它的简化，或者视为特定情况下合适的规范。我们可以继续尝试为这些不同的规范指定条件，但这将使我们远远超出目前这已经很长的一章。[①]

① 本章形成于20世纪90年代晚期，原始版本中还包括了最后一小节《生态与场域》，比较了生态与布迪厄的"场域"概念之间的异同。这一节因为字数与主题关系没有收录在后来出版的书里，此次也一并做了翻译。经作者许可，诸位有兴趣的读者可以在这里下载：https://zhouyisu.org/files/Ch3_section5.pdf。——译者注

第二部分

小　引

第一部分确定了过程论立场的一些基本参数。世界是变化的世界， 75
所以必须解释稳定。稳定以世系的形式出现；个人和社会实体实际上
是事件的世系，而不是持久的事物。世系形成的过程通过各种形式的
历史性来发挥作用，历史性的本质是“编码”，即**过去**被一时一刻地保
存到**现在**的过程，**现在**是影响或塑造事件的唯一场所。编码有时发生
在身体中，有时在记忆里，有时在记录内，有时仅仅发生在当下的社
会性互联的轮廓中。所有这些形式都构成了位置、设施和约束的一部
分，其中社会和文化行动的各种力量，各种形式的社会性“因果关
系”——塑造当前开放的事件，成为下一轮的“世系及其联系”。

第二部分的两章开始超越这个过程论立场的初始草图。每个章节
都受到一种简单的理论倒置的启发。乍一看它们似乎与过程主义没什
么关系。第四章提出这样一个问题：当社会分析没有围绕一个案例或
一组变量组织叙事时，它会是什么样子？第五章问道，当社会分析不
把稀缺当作人类事务的核心问题时，会发生什么情况？虽然这些问题
一开始似乎与过程主义无关——事实上，第四章的问题几乎看起来是
反过程主义的——但每个问题都迅速转变，直接进入过程论的立场。
因此，对第四章而言，避免叙事仅仅意味着把现在当作一个流逝的时
刻，这意味着为核心的过程论二元性提供进一步的哲学和方法论基础，
这种二元性即世系那“持续流逝的时间”与发生在现在的相互决定的“瞬 76

时性时间”。类似地，对第五章而言，过剩原来是过程论视角的主要结果之一，因为编码将过去的复杂性写入了社会结构的位置复杂性——后者我们在社会结构的截面中可以观察到。此外，像习性化这样的过程在产生有问题的过剩方面发挥作用，而像序列化这样的过程论策略在处理过剩时发挥了作用。因此，每一章——一章在方法论上，另一章在实质性上——扩展了过程论模型。

与第三章一样，第四章和第五章都以标准化学术出版的体裁写就，充满了大量的文献和精确的论证。虽然每篇文章都以简短的介绍开头，并指出了它与书中更广泛的过程论论点的关系，但我已经保留了它们原始的修辞形式，并完全保留了构成其主要谜题的原始动机。

第四章　抒情社会学① 77

在世系和生态两种现象中，我们看到了时间性的两个方面。在世系中，我们看见关于叙事、关于生涯、关于“涌现”的历时性时间(diachronic time)。在生态中，我们看见关于相互决定、关于行动、关于现实和经验的共时性时间(synchronic time)。本章将通过深入研究时间的双重性质来扩展对过程主义的分析。我将着重于共时性。时间的历时性、叙事的一面在其他地方已经有了深入的分析。我已经在《攸关时间》中对此进行了广泛讨论(第一章及第四章到第七章)。相比之下，对所有相互决定都发生的那一刻，即对时刻的时间性(temporality of the moment)的理解要有限得多。可以肯定的是，网络分析、微观经济学中的均衡理论、横截面回归分析，以及其他类似的方法都是在一种无时间性的现在(timeless present)中检验社会关系。正如我们刚才所见，生态分析提供了一条进入这个复杂的“现在”的丰富途径。但是，即使抛开发生在现在的相互决定的复杂本质，现在也总是在时间的流逝中孕育着可能的变化。由于编码总是发生在一个瞬间到另一个瞬间，而不是永久的，所以看似无时间性的现在总是处在变化的边缘，是在由诸多瞬间组成的漫长接续时刻中的一支插曲，处于永久的稍纵即逝之

---

① 本章最初是为2004年3月11日由密歇根大学资助的跨学科(Intersections)会议所起草。密歇根大学的这项倡议旨在汇集科学和人文领域学者。我也感谢 *Sociological Theory* 的审稿人，本章最早发表在该刊2007年第25卷第67～99页。

78 中。本章强调通过把看似固定的现在嵌入时间的流逝中，以探索流逝本身。

本章通过对抒情概念的分析来进行探究，抒情是对这一过渡的诗意理解。这一章的动机来自一个直接的理论转向：在最广泛的定义下考虑叙事可能的反面。本章寻求理解时间的另一种方式。我们通常认为理解社会世界的正确方式是讲述有关社会世界的故事。这些故事可以有关真实的人或机构：历史、传记、组织案例研究、世界体系分析。或者它们可以是变量的“故事”，就像许多不同形式的定量分析一样。在《攸关时间》的第二章中，我仔细研究了这两种故事之间的区别，认为将以变量为基础的“故事”作为理解社会世界的方式有很大的缺点。但本章将个人和变量这两种“故事”归为一类，作为理解社会世界的叙事方式，并问这种叙事方式的替代方案是什么。这种替代方案是建立在特定时刻、特定位置以及作者对材料特定的、投入的情感姿态上的社会学。这是一种关于过渡的社会学(a sociology of transition)。

和前一章一样，本章很长也很详细。在社会科学中，过渡性现在(transitional present)的概念没有得到很好的研究，如果要让别人理解，就需要许多不同的方法。因此，本章绕道而行，通过文学批评和民族志的历史进行研究，并对几份社会学文本进行详细分析。本章还提出了关于时间的一般性问题，这些问题将在第六章和第七章中再次出现。本章的问题围绕对社会过程的抒情理解。

本章展开如下。我首先对文本进行分析，来创造抒情社会学的第一次基本体验。然后，本章从古典批评和文学理论两个方面对抒情冲动进行了正式的界定。第三部分通过大量实例，阐述了抒情社会学的性质和维度。第四部分更为正式地深入重要的相关文献(当代文学理论和民族志)与具体问题(位置和情感)。至此，这一章与过程主义的一般主题的关系变得清晰：线性时间和瞬时性时间(momentary time)、世系和时刻、时间位置和社会空间位置之间形成问题的关系。这些都是过程主义的核心问题，在一个特定和有限的领域内研究它们很有帮助。最后，这一关于时刻的章节捕捉了随着时间的推移，社会演进过程的一个核心方面。

抒情社会学的问题 79

> 芝加哥河，它的水域被工业染色，支流把城市分为南区、北区和“大西区”。在河的南向弯曲处是卢普区，其天际线迫近密歇根湖。卢普区是芝加哥的心脏，像钢铁动脉突起结构上的结。它不断地将这个城市的三百万人口泵入和泵出中心商业区。峡谷般的卢普区街道在商业交通中隆隆作响。在它的人行道上涌动着来自各个国家的人们，他们不假思索地互相推挤，进出办公楼、商店、剧院、酒店，最后回到他们来的北区、南区和西区。曾经绵延数英里(1 英里为 1609.344 米)的草原，现在成为这个城市一望无际的街区。(Zorbaugh 1929：1)

在 20 世纪 70 年代和 80 年代，一个词从美国语汇中消失了。它不在政客们谴责困扰美国城市的诸多疾病的演说中，也不在负责管理国家的社会计划的政府官员口中。报道美国城市无家可归者、毒品和暴力事件日益增多的记者没有提到它，基金会高管和智库专家针对失业的父母和未婚妈妈所提出的新计划中看不到它，民权领袖们大声疾呼持续存在的不平等的语言中没有它，在社会科学家们数千页的关于城市下层阶级的文章中也找不到这个词。

这个词就是隔离。(Massey and Denton 1993：1)[1]

尽管这两个段落反驳了社会学家不懂写作的老生常谈——这一说法至少可以追溯到《现代英语用法福勒词典》——体现了截然不同的对优秀写作的定义，但它们有着相同的主题：哈维·佐鲍尔(Harvey Zorbaugh)对芝加哥的赞歌与道格拉斯·马西(Douglas Massey)和南希·丹顿(Nancy Denton)对种族隔离的哀叹，都关于城市的特征和动态。他们有着相似的政治观点，如果说马西和丹顿从一开始就不避讳他们的政治观点，那么佐鲍尔的书很快显示了它的进步主义传统的根源。此外，这两段话都试图在读者中唤起一种特定的心理状态，佐鲍尔表达的是兴奋和有力，马西和丹顿表达的则是惊讶和愤怒。

更确切地说，区别这两段话的是它们的语言。佐鲍尔不仅使用了
80 简单的隐喻(metaphors)，如"染色的"河流、"迫近"和"峡谷般的"卢普区，还引用了荷马式的明喻(simile)来描述芝加哥地铁环线，它像血液系统一样，循环城市生活日常的脉搏。相比之下，马西和丹顿没有使用任何形象，而用了死喻(dead metaphors)，如"诸多疾病"和"日益高涨"，以及同样平淡的提喻(synecdoche)，如"演说""书页"和"词汇"等，通过这些词汇使从美国政治意识中流逝了的种族隔离问题具体化。

在马西和丹顿的开篇页面上唯一引人注目的形象化语言是章节标题："缺失的一环"。由于没有明显的所指，这个历史性短语将读者推向文本：什么一环？在什么和什么之间？为什么它不见了？然而，到了马西和丹顿的第一段的结尾处，我们仍然不知道这些问题的答案，也不知道这本书是关于种族隔离本身，还是关于种族隔离讨论的消失

① 本章引用了大量的文本。对于有中译文的文本，译文都已采用现有中译本。没有中译文的版本参照了原作进行翻译。读者可以从引用方式上的不同加以区分：引文作者有中文译名的说明来自中文版；若是英文名，则说明该引文由原版译出。——译者注

方式。相比之下，佐鲍尔的章节标题"摩天大楼的阴影"直指后面的文本：既可以从字面上理解，因为该文本涉及城市的一部分，而这部分正好位于卢普区摩天大楼的北面，被摩天大楼的阴影遮蔽；又可以从形象上理解，因为应城市条件而成长起来的社会生活最显著的结果便是卢普区的大楼，这正对应了"在阴影下"。事实上，关于摩天大楼的提喻抛出了一道比马西和丹顿更为聚焦的难题：佐鲍尔是这个影子形象所暗示的技术和生态决定论者吗？

形象语言的明显差异预示着主旨的细微差别。佐鲍尔写了这个城市本身，它的地理、人民、诸地方。相比之下，马西和丹顿则写下了关于这个城市的言说——政治家、资助者、社会科学家和其他人的话语。前一段文字关于一件事，后一段关于看的方式（实际上，是关于不看）。因此，这种主题的差异在一定程度上推动了形象的不同。正是因为佐鲍尔发现这座城市使人着迷，难以抗拒，因此他变得富有诗意，而马西和丹顿觉得逐渐被遗忘的种族隔离没有什么浪漫或生动之处，他们必须用从宗教布道和政治演说而不是诗歌那里习得的修辞暗示，通过把同样的语法结构重复六次的方法来将这遗忘敲入我们的意识。

因此，这两段话在形象和具体性上都不同。但最后，也许最明显的是它们在时间性（temporality）上的不同：一段是关于**某件存在的事**（something that is），而另一段是关于**某件已发生的事**（something that has happened）。佐鲍尔所有的主要动词都是现在时态。河流"洄流"（flows back），街道"隆隆"（rumble），动脉"泵入/泵出"（pump），人们"涌动"（throng）。佐鲍尔唯一的过去时态是用作形容词的过去分词 81
["染色的"（stained）]，用一个未完成时表示从早期社会形态["曾经是草原"（what once was prairie）]过渡而来，用一个一般过去时表示在郊区日常通勤的起源["他们从那里来"（from which they came）]。简言之，佐鲍尔写了一种存在的**状态**，一个**时刻**。相比之下，马西和丹顿写了

一桩**事件**。他们的每一个主要动词都是过去时(大多数是非限定性、非完成体的"was")，事实上，文章开头不仅是过去时，而且在短语"一个词消失了"中使用了完成时。唯一的现在时态是表示过去正在进行的行动的分词——"谴责"(decrying)、"管理"(administering)、"报道"(reporting)、"提出"(proposing)和"大声疾呼"(speaking)。

总之，这两个段落都与城市有关，都持激进分子和激情的观点。但佐鲍尔形象地把城市本身当成一种当前状态，而马西和丹顿则把城市话语描述成一段正在展开的历史。在形象、具体性和时刻性(momentaneity)三个方面的差异中，我想关注最后一点：描写一件事的状态和描写一件事的发生。毕竟，对于马西和丹顿做的事情，我们有一个简单的名称：讲故事。我们称之为叙事。

叙事观念在现代学术中有周期性循环的历史。[①] 在20世纪60年代和70年代，社会科学和自下而上的史学击溃目的论和辉格史学的过程中，叙事思想随着完善它的老一辈人一起被放逐。在反叛的一代里，社会科学史学家认为叙事只是说故事，而不是严格的定量分析；而自下而上的史学家则认为叙事是"主叙事"(master narratives)，目的是让我们看不到"没有历史的人"(people without history)。至于社会学家，其主流学者认为叙事早在20世纪30年代就与W.I.托马斯(W.I.Thomas)和生活史方法一起被抛弃了。事实上，在20世纪60年代和70年代，叙事成为学术界的小众产品，只为少数保守派历史学家和少数反对其学科中教条因果论的社会科学家所使用。

然后到了20世纪80年代，时尚变了。从个人口述史到阶级、族裔和性别的大编年史，叙事作为一种新的具体化了的学术写作方式重新出现。伴随着新叙事作品的出现，文化和语言学转向的新产物也同

---

① 关于历史叙事的来源，参见McDonald 1996。

时出现了。这对许多人来说确实与叙事转向联系在一起。对于他们而言，“叙事”意味着三件事同时发生：跟随故事、研究文化符号、密切 82
关注语言。

叙事的攻势并不是回到辉格史学那种被诟病的目的论。相反，它自觉地反对一种分析过度的社会科学。特别是，叙事冲击攻击那些执迷于撰写关于诸如“官僚”或“南方态度”等具体化构念（reified constructs）之间因果故事的分析社会科学家。反对的武器是（令人钦佩的）关于真实行动者（社会或个人）的真实行为的叙事。事实上，揭示因果分析的各个类别（官僚、南方态度等）本身就是由真实人的真实行动所创造，叙事冲击依据这一逻辑与后来的文化转向接续上了。[①]

但是，马西和丹顿与佐鲍尔之间的差别并不是通过具体化变量讲故事和通过具体角色讲故事的差别，相反，是讲故事和完全不讲故事之间的差别。佐鲍尔没有讲故事。与《金岸和陋街》（*The Gold Coast and the Slum*）相比，分析社会科学和20世纪90年代的新叙事学派只是同一事物的不同版本：前者是用变量讲故事，后者是用行动者讲故事。[②] 但讲故事恰恰是佐鲍尔没有做的。他宁愿看着一个社会状况，感受它难以抵挡的兴奋和深深影响着人类的复杂性，然后写一本书试图唤醒那些在读者头脑之中，甚至是心中的感觉。这种对社会发现经验的再现，我在这里称之为**抒情社会学**。也就是说，我要以抒情来反对叙事，而不是我们像过去通常所做的那样，用因果分析反对叙事。我要说的是，社会学，甚至是社会科学，应该在其现有的体裁中包括

① 我写过大量关于叙事与分析的对立的文章（例如，见《攸关时间》第二章和第四章），以及旨在超越它们的方法论文章（参见 Abbott 1992；Abbott and Tsay 2000）。

② 因此，叙事与分析的对立是分形的，其限定版本（因果故事与历史社会学的“叙事分析”的对立）嵌套在更广的版本（叙事与抒情的对立）内。参见《学科的混沌》第一章。请注意，马西和丹顿的书同时涉及因果分析和历史故事。

抒情，并且应该把抒情作为一种普遍替代“故事”思维的方法来考虑。

本章的其余部分将为这样一种抒情社会学辩护。我首先简要回顾了抒情的文学理论，并由此得出一组抒情冲动的基本维度。然后，我详细讨论这些维度，并用示例说明它们。最后一部分更深入地探讨抒
83 情模式的理论基础，并将抒情社会学置于最近的方法论和理论辩论中。①

我这一章针对的是一般的社会学读者。我不是在向反实证主义唱诗班说教，尽管我早先在这类文章中的经验表明，只有唱诗班听得进去。② 尽管本章应用了文学理论和概念，但这个章节并不反对同样熟悉的“平滑的”“单一逻辑的”“非反身性的”民族志。③ 我更倾向于指出一个已经在许多社会学工作中很突出的主题或重点，并敦促我们更加有力地发展这个主题。因此，我按照理查德·布朗(Richard Brown)《一种社会学诗学》(*A Poetic for Sociology*，1977)的传统写作，这本书从文学、戏剧和艺术分析的词汇中衍生出社会学思维的美学正典。④

---

① 本章中使用的示例有些任意。尽管我选择了大量的例子来强调抒情的广度，但我没有试图找到“最好”的例子。我应该指出，布朗(Brown 1977：63-64)特别使用佐鲍尔作为糟糕美学的例子，因为佐鲍尔没有和他的研究对象保持距离。我不同意。

② 截至本章最初成文时(2004 年)，在我于 20 世纪 90 年代初所写的关于序列思维(sequencing thinking)和“叙事实证主义”(narrative positivism)的三篇理论著作的 246 篇引用中，只有 2 篇出现在《美国社会学评论》(*ASR*)上。《美国社会学杂志》(*AJS*)上刊登了 29 篇这样的引用，这更多地说明了我与该杂志的关系，而不是我的工作对主流量化研究的影响。

③ 这几个术语来自克利福德(1986)2006：36。现行的中译文为：“该书没有采用打磨修饰得很好的专著形式，而确实像拼凑起来的东西，充满了漏洞。”难说满意，所以此处没有依赖已出版的译本，而是进行了重新翻译。但下一脚注中的页码还是指向 2006 年的中译版，供检索需要。——译者注

④ 奇怪的是，尽管我分析的核心概念是情感和抒情，布朗却很少谈及这两者。关于“非反身性的”民族志，参见克利福德(1986)2006：36。很明显，我在此提出的论点显示克利福德的分析有致命缺陷。

抒情的概念

以抒情反对叙事，意味着我们需要召唤比叙事转向更古老的文学理论：叙事与分析之间的对立。[①] 文学理论中叙事概念的正当性来自极端结构主义(high structuralist)传统：普罗普(Vladimir Propp[1968]2006)对雅加婆婆形象(Babi Yaga)的分析，托多罗夫(Tzvetan Todorov 1969)对《十日谈》的分析，罗兰·巴特([1974]2012)对巴尔扎克的《萨拉金》的分析，以及热奈特(Gérard Genette[1972]1990)对普鲁斯特的《追忆似水年华》的分析。这一传统可以追溯到罗兰·巴特的《叙事作品结构分析导论》(*Analyse structurale du récit*，[1966]2008b，简称《导论》)，他详细阐述了作为一系列接续分岔的事件和可能性的叙事。亚里士多德在《论诗》中含蓄地讨论了叙事，这种事件序列分岔的概念不 84
仅是叙事转向的核心，更是分析社会科学的核心，而叙事转向正是靠反对这种社会科学来定义自身的。在这个意义上，两者在概念上都是完全的叙事，两者都把现实视为一个有开始、中间和结局的故事，或者视情况而定，把现实视为一个自变量、介入变量和因变量的模型。

正如这一世系所暗示的，极端结构主义的理论家们并不关心抒情的感性。《导论》(*récit*)集中在灵感和行动的符码上；符号和情感只偶尔依附于核心叙事那神秘的流动结构。因此，我们必须进一步寻求概念上的帮助。[②] 一个标志性源头是威廉·华兹华斯为《抒情歌谣集》

---

① 事实上，社会科学中的叙事转向很少正式运用文学理论。最常见的是，社会科学对叙事的运用仅仅合理化了人们主观、象征和个人的一般偏好。对于本段中所引用来源的进一步讨论，参见 Abbott 1983b。

② 据我所知，西方文化甚至英文文献中都没有抒情诗的一般历史。关于古代抒情诗理论的相对缺失，参见 W. R. Johnson 1982。从乔叟到柯勒律治的英国抒情诗(转下页)

(*Lyrical Ballads*)所写的序言(简称《序言》)。华兹华斯的文本提供了一份醒目的证据，证明在社会学中引用“抒情”的概念是多么恰当和有用。我在这里引用这篇序中最著名的段落，但做了两处非常微小的变化：我在第一句话中把“诗”替换成“研究”，在后文我把“微贱的田园”改成“城市”。除此之外，一字不差：

> 这些[研究]的主要目的，是在选择日常生活里的事件和情节，
> 自始至终竭力采用人们真正使用的语言来加以叙述或描写，同时
> 85 在这些事件和情节上加上一种想象力的色彩，使日常的东西在不
> 平常的状态下呈现在心灵面前；最重要的是从这些事件和情节中
> 真实地而非虚浮地探索我们的天性的根本规律……我通常都选择
> [城市]生活作题材，因为在这种生活里，人们心中主要的热情找
> 着了更好的土壤，能够达到成熟境地，少受一些拘束，并且说出
> 一种更纯朴和有力的语言。(华兹华斯[1800]1984：5。修改之处
> 如文中标识。)

(接上页)理论，参见 MacLean 1940。关于法语抒情诗，参见 Levrault 1902，Huot 1987 和 Maulpoix 2000。希腊人并不真正把抒情诗作为一种体裁。罗马人把抒情诗作为最低级的体裁，主要是因为抒情诗很少主张道德提升和指导载体。按照经典传统，文艺复兴时期也认为抒情诗涉及非严肃主题(与诸神和英雄相反)，因此应被视为偶然的和不重要的。像约翰·多恩(John Donne)和乔治·赫伯特(George Herbert)这样的早期现代诗人写了出色的抒情诗篇，但是赫伯特的伟大在于把抒情的姿态带到更高的(在他的例子中，神圣的)主题上，而多恩从世俗过渡到神圣的抒情诗显然很经典地表明了对更高事物的忠诚。法国也经历了类似的发展。诗歌内不同体裁的历史与社会学内不同体裁的历史有着惊人的相似。人们总是希望社会学工作有教育意义，可以抑制情感(至少不是抑制道德)，体现对更高的、更重要议题的坚持。当旧的高等话题变得无聊时，以前被认为低等的事物(如社会学对于偏异行为的研究，诗歌中出现的司空见惯的人类事务)也会变得重要起来。

这段话听起来很像罗伯特·帕克(Robert Park)的论文《城市》[①]，如果将“微贱的田园”改为“原始”而不是“城市”又会产生另一种效果，那是把马林诺夫斯基(Bronislaw Malinowski)送到特洛布里亚，把利奇(Edmund Leach)送到缅甸高地的信条。此外，华兹华斯的抒情标准在现代社会学论战中也得到呼应。他希望抒情诗反映大众生活，诗的主题是普通人，而不是奥古斯都诗歌中的英雄和诸神。同样，C. 赖特·米尔斯(C. Wright Mills)也谴责了社会学对宏大叙事和因果抽象的关注。华兹华斯希望抒情诗能用普通语言来表达(C. 赖特·米尔斯[1959]2017)。所以，我们现在是否也认为社会学应该用简单的术语，而不是行话来写作？华兹华斯希望抒情诗能在简单的事物中辨别出“我们本性的基本规律”，因此，我们也希望社会学能找到社会生活的规律。可以肯定的是，华兹华斯认为这些规律在农村生活中最为显著，而迥异的社会学家如马克斯·韦伯和罗伯特·帕克则认为，人性和社会规律在城市中最为明显。但是不管怎样，他们都同意，在社会世界中某些地方，人类行为的规律显而易见。

只有在他建议我们“[在研究中]加上一种想象力的色彩”，从而使普通事物呈现出一些“不平常的状态”时，华兹华斯才超越了社会学论战的熟悉范畴。我们在社会学中考虑的主要想象是理论想象，而很明显，华兹华斯在这里有一种情感想象，这种想象可以把强烈的意象和有力的情感并置，在读者那里唤起诗人自己所感，但套用一句《序言》
中的名言，这种想象起源于“平静中回忆起来的情感”(华兹华斯[1801] 86
1984：22)。但即使在这里，我们的社会学家也未必能就我们与华兹华

① 参见帕克(1925)2016：6~7。关于芝加哥学派社会学的有趣解读，特别是将其作为强烈文学概念进行的研究，参见 Capetti 1993。另参见 Lindner 1996，他精妙地记录了帕克社会学与新闻的联系。本章最初付印的标题受华兹华斯启发，叫作《反叙事：抒情社会学的序言》。

斯之间的区别在哪里而达成共识。因为我们并不总是坚持理论想象。在马西和丹顿的段落中，与其说是理论上的或情感上的想象，不如说是道德上的想象。事实上，我引用的两段话都不相信为了理论而理论。只是，佐鲍尔想要带给我们纯粹的兴奋和城市"品达式的"宏伟，而马西和丹顿则想要激发我们的道德感。①

也许正是缺少对华兹华斯的"想象力的色彩"的追求才真正导致了颇具影响力的公共社会学的衰落。也许这并非如布洛维(Michael Burawoy)所说，是由于道德怯懦和对专业精神的痴迷，而是我们苍白的想象和乏味的道德主义，把社会学从公共舞台上推了下来(迈克·布洛维[2005]2007b)。也许战后那些伟大的社会学经典之所以受欢迎，与其说是因为它们常常具有深刻的道德激情，还不如说是因为它们总是强有力地唤起作家对组织人、街角社会和大熔炉等不同主题的情感反应。令人惊讶的是，在甘斯(Gans 1997)的社会学畅销书排行榜上的11本顶尖书目里，其中7本书的题目传导了情感主题(《孤独的人群》《追求孤独》《责备受害者》《心灵的习性》《痛苦的世界》《亲密的陌生人》和《阶级的潜在伤害》)。②

---

① 经由考莱(Abraham Cowley)，"品达"在英语抒情理论中成为"英雄"或"过度"的同义词。考莱在17世纪晚期重新发现了品达体颂歌(Pindar)在希腊诗歌中明确的抒情之声。考莱和他的同代人也重新发现了朗吉弩斯(Longinus)，后者认为诗歌与其说是教导(instruction)情感，不如说是简单地把情感从诗人传达给读者。在抒情诗的长期历史上，这种教导内容的缺失一直被视为其主要缺陷。正如塞缪尔·约翰逊所写："写作的终点是教导。诗的结尾是以取悦的方式进行教导。"(Samuel Johnson[1765]1958：245)许多当代作家都相信约翰逊所言——叙事只能是说教，参见White 1987。请注意，关于抒情、诗学或社会学，我在很大程度上忽略了"听众"这一问题。我感谢大卫·雷(David Wray)和杰夫·莫雷诺夫(Jeff Morenoff)指出了这一点。

② 我将在结语中详细分析布洛维的论点。(此处提到的没有中译本的书目如下：*The Pursuit of Loneliness*，*Blaming the Victim*，*Worlds of Pain*，*Intimate Strangers*，*The Hidden Injuries of Class*。——译者注)

总之，对抒情社会学进行概念化似乎值得一试。也许我们可以通过详细的分析来重新发现一种对我们论题的情感参与。正如目前为止我所采用的方法所表明的，我将从关于抒情诗的文学批评中得出抒情社会学概念的各个部分。因此，我必须对这个类比研究做出通常的免责声明。我的目标是让旧的东西看起来是新的，如果不能提供一种新的方式来写作的话，起码能提供一种新的方式来阅读我们同行的作品。 87
我的分析可能会有一些不和谐之处，但希望这代价值得。

我对概念进行了一个相对正式的翻译，部分是为了避免简单画等号(以“抒情社会学真的是 X”的形式)，因为这可能会使探究短路，并成为早期辩论的重演。比如，我们可以得出这样的草率结论：抒情社会学等同于民族志社会学。但是，我们不应该在还没尝试的情况下就放弃在理论的基础之上想象如何于历史社会学或定量社会学中表达出情感冲动。人们也可以得出这样的结论：抒情社会学仅仅是通俗文学或描述性写作。这也会使更为严肃的思考短路。

我们的一般性指南必须有这样的目标：社会学，甚至是社会科学，在一种深刻的意义上是非叙事的。这并不意味着它不能包含叙事元素(佐鲍尔的书中充满了小故事)，而是意味着它最终的框架结构不应该用叙述、解释、理解来讲一个故事，而是用一幅单一的图像来传达一种情绪，一种关于社会现实的情感体验。

在社会科学方法论中，解释是一个很强有力的主题，由于解释几乎不可避免地包含人物叙事，因此我们会发现，很少有书明确地抒情。①

① 对我所假设的“所有的解释从结构上而言都是叙事”这一点，功能主义是一个可能的例外。功能主义的解释前提是，通过不同力量的安排(an arrangement of forces)来维护当前的某物，从而“纠正”与某个功能性目标的任何偏差(Stinchcombe 1968)。功能主义和相关的均衡论点并不真正需要通过在真实时间内发生的叙事性解释，它们在抽象的、无内容(contentless)的时间内存在。我在第七章中继续讨论这些论点。

我将在下面使用各种各样的例子，但这些例子几乎从未被认为是完全抒情的作品。相反，我们必须寻找任何我们能找到的抒情社会学作品。当然，许多诞生于叙事的分析都有强烈的抒情部分。但是，抒情社会学必须不仅仅是精彩的写作和华丽的文笔。我们正在寻找一项反对叙事的抒情性主张，尤其是反对叙事在社会科学中最常见的化身：解释。

88

抒情社会学

我将分别在以下两个小节考虑抒情社会学的概念。第一个概念，也是更重要的概念是**姿态**(stance)，我指的是作者对写作对象以及读者的态度。第二个概念是**运作方式**(mechanics)，我指的是作者在构建文本时使用的手法。[①]

姿　态

抒情冲动的核心是一种姿态，包括两方面，一是作者对研究对象的姿态，二是作者对读者的姿态。瑞恰慈(Richards 1929)分别称之为“感情”和“语气”。这种姿态是接触的(engaged)，而不是疏远的。作者想为读者再现其研究对象，因此接触来自情感，是一种对研究对象的强烈参与。此外，这种接触并不是反讽；抒情作家并不是把自己置身于情势之外，而是置身情势之中。如果说抒情诗带有反讽意味，那就是与对象和读者共享的讽刺，而不是将作者置于调查和报道的经验之外的那种讽刺。

在这里，“反讽”这个词有诱惑性，使我们陷入一种肤浅但具误导

① 这篇文章的审稿人问我为什么用“姿态”和“运作方式”这样的词，因为它们本身并不“抒情”。但不必用抒情的语言来讨论抒情，正如不必用荒谬的笔调书写荒谬——请萨缪尔·贝克特见谅。抒情写作和其他类型的写作一样需要训练和形式化，也许更甚。

性的对等。海登·怀特(Hayden White，怀特[1973]2013)和其他人一样，援引了诺斯罗普·弗莱(Nonthrop Frye，弗莱[1966]2021)的转义学(tropology)来分析社会科学写作(在他那里是史学)。他把隐喻、转喻、提喻和反讽作为四种基本修辞，松散地与浪漫剧、喜剧、悲剧和讽刺剧四种类型的戏剧联系在一起。乍一看，抒情诗似乎很适合浪漫剧。但其实所有这些剧种都属于叙事范畴，直接来自亚里士多德的正典，都与情节之目的和结果有关。没有必要认为抒情冲动必定浪漫，例如，在日本诗歌中，抒情几乎完全来自观念。不管对习惯叙事的西方读者来说觉得有多浪漫，日本诗歌并不浪漫。① 我们将在下面回到这种困惑，因为当今社会学中一个司空见惯的观念认为，接触一个人 89
的研究对象不是“科学的”，就好像距离和反讽是社会学写作的唯一合法姿态一样。

回到我开头的两个例子，我们可以看到佐鲍尔的姿态确实抒情。他直接和他描述的城市接触了，而且没有什么讽刺意味。然而同时，他的接触也同样严谨而节制。事实上，在某种程度上，正是由于他那本书在采访、文献检索和观察等多个方面的严谨性，他才见到了新的北区令人兴奋之处。但与马西和丹顿的道德接触不同，这种严谨的接触很直接，几乎就是欣赏。而后者的姿态疏远而评判。在马西和丹顿的文字中，我们只能通过他们书写中愤怒的部分来看待社会世界。而在佐鲍尔的书中，我们看到了城市和作者对城市的惊讶。他与金岸的

---

① 奇怪的是，弗莱([1966]2021：54)把反讽看作从“低模仿”(low mimetic)的进化，认为是一种直接逻辑引领着人们从写那些与我们声望相当的人(低模仿或简单现实主义)到写那些“比我们在能力和智力上低劣”的人(弗莱[1966]2021：43)——对他来说，这正是反讽的定义。同时，弗莱相信抒情和反讽的直接联系，因为对他来说，“[抒情]诗人和讽刺作家一样，也是不理睬读者的”(弗莱[1966]2021：382)。这似乎难以置信，直到你忆起弗莱对“反讽”的特殊定义是写那些比我们低劣的人。怀特的分析引自怀特(1973)2013。我在下面更详细地引用了日本的抒情美学。

住民一起交谊，与分租屋里的居者一起孤独，与波希米亚人一起感伤，与居住在陋街的移民一起四海为家却无精打采。

接触之后，抒情姿态的下一个特质是其位置(location)。抒情冲动位于意识的特定之处，来自在某个特定地点的一位特定作家。在讨论诗歌时，我们常常简单地说，抒情诗涉及作者的主体性。事实上，20世纪早期的心理学批评将抒情诗的各个方面归因于各种个人式(通常是弗洛伊德式)的考虑。但更广泛地说，抒情作家不仅以作家的身份，而且作为一个以社会世界的情感体验作为写作核心的人，敏锐地意识到他的自我。①

关于姿态方面，可以考虑用一份带有明确抒情重点的经典社会学文本——马林诺夫斯基的《西太平洋上的航海者》来作为例子。这本书以其独特的描述段落和精心编排的离题(如第二章中的长篇村落目录，第五章的独木舟建造和第十八章的巫术词语)，公开模仿了希腊史诗，
90 并以此命名。尽管它有着丰富的信息和细致的调查，但它仍然是本个人化的书，主要由马林诺夫斯基选择的人物所主导。可以肯定的是，写《航海者》的马林诺夫斯基不是写《日记》([1989]2015)的马林诺夫斯基，正如撰写《序曲》(*The Prelude*，1799)的华兹华斯不是和安妮特·瓦隆发生风流情事的那位诗人。② 尽管马林诺夫斯基写下了“人的科学”这样的辞藻，这本书在概念上却非常抒情。马林诺夫斯基希望我们能像他看到和感受到的那样看待特罗布里恩人。他一次又一次地忘

---

① 当然，在许多当代关于社会生活的写作中都明确地提到了主体性；在20世纪90年代的一段时间里，我们怀疑同事们的书是关于他们声称的主题还是关于他们自己的。但是，尽管我们对于这种转变是可取还是可悲可能有不同认识，但把它看成是对的还是错的、科学的还是不科学的，都是种错误。正确的问题是主体性在美学上是否成功。新的主体性问题与其说是糟糕的社会科学，不如说是糟糕的诗歌。

② 《序曲》不是前文的《序言》，《序曲》的全称是《序曲或一位诗人心灵的成长》，《序言》来自与柯勒律治共著的《抒情歌谣集》。——译者注

记了科学的姿态，并非因为他是一位西方人或殖民主义者、波兰人或男人，而是因为他实在是一位优秀的抒情诗人。①

一本非常主观的书未必抒情。例如，《孤独的人群》(1950[2002])是一本非常主观的书。从中我们可以强烈地感受出大卫·理斯曼(David Riesman)的为人：一位反思性的说教者，介于困惑的和蔼、保守的反应和有远见的批判之间。但是，如果理斯曼写的不是伤心故事，他也很少放松到抒情。他的情绪从来没有压倒过他，也没有在他身上造成一种尖锐的人性。他不想在我们身上重现他对现代的、他人导向的社会的情感。事实上，我们从来都不知道这种情绪是惊奇、厌恶、犹豫还是高兴。相反，理斯曼是其他社会批评家的榜样：谨慎、超然、略带讽刺，警惕他人的观点和潜在的批评。

在接触和个人位置之后，抒情姿态的第三个要素是时间的位置。抒情是瞬时的(momentary)。这是使它成为非叙事的最主要一点。抒情与某事的发生无关，与结果无关。抒情是关于一种存在的状态。即使对《航海者》也是如此，这不是真正的一场特定的库拉之旅(虽然这本书讲述了他们的几个故事)，而是一次对时光中某个时刻的特罗布里恩人的召唤。在那个时刻里，库拉贸易呈现出无止境的周期性。通过对战争、食人习俗和其他前殖民生活方式的不断评论，马林诺夫斯基非常清楚，他所研究的世界正在消逝。他预示般地在结语中说道："呜呼哉！民族学已没有太多的时间，关于其真正意义和重要性的这个真相是否来得及为人所知呢?"(马林诺夫斯基[1922]2017：677)他有意识地

---

① 其他详细描述贯穿全书，如风格化的航行(马林诺夫斯基[1922]2017：69～95)。马林诺夫斯基的目标是模仿他的同胞约瑟夫·康拉德(Joseph Conrad)，这是众所周知的。然而，卡洛·金兹伯格([2000]2014)认为，对《航海者》的主要文学影响来自罗伯特·路易斯·史蒂文森(Robert Louis Stevenson)。另参见马林诺夫斯基的日记(马林诺夫斯基[1989]2015)。关于马林诺夫斯基的例子在本书多次出现。

创造了世界在一瞬间的形象，一个存在中的他方世界的快照，即便那个世界改变了。

91 一本当代的书很好地阐明了抒情姿态的所有三个方面，即迈克尔·贝尔(Michael Bell)的民族志《丘尔德利》(*Childerly*)，关于一座英国村庄的“自然良知”的书。贝尔由始至终都保持接触，具有鲜明的主体性。与理斯曼不同的是，他没有不愿意被人看到与自己的数据发生冲突，被人看到困惑和犹豫。他想让我们了解他自己反应的复杂性：对居民关于猎狐、风景名胜和“乡下人”的争论。他捕捉到了他的村庄所处的一个特定的转变时刻，即在农村中产化开始之后，但在基因编辑和疯牛病事件之前。他给我们一种感觉，居民们正在苦苦寻找一种“自然道德”，这种道德可以成为不断变化、越来越不正当的阶级制度的合理替代品，这种寻找既部分成功，也注定会部分失败。简言之，《丘尔德利》是一本深情抒情的书，充满了日本式的转瞬即逝。当然，这也有助于我们了解美丽的事物——关于农场、鸟舍和花园，关于茅草屋、诚实的劳动和家常酒吧。但这本书的抒情性在于它对这些事物的处理方法，而不是事物本身。

运作方式

抒情社会学和叙事社会学的主要机制性差异源于作者的意图不同。一位叙事作家试图告诉我们发生了的事情以及如何解释它。一位抒情作家的目的是告诉我们他对某一时刻所看到的社会过程的某些部分的强烈反应。这意味着叙事作家会告诉我们事件的顺序，而抒情作家会给我们一大堆图像。这意味着前者尝试通过抽象的模仿(abstract mimesis)来展示现实，后者尝试通过具体的情感来让我们感受现实。这意味着前者将强调他的拟真模型所用的技巧，而后者将强调他对所研究的世界的热情。这些较大的差异将反映在写作细节上。抒情作家会使用更多的形象化语言和更多的拟人化。

这些差异中最重要的是第一个，即故事和图像之间的差异。叙事性写作以一系列事件为中心，或者在定量研究中，以一系列变量为中心。这一系列事件或变量解释了作者感兴趣的现象。相比之下，抒情写作集中在一个或多个意象上。作者通过不同的视角，以不同的方式看待这些问题，以唤起作者情感反应的来源。[①]

例如，古乐朋(Nicholas Christakis)的《被预言的死亡》(*Death Fore-* 92
told)涉及严重疾病的医学预后。[②] 古乐朋拥有社会学和医学双博士学位，他对使用医学检测结果来判断疾病预后进行了几次大规模调查，并对医生对于预后的态度进行了几次问卷调查。他还进行了几十次采访，收集了数百份文件。[③] 在叙事的框架中，人们会期望这样一本书：围绕一系列变量展开，这些变量决定了哪种医生会判断预后，医生会在什么时候以及向谁预测什么。我们可以期待各个章节的叙事，从病人和病人的疾病开始，然后转向医生和医生的特点，最后是整个疾病过程中的预后信息流：医生在开始时告诉病人什么信息，随着病例的展开，信息又如何改变，以及整个故事如何以死亡或生存来结尾。但

---

① 我们不能要求抒情意象总是独特和微妙，正如我们不能要求所有的科学模型都优雅和简洁。尽管我们通常相信新的、引人入胜的形象的重要性，但抒情的传统往往依赖于传统的标准隐喻。因此，我不同于巴什拉([1957]2013，特别是导论章)，他坚持抒情意象的激进个性。我们不应该惊讶于抒情社会学也会像抒情诗那样可能充满了陈腐的意象，诸如“城市居民”“工人”和“罪犯”这样的个体意象，以及抽象意象，如“父代—子代社会流动”和“都市贫困”。

② “预后”(prognosis)指的是医生根据一系列指标预测疾病的发展状况。在临床阶段，医生对于疾病的了解除了常见的病因、病理、临床表现、化验结果以及影像特点、治疗方法等因素外，疾病的近期和远期恢复进展程度也很重要。而且由于患者年龄、体质、早前接受的其他治疗及其时间早晚等诸多因素不同，即便接受了同样的治疗方案，结果也会不同。预后是对疾病发展的综合估计。——译者注

③ 有趣的是，古乐朋的书，如马西和丹顿的书一样，也涉及遗忘：现代医学中对预后的遗忘。尽管主题相似，但这两本书的结构却截然不同。

事实上，这本书只是围绕着一番图像展开，在其中医生告知(更多的情况是不告知)病人的未来。书里有关于预后错误、预后规范、如何判断预后、预后的常见仪式，以及预后作为自我实现预言的章节，但是没有简单的关于预后的叙事。期待叙事模式的读者发现论点的组织啰唆且难以定位：因果故事在哪里？此外，作者似乎忧心忡忡且难以明确其态度。他不是一位置身于情势之外的抽象社会学家，他也不是一个对于医学队伍内各种观点有一致主张的人。

但如果我们把这本书当作抒情诗来读，它就显得有意义了。这本书根本就没有叙事，只有关于情势的图像：医生，那些关于疾病的未知和不可知的未来，以及患者。一方面是浩如烟海一般的医学知识，另一方面是该疾病和该患者的个体特征。对医生来说，预后是概率性的，但对病人而言却是确定性的，要么活着，要么死去。于是总存在着一种不可估计性。这样看来，作为一种与概率性和决定性相悖的不对称情形，预后的情势远远超越医学。这与为朋友提供婚姻方面的建
93 议、为学生评估论文主题、向被控重罪的客户提出法律策略相同。医疗环境只是让它更普遍，更深入，正如一种强烈的抒情形象应该起到的作用那样。

基于这一论点，古乐朋的真正目的是让我们感受到医生们对预后的那种可恶的矛盾心理。事实上，这也是他自己作为一名执业医师所感受到的可恶的矛盾心理。然而他并没有选择那种熟悉的体裁，如“让我告诉你我的一些令人困惑的案例，以及它们教会我们的事”。这种体裁产生了如此多肤浅的医学畅销书。在那些书里，我们会有一位理斯曼式的人物：一个谨慎、超然、有点反讽意味的专家，告诉我们一些有趣的讽刺故事，承认我们处在未知的世界里。相反，古乐朋写的是真正的硬核社会学定量分析，结合无休止的、近乎偏执地访谈，他试图将这一极其重要的情况真实再现，向我们展示他和其他医生的感觉：

困惑、犹豫、感到有危险，但也奇怪地和近乎神奇地有力。这一首要的抒情姿态在“致辞”部分得到了体现，我们读到古乐朋六岁时，他的母亲被诊断只有10％的概率再活三星期。①

古乐朋的书表明了我对抒情写作的定义，抒情写作的主要目的是传达一位特定作者与某种社会时刻的情感关系，这对即便是以定量分析为主的工作来说也是可能的。因此，这本书不仅说明了抒情社会学的反叙事特征，而且说明了它甚至可能以牺牲对现实的抽象表现为代价，坚持交流的激情。关于这一权衡，我们可以通过考察一本从与古乐朋相同的出发点开始但做出相反选择的书来了解其重要性；斯科特·斯努克(Scott Snook)的《友军火力》(*Friendly Fire*，2000)，一本我们期待充满激情和自然主义色彩的书，但实际上却充满没完没了的模仿和做作。《友军火力》描述的是1994年4月14日10时30分，美国军机在伊拉克击落了两架载有军官和平民的美国直升机的事。遇难的26人包括美国人、库尔德人、土耳其人、英国人和法国人。我们期待一份充满激情的分析，不仅因为斯努克像古乐朋一样，既是一位(军事)专业人士，又是一名社会学家，更因为他本人对他的话题深有感触，他曾于1983年在格林纳达被友军火力击伤。

斯努克的理论被提炼成一整页令人难忘的图表，其中包括导致击坠事件的所有势力、问题和事件，如图1所示(Snook 2000：21)。这 94
张图呈精准的维度化：叙事时间按先后由左至右展开，与事件的距离按远近、由上往下展开。因此在左上角，我们有“苏联解体”和“军种间对抗的长期历史”，在中部，我们有“老化的飞机结构”和“美国空军和陆军单位分头驻扎”，更近处是“飞行战斗空域控制人员的临时座位配

① 正如古乐朋高兴地指出的那样，这种预后错了：事实上，他的母亲多年之后才去世。注意，尽管这本书大体上持抒情的姿态，它却以一种道德说教的基调结尾，最后一章的标题是“预后的责任”。

置""直升机任务不在空域管制系统中出现"，到"含糊不清的无线电呼叫"和"敌我识别失败"，最后，在大约50个图示气球和80～90个连接箭头后，在图表的右下角，我们抵达了"击坠"。①

但对于斯努克来说，即便是这种非凡的叙事流程也不够，他花了数年时间仔细阅读无数安全报告、军事文件、军事法庭审判文件，甚至视频记录。在书的第二章"击坠：一个简单的描述"中，他给出了故事的简单文字版本。这正是一个仔细、详细，以一种克制、军事的方式讲述，又带点激情的故事。但是接下来的三个章节是从四组主要角色中三者的视角重新讲述整个故事：战斗机飞行员、飞行战斗空域控制人员和指挥机构，这个指挥机构本应将陆军服务直升机(被击落)整合到军种间战区组织(开火的一方)中去。第四组角色——死去的直升机机组人员——只留下了一些模糊的痕迹：一些谈话和第二章"击坠：一个简单的描述"中已经讨论过的标准作业程序。与《罗生门》中的黑泽明不同，斯努克没有任何媒介可以让他们重获新生。

但是，尽管斯努克依据佩罗(Charles Perrow)的《正常事故》(*Normal Accidents*，1984)的传统给出了一段技艺精湛、多层次、多阶段的有组织叙事，但这种分析几乎不带情感。读者感觉到斯努克是叙述者，也会感觉到他的军事个性(因为他对组织细节的痴迷在其他地方是不可想象的)。但除了他10年前被击伤的那句话外，几乎没有迹象表明他对不同参与者的情感反应，甚至是他对他们的判断。这件事令人痛苦的一面可能是飞行员的悔恨、空军的耻辱，以及"事后发生在每个人身

---

① 这些术语直接引自斯努克原书，书中用法为军事缩略语。为了便于读者阅读，在中文版中都译为了口头用语。这些术语是：AWACS＝Airborne Warning and Control，飞行战斗空域控制人员；MSNS＝Missions，任务；ATO＝Air Traffic Control Order，空域管制系统；IFF＝Identify Friend or Foe，敌我识别；SOP＝Standard Operating Procedure，标准作业程序。——译者注

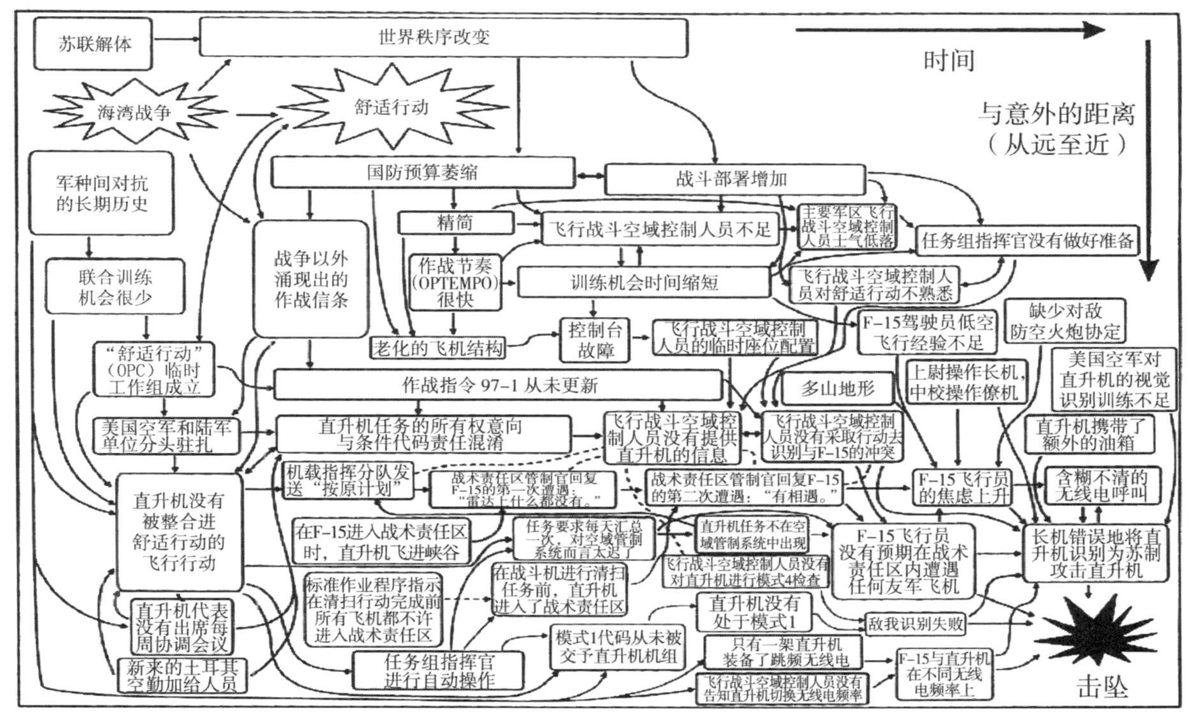

时间
与意外的距离
（从远至近）
苏联解体
世界秩序改变
海湾战争
舒适行动
军种间对抗的长期历史
国防预算萎缩
战斗部署增加
精简
飞行战斗空域控制人员不足
主要军区飞行战斗空域控制人员士气低落
任务组指挥官没有做好准备
联合训练机会很少
战争以外涌现出的作战信条
作战节奏（OPTEMPO）很快
训练机会时间缩短
飞行战斗空域控制人员对舒适行动不熟悉
控制台故障
飞行战斗空域控制人员的临时座位配置
F-15驾驶员低空飞行经验不足
缺少对敌防空火炮协定
“舒适行动”（OPC）临时工作组成立
老化的飞机结构
美国空军对直升机的视觉识别训练不足
作战指令 97-1 从未更新
多山地形
上尉操作长机，中校操作僚机
美国空军和陆军单位分头驻扎
直升机任务的所有权意向与条件代码责任混淆
飞行战斗空域控制人员没有提供直升机的信息
飞行战斗空域控制人员没有采取行动去识别与F-15的冲突
直升机携带了额外的油箱
直升机没有被整合进舒适行动的飞行行动
机载指挥分队发送“按原计划”
战术责任区管制官回复F-15的第一次遭遇：“雷达上什么都没有。”
战术责任区管制官回复F-15的第二次遭遇：“有相遇。”
F-15飞行员的焦虑上升
含糊不清的无线电呼叫
在F-15进入战术责任区时，直升机飞进峡谷
任务要求每天汇总一次，对空域管制系统而言太迟了
直升机任务不在空域管制系统中出现
F-15飞行员没有预期在战术责任区内遭遇任何友军飞机
长机错误地将直升机识别为苏制攻击直升机
飞行战斗空域控制人员没有对直升机进行模式4检查
标准作业程序指示在清扫行动完成前所有飞机都不许进入战术责任区
在战斗机进行清扫任务前，直升机进入了战术责任区
直升机没有处于模式1
敌我识别失败
直升机代表没有出席每周协调会议
模式1代码从未被交予直升机机组
只有一架直升机装备了跳频无线电
F-15与直升机在不同无线电频率上
新来的土耳其空勤加给人员
任务组指挥官进行自动操作
飞行战斗空域控制人员没有告知直升机切换无线电频率
击坠

图1 《友军火力》示意图

上的事情”——这些都没有被分析过，除了几个形容词(“明显震惊的老虎01”[1])(Snook 2000：71)，根本提都没提。我们甚至都不知道这次击坠是如何被认定为一次友军误伤事件，也不知道一天之内新闻是如何传递给国防部长的，或者最初的反应是什么。由于斯努克无情的叙事(即理论化的叙事)集中在手头的因果问题上——这是如何发生的，所以只有“罕见事件是如何发生的”这一问题是该研究的兴趣。在一个亟
96 须抒情的背景下，作者有充分的发挥余地展示人类如何体验偶然性、意图和意义，只是他偏偏拒绝偏离他的叙事路径。

斯努克的书不仅说明了在叙事社会科学中模仿对情感的支配地位，而且也说明了人为叙事(narrative artificiality)对情感的支配地位，它起源于亚里士多德式的叙事律令，即教育读者(事实上，这本书的结尾是一份附录，题为《应用友军火力：给你组织的教训》)。叙事技巧首先表现在解释一件极其罕见的事件的意图上，毕竟如果不涉及26人的意外死亡的话，我们很可能认为这不过就是一场偶然。(同样罕见但不那么骇人的事件每天都发生却不被讨论。)

斯努克主图中的各种因素除了导致击坠，还导致了其他很多未被讨论的结果。这些未被讨论的结果是理解斯努克所描述的因素为何被当作导致击坠事件的重要原因。例如，军种间的对抗不仅会导致军机被击落，而且常常被认为会带来竞争以导致服务的自我完善，正如我们在第三章中所见。也就是说，尽管有时会造成灾难性的结果，如击坠，然而军种间的对抗仍被认为有重要的积极作用，这可能是它存在的原因。但在斯努克明显的说教叙事形式中，我们只关注一系列原因的某些结果，这一方法与罗兰·巴特式的“核心”(kernels)和“连接”(links)的连续体略有不同，但在叙事社会科学中仍然是标准的。这种

① 指向两架黑鹰直升机上发射导弹的F-15C飞行员之一。——译者注

形式导致了一个层次化的结构性故事流，我在其他地方称之为“始祖情节”(ancestors plot)，它考察了某一特定事件的所有原因，从最直接到最一般的原因。这是一种极其人为的故事形式。它不仅从之前的社会过程中选择一些特定元素以使其集中于某个特定结果，而忽略了那些“始祖”事件的其他“后代”，它还将诸如“新世界秩序”和“关于战争以外行动的新兴信条”这样的抽象名词与“没在飞机上的驾驶员”“F-15 飞行员很焦虑”这样的经验细节放在同一个故事中。(我稍后将回到这个混合“大”和“小”事物的问题上。)因此，叙事程式化是相当极端的，尽管应该重申一下，斯努克的这种程式化绝非不寻常。它是所有叙事社会科学的标准形式，不管是量化还是质性研究。[①]

到目前为止，我们已经考虑了抒情与叙事在“运作方式”上的主要 97
区别在于，抒情运用的是形象而非故事，是具体的情感而非抽象模仿，是自然主义而非人造。下面让我简单地谈谈抒情技巧两个较为集中的方面：拟人化和形象化语言。

事实上，拟人化在整个社会学，甚至在社会科学中都很常见。把集体当作人来看待是社会分析的一个共同点，因为这是从罗马法和普通法中就开始的传统。但当我们想到抒情诗中的拟人化时，我们指的通常是拟化那些非人的事物：非人类的动物、无生命的物体甚至概念。

① 对于军队的讨论，见上一章的结尾部分。“核心”和“连接”来自巴特(1966)2008。关于“始祖情节”，见本书第六章。安格斯·坎贝尔等人(Angus Campbell[1960]1980)在关于 1952 年和 1956 年美国选举的名著《美国选民》中，提出了类似的“因果漏斗”模型(funnel of causation model)。有关分析，也请参见本书第六章。请注意，如果没有这样的漏斗设计，作者仍然能以强烈的叙事模式写作。弗莱克(Fleck)著名的关于梅毒的研究(Fleck 1979)大体上采用了叙事形式，但他坚持使用叙事力量网络(a network of narrative forces)。奇怪的是，这种写作使本书所呈现的科学始终具有某种短暂性，总是在运行中；也就是说，它所呈现出的科学处于抒情的模式。但弗莱克并不是主要想表达他对科学的情感反应，所以在我看来，他的书不能被认为是抒情的。

华兹华斯著名的《不朽颂》以四个完整的诗节开始，这四个诗节将大地、月亮、花、动物等拟人化。日本古典抒情诗通常使用约定俗成的意象：将山和树、斗篷和袖子，甚至房屋和大门拟人化。奇怪的是，这种极端的拟人化是叙事社会学的特征之一，尤其是在量化研究中。“科层制”和“性别”等变量的拟人化在定量社会学中已成惯例，比如，当我们说“性别在这里不起作用”，我们的意思是在被估计出的模型中性别变量的系数不显著。拟人化在以斯努克的《友军火力》为代表的组织和社区的叙事分析中也一样是惯常的。事实上，许多人认为拒绝将拟人化甚至形象化语言应用于抽象对象，区分了狭义的叙事社会学与它试图取代的基于变量的社会学。

但我们在这里关注的是这些手法在抒情方面的运用，而不是广义上标志性的叙事方面(包括主流的变量社会学和狭义的叙事社会学)的运用。在抒情的社会科学中，这些手法被有意地运用，以达到华兹华斯所说的“一种想象力的色彩”，即“使日常的东西在不平常的状态下呈现在心灵面前”。为了看到这一点，我们需要一份强调共情式抒情的文
98 本，我将以E. P. 汤普森的《英国工人阶级的形成》为例，这是一本在社会科学中有着明确抒情意义的书。《英国工人阶级的形成》完全不能当成故事来读，它只是名义上的叙事。标题中承诺的“涌现”情节只是作为一个松散的框架存在，它将工人阶级的不同形象聚集在一起，合并为一幅幽灵般的阶级景象，这个阶级的正在形成和倏然消逝同时发生。这一强烈的抒情语气定调在被多次引用的开头部分，再无动摇：

> 我想把那些穷苦的织袜工、卢德派的剪绒工，“落伍的”手织工、“乌托邦式”的手艺人，乃至受骗上当而跟着乔安娜·索斯科特跑的人都从后世的不屑一顾中解救出来。他们的手艺与传统也许已经消失，他们对新出现的工业社会持敌对态度。这看起来很

落后，他们的集体主义理想也许只是空想，他们的造反密谋也许是有勇无谋；然而，是他们生活在那社会剧烈动荡的时代，而不是我们；他们的愿望符合他们自身的经历。如果说他们是历史的牺牲品，那么他们现在还是牺牲品，他们在世时就一直受人诅咒。(汤普森[1963]2001：5)

这段文字的措辞几乎是圣经式的(参见启示录7：14～17)，承诺将那些被忽视的人复活，给予他们迄今为止只为小威廉·皮特和阿瑟·韦尔斯利等"伟大"人物保留的"想象力的色彩"。① 这段文字承诺把以前不被视为人的人物"拟人化"。事实上，这本书在语言方面非常强大。以下引自《自由之树》一章里典型的起始段落：

现在，我们有必要回过头来打量一下托马斯·哈迪和他的同伴们。1792年1月，他们在埃克斯特街的"钟声酒吧"碰头。我们绕了这么大的圈子，是为了打破存在于18世纪与19世纪之间，存在于工人阶级骚动史与这个国家其他阶级文化思想史之间的那道万里长城。18世纪90年代发生在英国的事过多地被视作仅仅是巴士底狱风暴的反射。但是，由法国的样板作用而加速发展的那些因素——非国教的和自由主义的传统，早在英国历史中就存在。[……]法国样板击破的那道闸是立宪主义，但时间是在1792年而不是1789年，而且流入的洪水是汤姆·潘恩。(汤普森[1963]2001：102)

---

① 《圣经》和合本译文如下："14 我对他说：'我主，你知道。'他向我说：'这些人是从大患难中出来的，曾用羔羊的血，把衣裳洗白净了。15 所以他们在神宝座前，昼夜在他殿中事奉他；坐宝座的要用帐幕覆庇他们。16 他们不再饥、不再渴，日头和炎热，也必不伤害他们，17 因为宝座中的羔羊必牧养他们，领他们到生命水的泉源；神也必擦去他们一切的眼泪。'"——译者注

99 这里我们读到非常隐喻性的语言。尽管这些隐喻确实涉及抽象(例如，万里长城意味着历史编纂的障碍)——正如基于变量的叙事主义——但它们只是为更紧密地形成抒情文本而作为框架的一部分出现。例如，三十几页之后，是对托马斯·哈迪叛国罪审判的描述：

> 在最后一天，当陪审团退庭达三小时之久时，刑事法院附近街道上挤满了激动的人群。毫无疑问的是，法庭若宣判“有罪”，将会触发一场暴乱。来自诺里季爱国会的代表名叫戴维，他正在伦敦观看审判。在宣判无罪的消息传来后，他立即坐邮车回诺里季，连夜赶路，在星期天上午举行宗教仪式的时刻回到诺里季。他径直前往圣保罗教堂的浸礼会聚会室，该教堂的主持牧师马克·威尔克斯是一位热心的改革派，他是旧式浸礼会牧师，既有自己的职业(农场主)又兼任不领薪俸的牧师职务。当戴维进来时威尔克斯正在布道坛上，他立即打住话头问道：“有什么消息，兄弟?”“无罪!”“那么让我们高唱‘赞颂万福之源的上帝’。”(汤普森[1963]2001：142)

这里的戴维和威尔克斯在这本800页的书中没有出现在其他地方，对二人看似离题的描写，实则是用一个难忘的形象取代其他作家会采取的简单叙事摘要：“无罪释放的消息迅速传播，并在改革者中带来了很多快乐。”但汤普森表述的不仅仅是一个叙事段落，虽然他讲了一个故事。此段的存在是为了给我们一个引人注目的形象，并向我们传达工人阶级激进主义本身的情感基调和汤普森对它的强烈反应。

这种个人的热望非常强烈。在前面讨论过的《丘尔德利》中，贝尔使用村庄的钟声和身为敲钟人的自己作为一章的结尾，形成了一个共振的隐喻，捕捉到村庄生活的各个方面如何在彼此间萦绕回响。在这一章中，拟人和形象化确实出现了。

时刻、地点、情感

到目前为止，我已经研究了抒情的姿态和它塑造文本的运作方式。但为了证明抒情并不仅仅是为了使叙事性和解释性的社会学更具吸引力和愉悦感而采用的一种优雅文风，我现在将更深入地探讨我赋予抒情的三个关键理论属性：时刻性（momentaneity）、位置（location）和非 100
道德说教的情感表达（expression of nonmoral emotion）。我将深入地挖掘抒情的文学和哲学基础，并通过厘清抒情与其他理解方式之间的关系来更好地说明这一点。

现代文学理论中的抒情和叙事

首先，我需要为我们区分抒情和叙事写作的能力辩护。如果我们不能将二者分开，那么对瞬间的抒情的专注只会变成讲述故事这个更大计划的一部分，不管是讲述因果的故事还是行动的故事。事实上，诗学理论中就出现了抒情与叙事分离的争论，这一争论与抒情社会学的争论相似；对于可分性的怀疑也是出自同样的原因。文学争论将我们导向哲学争论，从哲学争论我们将回到主要的理论分析。

现代批评的一个重要流派完全否定了叙事与抒情的区别。这个流派暗示，所有的抒情都是历史性的。抒情是在某个特定时刻被有意或是无心写下的叙事。因此，我们在《序曲》中听到了华兹华斯的“象征性叙事”（de Man 1984：57）。我们在抒情诗中听到“客观的历史力量在[抒情]诗中唤醒自己”（Adorno 1974：61）。我们在雪莱的《西风颂》中听到了“历史变化的模型”（Chandler 1998：545）。事实上，我们可以把钱德勒（James Chandler）试图通过分析一年的文学作品来理解英国 50

年的历史，看作一种试图证明关于历史时刻和特定时刻的叙事和抒情具有同一性的尝试。

但尽管钱德勒正确地理解了《西风颂》，认为预言诗可以通过诉说当下来塑造未来，但这种解读并没有使《西风颂》成为一种叙事，也没有给它一个"历史变化的模型"，而仅仅暗示了行动在一个完全自由的现在的可能性。[①] 虽然雪莱确实写了一些明确的叙事性和预言性的诗
101 （如《麦布女王》和《暴政的假面》），并且明显地着迷于时间的流逝（如被广泛收录的诗歌《奥兹曼迪亚斯》），然而除了那些充满比喻性语言的外行作品，他的大部分叙事诗和预言诗在任何意义上都带有寓言和说教的意味，而非抒情。

保罗·德曼（Paul de Man）对华兹华斯的研究在此是一个测试案例，因为我的抒情概念来自华兹华斯的早期文字。在德曼对华兹华斯的绝大多数解读中，他通过强调华兹华斯抒情的根源在时刻中，从而明确地将叙事和抒情分开。德曼认为，作为叙事核心的过去和未来，都是通过想象被带到现在的。事实上，过去和未来只能通过这个富于想象力的现在被观察到。这个现在由诗人此刻的关注和自我定义。因为想象总是解释性的，它必然会破坏行动的连续性（从而破坏叙事的连续性），进而创造出一种新的"评论"（commentative）（Weinrich 1973）的

① 钱德勒也忽略了《西风颂》前三节中循环、季节性的时间与最后两节中线性、历史性的时间之间的矛盾，以及更重要的事实，即雪莱以循环结尾（"冬天来了，春天还会远吗?"）。正如我们将在下面看到的，循环时间与抒情姿态有关。这里需要强调一个定义问题。本章的一些读者坚持认为，"抒情"一词实际上是指所有类型的诗歌。这在现代非技术性用法中可能正确，但在严肃的文学理论中却并非如此。这反映了一个事实，即当代诗人基本上已经停止写史诗、颂歌和其他正式的诗歌子流派了。但是，尽管《暴政的假面》可能对钱德勒有"令人印象深刻的抒情性"，但他知道他是在隐喻性地使用这个词，这首诗实际上是一部带有抒情元素的寓言，正如华兹华斯的《序曲》是一份充满了长长的抒情部分的自传体叙事。

现在时。其中，抒情的姿态只是次要的，故事的重要性也如此。

> 被积极投射到未来的时刻(也就是在瞬间的陶醉中失去自我的那个时刻)需要过去的想象的支持，这个时刻被失败的经历(如没有思考而无法理解一个人的行为)从过去分开。(de Man 1984：58)

> 未来在历史中的存在只是作为一种记忆，记住的是已成威胁的失败计划。对于华兹华斯来说，没有历史末世论，有的只是一个永无止境的对末世论时刻的反思，这个时刻因自身的过度内在性而失败。(de Man 1984：59)

在由德曼解读的华兹华斯那里，叙事融入了抒情(而不是像某些社会学家认为的那样反过来)。德曼反复强调了华兹华斯(在《序曲》中)为这种强烈而令人不安的时间流逝感运用的隐喻："不可丈量的山峰上，/林木在凋朽，朽极至永恒；有一个个/瀑布那凝止的冲落。"(《序曲》六，624～525页)事实上，他认为华兹华斯超越了叙事本身：

> 无论是在短诗还是长诗中，叙事顺序都不再保持线性；如果 102
> 要保持隐喻的作用，华氏河流的自然运动必须被逆转和超越。(de Man 1993：92)

此外，德曼明确区分了抒情诗("代表声音的实例"，de Man 1984：261)和"真实历史的物质性"(de Man 1984：262)。在《文学史与文学现代性》一文中，他提出了一项激进的主张，即所有文学在根本上都反历史，并指出，以波德莱尔为代表的标准叙事中现代抒情诗歌的典范，完全集中于现在，而不考虑其他时间。

不过，在每一种情况下，波德莱尔为一个主题所选的“题材”，都在受到偏袒，因为这种题材存在于某种现在的人为性和现代性之中。这种现在又受制于经验，这些经验在语言之外，而且避开了连续的时间性，即避开了写作所涉及的持续时间。(德曼[1993]1998：183)

全部[写作]过程都努力把时间排除在外，都努力获得一种能够超越行动和形式之间那种潜在对立的迅猛。(德曼[1983]1998：181)

在德曼看来，波德莱尔，甚至所有的抒情诗人和所有的文学作品，总是在行为和解释之间徘徊：

写作的模棱两可是这样的：它既可以看作某种行为，也可以看作紧接着它无法与之相吻合的行为之后，接踵而来的一种释疑过程。(德曼[1983]1998：175)

有趣的是，这种行动与对行动的评论、叙事与解释的分离，呼应了语言学对时态的分析，这种分析在大多数欧洲语言中显示了两种不同时态的存在，其中一种用于讲述有序的故事(叙事)，另一种用于提供对事物的个人评论(话语)。①

---

① 我感谢苏珊·加尔(Susan Gal)坚持这一点。两种系统之间张力的经典来源是Benveniste 1971。另参见著名的Weinrich 1973。巴特([1953]2008：19ff)略有不同，他主张将两个系统分开，但强调叙事时态的时间精确性，而不是它们的非人格性(impersonality)。(请注意，行为/解释间的区别类似于乔治·米德的“主我/客我”的区别。)在这里，我关注的是德曼，不仅因为他写了大量关于华兹华斯的文章，而且因为他是一位足够重要的人物，可以作为当代批评的典范。值得注意的是，艾略特的《四个四重奏》是20世纪抒情诗的伟大丰碑之一，它从《烧毁的诺顿》的开头部分(“时间过去和时间将来/那本来会发生的和已发生的/都指向一个终点，终结永远是现在”)到《小(转下页)

因此，抒情感性的基础在于把一个时刻看作完整但又绝对短暂的。103
这一观点在日本文学美学中最为极端。它源于一种传统，其主要延伸作品，包括皇室诗集，甚至长篇的《源氏物语》，总体上都是抒情而不是叙事的。事实上，日本古典批评中最有争议的术语之一正是关于事物的短暂特质：物哀(物の哀れ/もののあはれ)。西方美学也不缺乏这种概念。正如德曼在对华兹华斯的时间和历史概念的分析中所指出的，浪漫主义诗歌对时间流逝的敏锐感觉最终形成了在西方诗歌传统中被称为“易变性”(mutability)的永久消解的概念，这个主题被英国诗人一再使用，从乔叟到斯宾塞，再到华兹华斯和雪莱。①

因此，在这份分析中，文学理论似乎接受这样一种理解方式：叙

(接上页)吉丁》的最后几行(“一个没有历史的民族/无法从时间中得到拯救，因为历史是一个/无始无终的瞬间的一种模式”)，明确地关注着将过去和未来转化为非叙事性的现在。华兹华斯的“瀑布那凝止的冲落”在艾略特的“在那旋转世界的静止点上”中找到了它们的精准对应物。毫不奇怪的是，比起像德曼这样的解构主义者，结构主义者对抒情的评价要少得多；他们的批评(如巴特对巴尔扎克的分析杰作，以及热奈特对普鲁斯特的分析)主要集中在叙事上。(艾略特的诗作引自裘小龙2017年修订译本。——译者注)

① 我遵循米纳(Miner)等人的论点，尤其是“诗学的发展”一节(Miner et al. 1985：3-17)：“然而，在中国、韩国，尤其是日本，散文叙事作为一种规范性的文体作为系统的诗学的基础，并没有很快被伟大的批评家所认识。这种荣誉归于抒情。”(Miner et al. 1985：5)日本关于物哀写作的经典轨迹是本居宣长(1730—1801)对《源氏物语》的分析。我也在对日本第一位系统性批评家也是最伟大的诗人之一藤原定家(1162—1241)的理论的详细分析中找到了灵感，这来自Michel Vieillard-Baron 2001。有关传统的介绍，请参阅《古今和歌集》，纪贯之所作的序是日本抒情美学中最著名的一个陈述。《古今集》还展示了编纂者如何将短(31音节)的抒情诗发展成更大的综合形式。值得注意的是，阿多诺明确排除了日本的抒情传统，他认为其与现代抒情诗无关，因为它不是由相同的社会形态产生的(Adorno 1989：158)。关于消解和易变性，参见de Man 1993：94。经典的分析参见Williamson 1935。雪莱关于易变性/无常的诗到此结束：“因为不论是喜、是恼/离去的衢道，永远开敞/人世间的明日绝不会雷同于今朝，万古不变的，独有无常。”这是对连贯叙事甚至历史可能性的明确否定。(雪莱的诗 *Mutability* 译文引自江枫的译本，名为《无常》。——译者注)

104 事和抒情之间相当强烈的分离。对当下时刻的强调是抒情冲动的核心，而叙事则是以事件为标志的时间的真实流逝。可以肯定的是，抒情时刻不需要字面意义上的即时性(instantaneous)。以我之前的例子来说，佐鲍尔和马林诺夫斯基都描述了持续数月甚至数年的“现在”。此外，这种现在往往存在于历史变迁的明确范围内；例如，佐鲍尔不时地深入讨论芝加哥的历史，就像马林诺夫斯基探讨特罗布里恩群岛和当特尔卡斯托群岛居民的过去一样。事实上，对时刻的这种构造在两端都有过渡，因而强化了我们对这一时刻的感觉。这种强化作用正是因为时刻被嵌入了一个连续的、不可避免的时间和变化的流动中。

一旦我们认可了叙事与抒情之间的分离，就有可能知道为什么历史社会学在技术意义上并不抒情而是相反，尽管在通俗意义上历史社会学被认为是“抒情的”，因为它有时写得很漂亮。大多数历史社会学都关注事件的起因和典型的序列，这些本身就是叙事。更重要的是，叙事的修辞形式是如此强大，以至于我们很难不自动地将任何选定的历史时期编排成一个有开头、中间和结尾的叙事结构。即使是像 1918 年 11 月 11 日贡比涅停战协定或 1945 年原子弹爆炸之类的灾难性最终事件，也只需一点点的叙事技巧就可以成为故事的中间部分。①

人类经验的多重叙事性之所以是有问题的还有一个更为正式的原

---

① 这里有一个值得注意的地方，第一位伟大的历史社会学家卡尔·马克思几乎没有抒情性。即使是《资本论》中关于贫穷的长篇大论，如第一卷后面的“资本主义积累一般规律的例证”，其目的也是支持这本书的智识和道德论证，而不是告诉我们马克思对穷人的感情。他告诉我们：“爱尔兰 1846 年的饥荒毁灭了一百万人以上，但是毁灭的全是穷人。饥荒没有使该国的财富遭受丝毫损失。”(马克思[1887]1972：卷 1：770)饥荒死亡很重要，因为它是马克思的论点，而不是因为人的死亡；这点与汤普森的反差不能更大。同样的态度也体现在《路易·波拿巴的雾月十八日》华丽的比喻中(马克思[1852]2001)。尽管马克思付出了相当大的努力来表达他的情感，但这些情感包含了一种沸腾的愤怒和彻底的蔑视。这些是道德说教般的情感，而不是抒情的情感。

因，它与时间性本身的性质有关。一个悠久的哲学传统认为，时间的**时态性**(tensed，时间表示为过去、现在和未来)和**时序性**(ordered sequence，日期先后)之间存在着内在的不一致。[①] 时态性观点捕捉到了 105
时间的方向概念，但是没有解释为什么特定的事件会按照既有的序列从未来到现在再到过去改变它们的特性。时序性观点捕捉到了事件序列的概念，但不考虑方向。历史叙事是时序性观点的一个版本，它通过接续的中间事件来追溯事件的始末。当然，这种叙事要付出代价，因为每一项中间事件对某一时刻而言都是现在，从而对各种未来的实现开放(open to all sorts of realizations)，而不仅仅是在现实中观察到的那一个。这种中间的现在(intermediate present)在叙事历史中消失了，因为我们提前知道历史故事的结局：伊丽莎白一世没有嫁给罗伯特·达德利，南方输掉了美国内战，杜鲁门击败了杜威，等等。可以肯定的是，中间事件可能会比我们以为的更把我们带离叙事的“主路”。叙事史学家的最高境界是让我们感受到这种额外的偏差，让我们在某个时刻思考艾米·罗伯萨尔特(Amy Robsart)的可疑死亡**被人**忽视了，迪克·尤厄尔在葛底斯堡的第一天**确实**拿下了寇普岭，而《芝加哥论坛报》(这一次)**终于**准确报道了选举结果。[②] 但是所有的历史叙事总会导

---

① 请注意这两种时态系统与第 124 页脚注①之间不那么完美的对应关系。这一论点的经典引证是麦克塔加特(J. M. E. McTaggart 1908)，尽管柏格森([1910]2013)也有类似的论据。另参见 Shackle 1961 对这个问题的独立重新发现，他提出了该论点对经济学的影响。我将在第六章中详细讨论这个问题。我也应该指出，哲学家加伦·斯特劳森(Galen Strawson 2004)的论文《反对叙事》(“Against Narrative”)尽管标题相似，但实际上涉及的主题与我不同：他考虑的是人们是否真的应该以叙事的方式生活。

② 艾米·罗伯萨尔特是上文所述罗伯特·达德利的妻子。由于达德利是伊丽莎白一世的宠臣，所以在 1560 年 9 月 8 日她的尸体被发现倒在楼梯下时，有传闻认为她被达德利设计杀害(为了迎娶伊丽莎白一世)。迪克·尤厄尔[Richard(Dick)Ewell]是南北战争时期美国南方将领。在葛底斯堡战役中，南方的罗伯特·李将军在作战计划中本希望尤厄尔率领的第二兵团可以攻下寇普岭以钳制北方部队。但李本人给出了让人(转下页)

致“最终发生了什么”的问题。我们叙事的时间越长，目的论的分量就越重，我们的故事便越不可能展现未知，我们越提前感知到一种无论如何必定发生的结局，这种预知事实上结束了这一特定叙事。这暗示，历史性从时刻到时刻的流逝的不确定性特点实际上在最短的叙事中才最清晰，即在纯粹瞬时性的“故事”里，或用另一个词来说，在抒情中。

民族志中的时刻和叙事

因此，关于抒情与叙事可分别作为理解方式这一点，文学传统与哲学传统一致认为这是合理的，应加以区分。对这两种传统，抒情方
106 式的焦点是现在时刻。此外，说起来矛盾的是，它们都意味着再现历史流逝的最好方式不是情节或事件序列，而是瞬时的、柏格森式的、持续的时态化时间，它总是集中在一个特定的指代性存在上。[①]这一结论表明，也许抒情社会学与民族志有着直接的联系，民族志也具有瞬时的特质。事实上，民族志与抒情有几个共同特点。民族志由一位特定的作者写成。由于涉及身处某地，所以通常只是关于那里的一个瞬间。民族志常常体现出强烈的个人接触。因此在本质上，民族志满足了抒情姿态的三个基本要求。我们已经看到了一些清晰的抒情民族志

(接上页)矛盾的信号，使尤厄尔本已由于长途跋涉而损失惨重的部队最终错失了时机，尤厄尔没有发出7月1日晚上不惜代价拿下寇普岭的命令，最终使南方部队功亏一篑。这是葛底斯堡战役中最有争议的军事误判和命令误解之一，被历史学家认为是决定葛底斯堡战役胜败的关键一环。《芝加哥每日论坛报》在美国1948年的总统选举中曾经于当年11月3日抢先报出“杜威击败杜鲁门”的头条新闻，但事后证明错了。——译者注

① 由于“index”在中文里常被翻译为“索引”，所以很容易望文生义，把indexical理解为“索引性”，但正如韩东晖在《论指代词(Indexical)》[《中国人民大学学报》，2015(6)]一文中指出，indexical在英文中的意思是“以指示的方式谈及某人某物甚至自己。‘我’，‘他’，‘这里’，‘现在’，‘这个’，‘以上’，就是这种方式，其意义随语境而变，因对象而异”(56页)。这事实上是本书作者的本意(见下文)。——译者注

的例子，如贝尔和马林诺夫斯基，我们还可以举出更多，从杨和威尔莫特对伦敦东部著名家庭的调查(Young and Willmott 1957)，到列维-斯特劳斯([1955]2009)非凡的《忧郁的热带》。

但这一论点有前提条件。一位民族志工作者的接触不需要是直接或带有情感的。利奇的《缅甸高地诸政治体系》(利奇[1954]2010)综合了大量出版的材料和民族志经验，但除了针对结构功能学派同事的尖刻讽刺外，没有任何作者的情感。① 但更重要的是，现代民族志不一定是关于时刻或地点的。它通常故意将田野工作嵌入更大的历史洪流中，如凯瑟琳·维德里(Katherine Verdery)的《特兰西瓦尼亚村民》(*Transylvanian Villagers*，1983)，或是更大的区域或社会结构中，正如迈克尔·布洛维的《制造同意》(布洛维[1979]2008)所做的那样。

这种在“更大”事物(更大的时间性或社会性)中嵌入一个局部存在的现象，与我们在钱德勒式的文学批评中看到的类似论点相呼应：抒情时刻最终是为(更大的)叙事服务。例如，阿多诺(Adorno 1974)在其关于抒情诗的论文中明确指出，即使在这种最个体化的形式中，社会力量也显而易见。(事实上，他认为抒情诗的个人主义形式正是社会化形成的。)这一立场与刚才所引用的维德里和布洛维的作品的内在观点
大致相同，即明显个体的或孤立的时刻是观察更大社会力量的最佳地 107
点(而不是观察过渡和殊相的最佳地点)。事实上，布洛维([1998]2007a)在他的呼吁中明确提出了这样的论点，即“拓展个案法”(extend-

① 抒情民族志和非抒情民族志的例子都很多。即使当民族志的主题是过渡和变化的时候，也有可能是抒情的或非抒情的。甘斯(Gans 1962，1967)曾以毫不抒情的笔调写过关于计划摧毁一个旧贫民窟以及重新建立一个完整郊区的故事，然而里德(Rieder 1985)描述了布鲁克林卡纳西(Canarsie)社区的种族过渡，并有着强烈的情感参与。在1979年的《制造同意》中，迈克尔·布洛维几乎没有一句抒情。他在序言中展示了他一些强烈的情感，但并不是对他的田野情况。

ed case method)，旨在描述处于特定空间和时间位置的众多力量。因此，对这一方法的讨论可以将抒情社会学与现有的社会学流派联系起来，进一步明确它。

1935 年后，马克斯·格鲁克曼(Max Gluckman)和他的非洲学家同事(后来被认定为人类学曼彻斯特学派)详细阐述了拓展个案法，或者，按范维尔森(Van Velsen 1967)更喜欢的叫法——“情境分析”(situational analysis)。这是对拉德克利夫-布朗结构主义的理论抽象和反历史主义的一次批评攻击。在重读这一传统的过程中，布洛维通过反转这些批评中的前一部分，而接受了其中的后一部分；他对反历史主义的解决方案是(相当抽象的)马克思主义历史理论：

> 拓展个案法将反思性科学应用到民族志当中，目的是从“特殊”中抽取出“一般”，从“微观”移动到“宏观”，并将“现在”和“过去”建立连接以预测“未来”——所有这一切都依赖于事先存在的理论。(布洛维[1998]2007a：79～80)①

然而，尽管他和布洛维一样致力于理论，但实际上，格鲁克曼是一位归纳主义者，其理论是从田野调查、文献检验、历史分析和理论论证的折中组合中产生的。他哀叹(Gluckman 1947a：121)道，与马克

---

① 布洛维对曼彻斯特信条的重申[布洛维在赞比亚大学时是亚普·范维尔森(Jaap van Velsen)的学生]强调了该信条的某些方面，而牺牲了其他方面。他对积极干预的主张与格鲁克曼(Gluckman 1947a)对马林诺夫斯基职业生涯后期的“做好事”(do-goodism)主义的批评相反，尽管他对过程主义的坚持恰好与格鲁克曼的立场相呼应。他忽略了传统对报道实际事件的痴迷，因此错失了格鲁克曼(Gluckman[1940]1958)原作的一个重要部分，但他坚持历史语境化的重要性，这与格鲁克曼完全一致。曼彻斯特学派的数据密集型民族志看起来与今天拓展个案法的运用者那种有时单薄的民族志大不相同。事实上，对范维尔森(Van Velsen 1964)的批评(也是对 Richards 1939)是：他们提供了太多的数据(见 Gluckman 1967：xvi)。

思主义不同的是，人类学缺乏一个连贯的理论框架。作为他自己的一般理论候选方案，他提出了社会中主导性分歧(dominant cleavage in society)的观点(Gluckman 1955)。这一观点与布洛维那彻底的马克思主义生产方式延续性相比显得十分谨慎。而格鲁克曼在历史理解和民族志之间的归纳穿梭，与布洛维那种从先前理论获得的对民族志解释近乎演绎的推导相比，显得同样苍白。① 因为布洛维不仅认为更大的理 108
论推动了民族志的解释，而且比格鲁克曼更强烈的是，他还认为更大的力量实际上决定了民族志的局面。事实上，正是这一决定的假设使布洛维能够宣称民族志可以做出关于更大力量的推论。

正如我所提议的，在抒情社会学中，完全不存在这样一种通过“更大的力量”来决定(空间和时间的)现在的信仰。这种缺位在某种程度上就是故意的。外界事物对当前局面的决定，不是不去庆祝、调查或理解当前的理由，不管是通过当前局面做研究还是做关于当前局面的研究。正如一位作家所说，“想象一下人类学今天会是什么样子……如果拉德克利夫-布朗写的是《西澳大利亚集中营里的三个部落》”(而不是真正出版的《澳大利亚部落的社会组织》[1931]，这段话出自桑耶克[Sanjek 1991：613])。拉德克利夫-布朗试图从他的数据中想象部落，就好像它们不属于更大的、殖民主义的控制性计划。这是一件好事，而不是坏事，尽管这种想象不应该让我们忽视了铁丝网无疑以很多种方式

---

① 在布洛维的例子中，这些关于更大力量的理论是一种支配理论，具体来说，是一种马克思主义理论。虽然这恰好是格鲁克曼的拓展个案法的一个非常严格的实例，但这一事实在后者中并不重要。虽然很明显，布洛维的杰出论文将拓展个案法、反身性探究和马克思主义政治混为一谈，但这篇论文中的传统主要集中在他论点中的一部分，即通过“大”确定“小”的大致上的演绎性假设，而从民族志的前景(foreground)转移到情境化的力量上。这一系列的推理可以追溯到布洛维最早的作品(布洛维[1979]2008：24～25)。我在本书第一章和第二章已经提出了关于“小”力量和“大”力量的问题。

改变了部落生活。

但是，抒情社会学对更大力量的故意忽视也依赖于一个更深层次的，反对整个微观/宏观本体论的观点。布洛维对拓展个案法的理解中隐含着这种本体论。因为当我们认真对待时间性时，这个本体论就分崩离析了，正如在最初关于拓展个案法的辩论中所清楚显示的。

格鲁克曼和他的追随者认为，拉德克利夫-布朗的结构主义把民族志变成了一种对社会的描述，它描述的不是社会实际上的样子，而是作为一个完美实现的版本"应该"成为的样子。同样，他们认为，尽管马林诺夫斯基的民族志是基于错误的数据，但这些数据通常是在一个看似现实时间之外的功能性框架内被解释的(例如，Malinowski 1935)。这种批评反映了对现在的不同理解：现在，是正如上文第一种时间理论认为的那样，是一个简单的时态性的区间(simple tensed interval)，
109 还是像第二种理论认为的那样，是一串更大的事件序列中的一个点？结构主义者和功能主义者对社会的描述创造了一种"民族志的现在"①，其中的关系和活动似乎以永无止境的(因为无时间性)现在时态不断分岔："努尔人的部落分裂为各个裂变支"(埃文思-普里查德[1940]2014：159)；"[巫术]旨在预先阻止无法解释的不幸，并争得不应有的好运"(Malinowski 1935：77)。相比之下，格鲁克曼著名的《现代祖鲁王国社会状况》(*Social Situation in Modern Zululand*)始于一个简单的关于大桥落成的过去叙事："1 月 7 日我在日出时醒来……"(Gluckman[1940]1958：2)因此，在一种情况下，现在是一种无限期的持续时间，其中许多事情照常规发生，而在另一种情况下，现在是一个特定的瞬间，

---

① 该术语始于 20 世纪 40 年代初。有关历史请参阅 Burton 1988。其中两个重要的来源是费边(1983)2018，他基于语言学，认为民族志的存在必然是"他者化"(othering)；以及 Sanjek 1991，他提出了一个复杂的论点反对费边。

其中一个特定的人做了一件特定的事。因此，这两种观点正好抓住了经典的哲学中时态与时序的二分法。

但它们也调用了大小非常不同的时间单位，从而调用了时间性的不同层次。在布罗代尔的术语中，第一层的现在是结构，是一个社会已有的**深层次**（常被假设为不变的），而第二层的现在是**事件**（*événement*），是漂浮在结构稳定性海洋上的小事件。正是由于结构/功能人类学家含蓄地断言“现在”很大（持续时间长，或如布罗代尔所言是“结构性的”），所以他们看起来似乎开始反对社会变革。[1]

但是，如果一个人把时间分为多个层次——就像拓展个案法的使用者必然会做的，因为他相信更大的力量——那么社会生活的哪些部分将被置于什么层次呢？更重要的是，哪些层次驱动其他层次？尽管马林诺夫斯基和格鲁克曼共享关于重复平衡的“循环”（circular）概念（Gluckman[1940]1958：46ff；Malinowski 1938），但马林诺夫斯基将这些平衡归因于短时间内可观察到的共时机制。相比之下，格鲁克曼的著作往往特别集中在我们今天称为关于分裂和凝聚的“更大的机制”（例如，Gluckman 1955）和“外部力量”（1947a：111）上，这确实冲击了或多少决定了当地的局势。格鲁克曼利用刚才提到的桥梁落成来说明和表达一种社会组织分析，其数据和结论实际上来源于对过去事件的 110
历史分析，而不是民族志。马林诺夫斯基则拒绝这种做法，他论证道（Malinowski 1938），这种向历史前因的转向涉及重建一种在与西方接触之前文化“零点”的尝试。他认为，文化最好被共时地理解，过去已

[1] 布罗代尔在《地中海与菲利普二世时代的地中海世界》中列出了他的模型（布罗代尔[1972]1996：第二卷，399～418）。这个模型有三个层次：不变的结构、变化的形势（conjuncture），以及事件——“瞬间即散的尘埃”，“像短暂的闪光……刚刚产生，旋即返回黑暗中，并且往往被人遗忘”（416页）。

完全消失了。[①]

在这场辩论的背后，未回答的问题是“大”的历史力量如何“在远处”发挥作用，或者更普遍地说，不同时期和权限的历史力量如何在连续出现的现在序列中因果性地互相作用。（这是用社会学术语提出上述两种时间性之间矛盾的最直截了当的方式。）[②]目前还没有普遍接受的社会生活本体论来解决这些问题。由于我们缺乏这样公认的解释，不同分析不可避免地各自选择了一个时间性层次，其持续时间就是他们的“现在”。更重要的是，他们也选择了是以叙事的方式还是以即时的方式来看待现在：不管是视作一则较长故事中迈出的一步，还是将其自身视作一个时刻。正如麦克塔加特（McTaggart 1908）在一个世纪之前的论文中论证的那样，双方都不能完全否定对方，而且每一方都有自己的病理。那些相信“更大的力量”的人有他们的“结构和能动性”问题（实际上这些问题是关于现在的独立性是为自己存在，而非简单的作

① 马林诺夫斯基和格鲁克曼的辩论始于马林诺夫斯基为一本由七位青年非洲学家所写的关于变革的研究所作的序（Malinowski 1938），对此，格鲁克曼的回应是他的《现代祖鲁王国社会状况》（Gluckman[1940]1958）。马林诺夫斯基的下一次回应，至少如格鲁克曼所见，是他死后出版的关于社会变迁的书（Malinowski 1945），事实上该书包括了许多早期的素材。格鲁克曼对此的猛烈批评（Gluckman 1947a）在随后对马林诺夫斯基总体贡献的更为公正的评估（Gluckman 1947b）中有所缓和。格鲁克曼可能认为，当他的学生乌贝罗伊使用他的方法重新分析马林诺夫斯基的数据时，他笑到了最后（Uberoi 1962，格鲁克曼写了前言）。另外，马林诺夫斯基的经典著作仅在2005年一年（距初版已有84年）中被引用的次数就比乌贝罗伊的书出版后的44年中的引用总数还要多。

② 关于历史的各种实质性哲学对这些问题有着不同的答案。例如，在马克思主义模型中，大力量驱动小事件，而这些事件仅仅产生于一个不可避免的较大的模式中。相比之下，在布罗代尔的分层模型中，“大”结构中的时代性变化（长时段的现在）来自在较短时间水平上较小持续时间变化的机会排列（chance alignment of smaller duration changes at shorter temporal levels）。我自己的观点在第一章关于编码的讨论中已经很明显了。不存在什么在远处的历史行动；这种观念只是想当然，而非真实。因此我们必须解释它。这只能通过对于“机会排列”的仔细分析而完成。在本章没有空间供我们讨论。然而，正如第三章所论述的，在这样一种分析里，生态的观念是核心。

为某个更大过程中的一个实例），而“现在论者”（presentists）则有解释 111
社会变化和模式的问题，因为他们故意将这个世界的存在设想为只是即时的。① 厄内斯特·盖尔纳（Gellner 1988）认为，马林诺夫斯基故意选择第二条路径来攻击他那个时代不思考的进化主义（以及“所谓唯物史观”）（马林诺夫斯基[1961]2017：675）。正如格鲁克曼向叙事语境化的转变是对结构/功能学派那种历史主义固有倾向的回应一样，结构/功能主义本身也是从对前一代进化主义者和历史主义者的历时必然性（diachronic inevitabilism）的攻击中产生。②

这种历史性的讨论使抒情立场更加清晰。抒情社会学是社会分析中关于时间性的两种方法之一。它往往是作为对另一种方法的病理的蓄意反应而出现。当然，它也有自己的病理。但在最好的情况下，它提供了一种比叙事分析更有效的时间流逝感。在抒情中，我们听到可能性的低语和时间流逝的喟叹。③

---

① 这种差异与柏格森（[1910]2013）的时间概念完全对应，柏格森强调经验时间的主观性质（及其时态性），而不是笛卡尔的客观、外在特征的时序化时间。在一个例子中，病理是唯我的幻想；在另一个例子中，是因果关系的机械碰撞。对麦克塔加特的论文我将在第六章中做详细讨论。

② 因此，整个争论只是分形回归到另一个被认为已遭拒绝的论点。参见 *Chaos of Disciplines*，pp. 21ff。目前这本书体现了我自己对这个难题的回答：在远处的历史行动只是一个幻象。幻象产生于时刻到时刻的编码。这种编码复制了即刻流逝的过去，但对现在的行动和变化保持敞开，哪怕是剧烈的变化。

③ 然而，抒情的方式并不是攻击目的论的唯一方法。利奇的《缅甸高地》显然是对格鲁克曼类型的结构/功能主义和历史分析的攻击。在 1964 年那本重印的相当不可归类的书的序言中（利奇[1964]2010：6），利奇评论道：“本书的主旨正是要指出这种（关于均衡的）印象实为幻象。”两页后，他同样直率地说：“我绝不相信任何形式的历史决定论。”实际上，利奇把格鲁克曼作为自己的主要理论反对者，把格鲁克曼看作一种弱化的功能主义者（利奇[1964]2010：5～6）。利奇自己对时间性的立场是很奇怪的。尽管他的书展示了当时传统人类学的不连贯性。无论是结构/功能主义者还是历史主义者所实践的人类学，都是通过把整场辩论转移到语言（更广泛地说，文化）来体验和修改社会结构。但是，这种人类学却没有给我们解释符号系统本身的历史性，毕竟，这与传统的社会结构分析一样，也受到同样的“两种时间”问题的影响，而利奇对此进行了如此激烈的抨击。

这个关于抒情如何体现时间流逝的分析，只需稍做修改，就可以套用到分析抒情如何体现社会空间中的位置。正如用抒情的方式可使某一特定现在时刻的短暂、易变的特性最为生动一样，一个特定地点的独特地方特性也能用抒情来表达。但是，由于社会空间不像时间那样只有单一维度(unidimensionality)，我们必须对这一论点加以调整。

回想一下两种时间观念的区别：时态化时间和单纯的序列。时态化的时间是我们所生活的时间，有序的时间是我们所叙述的时间。一种是主观的，指代性的；另一种是客观的，类像的(iconic)。[①] 在社会空间中也可以做出类似的区分。[②]一方面，社会空间显然有一个指代性的概念。从处于其中任何特定位置的行动者角度而言，社会空间都建立在“看起来”的基础上：哪些部分是近的或远的，哪些是隐藏的或可见的，哪些是可达的或不可达的。没有必要解释为什么社会空间中各自从特定视角出发的不同“观点”，都应该被调和进一个具有普遍维度的单一系统，这个系统包含构成局部观点中的所有信息。我们没有理由解释为什么行动者 A 应该与行动者 B 就他们是否彼此接近、有联系或互相可见的问题达成一致。如果他们之间的关系不对称，则根据定义，不可能将他们的信息体现在任何类型的度量空间中。因此，若根据这种观点，我们便卡住了。因为如果坚持社会空间具有强的位置指代性，则它不能并入一般拓扑空间。

但另一方面，考虑到所有这些指代信息，我们可以创建一个最佳

① 来自查尔斯·皮尔士(Charles Peirce)的符号理论术语。——译者注

② 我在这里明确地拒绝了柏格森对空间的分析。柏格森([1910]2013)对两种时间问题的分析建立在这样一种基础上，他明确地对比了空间和时间，空间以笛卡尔(即客观的)方式排列，而时间则不可避免地是指代的，因此不能类比为空间。麦克塔加特根本没有考虑空间问题。

的社会空间“客观”模型。每当我们思考选举和其他事件背后的社会力量时，我们都会这样做，并且我们有诸如多维标度这样的方法去正式构建此类模型。事实上，根据文献的讨论，我们通常会表现得“好像”确实有一种客观的社会结构存在。

因此，在社会空间中的 a 点和 b 点之间存在着两种不同的关系。一
种是由 a 点和 b 点相互作用形成(或对抗)的指代关系。这种相互作用包
含从 a 的视角看 b，或者从 b 的视角看 a。另一种是由对称化这些视角而
产生的“客观”关系。在这种关系里，对称化的视角受制于更大的结构 113
(类似之前在关于时间性的讨论中的叙事)。我们假定此种结构将社会
空间作为一个整体来控制。我们把第一种关系当作“定位”(positioned，
参见“**时态化**”)视角，第二种关系当作“维度化”(dimensioned，参见“**时
序化**”)视角。前者强调一个特定位置的“倾向”(disposition)，也就是
说，该位置的出现相对于自身情境的观点。而后者将每个社会“地点”
定位在一组更大规模和“未归位”的维度或结构中，就像一个叙事将每个
事件定位在一个更大的事件链中一样，链中所有事件被逻辑串联起来。①

正如抒情姿态取决于现在时刻的指代性概念一样，它也取决于现在位置的指代性概念，或者说“倾向”。正如抒情姿态避免了将特定时刻嵌入目的论事件序列中的叙事诱惑一样，它也避免了描述的诱惑，即将研究主题嵌入更大的社会结构中以定义它。抒情社会学的倾向观念是其时间流逝观念的空间类比。类似于时间中“现在性”(nowness)的转瞬即逝的特质，抒情社会学在社会空间中增加了一种相同的感觉，即位置“在场性”(hereness)的变化的特质，我们可以称之为“骤现”(intervanescence)而不是消失(evanescence)。

---

① 请注意，我并不认为维度化的观点，即抽象社会结构的“无处安放的视角”，只是一种愚蠢的客观社会科学创造。恰恰相反，正如我所建议的，生活世界本身就经常产生无处安放的视角。对社会结构的观点术语通常是维度化的，而不是指代的。

这种对倾向的兴趣标志着抒情社会学不仅不同于拓展个案法空间上的变化，也不同于克利福德和马库斯(1986[2006])在20世纪80年代中期创立的，由对文本性和主体位置的分析而产生的新民族志。那本书的目的是使人类学作品和它的对象都情境化。作者关注人类学在殖民主义中的位置如何影响它产生的知识，同时他们也关注殖民主义如何改变人类学家观察到的文化。这两个问题都促使作者通过自己在"更大"的社会现象(殖民主义的叙事和社会结构)中的位置来定义地方性现实(民族志及其所报道的事物)。也就是说，尽管这一文献旨在废除"无处安放的视角"(view from nowhere，新民族志通过这个术语来理解作为社会科学正典的客观性准则)，但它是通过在更大的叙事和更大的结构化地图中"放置"观察者和某个具体地点的对象来实现这一目标。叙事和地图本身是维度化的，而不是指代性的。于是与之相悖的是，
114 这种文献也生产了无处安放的视角，尽管是一种不同于客观主义者的版本。从抒情的角度来看，在叙事中嵌入一个现实(客观的或殖民的)，会将其易逝的特质替换为目的论的特质；而在一个更大的社会结构中嵌入一个位置，会将倾向性特质——位置性指代——替换为"更大的"社会实体中的维度固定性。抒情社会学更应该关注的是保持分析对象的倾向性特质，以及分析对象本身在何种位置能看到社会世界。[1]

---

[1] 因此，位置的指代性(即倾向)在抒情社会学中比位置本身更重要。我们可以在不强调前者的情况下强调后者。例如，讨论没有指代性的位置，请参阅我关于芝加哥学派的著作中位置重要性的讨论(Abbott 1997)。保持倾向的指代性的一种方法是招募那些经研究被认为是他们自己世界的特权报告者的人。当然，这是新民族志的特点，也通常属于旧民族志。在社会学中，招募线人作为调查员是长期以来的传统，从安德森(Nels Anderson)研究的流浪汉，到劫盗斯坦利(Stanley the Jackroller)，到街角男孩奥兰德拉(Ralph Orlandella)，再到都被关押在战时收容所的日裔美国学生(Tamotsu Shibutani 和 Richard Nishimoto)，都是如此。我们在抒情社会学中看到过，在古乐朋的(定量)案例中，他是一位写自己职业的医生。

抒情与情感

现在，我已经在抒情社会学中明确了时间和(社会)空间的性质，即两种类型的“现在”(presentness)，接着让我来讨论抒情姿态的第三个方面，情感接触。我已经论证了抒情社会学对于研究议题充满热情，它的作者对议题和听众都有情感姿态(即情感和语气)。在这里，抒情社会学似乎更接近新民族志，因为后者关注的是作者的主体性。然而，尽管新民族志对各种各样的主体性开放，但主要受关注的是对主体性的承认，而不是对其内容的承认。而我认为，抒情的感情和语气体现了一种既是对受众，又是对材料的特殊情感关系。

作者情感对社会学写作来说不陌生。恰恰相反，想想艾克曼(Ekman 1972)最著名的基本情绪列表：愤怒、悲伤、惊讶、恐惧、厌恶和
幸福。[①] 恐惧和厌恶在社会学中很罕见，幸福也是如此(也许是因为它 115
看起来不够专业)。但是惊讶很常见，不管是在描写异域群体的民族志中，还是在博弈论以及模拟建模等截然不同的领域。这些流派都在一定程度上旨在用意想不到的事情来时刻提醒读者。但应该要感到惊讶的是读者，而非作者。根据我的定义，这种有时相当强烈的来自作者的敌意清楚地表明，此种作品不是抒情社会学。

艾克曼列表中剩下的两种情绪在社会学中似乎很常见，也许更适合产生抒情社会学：被怀旧掩饰的悲伤和被道德义愤包裹的怒火。至少一百年来，对社会的怀旧之情一直弥漫在人们的写作中。从《米德尔

---

① 另一位著名心理学家拉扎勒斯(Lazarus 1991)列举了愤怒、恐惧、内疚、悲伤、嫉妒和厌恶作为消极情绪，快乐、骄傲、爱、解脱、希望、怜悯和审美情绪作为积极情绪。哲学家所罗门的著名(和很长的)列表(Solomon 1976)是愤怒、焦虑、轻蔑、满足、沮丧、绝望、害怕、责任、尴尬、嫉妒、信仰、恐惧、友谊、挫折、感激、内疚、仇恨、希望、冷漠、愤慨、天真、猜忌、快乐、爱、遗憾、骄傲、后悔、怨恨、尊重、悲伤、羞耻、虚荣以及崇拜。

敦》到《美国大城市的生与死》到《心灵的习性》，“逝去的社区”式的文献都沉浸在怀旧之中。事实上，从梅因到滕尼斯，再到涂尔干，整个现代化范式都有一种强烈的怀旧元素。同样的情感也存在于战后的许多大众化的社会研究中，如《组织人》（*The Organization Man*）和《资本主义的文化矛盾》，正如这种情感也存在于《新教机构》（*The Protestant Establishment*）等对精英的研究中一样。这些作品大多没有明确的抒情意图，但其中弥漫着强烈的挽歌情调。怀旧也不是社群主义者和精英主义者的专属领域。新劳动史有时表现出一种怀旧之情，而各种关于“公共领域”衰落的文献则表现出一种与大众社会文学相当的左派怀旧。

愤怒是社会科学写作中另一种常见的情感。正如我所说，马西和丹顿的《美国隔离》（*American Apartheid*）就是一个例子，但读者无疑可以找到更多；在一个使不平等成为几十年来最重要的单一主题的学科中，愤怒不可避免地成为一种主导情绪。与怀旧不同的是，愤怒很少与通俗意义上的抒情写作联系在一起，但愤怒所激发的社会学作品肯定旨在传达作者的感情（谴责某些生活世界的情况）和语气（读者应该加入作者的愤怒）。因此，它们显然符合我的抒情姿态定义中接触的部分。然而，尽管这类作品经常使用强烈的形象和比喻性语言，并且其
116 目的往往是为读者传达作者的愤怒，但作品的目的不是在读者中唤醒一种情感状态，而是唤醒一种行动的欲望。因此，相比怀旧，愤怒的文字更不适合抒情主义。

但这里有一种更重要的特性对我在本章中建立的正式意义上的抒情性很不利。这一特性在怀旧和愤怒上都有体现。正如抒情姿态所要求的，怀旧和愤怒都植根于一个从内部来看（seen from the inside）以指代性所定义的位置。怀旧定于“此刻”，愤怒定于“此处”。因此，它们都具有抒情写作那种适当的“位置”特性。但两者都通过与一个既不是

此刻，也不是此处的外部参照点进行比较来评估那个位置。对于怀旧来说，参照点是想象中的金色过去；对于愤怒来说，参照点是同样理想化（同样也是位于他方的）的平等状态。这些情绪中的每一种，至少如社会学家所传达的那样，都不止涉及一个而是两个位置。其中一个位置是真实的，并以指代的方式确定为“此处”，而另一个地方是虚幻的、不存在的“他方”。怀旧和愤怒通过与其他理想状态的比较来判断此处和此刻是否欲得，而远远不是在指代性的此处和此刻发现一些神奇和特殊的东西。在怀旧中，判断是时间性的，体现的是一种衰落的叙事，所以我们可以称之为一种叙事情感（narrative emotion）。在愤怒中，判断是共时的（当然，肯定会有一个关于它起源的叙事），所以我们可以称之为一种比较情感（comparative emotion）。

怀旧和愤怒因此成为叙事和比较情感大家族的典型。在叙事方面，不仅有怀旧，还包括它的反面——进步主义。《美国社会学杂志》早期充满了自满的改良主义，这种改良主义在其对世界充满希望的观点中具有强烈的情感色彩。但是也有消极预期的叙事情感，比如，未来学家试图让读者因从现在到未来的变化（例如，技术弥赛亚们预测书籍和图书馆的消亡）而产生恐慌。所有这些“叙事情感”使我们摆脱了抒情的模式，进入了故事和事件的流动。① 对比较情感也可以进行类似的分析，这些情感的正面版本充斥着经济学中对市场的崇拜（尽管通常对受 117
众带有相当敌意的语气，认为他们不能充分理解市场的“真谛”）和某些

① 我在这里与阿瑟·丹图对“叙述句”（narrative sentences）的正式定义做一个类比，后者指句子本身包含时间中的两个点（丹图[1985]2007，第八章）。我们已经在第二章中见过这个概念，当时讨论了叙事动词作为一种思考人类生命序列性的方式。我将在第六章中再次回到丹图的论点。请注意，我并没有如努斯鲍姆关于“叙事情感”（narrative emotions）的文章那样，认为所有的情感本质上都是叙事（或必然体现在叙事中）。她的核心论点（Nussbaum 1988：234-235）让我觉得是似是而非的。保守主义怀旧和进步主义将在第七章关于社会秩序概念的讨论中回归。

社会学流派中的功能性适应。

但如果我们排除叙事和比较情感，还有什么留给抒情社会学？我们所说的"指代性情感"是什么意思？一种完全根植于作者所写的"此时此地"的情感？考虑一下上面给出的抒情社会学的例子，它们显示了各种各样的情感：佐鲍尔那里"噢，美丽新世界"般的兴奋，在马林诺夫斯基那里深刻的惊奇甚至钦佩(实际上远不是他日记表现出的恼怒和愤怒)，古乐朋那里的痛苦的混乱感，在汤普森那里无边无际的但经常令人恼火的同情心。尽管这些作品各异，它们的共同点都在于作者的深刻接触，以及连带的读者的接触，准确地说，在于它们的指代性、位置性、关于此处和此刻的短暂性以及特殊性。在最好的情况下，这种感觉是不带异国情调的好奇心，不带假设的同情心，不带判断的深思熟虑。这种书写总是意识到，困惑既容易来自作者的误解，也可能来自研究对象的经历。事实上，在寻求从其研究对象的指代性时间和地点看世界这点上，这些作者更加充满自我意识。他们的作品正是通过在不同的时间和地点向我们详细展示其他人的情感和殊相，让我们意识到自己的可变和特殊。①

这种情感我称之为**人道同情**(humane sympathy)。令人惊讶的是，除了少数例外，它并没有出现在书写情感的心理学家和哲学家的列表

① 我要指出的是，上面所提到的抒情作品中没有一部能明显地告诉我们作者的情感。事实上，从诉说这些情感(就像社会改革传统中的作品一样)到仅仅展示情感的转变，可能是20世纪早期社会学家理解的"科学"的关键要素之一。像其他许多事物一样，这种转变与抒情诗的转变有着密切的相似之处，在现代，抒情诗变得强烈反对"诉说"情感。艾略特著名的"客观对应物"(objective correlative)文章(Eliot[1919]1975a)是这一主题的经典论文(一个有趣的定量研究见Miles 1942)。在"The Perfect Critic"(Eliot[1920]1975b：57)一文中，艾略特进一步指出："诗歌享受的终结是一种纯粹的沉思，从中消除了所有个人情感的意外：由此，我们的目标是看到真正的对象。"这样的陈述很容易在同一年从罗伯特·帕克那里得到，只需把"诗歌"替换成"社会学"。

上（见第139页脚注①）。书写同情和怜悯是最能实现的，但这两者都缺乏我想象的人道同情的对等的特质（reciprocal quality）。它们有一种方向性的特质，从情感上安全的自我到情感上有问题的他人。但是， 118
人道同情的本质是双向的；它通过展示他人困境的方式提升了我们对自己时间和空间限制的认识。在他人的可变性和特殊性中，我们看到了自己。[①]

当然，这是受众参与的一个功能。正如我上面提到的，如果一个人只是为了找到一个关于时间和社会现在的叙事或结构性描述而阅读，那么阅读抒情的文本将会带来失望。这在对抒情作品的评论中是很清楚的。[②]《西太平洋上的航行者》的评论家们在某种程度上对马林诺夫斯基不愿意提出因果论据或不愿意为库拉提供起源性叙事感到困惑，尽管他们被他的细节所征服，并被他生动的文笔所打动。《英国工人阶级的形成》的评论者们被分为那些认为它有偏见、意识形态怀旧、缺乏因果甚至叙事性论据的人，以及那些欣赏它非凡的激情和生动但认为他们看到的叙事或论据不够连贯的人。对于后者，本迪克斯（Bendix 1965：605）曾说："读者最终可能会抱怨缺乏引导……尽管概念化有危险，但若没有它，历史是那么茫茫无际和漫长。"贝斯特（Best 1965：

---

① 我将在结语中再回到人文主义的观念。

② 为了节省空间，我仅仅在这里列出我参考的所有评论，只在正文中列出我最后引用文字的那些文献。对马林诺夫斯基的评论：E. W. Gifford（*American Anthropologist* 25：101-102，1923），M. Ginsberg（*Economica* 11：239-241，1924），E. Schweidland（*Economic Journal* 33：558-560，1923），F. R. Barton（*Man* 29：189-190，1922）。对汤普森的评论：B. Semmel（*American Historical Review* 70：123-124，1964），R. Bendix（*American Sociological Review* 30：605-606，1965），N. J. Smelser（*History and Theory* 5：213-217，1966），G. Best（*History Journal* 8：271-281，1965）。对佐鲍尔的评论：R. D. McKenzie（*American Journal of Sociology* 35：486-487，1929），J. W. Withers（*Journal of Educational Sociology* 3：313，1930），R. P. Vance（*Social Forces* 8：320-321，1929）。

276-277)至少赞赏汤普森的抒情尝试："现在可以说，他的辩护(advocacy)工作做得非常好，他呈现的一些最难忘的段落就发生在他进行辩护的时候。他乐于把那些通常被认为是愚蠢的事情变得合情合理，就像用魔法把呆头鹅变成天鹅那样。"但最终，他对汤普森的解释持异议。更具敌意的是，斯梅尔瑟(Smelser 1966)将我所说的汤普森的抒情诗解读为"激进的历史特异性"，并谴责它的历史书写并不令人满意，因为它不倾向于解释和因果叙事。佐鲍尔的评论家们则更同情他的书，所有人都称赞这本书的生动和文学品质，甚至至少有一个评论会称赞那种斯梅尔瑟或许会毫不犹豫称之为非理论化的品质："它得益于作者没
119 有过于严厉地压缩他的人物素材，这些素材是活生生的，而且往往是不听话的，无法被归于预定类别。"(Vance 1929：321)

因此，读者往往只愿意把抒情文本当作一篇失败的叙事来读。但对于持开放心态的读者来说，抒情文本以最生动的形式表现了人的易变性和特殊性。这种遭遇迫使我们面对两件事：第一，我们也是易变的和特殊的；第二，我们的此处和此刻与我们读到的完全不同。当然，这些都是我们可以认知的。但我们通常会轻易忘记它们。正如这些评论所表明的那样，虽然我们通常以非指代性的方式阅读文本，寻找叙事或结构化描述，以通过情境化他人生活的不同方式来解释这些生活，但我们往往会悄悄地保留自己的特权，即我们生活在目前(唯一)"真实"的地方，在无法解释、指代化的当下。当然，如果其他人的生活意义可以被嵌入更大的叙事或社会结构来解释，而不以他们如何体验的方式来进行，那么我们自己的生活的意义也可以被如此解释。抒情文本的优点在于通过避免叙事或结构嵌入，从而躲开这种陷阱。抒情文本使我们直面我们自己的此时此地和文本对象此处此刻之间的根本性鸿沟。然而，尽管抒情文本清楚地向我们展示了这一鸿沟，但鸿沟本身却被我们的道德认知所跨越。这种道德认知来自与我们所读到的人

所共享的共同人性。抒情社会学所唤起的核心情感恰恰是来自指代性差异引起的眩晕和人类同情心的慰藉之间强烈的结合。①

审美情感产生于认识与道德之间的对抗，这一观念在我们的美学正典中由来已久。康德([1790]2001)和席勒([1793]2003)都特别提到了这样一种情况，即我们所知道的一些潜在的不可控和令人恐惧的东西被某种认识所驯服。这种认识安抚我们人类的道德并不受威胁。他们称这种感觉为崇高(sublime)，并将其视为美学的基石之一。在我看来，我在这里分析的抒情主义的基本情感就是这样一种“崇高”。一方面，它使我们直面令人不安的人类差异的事实；另一方面，它使我们想起道德(和矛盾)事实：差异伪装成时间中的易变性和(社会)空间中 120
的特殊性。差异是我们共有的。

有了这个结论，我更像是开启了另一个论点而非结束现有的论点。这个新论点关系到社会生活中差异的作用及其研究的意义。人类生活与定位和探索差异有关。我们能够看到和表现出如此多和如此多样的差异，这是使我们在生命形式中独一无二的原因，即使这些差异不断具体化、分支化，并将我们困在自己编织的网中。但是，虽然我没有时间深入差异理论中去，但我认为我已经证明了，抒情社会学的核心正是唤起关于差异的张力：在向我们展示他人差异的过程中，抒情社会学使我们面对时间和社会空间的特殊性。这样做，会产生一种独特的情感，我称之为**人道同情**。

其他体裁在其他时候也有这种感觉。罗尔夫·林德在一个世纪前的记者们那种“对‘真实生活’毫无偏见但充满激情的兴趣”中发现了这一点(Rolf Linder 1996：202)。乔治·莱文在19世纪现实主义者们的

① 第九章将会更仔细考察本段中讨论的“叙事陷阱”。这个陷阱可以在某种程度上通过抒情转向而避免：一方面从我们研究对象的角度，另一方面从我们自己的角度。

尝试中也发现了这一点："在主要精力用于破坏道德判断的惯例之后，他们试图重新发现道德秩序。"(George Levine 1981：20)人道同情总是受到威胁。正如许多人所指出的，它偏好的体裁很容易退化为窥淫、异国情调、日常主义或幻灭。但是，这些病理并不是不尝试在此处和此刻珍惜和发展抒情声音的理由。这是我们对人文社会学的最大希望，它可以在没有政治化的情况下具有深刻的道德性。

我将在本书第四部分和结尾部分回到道德与政治的这一主题。但在这里，我想强调本章与过程主义立场的密切关系。本章试图创造一种对"现在"的复杂本质的看法，这种观点与随时间推移的叙事的高度理论化的复杂性相对应。我试图证明，即使是在"定格"的方法中，"现在"也不可避免地以"流逝"和"转变"为标志。对此证明的一个重要部分在于再次认识到"编码"的中心地位。过去的社会过程中的许多变化和任意的相互依赖——我们通常称之为"历史"——实际上是通过某种形式的编码被书写到现在之上。

但是，编码留给现在的那种变化——我们在社会过程的任何部分都观察到的数以百万计的特殊性——在我们看来，似乎不同于我们经常强加给世系形成过程的叙事性相互依赖，这种形成过程是社会过程的叙事特征的产物。社会科学中的叙事往往是一个故事的创造，用以
121 进行道德判断和谴责，用以创造新的特殊性或谴责旧的。从这个意义上说，这通常是行动的序曲。相比之下，人类可能性那惊人的横截面变化往往不是将我们推向行动，而是像我刚才提到的那样，推向人道同情的情感。真正"在当下"看到，就是要把自己的行动潜力集中在一起，并进行一个伟大的，如果不是注定要失败的尝试——从世界上所有的特殊性的角度去理解它者。**现在**即存在。正是由于这个原因，抒情的方式，以及其对如凝止瀑布般的现在的承诺，是一个情感的问题，是一个人道同情的问题。这可能是行动的序曲。但它仍然与之分离。

结　论

我希望本章能够在社会学和社会科学写作中确立一种抒情冲动的存在。作为社会科学家，我们开展工作的先决条件是社会科学的严谨和调查性的超然，但在这个框架内可以有一个位置用来表达作者对社会时刻的情感领悟。作为研究者，我们发现社会世界不仅复杂而有趣，不仅是功能性的或令人不安的，社会世界的多样性和流逝同样令人惊奇、难以抗拒和快乐。我们的读者不仅应该知道社会的前因和后果，不仅应该知道它的优点与缺点，还应该知道，用川端康成的话说，它的美丽与哀愁。

122 # 第五章　过剩的问题[①]

前一章充分分析了现在的本质，即行动和决定发生的过渡空间，从而扩展了过程主义的论述。这在根本上是一种方法论研究，尽管如此，正如我们刚才所见，这也涉及研究者分析材料的姿态。在本章中，介入更具理论性。本章提出了社会科学理论问题的根本变化：从稀缺转向过剩。这种变化可以在不参考过程论观点的情况下进行，但正如我早些时候所指出的那样，过程主义与这种理论问题的转变具有重要的密切关系。过程主义不可避免地强调社会过程的多重性(multiplicity)，不管是历时性或是共时性的(diachronic and synchronic)。我们刚刚在抒情社会学中看到了这一点，即认识社会过程随时间和跨空间产生的惊人变化。此外，过程论因素提供了过剩成为问题的几个原因。并且过程为我们解决过剩问题的策略提供了几种模型。同样，正如本书的所有章节一样，我保留了本章的原始动机部分，本章最初的写作
123 与过程主义没有具体联系。但是，我的论证与过程主义观点的关系是普遍且自明的。

① 本章得益于伦敦政治经济学院听众们的评论和反馈，以及牛津大学、耶鲁大学、圣康丁昂伊夫利纳-凡尔赛大学、奥斯陆大学、密歇根大学和西北大学的听众们。我感谢麦克戈伊(Linsey McGoey)坚持乔治·巴塔耶的重要性。由于这是本书中最后一篇完成的章节，其中的部分想法先出现在本书所编排的后续章节中。本章最初发表于“The Problem of Excess,” *Sociological Theory* 32，no. 1(2014)：1-26。

与上一章一样，本章的修辞反转了习惯性的假设，在这里是假设社会生活中的主要问题涉及某些东西太少：金钱(贫困)、教育(文盲)、健康(健康差异)，等等。相反我认为，在现代世界中，过剩和过多是主要问题，或者至少我们应该用过剩来理论化社会过程，因为过剩和过多是常见的问题。

本章开头介绍了一些简单的理论和免责声明，然后通过回顾历史来介绍社会科学思想中稀缺所占据的中心位置。接着我把乔治·巴塔耶(Georges Bataille)作为一位明确的过剩理论家，并且检验(以及反驳)“一件事的过剩总是等同于另一件事的稀缺”这一论点。过剩是一个独立的问题，需要独立形式的探究。这进而引发对不同类型的过剩(过分与过多)和不同层面的过剩(个人和社会)的理论分析。然后，本章考虑了五种可能的过度机制：**过载**、**习性化**、**价值互文**、**群体性破坏**和**社会化过载**。最后，本章提供了一系列处理过剩问题的策略，包括**拒绝**、**减少**、**接受**和**拥抱**。其中许多策略被证明是替代性动机，替代如市场和层级制这样的社会结构，后者通常被视为处理稀缺问题的手段。

应该指出的是，本章所采用的分析便利似乎与其他章节(以及一般的过程论观点)相冲突，因为我在其他章节明确攻击了这种强烈的个人/社会区别。这只是为了阐述的方便。对于个人和社会实体而言，过剩的问题在很大程度上是相同的，并且和过剩相关的特定的社会机制与特定的社会类型的世系的形成有关。因此，本章实际上与本书中使用的过程论视角非常一致。

我们时代的许多重大问题都是过剩的问题：大规模的污染，不断蔓延的郊区，信息过剩。然而，我们的社会理论和规范性论证却主要集中在稀缺性上。预算约束、此消彼长、贫困：这些都是关于稀缺的概念。面对过剩的现状，我们却仍将稀缺作为我们关注的焦点。①

124 对于这种悖论有各种可能的反应。人们可能会问，为什么它在知识社会学中成了一个有趣的问题？人们可能转向它的经验层面，讨论过剩问题本身的成因。我在这里做出了第三种回应，转向悖论的理论方面，亦即我们对稀缺性的关注。我想勾勒出一种社会理论的基础，其前提是人类事务的核心问题不是处理稀缺问题，而是处理过剩问题。

这一研究取径可以解决社会理论中的许多问题。首先，它认识到——其实是源于——社会世界中非同寻常的多样性和差异。这些问题也驱使我们走向过程本体论，而过程本体论能比以“稳定”为假设的本体论更有效地分析这些问题。其次，关注过剩将事先[*ex ante*]符合我们所面临的许多过剩经验问题是一致的。最后，它将使我们能够看到目前的稀缺性理论如何限制了对关键社会问题的有效分析。通过重新思考那些我们通常认为是稀缺的问题——诸如贫困、支配(domination)等问题——我们可能会发现解决旧问题的新方法。可以肯定的是，我不能在本章中完全实现这些理想的目标。由于篇幅有限，我只能承担初步的任务，为这一建立在过剩而非稀缺的问题上的社会学理论勾

---

① 郊区蔓延的问题在两次世界大战期间首次在英国引起争论(例如，Williams-Ellis 1928)，然后在诸如怀特(Whyte 1958)、甘斯(Gans 1967)、文丘里和其他(Venturi et al. 1972)等作家之间造成了激烈的辩论。20 世纪 60 年代和 70 年代引起了对人类过剩的关注，严肃的研究工作预测到 2000 年会产生人口危机(如美国国家科学院 1971 年的报告)。他们对人口的预测是很准确的，但对灾难的预测错了：GDP 增长甚至超过了人口(Demeny and McNicoll 2006)！在 20 世纪 70 年代和 80 年代，环境污染成为焦点性的过剩，从雷切尔·卡森([1962]2007)最畅销的关于滴滴涕的讨论开始，并扩大到对碳排放引起的全球变暖的关注。[有意思的是，美国国家科学院人口报告的主要作者罗杰·雷维尔(Roger Revelle)，早期是一位著名海洋学家，也是关于全球变暖的论文的合著者。]到了世纪之交，出现了“信息过剩”。这种担忧很早之前就由阿尔文·托夫勒([1970]2006：191～193)的“信息超负荷”概念发起，现在由互联网带来的蜂拥的信息变成了一个更明显的现实。

勒出其必要性、世系(lineage)和基本内在逻辑。

从定义开始很有用。我将使用**稀缺**、**丰富**和**过剩**这些词分别指代事物太少、数量充足以及数量太多。[①] 当然，这些都是相对判断；**太少**、**足够**、**太多**，这类短语识别的不是绝对数量，而是相对于某一标准的数量。因此，当我需要描述绝对意义上的可用性时，我将使用其他词语：**稀有**、**常见**和**无数**。我将忽略所有关于“无数是好还是坏”(丰 125
富或是多余)，“稀有是好还是坏”(独特或是微不足道)，甚至“普通是好还是坏”(丰富或是足够)的考虑。但重要的是要注意到我们有这样的评价词汇，或更广泛地说，我们拥有众多关于稀缺、丰富和过剩的词汇，并且它们通常是评价性的。特别要注意的是，我们对于情绪(严重的、平静的、热情的)、行动(克制的、慎重的、狂躁的)以及认知(简单的、易懂的、复杂的)都有这样的词汇。然而，在本章中，我将仅使用主要的三分法(稀缺、丰富和过剩)来表示相对差异，并在必要时使用第二次三分法(稀有、常见和无数)作为绝对量。[由于**过度**(excessive)在英语中的负面含义比**过剩**(excess)强得多，所以当我想避免这些消极含义时，我会使用**超丰富**(superabundant)作为**过剩**的形容词。]

根据这些术语，本章的任务是围绕过剩问题重新认识社会理论：我认为社会生活的核心问题不是某种事物太少，而是其太多。本章由四个主要部分组成。第一部分回顾了过剩在经典社会理论中的作用，追溯稀缺和过剩作为理论问题的世系。第二部分考虑了为什么过剩不仅仅是稀缺的对立面。第三部分追溯了过剩制造问题的机制。第四部分考察了我们用来处理过剩的策略。这些用来控制过剩的策略在使用过程中重新解释了诸如市场、层级制和专业分工等现象。一个简短的

---

① abundance(丰富)在中文里也被译为“富足”，这是经典政治经济学文献的常见译名。这两个词在本章中等价。——译者注

结论提到了一些传统的“稀缺性”问题如何可能被改写为“过剩”的问题。

任何此类论证都必须做出免责声明。在多数情况下，这些免责声明回应了先前对此处所述立场的反应中经常出现的问题。首先，我最重要的免责声明是，本章旨在勾勒出一种可能性，而不是将所有使用稀缺性的理论都扫进垃圾桶。事实上，我的主要观点之一是稀缺和过剩不一定是概念上的对立，因此研究其中一方面并不会拒斥对另一方面的研究。其次，本章不是关于现代性的。我并不认为过剩是现代社会的特定问题。尽管人们可以如凯恩斯所言（John Maynard Keynes，凯恩斯[1930]2015），认为过剩已成为现代经济生活中一个特别紧迫的问题，但实际上，正如马歇尔·萨林斯（Marshall Sahlins，萨林斯[1972]2009）和乔治·巴塔耶（[1989]2019）等不同的作者所坚持的那样，长期以来，过剩一直是人类存在的特征。再次，本章并非主要关
126 于过剩的主体性或文化定义。当然，未来可以有许多关于过剩的主观感受和过剩文化的精彩论文。我也自然会提到一些关于这些主题的经典论述。但主体性不是我的重点。我在这里要关注的是个人和群体如何处理过剩的感觉，而不是这种感觉具有客观或是主观的起源。最后，我本人没有道德或伦理方面的论据来解释过剩。从古至今，过剩的伦理问题是一个无穷无尽的话题。重要的社会理论家（如涂尔干）已经认识到过剩可能会产生需要关注的道德问题。但是，当我将讨论过剩道德行为的影响和对其他形式的行为的影响时，我自己并没想要提供某种过剩的道德解释。

鉴于这些免责声明，让我们从稀缺和过剩在社会理论中的简要历史开始。

社会理论中的稀缺与过剩

在古典社会理论中，稀缺性起到了核心作用，这已不是什么秘密。西方哲学长期以来一直困惑于过度是好还是坏。亚里士多德认为，富足使公民拥有辨别真正公共利益的自由，而《圣经·申命记》的作者则认为只有稀缺才能使以色列的子民走上正义的道路。柏拉图认为充分性是神圣和积极的，这一概念影响到了莱布尼茨、谢林和柏格森，但相比之下，康德和席勒却在他们关于“崇高”的研究中指出，我们对大自然那过度力量的情感性反应具有危险性。小说家们对过剩问题也存在分歧。在《少年维特的烦恼》与《勒内》中，歌德和夏多布里昂分别赞美了过剩的情绪，这种态度将在19世纪的大部分时间占主导地位。然而，这种对人类情感的不餍足也成为现代小说的核心问题之一，体现在虚构人物如玛丽安·达什伍德和包法利夫人身上。[①]

在社会理论中，我们对稀缺的关注更直接地来源于政治经济学文献。当我们阅读自18世纪以来的政治经济学家时，我们可以看到，由于稀缺占据了中心位置，过剩便退居幕后。可以肯定的是，到那时为 127
止过剩或至少富足始终是经济体系的理想目标。但是系统的动力很早就被置于稀缺之中。

在伯纳德·曼德维尔(Bernard de Mandeville)那里，过剩首先是个人问题。曼德维尔主义者追求个人的奢侈。社会富裕，无论是商品、

① 关于充分性(plentitude)问题，参见洛夫乔伊(1936)2015。即使在数学中也出现了过剩的问题。1874年格奥尔格·康托尔(Georg Cantor)证明，在与自然数形成双向关系的形式意义上，“超越数”集合不能被“计数”。鉴于当时数学家已知的超越数数量相对较少，这是一个令人深感不安的结果。[康托尔的例子可参见莫里斯·克莱茵的《数学简史：确定性的消失》(北京，中信出版集团，2019)。——译者注]

就业，还是曼德维尔所暗示的幸福，只能从个人的恶德、不诚实的欲望和对过剩的追求中产生："纯粹的美德无法将各国变得繁荣昌盛。"(曼德维尔[1724]2002：28)尽管曼德维尔的主要论点涉及个人奢侈和过度，但他清楚地表明，社会富裕本身(他不讨论社会过剩)源于个人把对过剩的追求视为高于一切。

相比之下，在亚当·斯密(Adam Smith)看来，"财富"(表示适度的富裕而不是曼德维尔式的过剩)仅仅是一种结果，而不是个人的动机。对于斯密而言，个人动机一方面出自以物易物的天性，另一方面是相当胆怯的"自爱"。斯密式的个人不是曼德维尔式的合作者，而是清醒的商人；不是消费者，而是投资者。最重要的富足不是个人层面而是社会层面的，因为斯密的目的是要驳斥重商主义者们对国家财富的信仰。(他对个人的富足或过剩并不特别感兴趣。)对斯密来说，社会层面的过剩，如过量和过度生产，似乎并不像它们对曼德维尔那样明显。当然，斯密也不会想象维多利亚时代的工业会很快使生产过剩成为现实，即使是一种分布得极不均衡的现实。

但斯密做了一项重要的改变。在个人层面，他强调劳动分工，这由才智差异所引起，并通过人们以物易物的天性来实现。尽管斯密对富足的整体关注是将其作为社会层面上必要且可取的产物，但斯密对分工的关注开启了构想某种建立在个人层面上的机制的可能性，这种机制不是通过个人过剩而是个人的稀缺和竞争来产生社会的富足——在这一点上后继者几乎不可避免要回头再来读他。在斯密身上，曼德维尔式的个人过剩欲望消失了，取而代之的是冷静的分工以及适度的自爱。但是这条道路的下一步似乎不可避免。

正是马尔萨斯(Thomas Robert Malthus)迈出了这一步。马尔萨斯的第一重过剩是人类身体的社会过剩。从表面上看，马尔萨斯的论证从人口过剩的社会事实延伸到个人的匮乏和饥饿经历。但事实上，他

的论证从第一章起便集中在稀缺上。其著名的论述是建立在对比口粮
的算术级增加与人口的几何级增长上。与斯密和重商主义者不同，马 128
尔萨斯对过剩人口可以带给国家的许多好事，如军事力量、廉价劳动力等没有兴趣。国家的财富与他无关。事实上，关于过度的任何实质性问题他都不关心。他所关心的只是人口和生计的不平衡以及由此产生的个人匮乏。社会人口的过剩仅仅是个人匮乏的一种先决条件。因此，马尔萨斯真正将过剩变成了稀缺的反面，而曼德维尔和斯密则不然。

马尔萨斯深思熟虑地进行这种反转，反对他所认为的过于乐观的启蒙运动社会理论。18世纪启蒙哲学家曾期望社会能够被过剩积极地转变，尤其是通过丰富甚至超丰富的知识。但马尔萨斯在其作品的第一页上，便嘲笑启蒙运动的观念，诸如“伟大而意外的发现”，“普及加速了一般知识的传播”，以及“执着而不受约束的探索精神”(马尔萨斯[1798]1996：3)。他认为这些不值一提。

因此，马尔萨斯颠覆了曼德维尔对个人恶德所产生的实质性过剩的乐观看法。对马尔萨斯而言，奢侈欲望产生的不是充足，而是需求。唯一能限制人口过剩负面效果的因素是匮乏和破坏的直接力量(饥饿、瘟疫、战争和瘟疫肆虐的城市)，以及享乐——在马尔萨斯看来，这哪怕不是直接也会不可避免地导致匮乏和需求(奢侈、“有碍健康的制造业”和“对妇女的不道德习俗”)(马尔萨斯[1798]1996：39)。[①] 在他的最后一章中，马尔萨斯毫不含糊地告诉我们“事事顺遂、一切如意，与其说会使人的品行高尚，不如说会使人的品行堕落”(马尔萨斯[1798]1996：143)。与《申命记》的作者相似，他认为稀缺在道德上是可取的。

---

① 这个列表是一个标准的过剩列表，特别是在后一部分中，包含了曼德维尔私下或公开赞美过的许多内容。马尔萨斯更严正一些。他如此总结这份列表：“所有这些抑制因素不外乎贫困与罪恶两大类。”(马尔萨斯[1798]1996：39)

将马尔萨斯的观点形式化之后，李嘉图(David Ricardo)创作了持续影响后世经济学的稀缺性理论。在第一页，他便指出稀缺是两种价值来源之一(劳动量是另一种)。此外，从长远来看，李嘉图对租金的分析可能是他理论中最有影响力的部分，这个分析也源于稀缺。某种
129 事物若是过剩，甚至仅仅是富足，那么无论它多么有用，都毫无价值。李嘉图对事物的实际用途不感兴趣，重要的仅仅是它们的交换价值。

从政治樊篱的另一面来看，马克思(Karl Marx)也关注稀缺。《资本论》就是关于稀缺的长期思索。马克思认为工资下降和阶级冲突都与稀缺性相关，尽管无可辩驳的事实是 1750 年到 1850 年英国经历了经济生产的迅速扩张。通过只关注分配，马克思驳斥了马尔萨斯主义的观点，即社会的基本问题可以从逻辑上推导出来，它涉及农业和人口增长潜力之间理论上的失衡。在马克思看来，社会的基本问题可以通过经验被发现并且是一个政治问题，即社会的超丰富生产的不公正分配。分配不公给大多数个人带来了匮乏。个人的稀缺仍然是核心问题，但成因不同。至此，马克思设法避免了一个对 19 世纪英国经济学家而言的核心现实问题：农业和制造业生产的突然过剩，这种过剩如此之大，以至于甚至整个印度都无法吸收它。[①]

即使是经验经济学也设法忽略了过剩。可以肯定的是，资本主义的充分发展的出现使商业周期在 19 世纪末成为一个遵循既定规律的问题。在商业周期中，过剩和短缺一样成问题。但在通常关于商业周期的论点中，供过于求的问题实际上是一个稀缺问题：产品过剩不仅意味着价格降低，而且更重要的是意味着就业机会的不足。因此，从自由主义政治经济学中发展出来的经验主义经济学的主线，保留了李嘉

---

① 英国工业生产在 1750 年至 1850 年增长了 10 倍，人口增长了约 3 倍(Hoffmann 1955，表 55)。人均产出因此增加了两倍。但当然，产出的棉花再多也不能都被英国人穿在身上。到了 19 世纪 70 年代，英国 75%的棉纺织品都出口(Hoffmann 1955：83)。

图和马尔萨斯对稀缺性的关注，使其成为经济问题的核心概念，即使过剩性可能是一个核心的经验问题。[1]

在主流经济学之外，确实出现了一系列学术研究将商品的过剩简单地视为一种分配问题。该做法延续了一系列社会主义论点，即稀缺性是被人为维持的。但承认稀缺性的人为状态也意味着终结它的可能性。商品过剩只有在工人没有工资的情况下才意味着失去生计。这一 130
乐观的主流经济学始于 1902 年出版了《繁荣理论》(*The Theory of Prosperity*)的西蒙·帕滕(Simon Patten)。约翰·R. 康芒斯(John R. Commons)追随了帕滕，写下了《资本主义的法律基础》和《制度经济学》(*Institutional Economics*)。到了 1930 年，凯恩斯开始问，当数年后的生产力意味着人们每天只需要工作两至三个小时的时候，人类会对自己做什么。[2]

凯恩斯本想保持乐观，但后来的作者将他的信息视为负面的。在 1958 年，约翰·肯尼思·加尔布雷思在《富裕社会》(加尔布雷思[1958]2009)中的警告让人想起马尔萨斯和《申命记》的危言。尽管有无可辩驳的关于经济增长的证据，但主流经济学仍设法将注意力放在稀缺性上。即使是大量过剩的商品也能被转化成稀缺以便进行分析。才华横溢的加里·贝克尔(Gary Becker)将时间本身作为效用最大化过程中的稀缺资源，因而超越了凯恩斯。因此，时间的稀缺掩盖了休闲产品的过剩。[3]

然而在经济学的某些方面，随着时代的转变，过剩的作用也卷土

---

① 在经验经济学中，"glut"这个词一直是过剩的同义词。我在本章中一般都避免使用 glut，因为过剩本身并不具有超额影响和后果的内涵。glut 是更具评价性的词语。

② 凯恩斯的论点见凯恩斯(1930)2015。关于这一系列的乐观经济学理论，参见 Fox 1967。

③ 参见 Becker 1965。我们将在下一节中讨论这个论点。

重来。在极端的供给学派思维中，曼德维尔式的过剩将出现在收入分配金字塔的顶端，并逐渐向下蔓延，为中产阶级创造了一个管理良好的斯密式的富裕生活。(穷人可以通过马尔萨斯式的自力更生来提升他们自己，要么只是在李嘉图式的肮脏环境中挣扎。供给学派思维没有发明任何在经济传统中没有出现过的概念。)因此，在新曼德维尔式经济理念中出现的是个人层面的过剩，而社会层面过剩的概念则消失了。有趣的是，供给学派思维中最受批评的一个方面恰恰是它对稀缺的不关注：美国可以“依靠经济增长来摆脱衰退”(grow itself out of recession)的观念对主流社会来说似乎是荒谬的。[①]

总之，在过去的两个世纪中，过剩很少成为正式经济思想的焦点。主流经济学理论家们的智识工具变得如此精心设计，使得他们迅速将
131 大多数过剩问题转化为稀缺问题。事实上，根据现代经济学的基本论述，即卡尔·门格尔(Carl Menger)的《国民经济学原理》，经济学对稀缺概念的承诺绝对化了。门格尔将经济学定义为仅研究那些涉及“经济”的行为，而这种行为本身只涉及“经济财货”。门格尔反过来将“经济财货”定义为“需求量比所能支配的财货数量为大”的商品(门格尔[1871]2001：46)。可以肯定的是，门格尔本人考虑过商品数量的过剩；他对价值和效用的概念化清楚地认识到了这种可能性。但他对这样过剩的商品根本不感兴趣(他把它们称为“非经济财货”)，并把它们排除在经济学定义之外。

经济学中过剩的研究在某种程度上提供了一种在其他社会科学中

---

① 关于供给学派，参见克鲁格曼(1994)2010。他的例子很好地说明了我论证中的一个重要区别。经济学已经谈论过作为经验现象的过剩。如前所述，该主题是商业周期文献的核心。但我在这里关注的不是经验意义上的过剩，而是经济学家们不使用过剩概念作为理论逻辑的核心部分的习惯。在现代经济思想下，理论模型总是关于稀缺和限制，而不是过剩。

重复出现的模式：非正统研究者中偶然出现对过剩的兴趣，但主要焦点还是在稀缺上。当然，美国社会学始于对富足和过剩的相当强烈的兴趣。西蒙·帕滕的主要对话者包括像阿尔比昂·斯莫尔（Albion Small）、富兰克林·吉丁斯（Franklin Giddings）和爱德华·罗斯（Edward A. Ross）这样的社会学家。约翰·R. 康芒斯在社会学里广为人知。社会学继续保持了乐观的反资本主义主题，即便经济学本身已经摒弃了它们。[1]

但是欧洲大陆社会学看起来完全不同。涂尔干（Émile Durkheim）的著名研究认为过剩是严重的问题。在《自杀论》中，他谈到"无限症"。[2] 他认为，除非受到社会规范的限制，否则人类的欲望本质上是无法满足的，因而具有内在的危险性：

> 撇开任何外部的支配力量不谈，我们的感觉是一个没有任何 132
> 东西能填满的无底洞。但是，如果没有任何外来的力量限制这种感觉，那么这种感觉本身就只能是苦恼的源泉。（涂尔干［1897］2001：263）

① 对于经济学如何摒弃这观念，参见 Furner 1975。

② 这个短语出自涂尔干（1897）2001：310。短语"无限症"（*mal de l'infini*）的最初起源尚不清楚。夏多布里昂是涂尔干的第一手资料源头，涂尔干引用的文本（夏多布里昂［1802］1996：159）本来是每个法国高中生都知道的。但是夏多布里昂通常使用短语"无限的召唤"（*appel de l'infini*）。"疾病"的说法可能来自后来广泛使用的短语 *mal du siècle*。这个短语用来指代同一现象的更广泛版本，那种由餍足所引起的对现实的不关心。该论点的原始参照文本，歌德的《少年维特的烦恼》（［1774］1999），往往强调纯粹过剩本身，如 11 月 3 日和 8 日的信件。但维特最后一封正式信件（12 月 6 日）的结尾这样写道："当他在欢乐中向上飞升，或在痛苦中向下沉沦时，他都渴望自己能融进无穷的宇宙中去，可偏偏在这一刹那，他不是又会受到羁縻，重行回复迟钝的、冰冷的意识么？"（歌德［1774］1999：98）这段话已成为文学狂飙突进运动（*Sturm und Drang*）的口号。

他告诉我们，贫穷“之所以能防止自杀，是因为贫穷本身是一种制动器”(271 页)。最危险的是富人：

> 下层阶级的前途至少要受到上层阶级的限制，所以他们的欲望比较有限。但是，那些还有向上活动余地的人几乎必然会陷入种种欲望之中，如果没有任何力量限制这些欲望的话。(涂尔干[1897]2001：276)

因此，过剩既是欲望的过度(一种情感过剩)也是事物的过度。导致自杀的不稳定关系产生于两者之间的正反馈：你拥有的越多，你渴望的就越多。这个论点自《圣经·旧约》的先知们以来，早已经广为人知。涂尔干作为一名拉比的儿子，毫无疑问将这个观点熟记于心。但与此同时，涂尔干也遵循世俗心理学的悠久传统。至少从 17 世纪开始，人类情感的无法满足就是西方心理学理论的主要内容。事实上，在弗洛伊德的本我观念中，他仍将过剩作为现代自我理论的基石。因此，在后涂尔干社会学中，过剩的观念接近于《圣经·旧约》中危险、有问题特质的那个版本。

在政治理论中，许多问题很类似。自霍布斯(Thomas Hobbes)以来，人类无止境的欲望和欲望之间不可避免的冲突一直是西方政治思想的主流。在联邦党人以及在某种程度上他们的追随者托克维尔(Alexis de Tocqueville)那里出现了一种新的困扰。他们担心普通选民过度和危险的情绪。在这里，过度仍然有问题。特别是，过度不仅涉及人口数量过剩，而且还涉及政治意识形态和政策的过度分歧。人类欲望的多元和冲突过度是现代共和主义和民主思想的基础。

我们可看到，至此虽然现代经济学家对过剩的经验事实了如指掌，但他们却强烈偏好那些应对稀缺的理论。社会思维的其他主要传统往往更多地关注过剩，将其作为一个理论问题，但它们主要认为过剩对个人品格或道德具有危险性。其立场较少植根于某种过度如何对道德活动本身提出挑战的具体论点，而更多根植于对缺乏道德控制的某种性格的不赞成。总而言之，社会科学传统很少试图从过度的角度来理 133
论化社会现象。无论是从认知、情感还是从行动考虑，社会生活一般的问题是存在太多而不是太少，而社会科学传统很少从这个前提出发。

假设我们试图将这种方法形式化。假设我们坚持通过从有问题的“过剩”的角度来思考社会，就像社会主义和进步主义经济学中偶尔出现，以及我们今天面临的许多实际问题所提出的那样。这将意味着彻底重建我们从过去继承的长期思维习惯。例如，我们需要将贫困视为某种东西过剩而非过少的情况。我们也需要反过来将特权问题视为能够研究最大限度地减少某些有问题的过剩形式的案例，而不是能够最大化其他事情的情况，在后一种情况下过剩在本质上被认为是没有问题的。

在社会科学之外，偶尔会有对过剩的严肃反思(如尼采、瓦格纳和福柯)。但是，这些作家中的大多数都是某种信徒而不是社会分析者。他们在道义上承诺对抗过剩，就像联邦党人、弗洛伊德和涂尔干一样。也许唯一的一般性过剩理论来自乔治·巴塔耶([1991]2019)，尽管他本身并没有很明确地说明。巴塔耶更关心的是重新解释个例，而不是提供严谨的理论，并且他最终也是信徒而不是理论家。但他的论点仍然很有趣。

巴塔耶从一个无比巨大的关于过剩的假设开始：进入这个世界的太阳能比维持这个世界生命所需的要多得多。这导致了不可避免的过剩，结果只能用于增长。(巴塔耶的增长观念包含延伸。延伸意味着将生命历程延伸到新的空间或区域，同时也意味着当前生命形式在规模或耐力方面的简单倍增。)如果出于某种原因不可能增长，那么过剩的能量和利用它生产出的东西必须被耗散掉。尽管他最初的框架相当具有普遍性，但巴塔耶的论点可以缩小至群体或个人层面。在这些较低和更真实的社会层面上，消耗掉这些过剩实际上意味着破坏和浪费。因此，战争的真正目的是消耗掉过多的资源。爱情和性行为的真正目的是挥霍精力、资源和时间。事实上，所有动物生命的真正目标——食用植物——只是必要的浪费和奢侈：否则世界将充斥着腐烂的植物。巴塔耶的例子从阿兹特克人的活祭、伊斯兰教的扩张到马歇尔计划，
134 所有这些都只是作为夸富宴(potlatch，他也做了分析)的变种。[①] 无怪乎马赛尔·莫斯(Marcel Mauss)著名的关于礼物的论文是巴塔耶的起点(巴塔耶[1989]2019：121)。

这个理论的某些方面出乎意料地使人信服。巴塔耶对熟悉案例的重新解释总是很有意思。他正确认识到边际主义经济学中固有的特殊性总是导致了对个体的假设。这些假设不可避免地无法有效处理一般的系统级约束。但他没有回答为什么浪费是必要的这个问题。这个解决问题的方法也许能通过更密切地将其解释与热力学定律相类比而得到。更重要的是，他没有意识到“增长”和“延伸”可以采取削弱浪费需求的形式(例如，消费需求的无限延伸和欲望空间的分形细分)。因此到最后，巴塔耶的一般性理论论证留下的问题比答案更多，从而引导我们进一步更精确地理论化过剩的问题。但至少巴塔耶树立了将过剩认真作为社会理论主体的榜样。[②]

---

① 一种北美原住民礼物交换的仪式。——译者注

② 巴塔耶的作品毫无疑问很好地体现了他自己的理论。他有意地将过剩的例子作为主要部分。《被诅咒的部分》有两卷，总共近500页，其中明确的理论化的部分不足30页。(中文版《被诅咒的部分》只包含原书第一卷《消耗》，是一本小书。——译者注)

同一性论证

然而，在我们发展该理论之前，要完成一个重要的初步步骤。我们需要反驳一个看起来聪明、有吸引力的论点：某样事物的过剩就是另一样事物的稀缺。这个论点在最后的分析中是无益甚至是错误的。如前所述，贝克尔(1965)便认为，可能的消费品的过剩只是等同于缺乏时间来享受它们。我将这称为同一性论证(the identity argument)。正如我所指出的那样，同一性论证为经济学家提供了形式化的解释以便使他们忽视过剩，不认为其是一个独立于稀缺性的问题。因此，仔细考虑这一点很重要。只有将它解决了，我们才能开始阐述过剩实际产生问题的机制。

某样事物的过剩是另一样事物的稀缺的观念产生于一种简单的直觉。假设我们有一个集合，内含两种元素，于是共有两个互斥的子集，每个子集具有内部一致性(例如，都只包含右撇子或者左撇子)。如果这两个子集具有截然不同的基数，那么我们根据常识，说整体集合中的一种元素的稀缺性或者另一种元素的过剩性是等价的。“大多数人都 135
是右撇子”与“左撇子人不常见”是同一种说法。不过，这种惯例尽管很明显，却并不涵盖大多数情况。例如，相反地假设我们有一个集合，包含多种元素，除了其中一个独特类型的子集之外，其他子集中所有元素都具有相同的基数，并且假设那个独特子集的基数比其他子集的基数小得多。(例如，假设有 9 个互斥的子集，每个子集包含全集的 11%元素，加上 1 个包含全集 1%的独特子集。)在这种情况下，我们可能仍然谈到总体集合中这一元素的稀缺性。但我们不会说其他元素过多。实际上，如果有足够多的类型，即使其中最大的互斥子集最多包含总体集合的 7%(比如，14 个子集，每个子集包含 7%，另有一个子集包含2%），我们会说任何特定类型都很稀有，并说那个“真正不同寻常”的子集是“极端罕见”的。

我们思考过剩时，不需要与之相反的稀缺概念。因此，我们是用一个残留(residual)的概念替代了稀缺，而且我们会根据情况加以调整。只有集合内元素类型很少时(特别是在只有两种类型的情况下)，我们才会真正将某种事物的过剩立即等同于另一种事物的稀缺。

应该指出的是，我们有类似的过剩概念，而且同样以缺乏“对立面”——稀缺性——的形式存在。这可能看起来不那么直观。例如，有无限个有理数，可它们比无理数少得多，因为前者是可数的而后者则不是。[1] 所以我们可以谈论可数和不可数的无穷大，有理数是稠密的(任何两个有理数之间存在另一个有理数)，但是实数是完整的(它们包含任何可能的有理数序列的极限，即使极限不是有理数)。但尽管存在这种差异，我们肯定不会认为有理数稀缺。毕竟它们是无限的。因此，正如在稀缺的情况下那样，我们可以想象稀缺的程度，而不必设想与之相反的过剩的情况，我们也可以想到过剩的程度而不必不可避免地将任何特定的稀缺视为其反面。

一般而言，没有理由认为稀缺和过剩是对称的相反概念。但是贝克尔版本的同一性论证实际上并不是简单地将过剩的商品与享用它们的稀缺时间等价。相反，时间是生产的一个要素。家庭通过将时间和
136 收入结合起来产生效用。它们用两种方式做到这一点。因为时间不仅必须直接被用于生产效用(在消费闲暇的过程中)，它还必须用于工作以获得购买消费品的收入。当与(闲暇)时间结合时，收入会产生效用。因此，时间不仅是直接约束(人们必须“花费”时间来享受休闲)，还是间接约束(花在闲暇上的时间无法用来获得收入，会导致无法产生必要

① 见第153页脚注①。

的金钱用于购买休闲商品和服务)。早在普通家庭面临休闲的纯时间约束之前，他们的休闲时间已经受限于收入不足，导致无法购买休闲所需的商品和服务。

根据这一论点，只有那些没有任何收入约束的人，才可以将过剩的消费选择简单等同于时间稀缺。更具体地说，这些人的收入不受他们是否工作影响。他们包括无法就业的人，纯粹由转移支付供养的人，以及最明显的，继承财富的人。特别是对于那些人来说，时间只涉及(闲暇)效用的直接生产，而贝克尔的论证确实将其简化为潜在的消费品或服务的充裕与享受它们的时间的稀缺之间的简单等价。

因此，在这种有限的情况下，时间的匮乏可以作为一种预算约束——稀缺的一种标准。即便如此，将时间视为预算约束仍存在一些问题。收入必须购买一件商品，在相同收入的情况下购买一种商品将会导致无法购买另一种同样价格的物品。但是，目前尚不清楚时间是否具有这样的性质。我们当然可以同时享受两种乐趣。我们可以在听音乐的同时阅读一本书，或与爱人坐在一起，等等。虽然同时做多件事的本事无疑被高估了，但不能否认，时间能够以不同于购买商品和服务的方式被加倍享受。甚至还有一种情况是，同时享受多种事物的功用可以提升个体事物的价值——例如，可以与朋友一起观看体育赛事，你可以和他讨论。

时间用途的多样性表明了另一个问题。微观经济学中的经典选择情形涉及两种可区分的商品，在这两种商品之间，我们根据两种原则进行选择：第一，映射两种商品的效用等价物到凸等量曲线上；第二，由相对价格决定预算约束的斜率。但在过剩的情况下，我们的选择通常不是在两者之间而是在多个选择之间做出。一位在中型研究图书馆的研究人员必须决定一百万本书中哪一本要读。实际上，大多数这样的研究人员选择的不是一本单独的书，而是一些书籍的组合。粗略地

137 讲，组合的数量不是一百万种，而是一百万的 n 次幂，其中 n 是所选书籍的数量。

至此，用经典选择模型解决这个问题显然是愚蠢的。即使我们必须只选择两本书，在一座拥有一百万册书的图书馆中这种组合的可能性达到了五千亿种。经典选择模型可能通过考虑一本书的一百万种可能的选择方案来计算书的选择情况。但产生适当凸等量曲线的必要假设将是非常难满足的。赫伯特·西蒙(Herbert Simon)的有限理性概念很久以前就已经被开发出来处理这种情况，当然，它是通过假设选择者决定不进行优化而采用可产生一定效用阈值的启发式方法来实现的。在如此巨大的选择方案空间中，这是一种比特定选择更可行的策略：一个人只需从书架上随意挑选书籍，直到找到第一本实用性满足基本要求的书。①

但当然，这不是研究人员会采取的方式。他们有复杂的研究算法，告诉他们哪些书要忽略，哪些索引要使用(和忽略)，等等。他们不是传统的选择者，而是概率论者，而且是十足热情的贝叶斯派，他们在很大程度上依赖于先前学者的选择。更一般地说，用于优化组合生成空间的大多数现代算法都采取蒙特卡罗策略。② 通常，这些策略根据目标函数考虑组合空间中某点的值。然后他们按照一定的规则(并且可能整合贝叶斯先验值)扰动这些所选组合，并查看目标函数是否改进。如果它改进了，他们便接受扰动并尝试另一个。如果没有，他们则依迭代的继续下降的概率接受扰动。[这是用于优化问题中的模拟退火梅

---

① 西蒙的论述可参见其著作的中译本《人工科学》(武夷山译，上海，上海科技教育出版社，2004)第五章。启发法(heuristic)当时被译作“试探法”。——译者注

② combinatorically generated spaces 是一个数学用语，来自组合数学(Combinatorics)。作者在这里指的是选择空间的规模之大，远超一般选择模型的处理能力。——译者注

特波利斯-黑斯廷斯(Metropolis-Hastings)算法。]

这种运用于过剩空间的算法与经典微观经济学中的选择模型完全不同。首先，它们是迭代的，而经典模型至少在原则上产生解析解。其次，它们对 n-空间中目标函数表面只做了一些很少的假设。它们假设表面看起来更像瑞士的地形，而不是像光滑的到处都是凸面的表面。

但最重要的是，它们并不假设任何一个单独项目对目标函数的影响具有唯一且固定的可测量性(measurability)，而只假设项目组合作为一个整体值的可测量性。因此，它们允许单个项目的值根据组合中存在的其他内容而变化。例如，参考书目中某本书的价值显然是参考书 138
目中已列书目价值的函数。这种关于可测量性的非常宽泛的假设允许任何东西，从绝对可区分的商品到相近的替代品，甚至允许可替代性本身发生变化。在下文中，我将把这个属性称为**尊重价值互文**(respecting value contextuality)。[①] 它将在本章后面发挥重要作用。关键之处在于，虽然大多数现代优化方法都尊重价值互文，但在经典选择模型中却不允许。

但请注意，即使是现代优化算法也假定存在某种目标函数，这实际上是一种度量(a measure)，一个**等价物**(a *numéraire*)。虽然该**等价物**尊重价值互文，但它仍然面临各种其他问题。迭代策略并没有完全摆脱一种“测量”(measuring)特性的概念，而是采用了比选择模型更为通用和现实的测量方法。因此，回到学者/图书馆的案例，大多数学者对这个**等价物**使用西蒙式的有限理性。他们寻找阈值数量的优秀文献，

① value contextuality 的字面含义是“价值背景”，或按照社会科学语言，指“价值情境”。但根据后文，作者指的不只是价值依赖于其环境，同时也指一个事物价值的取决于别的个体对这个事物的赋值，是一个测量问题。这类似于量子物理中的测量互文性(measurement contextuality)，即对一个粒子的观测值取决于对同一系统中其他粒子的观测值，所以我将它译作“价值互文”。测量问题在第八章中再次回归。——译者注

可能会继续再追加一些，达到由个人偏好决定的某个水平。但他们不会也不能达到优化算法的程度。

但是，即使我们从计算机算法转向以简单的人为工序在过剩条件下进行优化，我们会发现它们不会将某样事物的过剩等同于另一样事物的稀缺。因此，吉仁泽(Gerd Gigerenzer)著名的“采纳最佳”算法通过为任意两个项目创建属性层级结构来实现选择(吉仁泽[2000]2006：157)。然后，研究者沿层级结构下行，直到找到能再次区分它们的属性。例如，如果我们只听说过两个城市中的一个城市，那么我们通常会认为自己所听说过的城市更大；但如果我们听说过两个城市，那么会认为作为首都的那个城市会更大；如果它们都是首都，那么我们就会相信那个作为更大国家首都的城市更大；等等。在实践中，这种粗线条但现成的启发式算法优于许多正式模型。但稀缺性在其中没有起任何作用。恰恰相反，该算法从已知到稀疏空间行进，并在差分结果的第一个迹象处停止。

总而言之，将一件事的过剩视为另一件事的稀缺似乎很可疑。即使在经典选择模型框架内，虽然一种商品可能具有必要的线性可区分性，但另一种商品可能没有这些属性以供我们展开关于稀缺的逻辑推理，正如在贝克尔的案例中，将缺乏时间与过剩商品相对应的情况中所看到的那样。更广泛地说，过剩的情况通常涉及选择多种商品或效用的组合，通常发生在关于它们的信息不完整且关于特定效用的先验
139 知识由组合内其他效用验证为无效的情况下(即按价值互文)。最后，包括排列组合或启发式函数式在内的解决过剩问题的主要方法都不需要这样的前提，即假设某种物品过剩必然意味着其他物品稀缺。所有这些方法都采用不连续的迭代方法，通常广泛利用先验信息。

简言之，同一性论证似乎没有实际应用的场景。过剩是一种与稀缺性根本不同的东西。只有在最简单的情况下，我们才有理由简单地

将一件事情的过剩改写成另一种东西的稀缺。

过剩作为问题

在处理了同一性论证后，我们现在可以转向过剩作为问题的方式和原因。正如我们在复述政治经济学家们对待过剩的历史时所看到的那样，过剩可以在两个层面上发生：个人层面和社会层面。由于过剩的机制可能在两个层面上有所不同，因此我们应该在这里保留这种区分。过剩似乎也有重要的两种不同类型。其中一种是在一件事上的过剩。我称之为**过量**(surfeit)。另一种是通过事物的“多重性”而产生的过剩，不是因为“过分”(too much)而是由于“过多”(too many)。我会称之为**过杂**(welter)。

这种双重区别带给我们四种类型的过剩：**个人过量**、**个人过杂**、**社会过量**和**社会过杂**。个人过量的例子可能是有太多的钱、太多的知识或太多的灵感。但是，个人过量也可能是情绪性的(如抑郁症或躁狂症)或者是意动的(conative)。(我用哲学家的词语“**意动**”表示“具有目的性的行动”。意动过量的例子也许是过分的野心或者强迫症)。个人过杂的例子也很常见：太多可能的朋友、太多的激情、太多可能的研究课题、太多的工作做不好、太多的道德义务，等等。与个人过量一样，个人过杂可以是认知性的、情绪性的或意动性的。

在社会层面也是如此。现代的知识理论家谈到了很多关于欲知之事过量和随之而来的专业化。同样，他们还写下了沓杂的社会性建设方案以了解世界：意识形态、科学、伪科学、流行印象等。与此相关的是，自勒庞(Gustave Le Bon)以降的社会理论家看到了人群中过量的危险情绪，以及不同人群之间庞杂的情绪冲突。还有一些理论家看到了社会行动的替代方案带来的瘫痪性的庞杂(例如，托克维尔谈到了在 140

民主国家几乎不可能采取一致行动)，以及如同我们在遵循比例代表制的那些欧洲民主国家复杂的政党政治中看到的那样，无止境的替代方案之间的冲突。因此，我们在社会层面上也看到过量和过杂，就像在个人层面一样。然而，虽然这些例子告诉我们，过剩在个人和社会层面都是问题，它不仅渗透到认知领域，也渗透到意动和情感领域，但它们不能说明过剩实际上会如何给人类带来问题。

显示过剩如何影响个人和群体尤为重要，因为我们已经非常熟悉稀缺如何对其产生影响。稀缺机制非常简单。我们假设人或群体是能够感知、行动和象征的实体。遵循经济学家的方式，我们通常将这些过程视为生产方式：每个过程都需要一定量的投入才能成功，而稀缺意味着某些投入的数量不足。因此，生产不能成功。也就是说，稀缺机制通过亚里士多德的四因说之首——质料因产生作用。由于缺乏质料，生产失败。但是在过剩的情况下，缺乏物质不应该产生问题。对于任何给定的资源，过剩必然意味着充足。所以生产不可能因为缺少什么而失败。即使有多种资源参与生产，如果一切都足够并且一种或多种资源过剩，那么这种过剩应该不成问题。

因此，过剩必然通过某些其他原因而成为问题。正如亚里士多德提到的那样，最可能的原因是结构性的(没有明确的生产计划)或终极性的(没有明确的生产目的)。因此，过剩成为问题的一种显然的可能性，是由于有效生产不仅必须存在足够的投入，而且这些投入还必须经过特别选择或组合。当然，我们可以随意选择投入。但是，对于哪种投入组合足以生效必定有约束。对于足够的资源A、B和C，每个资源都有四个不同的部分，但只有A1-B2-C1和A2-B1-C4这样的部分组合才有效。也就是说，我们可能需要协调某些充足投入条件的特定子集。在这种情况下，随机选择不一定会成功。

如上所述，过剩的问题听起来像一个协调问题。事实上，无论在系统内部或外部，确实有解决协调问题且令人熟悉的模型：市场、强势的国家、层级制度，等等。这种联系链表明了一种令人惊讶的观点，即国家、层级制度等可能实际上源于过剩而非稀缺问题，我们将在下一节回到这个议题。但目前，重要的是，只有当要协调的事物受到某种形式的权衡，即成为一种结构化的生产时，市场、国家、层级制度 141
等才能真正起到协调作用。

市场的情况最清楚。市场需要价格，这些价格在没有稀缺[这有助于产生必要的同量(commensuration)]以及缺乏价值互文的情况下不会出现。在过剩的情况下，由于不存在稀缺，因此没有价格，没有预算约束，也不构成选择的基础。也就是说，市场理论的产生是因为协调问题在某种意义上确实是关于过剩的问题(个人决定他想要的东西时选择太多)。但市场通过施加一种形式的稀缺来解决这个问题。(也就是说，通过共同**等价物**对所有项目进行相对价格评估，并假设该**等价物**受某种预算约束。)在过剩问题上，更一般的方法则不能接受这样的假设。这里可能存在价值互文或其他一些同量失效的情况，或是按照假设那样没有预算约束。换言之，如果市场实际上源于一种解决过剩问题的尝试，那么它们的做法就是强加一种形式的稀缺。但我们在这里感兴趣的不是稀缺本身是真实的还是强加的，而是为什么在第一种情况下，过剩会表现为必须解决的问题？我们关心的，不是在过剩的情况下如何解决协调问题，而是过剩为何首先成为问题。

个人层面

我先从个人过量开始分析。在情绪上，个人过量会通过**过载**(overload)和**习性化**(habituation)产生问题。一种快乐情绪的过剩在·时一刻可能会压倒自我，而随着时间的推移，一种快乐的过量会降低这种乐趣的满足感。在认知层面上，过量主要通过过载导致问题。一个地方、一个人或一个学科可能太大而无法知晓。然而，过量的知识也可能通过不同方式产生问题，如隔离个体（与知晓其他不同事物的人），或强烈降低他或她知道其他事物的能力[这似乎假定了（认识手段的）稀缺，但也可能产生于为处理原始过载而形成的认知习惯]，或其他方式。意动上，过量通过过载（某些任务可能太大或太复杂）和习性化（惯例可以退化成无意义的习惯）而产生问题。①

142 可以肯定的是，有人可能认为，由于负反馈，过量可以自我调节。因此，在情感和品位的问题上，过多的事物变得不那么令人感到充实，所以它们才不那么受欢迎，由此在经验上感觉起来不那么过剩，最终恢复了它们令人满足的能力。但在许多例子中，这种说法似乎并不成立：最喜欢的冰淇淋永远失去了它的滋味，长期实践的政治方案变得毫无意义，等等。习性化似乎不一定能自我调节。

因此，无论我们看情绪、认知还是行动，过载和习性化似乎都是过量在个人层面上制造问题的两项主要机制。过载涉及或被我们称为对于情绪、行动和知识生产的“技术”约束。不管怎样，过载会导致瘫痪或生产失败。（我们可以认为这是最终原因“目的因”或有效原因“动力因”的失败。）习性化的工作机制略有不同。它暗示情绪、行为和知识的输入价值随着其数量变化而变化，并且这种方式不允许具有简单均衡的稳定负反馈系统。

类似的途径会产生个人层面的过杂效应。在这里，技术限制来自数量：太多的事情要知道，太多的情感要体验，有太多可能的行动。在这三种情况下，自我都瘫痪了；这里存在过载，但这是替代选项的过载。这种过载产生的不仅是直接的选择问题，更重要的是会产生相

① 本书已数次讨论了习惯和习性化的问题，第二章在人性的语境下思考这个问题，第七章在社会秩序的语境下思考它，第九章在道德活动的语境下思考它。

当大的价值互文。每种组合的价值由于可用替代品的绝对数量惊人而被重新定义，而价值定义又取决于其他选择是如何做出的。瞬时的市场组合选择通过互文导致了价值的不稳定性，又进一步对情绪、行为和意义产生新的技术约束。

总之，在个体过杂的情况下，我们又发现两个主要机制。第一种是过载，这与个人过量相同。但第二种（**价值互文**）与过量的第二种过度机制——习性化形成了对比。在当前可能性中的价值互文与习性化不同。习性化的对象是在时间推移中过剩的一种单一回馈。在个人层面，我们有三个基本机制：过载/瘫痪、习性化和价值互文。

社会层面

相同的机制在一定程度上适用于社会层面。社会过量和过杂首先通过过载、习性化和价值互文来产生作用，就像它们在个人层面一样。 143
这些影响在被称为“个体”的社会实体中尤其明显。在生物个体聚集的意义上，这些社会实体是彼此同心的：家庭、邻里、社区、省份和国家等。因此，一个耳熟能详的社会学传统已经讨论了人群中情绪过载的影响：对政治、宗教等的影响（勒庞、弗洛伊德）。约翰·杜威（[1927]2016）著名的《公众及其问题》是对新的通信手段使公众过载这一问题的延伸思考，这些手段既可能产生过量的信息，也可能会产生过杂的公共性和可能的政策。还有一些关于社会习性化的理论，例如，格奥尔格·西美尔（Georg Simmel）和罗伯特·帕克（Robert Park）都给出过我们熟知的论点，都市生活的过量刺激使城市居民难以承受，导致肤浅以及缺乏责任感。①

① 参见帕克等（[1925]2016）的第八章“社区组织和浪漫情绪”，以及西美尔的《大都会与精神生活》（西美尔[1903]2017，246～264页）。

这种效应影响的不仅是“社会化的个体”，也作用于我们通常认为的构成个人的某些属性而非完整的个体，如族群、志愿组织、官僚机构、性别等。因此，我们可以想象政治团体的习性化。随着时间的推移，政治团体需要越来越多的极端政治来鼓励信徒采取行动。或者我们可以想象学术学科无法应对新信息的冲击。又或者我们可以想象志愿组织被过度的内部纠纷所撕裂。最后，价值互文的问题是任何奉行党派政治的人的代名词，特别是在议会制度中，特定政策的政治价值完全取决于此外的其他政策。①

因此，我们看到社会与个人层面上的过载、习性化和价值互文是如何作用的。但是问题仍然存在，在社会层面是否可能出现造成过剩问题的新机制？

第一种社会层面的新机制可能是过剩导致个体之间的冲突。即使在所谓过剩的自然状态中（萨林斯[1972]2009，他说石器时代是第一个拥有超丰富经济的时代），人们也可能因为充满过剩的世界所造成的普遍占有态度而发生冲突。但这种新机制比实际情况更明显。它当然涉及个人欲望的过剩。可在一个过剩的世界里，绝对充足的满足感应该
144 使过度的欲望更容易实现。真正造成这些冲突的不是过剩本身，而是导致行动者渴望同样事物的共同价值体系。这些价值体系事实上会造成稀缺，进而导致冲突。

这种人为稀缺的一个熟悉的现代例子便是婚姻市场。任何父母都知道，当青少年刚过青春期时，他们认为只有很小一部分异性可以作为令人满意的恋爱对象或性伴侣。这是一种传统的（并在两性间奇怪地对等的）稀缺情况：对婚姻市场双方而言，竞争的同性太多，互相吸引的异性太少。然而不久之后，绝大多数男男女女都将与他们以前认为

① 一个例子是第三章中关于“束”(bundles)的讨论。

不令人满意的人之一结合。也就是说，表面上针对所谓稀缺的冲突实际上由一种关于欲求的社会制度产生，这种制度反过来又导致了稀缺问题。事实上，普通人可能与成千上万的潜在伴侣结成拥有平均幸福水平的婚姻。这种惊人数量的可能性恰好是引起人为稀缺的原因。因此，它产生了对浪漫特殊性和个人吸引力概念的信念，这些概念对于长期维持婚姻至关重要。

根据这个例子隐含的建议，为了处理我的第一个过剩机制，我将在下一节讨论这些评级方案造成的稀缺，即过载及其随之而来的行动瘫痪。我们通常以稀缺术语理解的许多社会制度，可以更有效地被解释为处理过剩的策略。它们所涉及的稀缺性是人为创造以指导行为的。一个有趣的问题是：人们究竟从何时开始把过剩的事物变成理所当然的稀缺，从而推动他们形成关于生活过程的社会和经济观念？但就目前而言，过剩成为问题的过程似乎是一种选择，而不是一种真正独立的机制。①

因此，在大多数情况下，过剩不会通过冲突产生影响。相反，冲突(有意或无意地)包含在用于处理过剩的策略中。然而，虽然冲突不是一种额外的应对过剩的社会机制，但还有两种更现实的可能性。这 145
两种可能性都遵从社会实体的本性。因此，简要说明这种性质是有用的。②

如前所述，社会实体不仅包括城市和家庭等经常被与个人相类比

① 甚至霍布斯在《利维坦》第一卷著名的第十三章中，也认识到只有当平等的人渴望同一事物时，他们之间才会产生冲突，并且他所谓对事态的证明通常只是一种经验假设，而不是从第一原理(first principle)的基本命题中推导出来的。(第十三章与之前章节机械式的心理学复述几乎没有什么联系。)应该指出的是，现代广告本质上是一种训练所有人想要相同事物的系统。

② 在这里，过程主义本体论成为本章的核心部分。世系会导致某些特定类型的过剩问题。我在第一章和第二章复述这个论点的总结部分已经做了详细阐述。

的事物，还包括种族群体、社会运动和由个人的部分或方面而不是整体所组成的科层机构等事物。由于这些实体可以不断地收编和排除新成员，所以它们比个人改变得更快。相比而言，个体背负着大量的记忆和期望，从长远来看这些因素维系着他们的稳固存在。在这个意义上，我们赋予社会实体的固定名称其实是用词不当的。我们会说“民权运动”或“爱尔兰裔美国人”，但这些并不是构成个体的不变的事实。社会实体在成员、意识形态和结构上不断变化。具体的过剩社会机制是那些干扰这种连续收编和排除过程，从而促进或破坏时间上的世系连贯性的机制。例如，根据这个论点，20 世纪中叶的民权运动只要有明确的、直接的目标，就可以团结一致。一旦关键的法院案件得到裁决，主要的民权立法获得通过，该运动就面临着一系列可能的未来目标，并被分解为具有不同利益的子群体。开放的广阔可能性领域实际上促成了该群体的解体。我们可以称之为**破坏**(disruption)机制。

在不断自我复制的社会群体(与社会运动相反)中，过多的问题通常以略微不同的方式出现。某集团的稳定性以年轻人替代老龄成员为前提。但是，传递过多事物给新一代往往会导致习性化，从而削弱产生新责任感的能力。这个过程在学科中非常明显。学术学科通过创造正典来处理过多的事物：毕竟，除了马克思、韦伯和涂尔干之外，还有很多社会学理论家。但是，正典的朴素正如那些不知道正典所代表的复杂性的学生那样不可避免地导致后人的习性化和随之而来的失去尊重。这反过来导致新的、非正典性质的理论的出现，而这通常仅仅只是今人对来自过去的过剩理论的重新创造罢了。因此，今天的新理
146 论不过是重新发现了曼海姆或塔尔德或其他什么人。只有在真正进步的学科中才能避免这种循环，而这样的学科很少。因此，大多数学科对卓越的定义仅止于“新”，这实际上只意味着，在正典中，在职业记忆中，这些新知识没有被观察到罢了(Abbott 2014)。在这种情况下，

过剩通过与问题的再生产之间的相互作用产生曲折或周期性的模式。我将这称为**误传**(misinheritance)机制。

总而言之，我们有五个不同的渠道使过剩成为问题。三个是个人和社会层面共有的：**过载**、**习性化**和**价值互文**。另外两个专门属于社会层面：**破坏**和**误传**。在这五项机制中，过载导致混乱/瘫痪，从而使认知、行动和情绪变得根本不可能。习性化和价值互文也因其对行动的影响中内含的不稳定性而使行动陷入瘫痪。正如我所指出的，所有这些机制不仅作用在认知上，还发生在情感和行动领域。在社会层面，我们也看到了这些机制，但此外我们还看到了过剩与传承过程相互作用的两种机制，要么是破坏群体，要么是通过社会化过程的过载来扰乱其传承。

应对过剩的策略

鉴于过剩通过这些不同的机制产生问题，那么必须有处理这些问题的策略。无论是在个人或社会层面，这样的策略确实多种多样。广义上讲，它们分为两类：**减少**(reduction)策略和**标度**(rescaling)策略。减少策略是减少过剩数量的策略。它有两种亚型。一种基础的策略是完全忽略过剩。而另一种更微妙和更主动的策略则是将过剩简化，并将其化为易处理的事项。我将这两个版本分别称为**防御性**和**反应性**策略。

与这些减少策略相比，标度策略通过改变欲求的定义来起作用。它们不会减少过剩，但会重新定义它以使其不再成为问题。标度策略也分别有一个简单的和一个微妙的版本。与减少策略一样，简单版本更加极端。它不仅接受现有的过剩，而且增加它，使过剩及享受过剩直接成为生活的核心。这是前文提到过的过剩的信徒(尼采、福柯、巴

塔耶等)所提倡的策略。微妙版本的策略采用了更明智的方式：以某种
147 方式将不可避免的过剩事实塑造成一种美德。我将这两种策略称为**创造性**(更极端)和**适应性**(更微妙)策略。

至此，我有四种策略：防御性和反应性的两种减少策略以及创造性和适应性的两种标度策略。它们组成了从最保守到最激进的方案：从防御到反应，再到适应，到创造。我将按这个顺序对其进行评价。我们会发现它们构成了一个非常完整的人类行为集合，这对我的论证非常重要，因为我想说原则上我们可以用基于过剩的社会理论来取代基于稀缺的社会理论。

防御性策略

在个人层面，最简单的防御策略就是忽略过剩。人们可以回归到习惯思维，简单地忽略那些新奇事物、差异和其他过剩制造者。在行动领域，这种回避过剩的防御模式是标准的。人们可以**依习惯**行事，每次只在中餐厅选择同一道菜；可以**随机**选择，就像许多人在玩彩票时做的一样；也可以**模仿**，什么流行选什么，或反过来，什么不流行选什么(这两者在逻辑上等同)。意识形态工具通常被利用来掩盖这些意志的屈服，正如浪漫爱情的意识形态掩盖了现代社会中相当随机的择偶行为(前面提到过的一个案例)，或者精心制作的时尚规则仅仅掩盖了模仿。

在社会层面，我们看到许多相同的防御机制。用以减少社会性过剩的主要认知工具是刻板印象，或更广泛地说，是构成群体“认知习惯”的那些传统。这种刻板印象和传统使我们能够节省用来实际认识他人所需的大量时间。从这个意义上，刻板印象与其说是道德上的不当行为，不如说是认知上的必需品。想要摆脱它们并不比人类想要摆脱对空气和食物的依赖更可行。相反，某些类型的刻板印象所造成的有

害社会的后果才是政策必须纠正的对象，因为它们实际上是此类政策的唯一可能对象。

随机性也被用于处理社会层面的过剩，尽管我们不倾向于如此认识它。例如，许多社会结构中的职位无论谁来担当都能合理有效地运作。这个或那个特定的人在这个或那个学术或艺术领域成为超级巨星
是相对偶然的。声誉排名的窄化形成了差异极大的层级制度，这是交 148
流集中化的结果，而不是像舍温・罗森(Sherwin Rosen 1981)很久以前所说的那样，产生于更好地了解了人们的“实际”排名以后。但是，如果我们对实际上相对平坦的才华分布进行人为的严格排名，随机性就会不可避免地增加。幸运的是，谁是最好的女高音、顶级游泳运动员或顶尖社会学教授并不重要。哪怕只有相对随机和平均的投入，社会实体一旦被建立，即可生存，这在世界各地的君主制和贵族历史中是非常明显的。精英职位的随机填充或许仅对许多社会结构产生很小的影响。①

就个人层面而言，习惯再次成为社会行为领域对待过剩的主导策略。在社会层面上，我们称习惯为“传统”。我们解决问题的方法是重复我们一直以来所做的事情。有充分理由认为，学术学科正是由这种

---

① 作为一名经济学家，罗森当然假设超级巨星市场中所有人才都具有完美的可排序性，并指出这意味着不可完全替代性(一流经济学家的一篇文章可能确实比得上平庸经济学家的十篇文章)，这一现象部分解释了超级巨星的收入，这是他的研究对象。然而，我在这里强调罗森的另一种机制，这是一种技术，允许某一个人占据越来越大的市场比例(如录音技术使古典音乐的收入被集中到一个相当小的精英群体中)。但与罗森不同的是，我认为在这种集中化的条件下，人才是否被很好地进行排名(在极端情况下)甚至排名本身是否存在，并不重要(参见 Chambliss 1989)。排名系统产生了让它自己再生产的条件，因为它解决了过剩的问题。也就是说，在某种程度上，人们总会找到理由认为成为顶级女高音的歌手唱得很好(顶级经济学家同理)。乔治・W. 布什入主白宫就是这种现象的一个明显例子。在一位能力平庸、经验有限的总统执政的八年里，美国轻松地生存了下来，而相当多的美国人认为布什是一位杰出的人物而非庸才。

传统机制产生。也许，在智识差异的浩瀚海洋中，学科只是由共同概念和方法堆积而成的荒岛；毕竟，世界上潜在的新颖性远比我们想象的要多。在这个模型中，学科通过缓慢的积累而增长，而漫游在巨大的、充满可能性的知识海洋里的游荡者偶尔被冲上海岸。然后因为看不到其他的岛屿，他们倾向于坚持自己的传统。因此，正典可能不是知识权力的堡垒，因为它们更像是孤独的环礁，唯一的优点便是它们置于水面之上。①

149 时尚当然是另一种应对过剩的通用策略，模仿作为防御性策略在其中起着核心作用。对于个人而言，纯粹以审美为基础来决定穿什么衣服是一项繁重的任务(Hsiung 2010)。让系统告诉你应当穿什么衣服要容易得多(部分原因是它甚至不卖你可能会考虑的东西)。当然，在社会层面，时尚允许我们无止境地替换各种非常有用的服装(或操作系统——我是在 DOS 下的 Wordstar 3.24 中撰写本章的)，社会由此可能会继续雇用数百万服装厂工人(或软件工程师)，要不然这些人就会遭遇凯恩斯主义难题：要做什么才能填补他们的闲暇时光。时尚还通过为排名系统提供质料，推动了解决过剩问题的其他策略。我会接着论证这对于反应性策略来说是非常重要的。正如这一分析想要论证的那样，我们称为时尚的现象实际上是一种结合了多种过剩策略的复合机制：在个体层面上的防御性模仿加入了层级化的反应性策略和序列化

① 传统的问题我在第七章中也做了讨论。这一学科形成机制的讨论在 Abbott 2014 中被提出，其实可以追溯到 2009 年。读者会注意到此处的分析与第三章中的讨论有所不同。这两篇文章相隔超过十年，在此期间我花费很多精力研究图书馆(以及为此辩护)和基于图书馆的研究(见《数字论文》)。无疑，书等出版物的过剩以及欲知之事的过剩极大改变了我对于知识的观念。我改变了早期对于学科的看法(我在《学科的混沌》第五章中对此进行了形式化)，并在本书第三章中做了进一步思考。从很多方面来看，关于过剩的观点是一场新的冒险，我在此处提出关于学科和误传的概念是一种尝试，试图探讨在一般意义上过剩给过程主义本体论所带来的影响。

的适应性策略，后两者我将在稍后介绍。请注意，时尚还包括诸如我在《学科的混沌》(第一章)中讨论过的分形等智识机制。智识的分形时尚不断产生新奇(从而创造性地探索过剩)和持续的稳定性(从而防止它凌驾我们)。

不过，其实我们更熟悉的是在社会层面处理过剩的两种很好的防御机制。事实上，**市场**和**民主**是处理过剩的手段。从逻辑上讲，这两者拥有相同的结构：用亚当·斯密的名言来说，“以物易物”。对市场而言，易货者根据他们的劳动力、生产力、资本、遗产等带来不同数量的资源。相比之下，对于民主政体来说，至少在理论上，交易者会给每人一个投票单位的意见或愿望。在这两种情况下，他们会交换他们带来的东西。这些易货策略都以相同的方式运作：它们促进了某些规则下的交换(特别需要关于测量的假设，假设存在一种现金或选票的 150
等价物)，从而解决了问题。正如霍布斯如此坦率地说，“每一个人也就对一切事物都具有权利”(《利维坦》第十五章，108 页)。选择者的过剩超过了备选项的过剩，这几乎保证了过剩不会太多，从而避免了所有冲突。市场和民主通过在同量法则下实现交换来解决这种冲突(冲突本身就是选择者过剩的问题)。

正如我们前面所看到的那样，市场和民主都是通过将一项过剩事物——经济与政治的目的及欲望——转化为另一件事的稀缺。(这种**等价物**往往由金钱或选票组成，以各种方式分配。)从这个意义上说，它们遵循同一性论证的逻辑。但是，通过认识到事实上市场和民主首先是处理过剩的机制，我们可以看到它们在某种意义上并非必要，并且有其他方法来处理相同的过剩问题。例如，可以通过训练人们不同的欲望来减少过剩的选择者。在美国，广告业每年在每人身上大约花费 700 美元，其中大部分用于训练人们对相同东西的需求，这反过来又产生了对有限数量的物品的过度需求，而正如门格尔告诉我们的那样，市场正是为了解决这些物品而被发明的。也就是说，在这种情况下，使用排名系统来解决因过剩而瘫痪的问题会矫枉过正。据此，我们可以简单地改变罗森的洞见，从而看到这样的排名没有创造超级巨星们的收入，而是创造了对超级巨星的需求。如果我们认为广告的目的是通过相对平坦且为数众多的替代品空间来分散需求，以减少对市场和对超级巨星产生的需求，那么我们的广告商应该强调差异、多样性和多种选择才对。

从这个意义上说，市场和民主是防御性策略。它们简单地拒绝承认过剩的消耗品，使现代消费者看起来受到马尔萨斯式稀缺的限制，而事实上现代美国消费者的平均福利和选择水平，不管是健康、福利、交通、知识和服务方面，都超越一个世纪前最富有的消费者所能想象到的。明显的稀缺性由凡勃伦式的炫耀性消费引起，并由销售机器(销售占美国劳动力的 11%)产生，这些销售机器的目的就是让人们感到他们缺乏东西。毕竟，解决霍布斯问题的一种方法就是减少欲望，就像萨林斯([1972]2009：45)所提到的那样，“世界上最原始的人们拥有极少的财产，但他们一点都不贫穷”，而类似观点神秘的禁欲主义宗教
151 已经强调了几千年。此外，也许人们可以使用随机性，或通过传统，又或使用任何其他个人防御性机制来分配物品和政策。

所有这些策略实际上都回避处理过剩。它们使用随机性或习惯来忽略问题，或者使用交换和操纵的方法将其转化为稀缺问题。请注意，这些方法完全无法处理诸如理解世界的方法等问题，或举个更实用的例子，在图书馆里要读哪些书籍的问题。我们可以假装图书很稀缺，然后在图书馆中创造一个市场。每个教员和学生每周可以获得五张借书券，教员可以通过教学来购买他们学生的券。但很明显，这样的市场不会产生多有价值的知识。对于这样迫切的问题，我们需要一系列不同的策略，更加激烈、更加积极主动的策略。那就是我所说的反应性策略。

反应性策略

与防御性策略一样，我们可以在个人和社会层面上观察反应性策略。在个人层面，我们有抽象这样的认知策略。这类策略通过将多种的多元事物集合成为更简单但更抽象的事物来减少杂多性。在最极端的情况下，抽象可以通过简单地忽略差异来实现，通过收集过量高度差异化的事物使它们看起来像是相同事物的重复集合，这样随机选择便可以很容易就做出了。这是自然科学对实验室老鼠、火山爆发或超新星的思考方式。相比之下，当代人通常不喜欢被视为这种或那种类型的代表，如“性对象”“象征”“穿灰色法兰绒套装的男人”或“经济人”。他们费力地希望被理解为个体。抽象对人类交往不太起作用。[1]

然而，主要的反应性策略，无论是应对认知、行动还是情感的过剩，都是通过层层叠加将注意力集中在层级结构(hierarchy)的顶端。餐厅评论、《美国新闻与世界报道》中的大学评级、大学优先发展战略、伟大书籍清单：所有这些都遵循“选最好的，忘记其余”的简单逻辑。正如我之前提到的，格尔德·吉仁泽([2000]2006)认为这是人类认知
的最基本模式之一。但在某种程度上情绪也是如此：被杂多的冲突情 152
绪所淹没时，人们很可能会选择其中最突出的几种来体验。层级结构也可以反向运行：扬谷式策略可以从底部清除过剩的选择，从而将一系列复杂的可能性减少为一组较为严肃的备选方案。[2] 至于放之四海皆准的“设定优先级”，根本就是一个忽略大多数事情并专注于少数事

---

① 达朗贝尔尽管被马尔萨斯嘲笑，但他在《百科全书》中的“绪论”实际上是对分类、层级和分工作为控制过剩策略的重要性的热情陈述。

② “扬谷式策略”的原文是 A winnowing strategy，当代著名的例子可能是机器学习中经典的 Winnow 算法，该算法采用乘法更新式的模式，在衡量不同选择的作用时，会增加对预测结果有正影响的部分的权重。它用来从大量无用信息中找到对预测结果最有用的信息。这一类算法和策略都取意自农业中的簸扬。——译者注

情的命令。

但是对于个人的感受还有其他反应性减少过剩的策略。用于减轻压力和恐慌的各种心理治疗和药物治疗方案都是明显的例子，用酒精自我治疗也是如此。所有这些方法都旨在使用过载和麻木情感的方式应对过剩。然而，与此同时，它们开始通过修正欲求度(即标度)来制定解决过剩问题的策略。正如已在防御性策略中所及，这里的极端情况是隐士般地退出整个世界及其烦恼。一个人只需将欲望降低到最微小，即只需要随意分量的食物、幸福感或道德活动就足够了。

在社会层面，我们有许多相同的反应性策略，尽管它们进一步地结构化了。首先，我们考虑一下认知过剩的反应性策略。在这里，我们没有看到刻板印象和传统构成的防御性策略，反而是运用了分工和专业化。这两者都驯服了大量可能需要知道的东西以及需要锻炼的技能。例如，在学术界，随着各种专家的增多，分工显而易见。这些专业学科和群体之间看似不可避免的过度冲突，被各种系统性地结构化了的对等无知(reciprocal ignorance)所化解，只有当学科受到侵犯时这种忽视才会变得明显，就像人文学者在之前的二十年中对社会科学的入侵直到2000年年初才被后者察觉一样。[①] 至于无数的业余知识，抽象知识将这种直接的日常性知识包含在内，也减少了庞杂的需要知道的事情。例如，关于美国社区已有数千次细致的历史研究和调查。所有这些都被一两篇关于“城市发展的典型模式”的学术文章概括，其中关于社区历史的前述详细工作变成了“单纯的随机性”“围绕均值的变异”，或其他类型的不重要的事物。由此，根据学术界的抽象标准，沓杂的业余知识被变成了单纯的、不重要的经验。

其次，层级结构还允许其他类型的减少存在。在任何规模的群体

① 原文的表述不是很清楚，经与作者讨论，此处已稍做调整。——译者注

中，直接民主的失败都可以通过创建代议制共和制度的分形过程来弥补——在更小的、不那么过度的、更易于管理的层面上重现个人和他 153
们之间差异的投射。(这是罗伯特·达尔 Robert Dahl[1961]2011 提出的多元主义理论，我在第三章中已指出。)这种自相似性作为一种模块化和可扩展的策略在复杂社会系统中被广泛使用，用于将大量结构关系减少为一些简单的实例化模式(参见《学科的混沌》第六章)。非常复杂的社会系统可以变得易于执掌和操纵。因此，**层级结构**、**专业化**和**自相似性**被视为社会层面上减少过剩的三种基本反应性策略。

最后，有各种各样的策略来处理过剩的社会情绪。其中最常见的是建立安全阀。从勒庞开始，过度情绪所带来的危险就成了社会理论中的一个长期主题。显然，有许多社会结构的主要目的是消除或疏导这些情绪：参与性和观赏性的体育赛事、政治集会等。在男性的性能量过剩而威胁到社会系统的地方，我们会发现相当精致的妓院系统和娱乐场所以保持男人的满足和平静。那些读过《爱欲与文明》的人会记得，马尔库塞(Herbert Marcuse)认为性革命在某种程度上是压抑的，因为它通过简单地放纵性欲剥夺了社会批判的升华能量。处理社会情绪过剩的另一个策略是将情绪强加到私人环境(教堂、医院、家庭等)中。如果过剩的情绪威胁到社会秩序，隔离它就是一种有效的反应性策略。

适应性策略

防御性和反应性策略通过化解过剩来解决问题。因此，我们发现许多社会机构都采用这些策略也就不足为奇了。市场、制度、共和国等都是通过减少或避免过剩的方法来驯服它。相比之下，社会生活还有许多其他方面并不涉及减少过剩，恰恰相反，这些方面选择适应过剩，参与其中，甚至在不存在过剩的地方创造它。为了继续我们对这一系列策略的逐步描述，我接下来转向更微妙的应对过剩的积极策略：适应。

正如我前面提到的，适应性策略关注的不是忽视或减少过剩，而是发现它可取的和不令人困扰之处。这类策略重新标度过剩之物。适应以一种微妙和巧妙的方式完成这个目标。同样，最熟悉和明显的例
154 子是个人层面的。一个常见的例子是浏览网页，或者打一个对上一代人来说相同的比方，阅读百科全书。遇到一个随机排序的来源并简单地阅读它，相当于随意在过剩的知识中漫游，把随机性当作一种积极的方法。更复杂的适应性策略采取的形式是类比、进行翻译，以及将通常相距甚远的领域联系在一起。当然，在跨学科的文献中，这些都已近似拙劣的模仿了。但它们仍然是适应过剩的重要策略。翻译不是件容易事，但它给新领域带来的机遇足以说明过剩的乐趣。

在行动领域，我们看到了其他策略。序列化(serialism)[①]是适应过剩的最明显的意动策略。在一个人的生命历程中，会经历一系列工作、朋友、浪漫的伴侣、兴趣和爱好等。人们在不同的领域以不同的速度行动，但在所有这些方面，21 世纪早期社会中的成员很少在 20 年内停留在同一个地方。的确，我们倾向于通过有关长途冒险、自我发现或其他方式的叙事来驯服这种序列化适应过程。但叙事会撒谎，我们只是继续走到尽头。因此，没有什么比阅读过去的自传，看到自己与被遗忘的朋友的合照，穿着过时且现在看来很可笑的衣服，留着过时的发型，更让人觉得尴尬。[②]

正如我们在不同时代是不同的人，在我们生活的许多社会环境中，我们大多数人都是不同的人：在第一个地方是尽职的母亲，在第二个

---

① 这是作者自己创造的术语，而非音乐中的“序列主义”。其意思是我们发展出很多的既定的关于人生的叙事套路来合理化生命历程的变化。——译者注

② 由此而言，序列化可以被视为一种现实，这种现实是第一章中我们碰到的那种回顾性的个体话语的基础。这种现实也同样关于**历史性**(historicality)以及关于第六章中碰到的回顾性结果。

地方是自信的学者，在第三个地方是体贴的朋友，在第四个地方是聪明的操纵者，在第五个地方可能是热情的音乐演奏者。事实上，多重的自我有时会让人感到不安，尽管对我们自己而言这种不安肯定要少于那些在不同角色下都认识我们的人。但随着时间的推移，在多种情境和多重自我中生活使我们能够享受多种生活的可能性，这在那些行为和结构更僵化的社会中是不可能的。① 可以肯定的是，这些多重性本身被组织成规范的生命历程轨迹：当年年轻的头脑发热的激进分子学者,必然成为手握权威的中年权力掮客，老年时著作颇丰，退休后仍 155
然笔耕不辍。但至少他们有机会将这三件事都做个遍。

在社会层面，我们也发现了许多应对过剩的适应性策略。其中一些是人为施加的序列化结构。任职期限、强制退休年龄和其他此类机制是造成人员调整的一种手段，以便适应人员大量过剩的可能性。②另一套适应性策略是提供新的途径，以接触全新的思想领域、经验领域或新的人。因此，在认知上，我们看到在大量过剩的不同象征性系统之间出现的复杂翻译系统：在已经过剩的世界语言之间出现的皮钦语(pidgin)、克里奥尔语(creoles)和方言渐变(dialect gradients)。③ 学术学科和交叉学科中也出现了同样的事物，它们发明自己的方法论克里奥尔和理论皮钦。然而，通过适应过剩和差异，翻译为我们的眼前

---

① 请注意这种同时发生的多重性与序列化一样造成现代生活中的团结。这凸显出第一章中的观点，个体是现代社会中团结的重要载体。这个观点的来源是 Simmel(1922)1955：58-84。(此处引用来自西美尔的《社会学的基本问题：个人与社会》中“18 世纪和 19 世纪生命观中的个人与社会”一章，尚无中译文，页码对应的是英译本。——译者注)

② 我将在第六章中继续探讨任职期限和其他类似结构。从那一章的角度看，序列化让个体可以享用不同的结果。由于本章的成文时间晚于本书其他章节，所以在此我的一些观点其实出现在本书的后续章节，特别是第七章和结语。

③ 这三者都是语言混杂的例子。大意是沟通双方使用不同语言体系的背景下，为了便于沟通，发展出的简化版本的语言(词汇、语义结构等)。——译者注

世界带来了越来越多的经验，也增加了过剩。正如这些例子所表明的那样，翻译系统本身倾向于稳定并使自己变成新的差异(更多的过剩)，这反过来又需要跨系统翻译。从这个意义上说，适应过剩意味着致力于永久性的变化，无论是在一时的社会差异之间，还是在不同的后继社会之中。我们确实有明确针对这种翻译的学术学科：人类学和历史学。尽管在某些方面，谴责人类学和历史学是帝国政治仆从是司空见惯的事，但很明显，在理想情况下，这两个学科的基本目标是以自己的方式理解人类社会惊人的过剩。[①]

还有其他重要的社会结构形式体现了这种对社会生活过剩的适应性方法。例如，托管制(trusteeship)是一种致力于在过去、现在和未来之间取得平衡的意动式的社会结构。[②] 我们还有旅游、多元文化和国际交流等。事实上，这些经常被嘲笑为政治上哗众取宠的策略长期存
156 在并深具传统。在欧洲历史的早期阶段，不仅是精英阶层，中产阶级家庭也在广泛的社会和地理空间内交换儿童，目的是创造真正的能够掌握多种语言和国际化的成年人。现代单语制的民族国家——美国是最极端的例子——在人类社会的历史中实际上是非常不寻常的(Gal 2011)。多元文化主义可能是终生的承诺和艰难的实践，而不是轻松的青少年游戏。但作为解决人类社会过剩的一种方式，它非常重要。

创造性策略

最后，我来谈谈创造性策略。用创造性方法应对过剩已经足够常见了，因为它一直是过剩的伟大信徒们的主题，如尼采、福柯，尤其是巴塔耶。但是这些作者给了创造性策略一个坏名声，将其与权力、

---

① 关于人道同情的概念在之前一章我已做探讨，并将在结语中回归。

② 第七章将继续探讨托管制。

邪恶和死亡联系在一起。有趣的是，他们关于个体的理论态度几乎是完全一致的悲观。从《申命记》到霍布斯再到马尔萨斯，从弗洛伊德到涂尔干：个体无限的欲望不可避免地会发生冲突。对于更老派的思想家，这种情况要求性格特征控制的演变，无论是从内部（弗洛伊德）还是从外部（涂尔干）。相比之下，过剩的信徒则以缺乏控制著称，与主流控制理论相比，他们不可避免地以邪恶先知的面貌出现。

然而，人们考虑创造和庆祝过剩，与其说是逃避控制，不如说是回答凯恩斯主义关于如何处理我们空闲时间的问题。现代世界的生产力惊人。也许文明艺术的非凡发展，以及它们从贵族到中产阶级甚至更低阶层的传播，并不像诺贝特·埃利亚斯（Norbert Elias，埃利亚斯[2000]2009）在《文明的进程》中争辩的那样，证明新产生的束缚与规训是为了保护某些团体的利益。（就像所有其他人一样，埃利亚斯最终接受了作为《申命记》世系的关于冲动和控制的想法。）也许这种进化反映了一种用活动和创造来填补闲暇时间的尝试，无论是谈话、思考、鉴赏还是艺术表演。在现代世界中，我们有幸避免刻板印象；以惊人的细节了解配偶或朋友，这些对于把家庭当作主要经济和生殖单位的绝望时代来说并不可能。

巴塔耶的理论在这里显然很合适。在一个现代的、生产力过剩的
世界中，每个人都可以生活在少年维特的复杂性中。现代情感的微妙 157
很可能是一种浪费时间的策略，旨在填补凯恩斯预见到的广阔休闲空间。从这个意义上说，凯恩斯主义时刻已经到来。每天，普通人都喜欢在谈话节目中享受以前只有贵族中最高级别人士才能享受的详细的个人关注，而 Facebook 则允许每个人策划一本纯粹专注于自己的《人物》杂志。如果不是令人震惊的对时间、精力和资源的浪费，这是什么呢？先辈们可能利用它们致力于消除贫困、创造统一场论或崇拜诸神。

人们同样可以认为，学术流行病诸如激进并置、解构和糅杂，以

及将之前不重要的差异稳定化，都是对取得非凡成就和具有非凡力量的 19 世纪和 20 世纪初学术研究的回应。毕竟，到 1968 年，美国的博士学位论文中只有 19 篇关于简·奥斯汀，363 篇关于威廉·莎士比亚(McNamee 1968，1969)。而到 1980 年，已有 90 篇论文关于奥斯汀(仅在JSTOR上)，1808 篇关于莎士比亚。难怪学者们开始研究“《曼斯菲尔德庄园》中的种族问题”或“《暴风雨》中的殖民主义”这样的题目了。

总而言之，过剩的创造性策略不应该招致它们的坏名声。这些都是现代生活中最熟悉的策略之一。事实上，我们已经到了凯恩斯主义时刻，需要拼命填补不再需要的维持生存的生产时间，甚至是中产阶级生产时间。①

结　论

最后，我希望把过剩问题化，并作为核心视角来简单地改写一下社会学的一些经典难题。这里有几个例子。

考虑一下常见的经济学家们探讨的完全竞争的问题。我们都知道，
158 获得任一系统的完全信息是不可能的。实际上，那些关注信息成本的经济学理论很好地认识到了这一点。但不完全信息之间仍有差别，有些人的不完全信息比其他人的更好一些。事实上，对经济特权的一种过剩论思考方式是，(如股票市场中的)成功人士是那些没有被不良信

① 我在本章中没有空间来讨论这些机制的相互动态，尽管这些互动显而易见。例如，稀缺的习惯可能会不可避免地驱逐那些过剩的习惯。贵族采取的是过剩的态度，他不思考开支的未来影响，不考虑折旧等，最终被那些关心这些事情并且计算一切的人逐出。当然，那些人的孩子又像从前的贵族一样生活，浪费他们的遗产，等等。或者，同样地，降低一个人的欲望水平会使他们成为他人掠夺的对象。这长期以来一直是印度宗教对社会影响的描述，经常有人认为禁欲主义的印度教徒和佛教徒是亚洲专制主义的理想对象。

息淹没的人。同样，被诊断患有癌症的精英人士享有特权正是因为他们不必在互联网上闲逛，被那里无用的，往往是错误的信息淹没。精英人士可能有医生朋友，在任何情况下，他们都会知道判断癌症网站的有效质量标准[在这种情况下，他们知道从国家癌症研究所(National Cancer Institute，NCI)的网站上寻找东西，并会很快找到可靠的 NCI 医疗专业人员指南。这在当前是最新的，非常可靠的]。特权，也许就在于不会被虚假信息所淹没，无论这些信息是关于股票还是关于癌症的。

或者，对财富的一种过剩论思考方式是这样的：它可免去你不得不思考的很多问题。你不必担心什么时候有廉价航班，服装什么时候打折，可以去哪里度假，哪些餐馆都有哪些价格，何时你能轻松退休，等等。拥有财富意味着可以简单地忽略一整套烦琐的信息：价格、时间、可用性、未来的政府政策，等等。这的确就是一种特权。也许财富并不是为了让人享受大量的商品和服务，而是使你不需要花时间考虑约束或为你无法负担的经历而后悔。

那些学科之间的竞争呢？过剩理论表明，学科之间实际上根本没有竞争。相反，正如我之前所说，学科是孤独心灵俱乐部，人们在智识可能性的巨大海洋中漂泊，试图找到一些有着相似偏好的灵魂。新的正典是灯塔，吸引了来自先前沉没和海滩的孤独幸存者。可以肯定的是，最终某一特定正典可能会变得足够强大以支配一个岛链。但也许更重要的是看到这里的浩瀚海洋而不是视之为学科攻防的政治。

关于行动理论，从过剩的角度思考为艾里克·利弗(Eric Leifer)的洞察提供了基础。他认为技能意味着你能安排你的活动，而永远不必做出理性的选择。[①] 理性选择的问题在于，由于信息过剩和充满无限

---

① 利弗于 1991 年 8 月 18 日在新罕布什尔州恩菲尔德举行的沙克酒店会议(Shaker Inn Conference)中的作者听证会上做了这一特别的陈述。这个观点(而不是这个短语本身)在 Leifer 1988 中可以找到。

159 可能的众多未来，理性选择是不可能的。技能在于保留诸多可能性和保持选择的开放，实际上是保留了过剩的可能性。帕吉特和安塞尔(Padgett and Ansell 1993)的“稳健的行动”的概念正是关于权力的精确定义。权力意味着用创造性的方式保留行动的诸多可能性。而做决定是让渡一个人的自由，是失去可能性。

人们甚至可以用过剩的视角重新思考贫困。布劳顿(Broughton 2001：107-124)在妇女参加福利工作计划(welfare-to-work programs)的研究中清楚地表明，贫困的核心问题之一是它产生的巨大认知负荷。为了参加该计划的课程，女性必须做出复杂的安排，以确保孩子有人照顾，改变医生的预约，把贵重物品藏起来不让贪婪的男朋友看到，等等。可以肯定的是，她们并不需要拥有中产阶级那种关于抵押贷款的知识。相反，她们需要知道的是那些不会带来长期收益的事情，正是因为这些事会有密集和持续的变化，如公交车时刻表、母亲的健康问题、男朋友的下落。事实上，贫困的一个标志正是从低认知负荷，但具有持续性收益的长期知识，转为短期的知识。这些知识在短暂的一段时间后将是毫无价值或错误的。举一个社会金字塔的例子，学者的地位正在迅速降低，因为数字研究工具中的持续(和不必要的)“改进”迫使他们一直学习新的图书馆工具，就像穷人必须不断学习新的公共汽车路线、官僚做法等那样。通过阻止不必要的改变来降低过度认知负荷的能力是一种特权的标志，在这个意义上，学者们业已失去了这种特权。

这些例子表明，一旦我们将社会理论改写，将其建立在可能的过剩的基础上，而非可能的稀缺性上，我们就会发现许多新角度来看待旧问题。过度的问题不仅是社会理论的可行基础，而且可能是一个非常丰富的基础。这值得探索。

第三部分

小　引

接下来的两章讨论了过程的核心问题之一：过程的结果是什么？ 161
我们对这个问题的通常答案很程式化。各学科都有关于因变量的性质和时机的惯例，通过惯例这些因变量捕捉了结果。可很少有人反思：为什么选取我们实际选择了的，具有特定形式和处在特定时间的"结果"？然而，有一件事很清楚，大多数时候，我们在考虑结果时，我们关心的是结果到底是好还是坏。当然，预测结果总是很重要。但我们关心的不是预测的具体准确性，而是实际结果的道德特质。

也就是说，思考结果或目的不可避免地让我们考虑价值问题——事实上，让我们考虑道德问题。以第六章的主题"个人结果"为例。事实证明，社会学家通过在某个时间段结束时考察自变量的值来思考结果，而经济学家则从时间段的一开始(在现在)就评估未来时间的价值，他们使用贴现方法将所有的未来价值拉回到现在作为"总净现值"。这些概念对福利和行动有着截然不同的影响。在任何可预见的贴现率下，经济学家的方法建议我们忽略遥远的回报，并在当下享受生活，而社会学家的方法促使我们使用现在的资源来应对未来不确定的未知危险。这是一种纯粹的规范性选择，它非常影响我们对任何研究的解释，实际上这种选择会影响我们的生活方式。例如，这些不同的结果概念在检验诸如不平等这样的主题时也会产生截然不同的后果。

通过这两个关于结果的章节，我们转向社会过程具有价值倾向这 162

一特质，并且我们开始将价值倾向的性质当成我们调查的核心。第六章关注个人结果。必须注意的是，个人结果总是暂时的，是通向必然的最终结果的一条驿途。第七章对社会实体提出了同等的问题：不是结果，而是“秩序”的问题，即社会系统在特定时间的状态。与个人不同，社会实体不一定会死亡，因此秩序的问题与结果的问题相当不同。

总而言之，这两章为理解价值在社会过程中的作用奠定了基础。我采取的方法在明确的道德范畴内，因为毫无疑问，“结果”和“秩序”都是完全规范性的概念。

这两章都保留了原有的修辞形式，这些形式有一些复杂，因此需要我在这里回顾一下。在短暂的开篇之后，第六章采用与第四章相同的起始：对一个特定案例的详细分析。该案例是一位著名学者保罗·拉扎斯菲尔德(Paul Lazarsfeld)的结果概念。在第二小节中，我将前序分析中发展的概念更广泛地应用于其他示例性工作，并且做了进一步阐释。第三小节将迄今发现的各种社会学结果度量与经济学的结果概念进行了对比。第四章的“两种时间性”论点再次被证明有助于澄清一些随之而来的难题。然后，该章转向了长长的、可能的结果概念的目录：时间中的点概念，社会和个人的概念，时态化与非时态化的概念，瞬时性的、回顾性的和前瞻性的概念。第六章没有做出关于正确度量结果的任何决定。实际上，我认为选择总是开放的、规范的。但这一章表明可能性的范围可以很广。

第七章首先概述了不同层级下结果的复杂性以及社会秩序和控制的概念。然后它在更广泛的过程主义本体论框架中重述了契约论者的“社会秩序问题”。与第六章一样，它逐渐形成了一系列评估秩序概念的类别：实质内容、秩序在时间下的分布、对社会交织的处理、社会与个人关系。有了这些类别，它最终会评估一系列秩序概念：均衡概念、在更宽松假设下的均衡概念、经验性概念和“过程中秩序”的规范

性概念。同样，第七章的目的不是要得出任何答案，而是要调查我们 163
决定考虑社会秩序的方式多样性和概念多样性。第六章和第七章都表明，我们都是随意的卫道士，而且通常是在不加怀疑的情况下。在结果和秩序的情况里，与许多其案例一样，不存在价值中立的社会学。社会过程始终是价值的过程。

165

第六章　结果的概念[①]

在电影《周末夜狂热》的一开始，托尼·曼内罗(约翰·特拉沃尔塔饰)向他的五金店老板富斯科先生(萨姆·J. 科波拉饰)预支一周工资来买一件周六晚上跳舞穿的新衬衫。富斯科先生拒绝了，说托尼应该为未来做打算。“操他妈的未来!”托尼说。“不，托尼，你不能操未来，”富斯科先生说，“未来操你。”[②]

托尼和富斯科先生之间的问题是当下和以后的问题，是现在和未来的问题，是时刻和结果的问题。这部电影的情节，翻译成简单的经

---

① 我应彼得·伯曼(Peter Bearman)的邀请参加 2001 年 9 月 29 日在哥伦比亚大学召开的保罗·拉扎斯菲尔德百年诞辰会议，撰写了本章第一部分的一个版本。最终航空旅行的困难使我无法出席。伯曼向听众朗读了该文。后来我收到了一些评论。我不仅要感谢那些听众，还要感谢耶鲁大学、普林斯顿大学、密歇根大学、牛津大学和西北大学的听众对本章的评论。此外感谢迈克尔·霍特(Michael Hout)、大卫·梅尔策(David Meltzer)、雷·菲茨帕特里克(Ray Fitzpatrick)和艾弗纳·欧弗(Avner Offer)提出的个人评论。艾林·约克(Erin York)提供了研究协助。这篇论文遭到了《美国社会学评论》(*American Sociological Review*)和《社会力量》(*Social Forces*)的拒绝，当然也不能提交给我编辑的《美国社会学杂志》。它最终在 2005 年以“The Idea of Outcome in U. S. Sociology”为题，出现在由乔治·斯泰因梅茨(George Steinmetz)编辑的 *The Politics of Method in the Human Sciences* 一书中第393～426 页。我删除了该版本第二部分的一部分，并对其余部分进行了相当大的编辑。我把原版献给了我的朋友和同事，多才多艺的罗杰·古尔德(Roger Gould)，他在我撰写本章的时候因恶性白血病逝世。具有讽刺意味的是，我不知道这种对结果的仔细思考会很快被证明对我自己遭遇癌症很有用。

② 剧本是诺曼·韦克斯勒 1977 年的作品。

济学术语来说，是在稍微理性一点的斯蒂芬妮·曼加诺(凯伦·高妮
饰)的帮助下，托尼如何成为一个不那么夸张的贴现者(less of a hyper- 166
bolic discounter)的故事；他开始更认真地看待遥远的未来。[①]

但他并没有选择富斯科给出的结果。在电影的后期，富斯科因托尼不规律的休假而解雇了他，但随后又重新雇用了他，并对托尼说："你在这里拥有一个未来。看看哈罗德[用手指了指]，和我一起干了18年了；[又指了指]迈克，15年了。"摄影机镜头先移到迈克身上，呈现出一位苍白、平静的中年人，然后又移回到托尼惊慌失措的样子。这不是托尼想要的未来。他最终的选择是一个更开放、不确定的版本。他的未来始于最终搬到曼哈顿，同时把斯蒂芬妮当成一位朋友而不仅仅是一个性对象。电影结束时，他仍然是一个成长中的年轻人。

托尼和富斯科之间的辩论捕捉到了一些关于我们如何构思研究的重要信息。在上一章的分析中，大部分社会学都是关于事物的结局。无论是今天还是过去许多年，社会学研究所使用的典型的因变量，都是一个结局，一种结果，一样富斯科式的事物。用弗兰克·克默德(Frank Kermode)的话说，社会学具有"结尾的意义"。

相比之下，经济学家们似乎常常研究没有结尾的事物。"国际收支平衡""失业""证券价格"：这些都是永久波动的事物。它们没有结果和最终结局。相反，这些事物从长期来看存在一个松散的均衡水平(或可能是一个稳定的趋势)，从短期来看，存在围绕这种均衡的各种扰动(有时相当大)。

大部分的社会学事关最终结果而非中间状态，这一点不应该让我

---

① 一个一语双关。行为经济学里称 hyperbolic discount 为"双曲(线)贴现"或者叫"非理性折现"，意思是人对于未来收益进行评估的时候，容易高估当下的价值(对当下采用较低的折现率)，而低估未来收益(对较远的时期采用更高的折现率)。而 hyperbolic 本身又有"夸张"的意思。双曲贴现的概念贯穿本章。——译者注

们感到惊讶，因为很大部分的社会学是关于个人的——他们的社会地位、收入、财富、教育、职业等，这些都像富斯科先生的设想。而且不同于收支和失业的平衡，个人不会永远波动。对于个人来说，只有一个真正的最终结果，它没有任何变动。[①] 在某种程度上，这就是上面提到的托尼在第一次与富斯科先生的对话之后不久所说的："今晚就是未来，而我正在计划它。"对他来说，今晚之后就是死亡，不管是他愚蠢的朋友鲍比从韦拉札诺海峡大桥摔下来遭遇的实际死亡，还是在五金店里变成中年迈克那样的活死人。我们中那些拥有更平坦的贴现曲线的人知道死亡并没有那么快。有许多衡量人类的变量，其结果短期到足以与失业等不断变化的经济变量相似：消费模式、约会习惯，
167 等等。但是社会学家的主要关注点不是这些，而是更大的事物，如社会经济地位、婚姻持续时间和教育。它们的后果恰恰在于它们的不可逆转性，我们只有一两次机会。

在本章中，我分析了结果的概念。我将从追溯结果的社会学概念开始，首先检视社会学方法论奠基人之一保罗·拉扎斯菲尔德(Paul Lazarsfeld)在20世纪中叶文献中创造的结果概念。第二小节将这一讨论扩展到后来社会学的一些范例性工作。然后，第三小节将这种社会学方法与经济学中的结果概念进行了对比，并转向哲学论证来厘清这些差异。最后，第四并且是最长的那小节提供了一个可能的结果概念目录，我按照前面讨论中出现的理论维度对它们进行组织。

我的结论很简短，因为这一章并没有达成一个最终的决定来选择

---

① 对这一黯淡声明的标准反应当然是去研究直到结果出现前所经历的时间。凯恩斯著名的《货币改革略论》中的警句，其完整形式是这样的："但是，这个**长期**对当前我们要讨论的事务而言是一个颇具误导性的概念。从**长期**看，我们都死了。"(凯恩斯[1923]2017：70，着重来自原文。)注意其中对未来折现的强烈假设。(变动的原文 variance 也有"方差"之意。——译者注)

“正确”的结果概念。我的结论是，没有真实、客观的概念。无论是遵循还是蔑视惯例，我们对结果概念的选择无法改变地涉及价值取向。我们必须做的是有意识地选择我们的价值。

保罗·拉扎斯菲尔德的结果观念

我想首先考虑一下保罗·拉扎斯菲尔德的几部重要著作中关于结果的概念。这一思考将引入我对社会科学中过程及其结果的思考方式的更广泛的探讨。

我从拉扎斯菲尔德不断再版的论文《消费者行为分析》(*The Analysis of Consumer Action*，与威廉·科恩豪泽合著)开始，在该论文中他展示了对购买行为的分析。购买对他而言也是人类活动的原型。拉扎斯菲尔德认为，个人受到许多影响。购买过程这样开始：一些影响中的某一个把人变成了一个“新的人”。这个人“对Y汽车产生了一种好感，或者相信X牙膏会保护他的牙齿”。几个星期后，“这个改变了的人听到一位朋友对这款产品的热情评价”。这于是又创造了另一个人，这个人现在“处于一个悠闲的，想法鼓舞人心的境地，他考虑新车或牙膏，并明确决定购买……”但只有当他发现自己“处于一种包含了诱发购买的潜在影响的情况下”，他才最终屈服并购买了该商品。[①]

拉扎斯菲尔德强调了事件的顺序，这个顺序通过一系列先后严格 168
有序的经验最终在购买行为那里到达顶点。在这篇文章的后半部分，

① 所有引文均来自 Kornhauser and Lazarsfeld 1955：397。这一行动框架与亨利·柏格森用来讨论选择的语言惊人地相似，他说道，我们“没有两种倾向，甚至不存在两个方向，而是存在着这样一个自我，这种自我正通过它特有的犹豫不决而生长着和发展着，直到自由的动作瓜熟蒂落出现为止”(柏格森[1910]2013：143)。关于柏格森的讨论，参见《攸关时间》的第七章。

他列出了所有关于“一个简单的购买肥皂的行为”的现象。首先，有三件事情处于“时间线的远端”：

(a)消费者到底为什么要买肥皂？

(b)她为什么喜欢有特殊颜色、气味、硬度等的肥皂？

(c)为什么她认为所有的肥皂都一样好？

然后有七件事“距离购买更近、更具体”：

(d)她为什么买X型和价格的肥皂？

(e)她为什么特别要买X型的肥皂？

(f)她为什么买一块肥皂而不是几块？

(g)她为什么在这个特定的时间购买？

(h)她为什么在这个特定的地点购买？

(i)与其他月份或年份相比，她为什么要像现在(在本月或本年)那样购买？

(j)为什么是她买(也就是说，为什么是这类人而不是其他人为家庭购买)？(Kornhauser and Lazarsfeld 1955：398)

这里的结果是一个简单的行为：购买肥皂。这样的分析遵循我所说的“始祖情节”(*Time Matters*，pp. 144，291)，意味着寻找特定事件的所有(因果)祖先。产品选择是一个结果，它位于当前，也处在一个长期的、向后扩散的原因之网的底端。它自身的后果没有被考虑在内，它也没有作为一些更大事件网络的一小部分嵌入网络中。只有更大网络的那些相关部分才会影响到这个特定的购买选择。

读者可能认为这个模型会被用来支持拉扎斯菲尔德后来对选举的研究。然而，1954 年《选举》(*Voting*)一书的读者会惊讶地发现，贝雷尔森(Bernard Berelson)、拉扎斯菲尔德和麦克菲(William McPhee)几乎没有讨论他们所研究的选举结果，即使不管是当时还是现在的人们都一致认可，1948 年的选举非常特别。这种缺乏关注的现象在著名的 169
十六重表(sixteenfold table，SFT)中表现得尤为明显。作者试图用它来厘清阶级问题的显著性和选民对杜鲁门的偏好之间的关系。SFT 本质上是一个两状态转移矩阵(two-period transition matrix)。矩阵由两个二元变量组合的四重交叉表组成。如果我们把它看作一条常规的马尔可夫链，并不断将其自乘以至收敛，它会预测一个偏向支持杜鲁门的摇摆。而通过转移矩阵的两个边际分布都无法观察到这个摇摆。两个边际分布都显示杜鲁门有 54%的支持率。而 68%的极限值准确地表明了事后发生的对杜鲁门的摇摆，因此在今天的读者看来，SFT 就像是预测选举结果的秘密武器。①

表 1 十六重表

<table>
<tr><td rowspan="2"></td><td colspan="2">阶级问题/杜鲁门的形象</td><td colspan="4">晚些的民调(10 月)</td><td rowspan="2">总数</td></tr>
<tr><td>阶级问题(6 月)</td><td>杜鲁门的形象(8 月)</td><td>显著且有利</td><td>显著且无利</td><td>不显著且有利</td><td>不显著且无利</td></tr>
<tr><td rowspan="4">早些的民调</td><td>显著</td><td>有利</td><td>20</td><td>2</td><td>8</td><td>1</td><td>31</td></tr>
<tr><td>显著</td><td>无利</td><td>6</td><td>7</td><td>3</td><td>6</td><td>22</td></tr>
<tr><td>不显著</td><td>有利</td><td>52</td><td>14</td><td>54</td><td>23</td><td>143</td></tr>
<tr><td>不显著</td><td>无利</td><td>16</td><td>37</td><td>19</td><td>60</td><td>132</td></tr>
<tr><td colspan="3">总数</td><td>94</td><td>60</td><td>84</td><td>90</td><td>328</td></tr>
</table>

① 拉扎斯菲尔德参与了两项主要的投票研究：《人民的选择》(拉扎斯菲尔德和高德特[1948]2012)和《选举》(Berelson，Lazarsfeld，and McPhee 1954)。我把重点放在后一个研究，因为它阐述得比较充分。SFT 出现在该书第 265 页。(1948 年的美国大选最终结果是杜鲁门获得了 57%的选票，并不是 68%。这个略夸张的例子旨在说明选举早期通过一次性民调来估算投票率无疑会低估杜鲁门的选情。而马尔可夫链则通过过程论的视点看待民意的变化。——译者注)

但拉扎斯菲尔德忽略了这一对选举结果的暗示。他坚持认为，在这个矩阵中，对特定转变的反思将决定阶级问题的重要性是否会推动杜鲁门的形象。因此，这本书忽视了“大结果”，并将注意力集中在局部的变化和过程上。事实上，这本书的主要主题是，随着时间的推移，总选举数字的相对稳定性掩盖了许多摇摆不定和变化，而且这种摇摆相当集中在一小部分的投票人口身上。可以肯定的是，这反过来意味着一个相对较小的选民群体通过他们的决策过程中的“小”结果决定了选举的“大”结果。但是，尽管这转向了更为在意“最终结果”的选举观点，该书的结论强调了该系统巨大的长期稳定性，认为(Berelson et al. 1954：315ff)今天“长期的预承诺的选民”(long-term precommitted voters)在两党内都来源于另一个时代的争论，因此“投票是一种反映过往政治的‘移动平均’”(Berelson et al. 1954：316)。正是数以百万计的微小运动——关于行动、变化和成熟的微小过程——产生了总体稳定性。[①]

贝雷尔森和拉扎斯菲尔德研究选举的方法与他们在选举研究中的主要竞争对手有很大的不同。对方是由安格斯·坎贝尔(Angus Campbell)等人领导的密歇根大学的调查研究所(Institute for Survey Research，ISR)小组。在标志性的《美国选民》(*American Voter*)一书中，
170 坎贝尔小组对1952年和1956年的选举进行了详细的比较，并提出了一个“因果漏斗”(funnel of causality)的投票模型。漏斗模型看起来非常像科恩豪泽/拉扎斯菲尔德的购买模型，只是用投票代替了购买。

---

① 然而，很清楚的是，拉扎斯菲尔德认为在这些过程中，在因果重要性上，有些因素(如阶级问题的重要性)比其他因素发挥了更重要的作用。这些因果力量不知何故渗透在反复出现的、使他着迷的无休止过程中。从这个意义上说，他对结果的不关注使他走上了与其他社会学方法论者(走向因果关系)相同的方向，但通过的是不同的道路。

漏斗形状是研究者所选择的解释任务的逻辑产物。漏斗中大多数的复杂事件都由多个先前原因引起。反过来，每一个这样的事件也会带来多重影响。随着我们越来越接近响应行为，我们的关注焦点越发缩小。我们逐步排除那些与政治行为无关的效应。(Campbell et al. 1980：24)

因此，尽管坎贝尔等人意识到“其他效应”的存在——影响投票行为的因果祖父母可能有其他孙辈后代，但他们明确地将这些因素放在一边，认为它们都是无关的。他们也没有认真地将选举考虑为仅仅是不断行进的国家政治生活中的一个时刻而已。每件事都会汇集到一个特别重要的时刻，一个特定的选举日，一个最终的结果。

此外，漏斗模型本身并没有嵌入真实社会过程中，而是嵌入我们所说的“因果时间”之中。尽管有漏斗模型将选民汇集到特定的投票决定上，密歇根小组在选举前只做了一组采访，而贝雷尔森-拉扎斯菲尔德团队做了四次。根据密歇根学派的思路，从竞选活动到进行投票的各个时刻中，个人没有经历任何实时变化。他们认为有一个因果关系结构在起作用：从“大背景因素”开始酝酿，由“小因素”进行了细微调整。①

① 这本书的论述实际上在因果关系的时间里反向推进，从“近因”推进到“大背景因素”。它以“对投票行为的直接心理影响”开始(例如，对国家政治的普遍看法，以及个人对政治承诺和效能感的感觉)。然后，它在两个方向中寻找“这些近端态度的根源，往过去时间的深处或从漏斗政治核心向外移动”(Campell et al. 1980：118)。在这里，作者考虑了党派的依附、党派的问题和党派问题的聚合，以及选举法律和制度。最后，这本书探讨了所有这些“更普遍”政治因素的社会和经济根源：群体成员身份及其影响、社会经济地位及其影响、区域和部门影响等。我们不妨把这因果关系倒置，作为一个简单和有指导意义的练习来创造一种叙事——使个人的持久政治信仰成为一个背景，影响党派行为，然后决定政治结构，进而影响社会经济地位和团体成员结构。请注意，这种方法与第四章中斯努克对友军火力的分析有相似之处。

对比拉扎斯菲尔德与 ISR 凸显了他在对待结果问题上的模糊性。171 虽然他的工作有时也会偏向“因果漏斗”取径，但他仍然对选民态度的转变和过程本身保持着浓厚的兴趣。这种兴趣关注的仅仅是变量随着时间的流动。与 ISR 小组极为不同的是，拉扎斯菲尔德将选举视为行进中的构成国家政治生活序列的样本中的一个，哪怕这个样本也被早已消失了的事件和问题所影响：“人民在同一次选举**中**投票，但不是所有人在同一项议题**上**投票。”①

现在让我来谈谈拉扎斯菲尔德的第三部主要作品——《个人影响》(*Personal Influence*)，其中报道了伊利诺伊州迪凯特市 800 名女性在四个领域(购物、电影、时尚和公共事务)的个人影响结构。② 简单地说，这本书里完全没有任何结果。该研究跟选举研究完全不像：作者不关心研究对象买了什么电器，看了什么电影，选了什么发型，或者支持什么政治观点。书里有的只是影响力的流动：网络，除了网络什么都没有。卡茨和拉扎斯菲尔德非常明确地提出了反对新兴密歇根学派调查传统的观点：

---

① 这句话出自《选举》一书的第 316 页，着重处来自原文。(我们之前在第一章关于个人历史性的研究中已见过这句话，讨论的是相同的问题。)当然，密歇根小组同样也看到了这个问题。事实上，《美国选民》试图超越第一份 ISR 报告 *The Voter Decides*(对 1952 年选举的研究)所使用的狭隘的选举观念。但是，“超越”是通过设想一个更广泛的因果结构来实现的，而不是通过在实时条件下研究个体内部的性质转换。

② 拉扎斯菲尔德在他各种书中所做贡献的实际程度尚不清楚，尽管他总是小心地在标题页之外确认其他作者的贡献。《选举》的大部分最初由约翰·迪恩(John Dean)和爱德华·萨奇曼(Edward Suchman)起草。其他部分最初都是论文，贝雷尔森将第十四章中的大部分思想归功于爱德华·希尔斯(Edward Shils)。《个人影响》的整个文本的三部分似乎分别由大卫·格里切(David Gleicher)、彼德·罗西(Peter Rossi)和里奥·斯罗尔(Leo Srole)起草(见 Katz and Lazarsfeld 1955：xiii)。鉴于这种团队生产模式，人们不愿意将其中想法直接归功于拉扎斯菲尔德。但就我的目的而言，我认为他是这部作品的首席天才，并以此为基础将想法归功于他。

> 大众媒体的研究不能再满足于把随机抽样的、互不相关的个体作为被调查者。回答者必须被置于群体背景下进行研究，或在他们所属的群体中，或在他们“头脑”里认为所属的群体中。因为这可能会影响他们意见、态度或决定的形成……(Katz and Lazarsfeld 1955：131)

因此，这本书关注的是流动本身。当然，回过头看，这给了它一种现 172
在看来过于“均衡”的感觉，在这种均衡中，研究者理所当然地认为存在一种影响流动的结构，并且不认为这种结构以任何方式递归，无论是像社会运动文献中的网络一样自我激活，或是像在连锁董事研究(interlocking directorate)文献中的网络那样自我延续。网络确实是社会生活流动的媒介。

从某种意义上说，《个人影响》将《选举》中隐含的观念观点带到了其自然的极端。社会被视为或多或少是一个稳定的过程，摆脱了许多暂时性的结果。没有一个关于最终结果的宏大叙事，没有一张微笑的哈里·杜鲁门高举《芝加哥每日论坛报》的照片，上面的头条是“杜威击败杜鲁门”。相反，这本书几乎完全是描述性的。①

因此，我们看到，在拉扎斯菲尔德的许多作品中有一种倾向，即忽视最终的结果，或将其视为无关紧要的事情。拉扎斯菲尔德把结果

① 卡茨和拉扎斯菲尔德的定义不仅与新兴的问卷调查研究形成对比，而且与公众舆论的大众/无组织观点形成对比，根据这一观点，媒体的突然扩张正在创造一个“地球村”。他们将这一论点追溯到库利(Charles Cooley)的《社会组织》(Katz and Lazarsfeld 1955：16n1)，并认为路易斯·沃思(Louis Wirth)和赫伯特·布鲁默(Herbert Blumer)是当时这一论点的倡导者。具有讽刺意味的是，代表经验传统的哥伦比亚大学社会学家正与两位芝加哥大学的社会学家争论社会事实的位置和基础，而这两位作家通常被认为恰恰代表着这个位置和基础。(关于芝加哥传统中的位置概念，见《院系与学科》第七章。)

看成是某种摇摆起伏的东西，一会儿向这，一会儿向那——反复不断地围绕某个值循环着，但又从未达到决定性的最终结果。相比之下，在《美国选民》中，我们有一个结果明确的分析，而这种分析后来成了社会学的典范。

超越拉扎斯菲尔德式的结果

自那以后，社会学便以这种分野为特征，尽管大多数社会学研究都遵循密歇根学派的“最终结果”范式。检验一些更晚近的例子会很有帮助。

想想布劳和邓肯的《美国的职业结构》(*American Occupational Structure*)。这本书是“最终结果”研究的典范。被调查者在 1962 年的职业声望是最终的点。可以肯定的是，各种漂亮的模型都被用来分析这个变量；我们远远不是回到因果关系的简单漏斗模型。但与《美国选民》一样，《美国的职业结构》也产生了明确的最终结果。每一个生命都被假定了一种分层叙事，并通过路径模型(path analysis)在分析中实
173 现，每一位受调查者都被如此分析。相反，贝雷尔森等人在投票中提到的路径模型是被视为拥有长期稳定性的模型(这确实是它们在经济学中被普遍应用的方式)。也就是说，路径模型不是关于结尾的模型，而是关于中间状态的模型。但是在布劳和邓肯那里，它们成为简单叙事的隐喻；因果漏斗被塑造成路径分析中的正式箭头，在 1962 年射向职业的靶心。邓肯本人试图通过一项综合同期群分析(synthetic cohort analysis)把历史带回研究中，但文献记住的主要是这本书的最终结果

方法。①

读者可能认为这种“在一个时间点上的结果”(outcome-at-a-point)的概念仅限于定量研究。因为它是基于回归分析方法论框架的逻辑伴随物。然而，革命和社会运动文献中也有同样的观点，这两种文献都以对比较方法和历史方法的强烈依赖而著称。

例如，斯考切波(Theda Skocpol)关于社会革命的经典著作开篇就提出了两个明确的问题：“那么，应该如何解释社会革命呢？我们在哪里才能找到分析革命的原因与结果的模式呢？”(斯考切波[1979]2013：5)斯考切波通过比较社会革命的成功和失败来组织她的论点。法国、俄罗斯和中国的革命之所以成为书中的焦点，是因为它们是成功的革命；它们发生了“持续的天翻地覆的变化”(斯考切波[1979]2013：161)。但是，对于以后的文献来说，研究者感兴趣的主要结果当然不是这些变化(即革命的进一步后果)，而是这些革命本身的成功(或失败)。书中问道，革命是在何时成功的？斯考切波的书当然充满了深思熟虑的历史论证和过程论思考。但书中的结果观念更接近最终的结果——一点式的结果——而不是拉扎斯菲尔德式的无休止的过程。在
社会运动研究中，我们更普遍地看到了同样的方法。20 世纪 70 年代 174
的许多社会运动研究都回应和阐述了甘姆森(William Gamson 1975)的研究。他研究了成功运动的基础——某种最终结果的基础。

---

① 有趣的是，贝雷尔森等人引用一位为商业周期建模的经济学家丁伯根(Jan Tinbergen)作为其路径模型的来源(Berelson et al. 1954：281)。丁伯根在 20 世纪 30 年代重新发明了路径分析，他不知道之前苏厄尔·赖特(Sewall Wright)在 20 世纪 20 年代早期做出了同样的发明。迈克·霍特正确地向我指出，邓肯在某种意义上比拉扎斯菲尔德更像是一名“历史学家”，他坚持认为参数会像边际分布一样不断变化。但我在这里强调的不是邓肯作品的实际内容，而是他的研究上的继任者们对他的理解，毕竟，邓肯最终驳斥了他们中的许多人(参见 Duncan 1984)。[synthetic cohort 在《美国的职业结构》中被译为“合成队列”(第 239 页)。——译者注]

然而，基于结果的社会运动文献最终通过添加社会运动的故事，如政治机会、当局的反应和运动的制定，创作了一个更加详细的社会运动形成和发展的故事。这种对一开始便植根于最终结果概念的叙事性发挥贯穿了整个社会学。例如，有关压力的文献从 20 世纪 60 年代和 70 年代的对“导致压力的原因”的简单阐述发展到 20 世纪 80 年代的关于应对、社会支持等更为复杂的阐述。然而在这两类文献中，即使现实社会系统固有的复杂性导致研究者考察中间结果或“阶段”，对最终结果(一种是社会运动的成功，另一种是压力)的隐性关注仍然存在于后来的文献中。例如，在社会运动文献中，研究者的兴趣逐渐从成功的最终结果转移到中间的“成功”，如运动成员的增加、财政资源的保障和运动成员专业化程度的提高。但这些仍然被视为结果，即便它们现在被当作朝着“更大”的最终结果迈进的一个较长过程中的内含步骤。因此，文献从一点式结果转向了更具流动性的中间的、偶然的(contingent)点结果概念。然而，“社会运动”的每一种概念都不可避免地包含着目的论的气息；运动仍然被构想成试图去向某处，在某种意义上，人们相信，当运动到达那里时，它便停止了。①

最终结果的概念在主流经验研究中仍然最强而有力。对最近任何一本期刊的快速浏览都表明，主流社会学中的许多甚至是大多数文章都是从一点式的角度来看待个体层面的结果。当分析“更大的趋势”时，这些趋势通常被分解成单独的一点式结果的集合。研究者在连续的时间点上检验这些结果。但偶尔也有一些论文含蓄地，至少采取一种更为拉扎斯菲尔德式的观点，来考虑连续结果的波动。

例如，帕克斯顿(Pamela Paxton 2002)对国家民主的兴起持一种过

---

① 关于压力的文献，参见 Abbott 1990。其第四章对叙事的目的论性质进行了广泛的论述。

程论的观点。模型[采取对等因果设计(reciprocal causation design)]的核心是国家的两种属性：民主水平(一个定距测量)和交往生活水平(此处由在该国设有办事处的国际非政府组织的数量衡量)。作者假设每个 175
因变量决定其自身和另一个变量的滞后值。除了这两个内生变量外，还有通常的外生变量：能源使用、世界系统状态、入学率、民族同质性等。作者的数据有四个时间点，因此估计出三个变化方程。

这样一来，该模型隐含地采用了一种马尔可夫过程观；一个个案的下一步的位置是它现在位置的函数。从经典马尔可夫理论来看，我们知道这样的设计只有在两种情况下才产生最终的结果。第一，这个过程具有“吸收状态”，一旦进入，就不能离开。第二，如果从状态到状态的参数不改变，过程将有一个最终的结果，即不同状态下的案例百分比将变得稳定。如果两个条件都不成立，则这个(隐式)过程将简单地根据随时间改变的转换规则四处游荡。

在这样的设计中，我们并没有真正的结果。相反，在拉扎斯菲尔德的意义上，我们有一个不断产生新结果的过程。可以肯定的是，该文的理论框架隐含地将民主作为一种终端的、吸收的状态。但是，该文的分析实际上并没有考虑这种吸收的可能性，而是考虑在传统的一点式结果框架中朝着吸收态迈出的每一小步。(正如拉扎斯菲尔德也绕过了他十六重表中标志性的转移矩阵。)关于长期结果，请注意，研究者与其考虑最终民主化(这是论文中隐含的长期因变量，作者明确希望它是一个吸收态)，原则上也可以使用这样一个因变量：一个国家处在民主化状态下的时间百分比。特别是如果过程的参数稳定变化，我们便没有理由期望过程会收敛。因此，不同情况下的国家处在不同的民主或非民主状态的历史时间百分比可能比在某个特定点上的“终极”状态更为有趣。①

176 将迄今为止对结果概念所做的各种理论区分结合在一起讨论很有益。对拉扎斯菲尔德的分析解释了两种不同的对社会过程的想象。一种把社会过程想象成一个过渡结果的连续序列(a continuous sequence of interim results)，另一种把社会过程想象成最终结果的不连续序列。自他以降的研究文献中，通过不断添加过渡最终结果(interpolating interim final results)，很常见的是从后一种观点转向前一种观点的转变。但研究者仍然避开了“社会过程中只有过渡结果”这样的完全连续的概念。请注意，过渡或过程结果与最终(不可撤销)结果之间的对比和短期结果与长期结果之间的对比相似，但又不完全相同。我们通常认为，过渡结果涉及长期稳定内部的短期变化(无论这种变化暂时可能多大)，而不可撤销的结果涉及短期不稳定所产生的长期变化。但事实上，这两种类型的结果似乎都有一个长期和短期的结果。

在这些区别中还有另一个层面，即社会和个人的区别。通常我们设想通过在个人层面上改变“最终结果”从而在社会层面上产生“过渡结果”的过程。无论社会层面现象是否被认为是涌现的，其结果特征都不

① 倾向技术的读者会指出，我已经为一篇使用连续型内生变量的文章使用了一种离散语言，尽管在如此高的抽象层次上这不是一个问题。马尔可夫链提供了一种有用的形式化方式来思考“最终结果”和“过渡结果”之间的差异，这种方式既可以作为事实，也可以作为框架来思考世界。在一般马尔可夫链中，我们设想了过渡结果。如果链是不可约的(irreducible)，那么每个状态都会在某一时点上被访问，并且会被访问无数次，尽管在不同状态下持续的时间比例由转换概率决定，并由转换矩阵乘法极限的行比例估计。在那样的情况下没有最终结果。在吸收态马尔可夫链的过程中，有一个最终的结果或一系列结果，我们感兴趣的是到达那里之前在不同状态下所经历的时间。这些时间将会部分由过渡状态(可以完全决定一般马尔可夫链的那种状态之间的概率)之间转移的函数决定。但同样非常重要的是，这个函数也将由转移到吸收态的概率决定。以最终结果来构想世界的人必须关注这些不可撤销的改变的可能性(the probabilitics of irrevocable change)。注意在当前的例子中，没有特别的机制解释为什么“民主”状态应该是吸收态，有相当多背离它的经验的例子存在。

必与同期的个体过程特征相同。这两个层次很容易混淆。

最后，回想一下，我所说的过渡或过程结果是由无数个体事件建立的长期稳定性：如前面提到的特定失业经历或选民转变。但是，这些次要的局部结果不一定会导致长期稳定。在最终点结果和真正的均衡结果之间，存在着一种我很少提起，但事实上在许多社会学文章中隐含的结果观念，我称之为“趋势结果”。对于诸如住房不平等和教育回报等变量来说，结果的趋势概念很常见。对于这些变量，分析师并不期望最终的结果或无限中间环节的均衡，而是介于两者之间，在某个方向上的稳定运动。

今天的社会学大多关注趋势结果，通常是关于不平等的趋势，正 177
如我们将在第八章中所看到的那样。分析师通常不太担心住房不平等或职业隔离等变量的最终结果，但他们也不期望随着时间的推移出现稳定的均衡。总的来说，他们将通向平等的趋势视为“值得期待”，这显然是在规范性基础上，而不是在经验性基础上得出的。正如已故的布鲁斯·梅休(Bruce Mayhew 1990)发现他的“人类不平等的基准模型”不被理解那样，大多数社会学家认为持续的不平等，甚至停止走向平等的趋势都需要解释。因此，趋势结果在当今社会学中具有核心重要性。

总而言之，社会学家似乎对结果有三个广泛的概念：**过程结果**(或过渡或均衡)、**趋势结果**和**点结果**。我们在个人或社会层面考虑这些问题，有时两者都考虑。我们从短期到中期到长期，在变化的时间段上对它们进行了检验。

贴现与决策

尽管存在这些内在的差异，社会学的常见传统研究的是最终点结果，即一个被检验的过程在其终点的情况。我们可以将这种结果观与经济学中普遍存在的截然不同的结果观进行比较，从而将其语境化。经济学家也通过参考一个时间点来评估价值轨迹(trajectories of value)。但对他们来说，这不是最终结果的时刻(moment of final outcome)，而是决策的时刻(moment of decision)。与结果不同的是，决策关注的不是过去，而是未来；经济学家企盼未来潜在的回报，而不回顾已发生的沉没成本。请注意，这正好反转了社会学始祖情节，始祖情节回顾了众多原因如何导向最终结果。经济学家关注的不是一个时期的结束，而是它的开始；他们研究的不是一个结果的起源，而是一项决策的后代。经济学家通过对潜在的未来结果进行贴现(discounting)，用其发生概率进行加权，并将它们从未来招回至一个单一时刻——**现在**——并进行加总，实现了这一向前看的把戏。

贴现的想法基于这样的概念：在其他因素保持不变的情况下，现在就拥有一定数量的金钱比将来某个时刻才拥有来得更好。这种信仰基于两个主要的哲学理由。第一个主要理由是，手头的钱可以在从现在到未来的这段时间里用来投资以获得增长。请注意，这种贴现的“投
178 资”理由自然涉及我们应使用负指数函数进行贴现这样一种观点，因为贴现与投资之间在持续复合利率条件下存在隐性关联。[①] 相比之下，贴现的第二个主要理由恰恰是不确定性。从现在到未来的任何时刻中，不确定性都可能降低未来回报的价值。我们的品味可能会改变，我们的健康甚至生命可能会丧失，或者在享受未来的回报之前，一百种意外事件可能会介入。因此，对于我们来说，未来回报的价值要低于现在我们可以立即享受的同等价值的回报。请注意，在贴现的两个主要

① 请注意，尽管投资论点证明我们现在对未来的资源价值进行折现很合理，但实际上，它根据未来的结果来判断投资轨迹的价值；现在想投资，是为了以后会更好。就此而言，贴现仍然与最终的点结果有关。有关贴现的非常有趣的讨论，请参阅 Colin Price 1993 这部精彩著作。

理由中，每一个都假设决策者是有限的个体，而不是由许多人一生中的一段时间构成的社会结构。正如我们已经看到的，社会和个人的结果可以完全脱钩。①

对健康结果的成本效益分析(cost-effectiveness analysis)很好地说明了结果的贴现方法。该文献来源于20世纪60年代的商学院决策理论，始于临床决策的应用，后来转向稀缺医疗资源的配置。到20世纪70年代中期，这类文献已经汇合成了“质量调整生命年”(quality-adjusted life years，标准缩写为QALYs)的概念。QALYs依赖于一项正式的估计程序，该程序从各种疾病状态的健康相关生活质量(health-related quality of life，HRQL)评级开始。然后，在标准的决策分析方法中，各种可能的医疗轨迹被安排为决策、事件和偶然事件的序列树(所有这些都各自有一个相关的概率)。HRQLs与每个分支的长度相关联。 179
成本效益分析沿着叶片(死亡)到原始树干的每个分支进行逆向计算，并在产生这些叶片事件的序列概率已知的情况下，将HRQLs根据其持续时间和可能性进行加权。这将为每条可能的轨迹生成一个QALYs总和。然后，决策通过两式相除得到：分子是某种医疗干预(或更一般

① 事实上，这两种贴现的理由都是经验性的，而非哲学上的。当前的资源可以进行投资以产生未来的利润(在有限的时间内)，这一观点并不总是正确的。而且在任何情况下，使用负指数贴现都假定收入可以持续地进行再投资，这在实践或原则上通常不可能。至于时间偏好，有证据表明，个人时间偏好不是指数型而是双曲线型的，在未来的早期，双曲贴现的价值损失比指数型更快，但在之后，价值损失得更慢。跨期选择的研究很多，可以追溯到著名的卡尼曼和特沃斯基(Kahnemann and Tversky 1979)的前景理论(Prospect Theory)。现在最全面的关于双曲线贴现的研究者可能是安斯利(Ainslie 1992，2001)。经济学家们已经考虑了各种有趣的结果问题，例如，当前的消费决策如何使参与者在稍后享受所选的效用时变成不同的人，以及当做出选择的参与者不在了，他们无法享受所选的未来(社会)效用或负效用时会发生什么。一些经济学家转向了评估整个消费序列的问题。毫不令人意外，首选的序列是消费逐渐增加的那一种(Loewenstein and Prelec 1991，1992)。

地说，一条分支或轨迹)相对于另一种干预(或无干预)的增量成本，分母是那种医疗干预的 QALYs(一条分支或轨迹)相比另一个 QALYs(或无干预)的增量。①

从一开始，健康决策文献只对成本贴现。人们对福利贴现(discounting benefits)持怀疑态度，因为"在任何绝对功利主义意义上，认为未来的生命年价值低于今天的生命年价值"似乎是种令人担忧的想法。然而，最终人们根据纯粹的度量方面的考虑对未来福利进行了贴现。这是由于美元是度量成本效益的工具，而分析师认为，任何以美元计价的东西都必须贴现，因为美元本身就在打折。今天，研究文献一致坚持对福利和成本都进行折现。这两种方法都以相同的贴现率进行，这在美国的研究中通常是 3%，在其他地区是 5%。②

---

① 戈尔德等人在其重要的著作(Gold et al. 1996)中对健康结果的成本效益分析进行了标准化。关于早期的决策理论，参见 Raiffa 1968。关于临床决策，参见 Lusted 1968 和 Weinstein and Feinberg 1980。关于 HRQL 的争论，参见 Fitzpatrick 1996 和 Nord 1999，chap. 2。

② 数据引自 Weinstein and Fineberg 1980：254。有关 3%和 5%的贴现率，请参见 Muennig 2002：151。3%的折现率使净现值在 10 年内约为 75%，在 20 年内约为 54%。5%的折现率使净现值在 10 年内为 61%，在 20 年时为 37%。显然，这种贴现率导致了政府不愿意在预防迟发慢性病方面投入太多资金，这一事实引发了关于公平的激烈政治辩论。有关讨论请参阅 Tsuchiya 2000。QALYs 也被用于简单的不平等测量，参见 Gerdtham and Johannesson 2000。社会科学中另一个重要的经验贴现文献是关于终身收入(lifetime earnings)的。在这里，关于贴现的早期争议似乎也已在后来的惯例中解决。克雷迪的经典论文(Creedy 1977)指出，在整个生命周期中，收入状况的变化意味着不同的折现率可以产生不同的职业终身收入排名顺序。但后来的文献(例如，Dolton et al. 1989，Makepeace 1996，Johnson and Makepeace 1997)通常采用标准贴现。克雷迪(Creedy 1990)在一份极为谨慎的评论中警告说，对即时测量的收益会计期的任何延长(any extending of the accounting period for earnings beyond instantaneous measure)都会带来几乎无法克服的估计困难。因此，这一领域的一些文献并没有进行正式的折现。例如，伯斯沃斯等人(Bosworth et al. 2002)利用美国社会保障数据，简单地将所有工资除以当年的平均工资，这就在没有折现的情况下标准化了时间变化。经济学家似乎比社会学家更清楚结果概念的复杂性；但和社会学家一样，他们已经接纳了一套相当简单的结果惯例，以避免持续的争论。

综上所述，经济学的时间轨迹观点与社会学的观点有很大的不同。180
在社会学中，通常的观点是考虑最终结果，即轨迹结束时的状态（在正式的经济学术语中，指在该时期结束时的效用值）。但经济学家对长期结果不太重视，因为长期结果总是因贴现而减少。经济学路径关注从现在到未来的轨迹。经济学生活在**当下**。①

请注意，当下会随着时间的推移而变化，而**最终结果**不会；**当下**会随着时间的推移而持续向后移动。这种动态意味着两者在时间性概念上的哲学差异。事实证明，哲学家们已广泛地考虑过这一差异，这是对 1908 年麦克塔加特（J. M. E. McTaggart）的著名争议论文的回应，该论文已经在第四章中提到（见第 127 页脚注①）。

正如我们所见，麦克塔加特在那篇论文中指出，对于时间有两种截然不同的思考方式，他将其称为“A-序列”和“B-序列”。A-序列以过去、现在和将来来思考时间——以**时态**的方式。B-序列简单地把时间看作一个有传递性的顺序关系（transitive order relation），以**日期**的方式，由“早于”和“晚于”这样的概念来控制。因此，我们可以说麦克塔加特在 108 年前写了他的论文，或者我们可以说麦克塔加特在 1908 年写了论文。第一种说法是指代化的（indexical）；直到我们知道这句话是

---

① 关于经济学的“现在性”的直接阐述，请参见 Shackle 1961 的早期章节。请注意，结果的社会学概念与新教的概念隐含地类似。生活的社会学目标——至少在韦特和加拉格（Waite and Gallagher 2000）的 *The Case for Marriage* 一书中隐含的目标——是善终（end up well）。这类似于新教徒的目标：正确地生活，准备面对最后的审判对整个生命进行评估，以期让一个灵魂获得永恒不变的结果。（事实上，正如韦伯和其他许多人指出的，大多数新教神学不承认量化的最后审判。）相比之下，罗马天主教则侧重于在“恩典的状态”中（in a “state of grace”）死亡；与微观经济学者一样，天主教也侧重于当下，即死亡的“现在”。我很感谢科尔姆·欧摩切尔泰（Colm O'Muircheartaigh）指出了这一区别。注意，根据欧摩切尔泰的论点，临终前的忏悔可以确保天主教徒的救赎。而迈克·霍特则反驳说：“计划临终前改信天主教将涉及隐而未现之罪（the sin of presumption）。”很明显，宗教传统对结果的概念给予了认真的考虑。

什么时候说的之前，我们不知道它是什么意思，也不知道它是不是真的。相比之下，第二种说法无论在任何情况下都是正确的。[①]

181 这两个序列没有逻辑连接。它们只能从经验上被联系在一起：比如，通过“现在是 2016 年”这样的表述。但是，考虑到它们在逻辑上是不同的，要维持一个连贯的时间哲学相当困难。这一事实导致了麦克塔加特认定时间本身就不真实。[②] 但是，这种哲学上的担忧不如麦塔加特最初做出的区分来得有趣。也许，可以用麦克塔加特关于时间性的不同概念来理解评价轨迹的基本社会科学范式之间的差异(即结果范式的一般性构想)：一种是时态性的，强调事件从未来到现在到过去的过程；另一种只是相对的，强调纯粹的持续时间。

微观经济学是一个彻底的 A-序列计划。它关注的是当下，一个时态化的时刻。在这个时刻中，未来不确定但可以猜测；过去已知，但并不重要。当下是一个特殊的时刻，它很重要，因为我们生活在其中

---

① 麦克塔加特的论文为整个 20 世纪的英语哲学提出了问题。欧陆传统忽视了这一点，更倾向于胡塞尔和海德格尔的现象学方法，我在这里忽略了这一点。英国异端经济学家沙克尔几乎逐字逐句地重申了麦克塔加特的论点，但他似乎并不知道麦克塔加特。“一位时间外部的观察者看到的被延长的时间[即 B-序列]，必须与事件发生的时间，同时也是事件在其现实中被一位时间内的观察者、一个活着的人感知到的时间做对比。”(Shackle 1961：17)这种区别也与柏格森对时间的区别同源：作为持续的时间(A-序列，在柏格森那里是合理的)和作为延长的时间(B-序列，柏格森认为是不合理的)。我们已经在第四章讨论欧洲语言中的两种时态时遇到了时态的问题。[柏格森使用了一套独特的术语(起码中译文如此)，duration＝绵延，extension＝广延。——译者注]

② 这个论点的细节在这里不需要我们关注。基本上，一旦他把这两个序列分开，麦克塔加特就表明了，B-序列不能是时间的概念，因为它不考虑时间的方向；而 A-序列涉及我们给一个单一的事实指定一个属性(未来性、存在性、过去性)。这个属性以一种常规的方式变化，而我们不能在不假定后果的情况下详细说明它，这个假定就是：时间存在。(在麦克塔加特的著名例子[McTaggart 1908：460]中，安妮女王的死是安妮女王在时间的开始和结束时的死亡；它的未来已经简单地变成了过去。)有关麦克塔加特的论点及其后遗症的详细现代阐述，参见 Mellor 1981。

并在其中做出选择。然而，这个现在马上就会变成过去。这一事实确实是麦克塔加特发现 A-序列不连贯的基础；它为事件指定了一个变化的属性，即便事件本身没有变化。

相比之下，主流经验社会学或多或少是一个 B-序列计划。社会学的结果观念似乎存在问题，其中一个原因是我们研究的大多数结果都不是真正的结尾，而是出于某些不太清楚的原因而选择的任意结局。例如，布劳和邓肯为什么选择 1962 年？为什么不是 1960 年，或是 1963 年？1962 年不是一个重要的时刻，而是随意选定的时刻。它恰好是调查涵盖时期的右边界。在布劳和邓肯的样本中，男性年龄从 20 岁 *182*
到 64 岁不等，他们的父亲在 1835 年至 1919 年出生。在动态的 A-序列术语中，1962 年在这些人的生活中是截然不同的时间点。然而，所有人都遵循相同的“变量叙事”——从父亲的受教育程度和父亲的职业到儿子的受教育程度和第一份工作，再到儿子在 1962 年时的工作，只有在邓肯大胆地进入同期群(cohort analysis)和综合同期群分析(synthetic cohort analysis)时，才部分摆脱了这种标准化。①

由此，主流社会学具有很强的 B-序列特征。它设想了一条时间线，并沿着这条线打开一扇扇调查的窗口，为调查在时间线上切出一段。起始和结尾基本上都是任意的，不同的时间段具有惊人的可比性(再想想斯考切波的三次伟大革命——法国、俄罗斯和中国——被置于共同的、可比的轨迹发展尺度下)。这一方法之所以具有非凡的修辞力量，

---

① 关于父代的年龄，参见 Blau and Duncan(1967)2013：113。毫无疑问，邓肯会认为选择 1962 年很合理，他会说除了方便之外没有其他理由。哪怕选择其他任何特定的结果时刻，估计出的系数在很大程度上都可能是相同的。社会学家所使用的日期周期是任意的，这一点很容易说明。在近年《社会学摘要》(*Sociological Abstracts*)里随机抽样的 1846 篇关于职业社会学的文章(我收集用来写另一篇论文)显示，约三分之二的文章，在涉及日期时，一端或另一端都含有一个十年期。但当然，除了任意选择外，没有其他理由来解释为什么调查周期应该以十年为期开始或结束。

是因为一旦调查的时间窗口打开到了一个特定的地方，就无疑调用了熟悉而有力的叙事结构。通过对一个调查时期的明确界定，这个时期的起始就变成了一个“真实”的起始，它的结局就变成了一个“真实”的结局，等等。①

很难用麦克塔加特序列来分析拉扎斯菲尔德对过程的着迷。一方
183 面，拉扎斯菲尔德的过程研究以B-序列的方式力求着眼于一个延长的时间段，而不是对当下过分关注。但另一方面，他的研究以A-序列的方式，旨在延长时间间隔内的每个时刻，以保持这些时刻的“开放性”。他通过这样做从而坚持时刻的偶然性。拉扎斯菲尔德因此试图把麦克塔加特那积重难返的矮胖子组合重新搭起来。也许这就是我们在发展新的社会学结果观时所面临的任务。

---

① 因此，大多数社会学的结果概念特征从叙事的文学惯例(参见《攸关时间》第二章、第六章和本书第四章)中得出其结构。我们在亚里士多德那里也读到：“完整的活动具有开端、中间和结尾。开端是指该物本身并不必然继随他物，而他物必然继随该物存在或产生。结尾恰恰相反，是指某物本身或出于必然，或出于恒常性，继随他物而产生，但无物继随该物本身而产生。中间是指该物本身继随他物，他物又继随该物本身而产生的东西。处理得当的情节决不能随意由某处开端，在某处结尾，必须根据我们在这里所讲的方式安排。”(《论诗》1450B26-33)此外，亚里士多德早些时候说，“(在叙事中)目的是最重要的”(1450A23)，“(叙事)是对某种完善、完整且具有宏大性质的活动的模仿”(1450B23)。这些段落将叙事的概念与最终结果的概念结合起来。根据亚里士多德的观点，(拉扎斯菲尔德式)过程的立场是，在社会现实中，没有“不必然继随它物”的终点(在个人层面，当然有死亡)。也应该指出，社会学方法论中没有基于起点的方法。我们可以把整合移动平均自回归模型(ARIMA形式)的时间序列看作关于中间部分的，正如我们可以把标准回归模型看作关注始祖情节中的点一样。但是令人惊讶的是，几乎没有什么对于起始的思考，即便在我们称之为“事件历史分析”的数学模型里，生命的开始根据的是工业可靠性研究中的“等待失败的时间”，而工业可靠性研究本质上是以起始为中心的模型。对于事件历史分析来说，起始问题的数据左截尾(left censoring)仍然是一个核心问题。(亚里士多德的中译文引自苗力田编译的《亚里士多德全集》第九卷。——译者注)

现有的和可能的结果概念

当我们有了时间的时态性和非时态性概念之后，我们可以全面回顾迄今为止发展起来的结果概念的区别。这样的回顾说明了我们如何为不同类型的问题选择不同类型的结果概念，并迫使我们追问：如何以不同的方式评估结果。这不是一个空谈的问题，因为正如我将要说的，我们对结果度量的选择并非无辜的。事实上，考虑到它们充满了价值取向，它们造成如此少的冲突是令人惊讶的。①

在时间中的位置：点结果和时段结果

我所做的第一组区分基于结果和所研究的时间区间之间的关系。把一些效用或福利的原始度量想象为一个实值函数，它在某个时间区间内具有连续定义。我们首先可以区分在该时间区间内**某一特定时刻**
的结果(我一直称之为“在一个时间点上的结果”或“点结果”，最终结果 184
是其中一种类型)和**无法定位到特定点的结果**(持续时间有限的结果)。在第一种情况下，结果只是一个点上福利函数(well-being function)的值：其纵坐标值。在第二种情况下，结果是有限时间内曲线的一个累加或其他加权函数。(这个时间段可以是任何有限的时段，最大可包含我们所关心的整个时间区间。)请注意，转向持续时间或“时段”概念，可能是因为我们认为点结果在原则上是个糟糕的概念，或者因为我们认为点结果只能用有限时间区间内的某种平均值来近似，而不能被直接测量。然而，我们应该将后一种动机产生的结果看作点结果的另一

① 这种价值取向的一个直接重要的后果是，社会科学探索只探索了可能的结果概念宇宙中的很小一部分。因此，我将有机会在下文中经常提及以规范性或甚至文学模型来分析结果和基于结果的决策。

种版本，而不是真正的时段结果，因为它仅仅是出于测量因素的考量而不是概念性因素的产物。

到目前为止，对于时段结果，我只提出了许多可能版本中的两个：过渡/均衡和趋势。这两个版本都是关于过程期望的模式(patterns of expectations for processes)，这种范式性的模式被我们用来测量跨时的效果。很明显，时段结果的测量方式未必要涉及范式比较。对于这种不涉及范式比较的时段结果，我们可以简单地称之为“结果的跨时度量”(over-time measures of outcome)。这种结果度量只需要一些形式上的聚合概念，就可以等同于采取单一数字的点结果。然而，这种聚合可以采取几种不同的形式。累加/积分(integration)显而易见，它产生一个可以与其他结果进行比较的单一数字。也可以取区间中的最大值或最小值。[一个常见的非社会学例子是“取暖度日数”(heating degree days，一个累加度量)与“月平均极端温度”(以单一标准定义在一个区间内的单值)。]但人们也可能认为，“好的持续时间”是一种结果不会剧烈波动的情况，例如，在这种情况下，适当的度量是一些自回归参数或变化的范围。在这种情况下，我们开始更多地以“范式”思维考虑结果。与用福利效用函数刻画“良好”模式的一般标准相比，这些衡量标准不是用以比较的简单的数值。

诸如过渡/均衡和趋势等概念完全范式化了。它们是评估结果轨迹的一般模式，也是我们用来决定是否必须解释轨迹的预期值。正如我之前提到的，后一点是到目前为止社会学中对结果的趋势概念的普遍作用(即，对于许多学者来说，“好”趋势不需要解释，“坏”趋势才需要
185 解释)。[①] 时段结果的双重使用(既作为聚合的单一数字度量，也作为

① 这里最明显的例子是关于社会流动的研究，它们花费了几十年的时间试图解释偏离“纯粹机会”式流动的结果状态。正如第八章将会指出的，纯粹机会式的代际流动会让几乎所有19世纪美国或欧洲的居民觉得是胡说八道：不管从经验预期，还是(转下页)

范式)将它们与非时态化的点结果略微区分开来。以社会学家的最终结果为例，社会学家几乎总是将其视为一个简单的比较值，而不是一种范式。但综合起来，这些不同的度量——最终点结果、过渡/均衡、趋势和许多其他可能的时期度量(累加、范围参数等)——为我们提供了与所研究的时间区间有关的各种结果概念。[①]

分析单位：个人结果和社会结果

第二个基本区别在社会层面的结果和个人层面的结果之间。在一开始，我的例子似乎表明，社会层面的变量通常与过渡结果相关，而个体变量则与点结果相关。然而，如后面的例子所示，这未必正确。如果只在很短的时间区间内观察(购买商品、互动习惯等)，则可以在个人生活中看到过渡结果的模式。相反，革命在社会层面上是一个显而易见的点结果。这里的关键约束在于个体只有有限的生命，因此，他们的过渡结果(均衡、趋势或其他一些过程结果)被限制在一定的持续时间内。我们通常认为这些时段比我们测量"更重要"的个体点结果(如婚姻期限、教育等)的期限短。(后者当然更重要，因为它们不是过渡结果，而是不可撤销的结果。)

因此，所有类型的结果都可以在个人和社会两个层面上进行构思。以趋势结果为例。在个人层面上，教育总是被视为一种有序的结果， 186
至少在生命历程的相当长的一段时间内单调地增加。但扣除大学生的

(接上页)从范式标准的观点来看。这当然也不是当时居民们所设想的"自然状态"。对于今天研究流动的学者来说，若说他们子女的生活机会应该完全不受他们个人的任何投入或个人特质的影响，这样的说法也必定使他们感到古怪。而这个观点正是他们工作中隐含的政治立场。关于这种"知识异化"(knowledge alienation)，见第九章。

① 这些都是非时态化的结果概念，下面我将讨论时态化的版本。但我们也可以设想由一个移动的"当下"所定义的时态化结果，即一个区间而不是一个点。

成熟变化，许多大四学生在毕业时比入学时懂得更少。即使是我们自己也在不断地丢失教育(如遗忘)。① 在社会层面上，对社会上几乎每个人而言，经济增长自20世纪30年代以来一直享有与教育类似的地位。正如许多人所指出的，无论是出于规范性的还是实证性的原因，经济都没有理由必须增长。对于经济正在且必须增长的信念是一种规范性的立场。这种立场隐隐地包含一种范式，即理解经济活动必须包含增长。这是一种结果的意识形态(outcome ideology)，就像我们关于教育结果的意识形态一样。

时间性：时态化结果和非时态化结果

至此，我们有了关于结果度量的第一组区分，即关于它们在时间里的位置：一方面是最终点结果，另一方面是不同的时段结果(均衡、趋势和其他模式)。然后，我们对承受(或享受)结果的单位进行了第二组区分：个人或社会实体。这里对结果概念的第三组基本区分来自我们从麦克塔加特那里得到的概念：结果可以时态化或非时态化。一些结果概念对时间性采取了A-序列的观点。最重要的是当下的动态，而其他时间的结果必须以某种方式被那个当下所参照。其他结果概念采用B-序列观点。时间是一条由日期组成的简单的线，因此理解结果不需要知道一些偶然或动态意义上的时间位置。任何时刻都可以是终点，任何时

---

① 等价的社会层面假设是：劳动力得到越来越多的教育和技能从某种程度来说是自然状态。这个假设同样是一种规范性判断，而不是一种“客观”的判断。正是因为这种规范性的信念，我们已经培养了远远超过劳动力需求的大学毕业生(根据2002年的*Digest of Educational Statistics*，大学毕业生占25～29岁人群中的30%左右，并且稳步增长)。根据*Monthly Labor Review*，124：11：57-84中的“职业就业预测”，2010年约有22%的工作需要大学学位。(第八章将更详细地讨论这个例子。)和个人层面的概念一样，社会层面的概念忽略了我们不再广泛需要的技能的丧失：要FORTRAN编程而不是JAVA编程，等等。

刻都可以是起点。结果只是在某个任意时间段或某个时间点上的事态。

但是，无论是对结果采取非时态化的概念还是时态化的概念，时 187
间的方向性似乎都很重要。到目前为止，几乎所有的结果概念都忽略了过去的福利。正如我之前提到的，经济学家对**过去**没有任何兴趣。经济学活在**当下**。社会学家对**过去**感兴趣，但仅仅因为**过去**会对**现在**产生因果影响，取决于结果何时被度量。换言之，尽管社会学家偶尔考虑趋势或其他时段结果，但他们通常使用一种非时态化的、最终的、点结果度量，忽略中间福利。

过去的福利可能存在于记忆中以备日后享用，这对所有相关人士来说似乎很无趣。(第一章中的记忆的历史性被假定不存在。)人们对于过去的效用可以被改变的方式也没太大兴趣。通过后来的重新定义，过去的效用可以变成负效用(反之亦然)。但举例来说，显然，这种重新定义在离婚中出现了，或在重写历史的过去经验时也出现了(如今天对 19 世纪晚期的女性的描述，在各自的圈子里，她们往往自认快乐，但现在的学者认为她们是虚假自我意识的受害者)。[1] 因此记忆和事后重新定义都是结果的重要组成部分。为了将它们纳入讨论，我将根据它们是向前看、向现在看、向后看还是向所有时间方向看，将结果概念区分为前瞻性(prospective)、瞬时性(momentary)、回顾性(retrospective)或泛时性(pantemporal)的。[2]

非时态化结果

最常见的前瞻性结果概念是时态化了的经济学家的概念。这是一个**前瞻性时态化结果**(Prospective Tensed Outcome，PTO)的概念，在

---

① 特沃斯基和格里芬(Tversky and Griffin 2000)指出，过去的福利是当今福利的标准参照。关于离婚，参见 Vaughan 1987：271ff。

② momentary 既可以指“时间的短暂”，也可以指“时刻”。本章中译为瞬时性。在其他章节中也有“时刻”之意。——译者注

其中我们猜测未来结果的轨迹，以便在当前做出决定。可以肯定的是，即使在贴现理论下，其目的也是为了在(从“完成的”意义上来说，in consummatory terms)“最终”获得更好结果。但同时，我们试图设想未完成的结果，以便做出决定。这是一个完全时态化的练习。①

188 但是，我们也可以想象一种非时态化的前瞻性“结果”，在这个概念里，未来的结果在某个时间段的开始时刻就毫无疑问地存在了，即一个“点结果”度量，但这个度量被用在时间区间的开始而不是结束时。在最简单的情况下，这是社会学的先赋(ascription)概念。我们通常认为先赋从规范性角度看是错的，从科学角度看有点无趣。值得注意的是，同样的情况(结果在一段时间内很早就被确定了)在极端双曲贴现中也存在(如托尼·曼内罗在《周末夜狂热》开始时)。双曲贴现利用一个积分来表征区间的效用(指数贴现也是如此)，但在这种情况下，贴现函数的形式是 $1/(1+rt)$，其中 t 是时间，r 是参数。当把 r 设为任意大时，积分的值任意靠近时间零点的点结果。② 一位极端的双曲贴现者把一个持久的结果归因于他或她自己在一个时间区间的开始，因为他不愿意推迟任何形式的满足。

但是，对结果的这种设想——前瞻性、非时态化、点结果——所控制的比托尼·曼内罗和他的蓝衬衫更多。正式的加尔文主义神学的结果理论正是如此：宿命论(predestinarianism)。宿命论是对我们社会学家所为人熟悉的“最后的审判”概念特征的反转。宿命论在生命一开

① 我已经展示了卡尼曼和特沃斯基的两个区别(参见 Kahnemann and Tversky 2000：15，关于“决策价值”和“经验价值”的内容)。同样，关于未来的结果，参见 Shackle(1961：9)的观点：“结果是虚构和想象的这一想法及其隐含意义需要不断强调以引起我们的注意。”

② 原文中该函数写为 $1/rt$，显然在 $t=0$ 时并无定义。作者的原意是用一种最广义的双曲形式向读者说明该现象，而并没有考虑具体的数学性质。与作者商讨之后此处采用在经济学文献中更为常见的基本定义形式。——译者注

始的时候便固定了(终极)结果。采取该模式的社会系统很常见。举一些来自先赋系统的例子。例如，贵族们长期以来以他们的财政优势(自他们出生之时就有前瞻性保障的结果)使他们拥有考虑整体国家利益的自由为理由，为精英统治辩护。在法国和日本这样的教育体系里，用学习生涯早期的一次考试来决定个人的结果。这些体系为自己辩护的理由，同样也是为了避免受野心家的利益影响。这事实上将它们的成功归结为自我实现的预言。期限也包含类似的概念：担任公职、学术代表和接受惩罚的期限。他们预先确定了一个结果，目的是削弱中间利益的作用。因此，预期保证的结果在社会生活中意外地非常普遍。①

请注意，这些前瞻性结果的结构大多旨在采取行动或促进行动。 189
时态化的那些结果有助于人们做出决策。非时态化的那些往往是创造社会稳定或削弱负面社会外部效应的一种方式。但也要注意，PTO 概念本身并不是完成性的；它们评估未来的结果，但并不决定它们。相比之下，非时态化的前瞻性结构实际上决定了未来某些成就的界限。这就是为什么我把它们称为“宿命的结果”，而不是“最后的审判”，后者出现在非时态化的时间区间结束时。

宿命是最后一种非时态化的结果概念。因此，总结非时态化结果的类型很有帮助。我们已经讨论了四种特定类型的非时态化的结果概

---

① 有人可能会问，新教的宿命论是否真的符合这种模式：是否有人相信人的宿命，这样他们就可以摆脱生活的烦恼，并且可以简单地以他们选择的方式展示上帝的恩典。我们不知道这个问题的答案，因为加尔文认为提出上帝为什么要选择宿命这个问题是不虔诚的[这个观点来自与康斯坦丁·法索特(Constantin Fasolt)的个人交流]。奥耐达社区(Oneida Community，参见 Foster 1984，chap. 3)中有一个婚姻限制的例子，它实际上等于任职期限。但当然也有诸如“船上浪漫”的文化形象，以及其他一些特别有限的露水情缘。至于学术研究的期限，位于贝拉吉奥的洛克菲勒中心闻名于此：为期一个月的学术访问期和十年等待回访的时间。英国议会可能是任职期限结构延续至今的最古老的例子，(至晚)从 1716 年起，规定每七年举行一次选举。(从 1694 年到 1716 年，规定每三年选举一次。)

念，每一种我们在社会和个人层面上都已看到。我们有两种点结果：起始时的宿命论和结束时的最后的审判。我们也有前面提到的两种时段结果：趋势和均衡结果。所有这些都是结果的一般模型，是我们对结果性质的想象和范式测量的方式。尽管尚未探索过，但我还是认为，各种大量不同类型的时段聚合(如累加/积分等)可能是非范式或者半范式化版本的跨时结果。然而，我忽略了瞬时性或回顾性的非时态化的概念，更倾向于关注那些可能性的时态化版本。

时态化结果：瞬时性和回顾性

在时态化结果方面，迄今为止，我的大部分注意力都花在了**前瞻性时态化结果**(PTO)上，正如经济学家经典的贴现未来所证明的那样。现在，我将考虑另外两种时态化可能性。

首先，有一个真正的“点”式的时态化结果，我将称之为“**瞬时性时态化结果**”(Momentary Tensed Outcome，MTO)。当然，在某种意义
190 上，时态化的结果总是能被构想成一个单一的点：当下。“前瞻性”和“回顾性”这两个词实际上是指代性的，在我们知道它们究竟相对于什么是前瞻性或回顾性之前，都缺乏意义。(据此，如我们所见，宿命论并不是真正具有前瞻性的。)但有一些特别的时态化结果概念是纯粹即时性的。最让人熟悉的来自哲学。例如，在构思幸福时，亚里士多德(《尼各马科伦理学》第一卷第十章，1100A10-1101A20)明确地拒绝了最后审判的想法。尽管普利阿摩斯的幸福生活在结束时被特洛伊的灭亡蒙上了阴影，亚里士多德仍然宽恕了他的悲伤。可他嘲笑了梭伦对克罗伊索斯的建议，即直到人死并摆脱不幸之前，没有人可以认为自己是幸福的。(也就是说，亚里士多德嘲笑这样一种观点：真正的结果就是一个人在确切死亡时刻的感受，一个真正的最终点结果。)亚里士多德告诉我们，幸福来自内心。因为幸福在于“合乎德性的现实活动”(1100B9-10)。而且“在各种人的业绩里，没有一种能与合乎德性的现

实活动相比”(1100B11-14)。他认为，只有最严重的外在不幸才能挑战这一点。因此，结果本质上是个体特有的一个时态化的常量，由我们成为怎样的人来决定，在我们生活的每一个当下的行动中产生。①

设想出这种结果观的社会科学概念并非不可能。契克森米哈赖(Mihaly Csikszentmihalyi)著名的“心流理论”(契克森米哈赖[1990]2017)本质上是关于一种瞬时性的经验，即“它自己的结果”。流动经验是时态化的，因为它预设了现在与过去和未来的分离。然而，与经济学家的PTO概念不同的是，除了当下之外，无论是从现在到过去还是到未来，心流都并不关心。当下的微观结构取决于许多外部和内部条件。外部条件是：(1)可完成的工作；(2)全神贯注和控制行动的能力；
(3)即时反馈。其内部条件是：(1)毫不牵强的投入；(2)进入忘我状 191
态；(3)时间感的变形(契克森米哈赖[1990]2017：49)。时间感的变形对我们而言很重要。时间在流动中的变化是一种扩张：“几小时犹如几分钟，几分钟也可能变得像几小时那么漫长。”前一个判断似乎来自外部。当一个人不在心流中时，先前的流动经验似乎很快就过去了。后一个判断是从内部来的，当一个人处在心流中时，这个状态绵延不绝。②

---

① 《圣经·约伯记》也有同样的论据。约伯在世俗事务上的结果，是上帝对他关于路西法堕落的回应的判决结果。但从约伯对自己经验的评价来看，他的真正“结果”是，他的经历是上帝给予的，因此是合理的和“好的”。这就是为什么约伯遭受的苦难必须得到解释和证明，以及为什么即使在他最痛苦的时刻，约伯也从未停止对上帝说话。这种永不停止的对上帝的导向，即使在愤怒中，也是一种品质，就像亚里士多德的美德，“来自内在”，是一种由自我产生的瞬间时态化的结果。当然，这也是约伯在上帝面前的终极自证，也是他回归财富，走向世俗的结果的原因，而这正是作者的目的。这样的MTO概念是常见的。一种类似情况是，所有的生命在每一刻都处于危险之中，而结果总是依赖于当下的即时美德，这是日本武士伦理和其他类似荣誉准则的核心。

② 一个有趣的流动例子是专家用金钱投机。许多非常富有的人继续积累财富，并不是因为他们可以以任何方式将财富用于享乐(尽管人们可以通过假设他们的“效用”在于击败竞争对手来将他们的行为保留在标准效用理论内)。相反，他们这样做只是为了享受过程的流动。也许正是因为这个原因，《新教伦理》的最后几页，韦伯痛斥资本主义退化为娱乐竞赛。

心流显然是一种结果状态，是我们在亚里士多德那里所看到的瞬时的时态化状态之一。尽管有一些明显的可能性，但目前还不清楚，在实际研究中我们如何将心流作为一种结果度量变得可操作化。我们可以简单地测量“在心流中”所花费的牛顿式时间（而不是体验到的时间），尽管考虑到时间感的变形，这似乎是一个有问题的概念。此外，这种方法只是将流动视为另一种效用，而不是作为结果概念的特定形式。因此，这一度量属于上文讨论的非时态化时段结果的概念范畴。

将心流作为结果概念可操作化的一种更微妙的方法是将其视为一个分形（fractal），直接取心流的字面含义：流动构成了一种膨胀时间的方式（见图2）。把时间想象成一个具有一定长度或持续期的B-序列直线。现在假设我们把这条线三等分，将最中间的三分之一替换成一个等边三角形的两边。这个三角形的边长等于中间三分之一的长度。这条直线现在变成了一条轨迹，尽管它的水平延伸保持不变。这个轨迹的中间有了一个偏差（deviation），总长度是以前的三分之四。现在

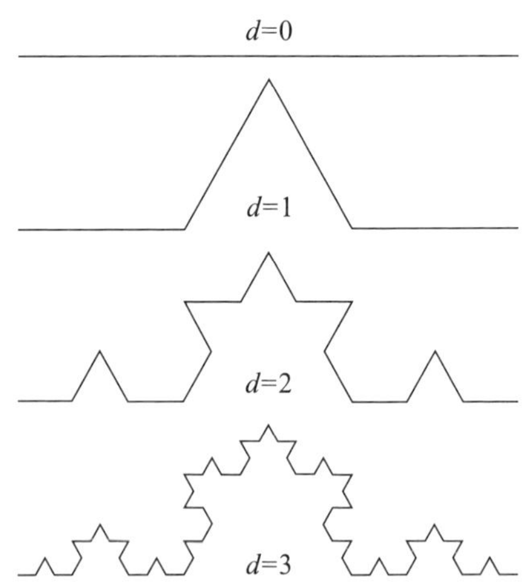

图2　由上至下代表从深度0到3的科赫分形

对轨迹当前的四个组成部分中的每一个都做同样的操作。其总长度变成最初长度的九分之十六，尽管水平延伸保持完全相同。

当然，这种构造——科赫分形(Koch fractal)——可以无限重复。我们可以把它看作时间在流动中膨胀的类比。线性时间保持不变，但 192
生活经历变得比最初要多得多。(在下一次迭代中，这条直线将长达原始长度的两倍，事实上，如果我们继续下去，它是无限的。)科赫分形并不是"填充另一度空间"，它填充的程度可以被测量。这个数字——其分形维数(fractal dimension)，是 1.26。当然，这种类型的其他线性分形将具有不同的分形维数。也就是说，虽然没有线性方法来测量"时间膨胀"(因为它涉及另一个不可直接测量的维度)，但有一个与该膨胀直接相关的单调尺度(分形维数)，并且该单调尺度理论上可以被用来比较两个不同版本的生命经验时间，一个是某人的心流所带来的生命经验时间的增长，另一个是固定水平时段直线。[1]

对于这种"流动中不同类型的分形时间膨胀"，我们如何确定一个度量呢？请注意，在有限系统中，这种时间膨胀有两个不同的参数：第一，分形生成器引起的第一步扩展；第二，生成器递归应用的次数。原则上，人们制造流动的方式，也就是第一个参数可以直接从他们的流动经验中估算出来。所以例如，使用刚才讨论的分形展开法，"科赫人"可将经验分解成一个开始、一个流动膨胀的中间和一个结束。第二

---

① 像科赫分形这样的线性分形有时被称为"曲流"(meanders，Lauwerier 1991)。不同的曲流可能具有不同的生成规则。[科赫分形的维数 d 可通过求解一个简单的对数方程 $(1/3)^d=(1/4)$ 得到。直观地讲，其中 1/3 代表缩放因子(scaling factor)，即上文中直线被三等分；而 1/4 代表着度量缩放因子(measure scaling factor)，"度量"在这里只是抽象的表征下一次迭代都会在更小的尺度上由四个上一次迭代的图形组成(如：上述例子中深度 $d=2$ 可以理解为由四个缩放为 1/3 的 $d=1$ 的图形组成)。分形代表着一种非传统的思考"空间"的方式，跳脱了"一维、二维、三维……"的限制，即被测量的空间不需要是整数维数。——译者注]

个参数——人们产生流动的深度——虽然不难概念化，但更难测量。一个“深度二”的科赫人应该把“流动中间”的前后“平常时间”展开，把它们扩展成一个开始部分、一个结束部分和一个流动的中间部分，就像一个人在一场大型体育比赛前有一套特殊的仪式或练习，之后又有一种特殊的庆祝方式。对于深度三或以上的区域可依此类推。原则上，这两个时间膨胀参数(生成器及其深度)可以测量。这些度量并不比健康结果文献中用于估计 HRQL 的“时间交换法”和“标准博弈法”更为花哨。因此，我们可以想象一个以经验为基础的研究项目，在这个项目中，结果被设想为一个瞬时的时态化现象，每个人都可能有一个独特的版本或类型。这种结果的即时性方面将对“一生中经历的总结果”产
193 生巨大影响，但不能通过简单的“随时间变化的结果数量”的简单问卷得到，因为它隐藏在个人体验其所获得的效用的方式中。[①]

请注意，这种方法意味着作为结果度量的流动将独立于社会估值尺度。例如，它不是金钱的函数。除了赋予控制行动的自由，富裕并不能使流动变得更加可能。还要注意的是，由于流动关注的是“当下”，所以还不清楚如何在整个生命历程中将其聚合为一个结果，或者如何将其存在、缺席或可能性作为一项重要的决策标准。在某种程度上，这是任何时态化形式结果概念的问题。把所有的事情以现在作参照，它们将可能性不断地重制，无论是前瞻性的还是回顾性的，瞬时的还是泛时的。

时态性结果最后和最有趣的形式不是瞬时的，而是回顾性的。我们有思考未来结果和当前结果的模型。但是，关于结果的各种社会科学文献中几乎没有能真正帮助我们理解过去事件对当前结果的影响的

① 有关 HRQL 文献的回顾，请参阅 Torrance 1986。请注意，我回避了“流动是非常时态化的”这一问题，因此流动的“时间膨胀”不会在所有给定的持续时间内均匀发生，而是在某种意义上从左到右发生。在将流动用作结果概念之前，需要解决这个问题。

著述。（当然，关于精神创伤的文献越来越多。）很明显，我们可以首先回想到，非时态化时段性结果，它基本上以一种简单的方式将过去的结果纳入。也就是说，如果在一个持续时间段的后期来看，它显然会考虑过去以及现在的福利。一个人通过认定愉快记忆本身就是当前奖励的一部分，可以超越这种观念，转向过去结果的时态性概念。可以肯定的是，记忆会褪色，我们可以假定记忆会以指数形式褪色，这就导致了一种与前瞻性贴现（prospective discounting）对称的反向贴现（前瞻性贴现是标准微观经济结果概念的核心）。① 这可能是**回顾性时态化结果**（Retrospective Tensed Outcome，RTO）的最简单形式。②

无论它是否可测量，RTO在生活决策中都非常常用。有些人选择 194
生孩子是因为他们期待着要换一年尿布（也就是说，他们选择生孩子是基于PTO理由），有些人选择生孩子只是因为他们看到其他人都这样做。但也有不少人生孩子，是为了避免在以后的生活中后悔自己没孩子。这是一个RTO决定，而不是一个PTO决定。因为在标准的前瞻性贴现率下，即使是30年后的巨大遗憾，在今天也没有实质性的效用损失。但从结局的角度来看，随着尿布和彻夜难眠成功折现（通过选择性记忆，如果没有其他的话），这一遗憾隐约显现为巨大的损失。

然而，这种对RTO的思考方式存在的一个困难是，它没有考虑到过去的效用即使在成为事实之后仍然可能“存在问题”。更正式地说，

---

① 中文经济学文献中也称为“预期贴现”及对应的“预期贴现率”，本书中为保持前后一致，译为“前瞻性贴现”。此外，“以指数形式褪色”对应前文的指数贴现，暗示褪色的速率，不管这个记忆有多近或多远，都是一致的。——译者注

② 记忆在RTO中的重要性暗示了预期在PTO中反向的重要性，这在PTO的微观经济学版本中被忽略了。当快乐完成时，失去的东西（关于这个问题见第218页脚注②）是对快乐的期待，它应该被认为在整个期待期内有其自身的效用。最模糊、最长期的预期往往是最强烈和最持久的。正如记忆应该构成RTO的核心一样，预期在PTO中不应该像它如今这样被忽略。“中年危机”这一概念的根源是预期在圆满中消亡。

它不承认完成所具有的持续的历史脆弱性。最明显的例子我已经提到了：离婚。众所周知，离婚过程会产生对过去事件的各种重新定义，尤其是对过去的完成结果的重新定义。其中一些是如“你知道，我从未真正爱过你”形式的简单重新定义，它突然消除了大量的过去快乐的意义(甚至是折现过的意义)。另一些则是策略性的。正如沃恩(Diane Vaughan 1987，chap. 10)所指出的那样，这些重新定义可以在离婚过程中作为开局和反应策略。其他的重新定义则仅仅因为对过去所有解释的“置疑”而产生——这些解释过去受到安全的、人为的婚姻质量的保护。

但所有这些都意味着，过去不仅被贴现，而且可以被重新估值。正如我们所看到的，这可以是完完全全的重新定义。但更常见的是被后继行动重新定义。当第二段婚姻发生时，前一次仅仅变成了“第一段婚姻”，或者当第二次和第三次的杰作没有出现时，辉煌的早期文学成就变成了“昙花一现”。这确实是亚里士多德对普利阿摩斯的哀悼的核心所在，尽管他成功经营特洛伊城多年，但这种成功被重新定义为“陷落前的骄傲”。正是这种逻辑促使梭伦告诉非常富有的克罗伊索斯，在死前不要认为自己幸福(普鲁塔克，《梭伦传》27：4～7)。

一种真正有效的RTO结果度量必须考虑到这些重新定义。然而，请注意，尽管在前瞻性贴现中，未来的不确定性被认为从现在开始单调增加，但尚不清楚当我们进一步远离过去的事件时，它们是否系统性地更容易被重新定义。事实上，长期以来有关舒茨(Alfred Schutz)
195 的“沉积”(sedimentation)和弗洛伊德的儿童期性特征(infantile sexuality)的文献都认为恰恰相反。因此，我们不太可能通过简单的负指数折现来处理重新定义的问题，尽管后者似乎是处理忘记快乐这一更简单问题的最佳方法。同样要注意的是，在社会层面上，这种重新定义可以对过去进行非同寻常的转变，无论好坏，正如彼得·诺维克(Peter

Novick)关于大屠杀的精彩著作(诺维克[1999]2019)中的例子所详细展示的那样。在社会层面，这种重新定义对当前“结果”的影响巨大，因为它的时间范围和过程结果框架要长得多。[①]

当我们从回顾性时态化结果转向泛时的时态化结果可能性时，我们已经达到了应该被认为是可能的结果概念的理想形式。在我看来，结果概念应该包括前瞻、时刻和回顾。我们不是瞬时性生物；我们有过去和未来，我们的社会制度也是。时间的所有部分都与两个层次的结果相关，或许不是同等地相关，但它们之间的平衡本身就是我们应该探索的，而不仅仅是被假设。至于时态，很明显时态化结果在根源上比非时态化结果要好，因为正如柏格森、沙克尔和其他许多人所说，我们生活在时态化而不是非时态化的世界里。行动、深思、期待和记忆从根本上都是时态化的。无论我们是在个人层面上的决策制定(我在过去几页中的隐含重点)，还是在拉扎斯菲尔德的选举研究中的“历史前进”的群体层面上思考，我们都希望我们的概念在时态化的环境中工作，因为我们研究的人和社会结构总是处于时态化的环境中。转向非时态化的结果可能是一种必要，因为人们需要比较跨能动者之间的结果，又或者因为它在数学上更简单和更易于处理。但这不应该使我们对它从根本上是不合需要的这一点视而不见。

结　论

在这一章中，我试图建立一个概念性的工具来思考个人和社会生活的结果。在时态性和非时态性的结果，回顾性、瞬时性、前瞻性和

① 我在这里甚至没有篇幅去触及关于集体记忆的文献及其个人层面的对等——关于口述史的文献。这两个概念对 RTO 的结果概念都有很大的影响。

泛时性的结果，以及在这里讨论的各种版本的非时态化结果的想法中，
196 我试图为我们思考这个复杂和困难的问题提供条件。

由于问题迫切又别无他法，我广泛地借用了一些概念，并且涉及了相当不同的文献。绝大多数社会学研究的目的是评估“发生了什么”的“原因”，尽管这些研究通常缺乏一个关于如何从时间意义上概念化“发生了什么”的反思性概念。更重要的是，我们经常试图弄清楚一类人的“发生了什么”是否比另一类人的“发生了什么”更好。但是，每当我们致力于以一种特定的方式对这些结果进行时间性的设想时，我们都会首先决定我们将如何概念化结果，而这牵涉到深刻的价值取向。特别是，我们如何考虑轨迹——不管是个人的生命历程抑或是社会形成的历史——并思考如何在这轨迹上分配福利，做出的完全是基于价值的行动。这从另一方面显示不存在价值无涉的社会学。我们对这一事实视而不见仅仅是由于存在着被广泛接受的、不具反思性的、关于如何设想结果的惯例。

因此，我们关于婚姻是不是一件好事的文章应该强调人们在经历了一段婚姻之后是否安好而不是强调不婚的情形。以此为基础来比较以下度量似乎完全合理：是否拥有更多金钱，活得更长，对生活、朋友和孩子更满意，等等。但这种强调会潜移默化又不可逆转地促使我们坚持认为，情欲和家庭安排的理想目标是最终在 60 岁时身体健康，还清了抵押贷款，开心的孩子上了合适的大学，在我们前面的愉快远景是生命表上承诺的，充满了高尔夫球和美乐红酒的 21.4 年。但为什么不在 45 岁就熄火呢？运用少许的微积分，我们便知道浮士德的贴现率——从现在开始享受 24 年的幸福与 24 年后享受永恒幸福的价值相当——只有 2.89％，低于美国健康评估研究中通常使用的 3％的贴现率。浮士德是一位谨慎的保守主义者，他在天谴之前坚持了 24 年！在欧洲的健康折现率下，他只会坚持 14 年。

结果的问题不仅仅只是另一个方法论上的困扰。大多数社会学的结果概念都把一种彻底的、完全资产阶级的生活观强加于我们的数据上，对此不存在什么“客观”。这一概念围绕正派、慎重、常态和某种被高度控制的愿望而组织起来。这是一个贬低强烈经验同时高估谨慎的概念，这一概念强制对未来的计算并忽略记忆。它偏好那些没有遗 197
憾，也许也没有什么值得记住的生活。

让我回到本章以《周末夜狂热》开场的部分，几十年来主导社会学的最终结果概念在我看来有点富斯科式。它让我们站在五金店里，尽职尽责地把油漆放到架子上，我们每个人都像无色的中年分析师一样，各司其职。但是拉扎斯菲尔德和托尼·曼内罗一样，意识到生活的本质与其说是你最终去了哪里，不如说是你决定去那里。《周末夜狂热》的开场是一段 5 分钟的特写。镜头对准约翰·特拉沃尔塔的脚，上面裹着红色的高跟仿鳄鱼皮皮靴，他以英雄般的透视视角向摄像机走来：5 分钟的步行，5 分钟时态化的过程，包含了过去，现在和未来。托尼带着油漆罐去五金店，但我们并不在乎这个最终结果。我们想看他到那里去的过程——他买了两片比萨，转过身去追逐那些从他身边走过的漂亮女孩，听着头顶的高架轻轨急驰而过的声音。整个行走即结果，对我们社会学家来说，理解这次行走是至关重要的问题，就像特拉沃尔塔所跟着的音乐一样，是一个如何“活下去”的问题。①

① 另一个一语双关，作者用在这里的 staying alive，同样也是电影里的结尾曲，Bee Gees 乐团的同名名曲。字面翻译就是“活着”，或者“活下去”。——译者注

198

第七章　社会秩序与过程[①]

社会秩序的问题

前一章区分了有最终结果的现象和只能经历无止境接续的过渡结果的现象。正如我指出的，通常的观点是，个人有最终的结果，社会实体有接续的过渡结果。但如我同时指出的，如果我们着眼于人类个体生命中较短的时期，我们会发现许多事物的过渡结果模式(均衡、趋势或其他形式)存在于较长时段内，如学校成绩、日常的幸福、健康。当然，正如我在讨论序列化(第五章)和任职期限(第六章)时所指出的，有时社会实体也会有最终结果。但是，至少在自由主义社会思想的范围内，我们通常对个人，而不是对社会设想结果。只有像伊本·赫勒敦(Ibn Khaldun)和黑格尔这样的周期理论家会认为，每个社会或社会团体，像每个个体一样，都必须不可避免地走向终结。更确切地说，对于社会实体，我们通常检验的不是结果，而是社会控制(social con-

① 本章最初应伯纳德·哈考特(Bernard Harcourt)的邀请而写。早期版本发表在 *Cahiers Parisiennes* 2(2006), pp. 315-345，这是芝加哥大学出版社的一个不定期的书系。正如前一章从过程论的角度考察了结果的概念一样，这一章从相同的角度考察了秩序的概念。我已为本章做了相当大的修改，但仍然有些电报化。事实上，它提出的问题对于本章的篇幅来说太多了。(本章原文的电报化写作导致很多句子缺乏主语，大量使用代词。在翻译时保留了这个特性。——译者注)

trol)或社会秩序(social order)。这些术语描述了大致可以被度量的社会状态，用第六章的术语说，是过渡性瞬时结果。这些术语度量的是 199
在某一现在时刻下，一个社会中组织的数量多寡。此类控制或秩序的概念是本章的重点。

历史上，社会控制和社会秩序的概念有两种使用方式。它们有时只是指一个可测量的变量。但它们更常指的是该变量的理想水平。因此，社会控制往往意味着强有力的或成功的控制(对许多作者来说是“太多的控制”)，而社会秩序通常与社会混乱相对。接下来我所使用该术语的语境应该会使这些术语的用法清晰，但是当可能产生歧义时，我将尝试具体说明我的意图。

对于第一芝加哥学派来说，社会控制指的是使一个社会能够实现它所希望实现的目标所必需的社会组织形式。这是一个松散的概念，更不用说是同义反复的。这个概念没有与任何关于社会的一般理论建立联系。莫里斯·贾诺维茨(Morris Janowitz)在 20 世纪 70 年代试图对其进行更新，但与他的前辈一样，他并没有将其与一般的社会或政治理论联系起来。此外，他和早先的芝加哥学派学者都用“社会控制”一词来指代过程。但它既可以指一般性的过程，如选举，也可以指特定的过程，如帮派规则。这个术语并不明确。此外，20 世纪 60 年代以后，“社会控制”一词变成了贬义，主要用于标注国家机构对偏异行为的不公正的支配模式，更广泛地说，是指精英对下属个体的支配。所以早期的非贬损用法并没有保存下来，我这里使用的是更常见的术语“社会秩序”。[①]

---

① Janowitz 1975 简要介绍了社会控制的概念。Carrier 2006 把这一历史做了更为当代的更新，并勾勒出 20 世纪早期主导的更广泛的社会控制概念的重要性。请注意，这种变化可能不是社会控制获得了新的贬义内涵，而是原有的含义仍然存在，但现在被认为是贬义的。

社会秩序是一个发展程度更深的概念，是自17世纪自由主义政治理论开始出现以来社会思维的核心问题之一。在英美传统中，“秩序问题”最让人熟悉的表现形式出现在《利维坦》中：霍布斯问道，一个社会中，有着相互冲突的目标和冲动的人如何在不互相毁灭的情况下共存？这个霍布斯式的问题一直困扰着社会学。事实上，在《社会行动的结构》中，塔尔科特·帕森斯(Talcott Parsons)认为，自16世纪基督教改革以后，所有的社会思想都源于解答这个问题。该问题首先由霍布斯
200 提出，后来由洛克、马尔萨斯和斯宾塞等人以各种方式加以修改。①

秩序问题的逻辑原理很简单。它先假定存在那些为利益、荣誉和安全而竞争的不相关的个体(《利维坦》第一部第十三章)。然后，它询问社会生活在这些个体中存在，在逻辑上有何必需。这一设置将我们的注意力集中在对合作的解释上，特别是利他主义这一极端情况上——根据假设(*ex hypothesi*)，利他主义是不可能的。当然，如果说理论上的合作与利他主义是意料之外的话，对于经验上广泛存在的合作和利他主义现象，人们已给出了各种各样的解释：从霍布斯强有力的利维坦，到帕森斯的规范性共识。与社会控制的概念一样，这些解释也被指责为同义反复。

但我无意在这里解决霍布斯的难题。相反，我关注的是设想什么样的秩序概念可能在一组不同的社会前提下合适：那些来自过程主义的概念。正如本书的首两章所论证的，过程本体论并不是从试图创建一个社会的独立个体开始。它从事件开始。社会实体和个人是由持续不断的事件流动组成的。因此，问题就产生了：如果我们不是从通常的自然状态本体论开始，而是从这个完全不同的过程主义版本开始，

① 帕森斯([1949]2003：99)讨论了这个问题。他对霍布斯的看法有些特别。我个人的观点是霍布斯代表了一种政治理论的明确表述，这种理论在普通法中得到了含蓄的发展。《利维坦》第一卷最后几章中的“自然法则”大部分实际上是普通法的标准。

什么样的秩序概念是必要的呢？

当然，尽管没用那些直截了当的术语，这个问题早就被提出了。只是它隐含在对社会秩序的经验性和历史性研究的悠久传统中。这些研究反对霍布斯及其后人的抽象作品。这种传统总是意识到，把个人与社会之间的关系看作纯粹的关于秩序的逻辑问题，会导致一种几乎无内容的分析，这种分析的前提已经决定了它的结果。可以肯定的是，霍布斯、洛克和卢梭举出了经验性的例子，但他们论点的基础是抽象和演绎。此外，社会秩序起源于实际的社会，而不是一种根本不存在的自然状态。因此，这种替代性传统植根于经验主义，如我们在马基雅维利、维柯、孟德斯鸠和他们的后继者身上所发现的。这些作者的作品中充满了具体的例子和案例，有时是古代的，有时是现代的，有时两者兼而有之。

但他们的历史主义比经验主义重要得多。马基雅维利、维柯和孟 201
德斯鸠都是基于历史或起源的作者。相比之下，霍布斯、洛克，甚至在很大程度上卢梭都并不考虑历史时间的流动；他们的社会位于一个抽象的秩序和混乱的宇宙中。在那样的宇宙里，我们感知不到真实的时间；事实上，在那里没有任何种类的殊相。普遍的、无内容的个体联合起来，以在同样不明确的自然状态的恐怖面前保护自己。可以肯定的是，“秩序问题传统”(problem-of-order tradition)并非不了解历史。卢梭认识到世代更替为社会契约创造了一个根本性的问题。洛克经常用历史例子来证明他的论点。但他们对社会秩序的基本概念是逻辑性的，而不是历史性的。[①]

---

① 当然，这并不是说霍布斯和他的追随者没有受到非常特殊的经验情境的促动，也不是说他们没有把非常特殊的经验事实当成是抽象的一样使用。使用普通法标准作为“自然法则”确实是这种部署的一个极好的例子，就像霍布斯根据店主的守约规则对正义进行定义一样。但是，这些定义以抽象的方式部署了非常特殊的、经验性的东(转下页)

相比之下，在马基雅维利、维柯和孟德斯鸠那里，我们总是处在一个历史性的世界里——一个时点，抑或最常见的是一个地点。这些作者给出了社会生活的过程论者的理论：在实际历史事件的流动中，从经验上、局部地讨论秩序和无序的理论。这些观点把继承和过程置于中心。社会世界是一个事件的世界。不仅个人，而且机构、规则和政府都在通过事件不断变化。此外，社会过程中有的经验部分可以被排序①，而有的则不能。这也与秩序问题传统形成了鲜明的对比。的确，在后一种情况下，大多数作者确实将公共领域和私人领域分开。但这些不是经验性的现实，而是对遍布社会过程中所有经验位置的分析性抽象。公共领域的普遍性正是通过其秩序性(orderliness)被明确定义的。②

202 相较而言，过程主义者认为社会生活的许多内部边界永远在变化。制度和社会团体不是可以互相继承的固定存在，而是随着时间的推移被捆绑在一起的事件的世系，其中新事物总是不断被捆上，旧事物总是不断被扯下。这些世系不是同心结构——如我们所熟悉的“个人、家庭、社区和社会”这样的层级列表，从秩序问题传统直至当代社会学教科书的书端，这种同心结构仍在回响。相反，世系交叠、相互渗透、

(接上页)西，并声称它们具有普遍主义。同样，卢梭在《论科学与艺术》中描述不平等的“历史”是纯粹的假设，这意味着他的论证必然同义反复。与他反对的那些论证不同，卢梭的论证根据仔细推理的假设，因此确实具有优点。同样的，《社会契约论》的经验性段落也是在第一册和第二册的抽象论点之后出现的，它们被用来解释抽象论点，而不是促动这些论点。

① 在本书中 order 既有“秩序”也有“有序”(序列)的意思。这两个词在文中交替使用。值得指出的是，在第四章和第六章中谈到“时序”和“时态”差异的时候也用的是 order。但在本章中“秩序”指的是“有条理，不混乱；符合社会规范化状态”，一般用在生物体或社会实体上。而“次序”指“先后顺序”，更广义。——译者注

② 卢梭是这次分离最著名的倡导者。当然，帕森斯做的恰恰与卢梭区分政治和公民相反，他把霍布斯的秩序模型均匀地扩展到社会的所有功能领域。大卫·洛克伍德(David Lockwood)1992 年提出了一个有趣的论点，认为涂尔干没有这样做，而是把经济和地位的世界看作对社会核心规范秩序的外部干扰。在这个意义上，帕森斯超过了他的老师。

分裂然后又重新连接，组成一个网状结构，如在时间的寸隙中交织或跨越一众当下的空间那般复杂。

在这样一个世界里，秩序问题传统中所设想的那种动态化的静态秩序不可能存在，霍布斯的《利维坦》和卢梭的《社会契约论》也不可能存在。然而，我们仍然必须提出秩序的问题。即使我们认识到过渡转变和偶然性的中心地位，我们仍然必须追问，在过程论方案中，我们可以创造什么概念来作为古典传统中构想的经验和规范意义下的秩序等价物？我们怎么能把偶然的社会过程看作某种准霍布斯意义上的有序过程呢？

然而，要理解这些概念，我们必须首先回顾一下社会秩序的其他各种概念，重点关注它们在时间流动中的嵌入程度。这些概念大相径庭，从霍布斯对抽象的“秩序问题”分析到史学中乏味的概念，如时期(periods)和政权(regimes)，再到一般的经验性描述，如“再生产”或“传统”，最后是在过程的规范性观念中最为人所熟悉的“正当程序”(due process)。为了抑制这种多样性，我首先要定义一些标准来分析这些不同的秩序观念。这个任务将占用下一小节。然后我将转向社会秩序概念的多样性图库。

过程主义与秩序

任何秩序概念都面临着许多挑战，当我们拒绝来自契约论传统(contractarian tradition)中典型的社会本体论那些简化的假设时，这些挑战就会变得更大。从过程论的角度来看，社会秩序的概念似乎有四个特别重要的问题：**实质性**(substance)、**时间性**(temporality)、**社会** 203
分配(social distribution)和**社会秩序与个体结果的诠释**(articulation of social order with individual outcome)。[①]

① articulation 在本章中就有“清楚说明”“衔接”“表达”“诠释”之意。——译者注

在第一个问题中，我们不清楚在一个由过程论构思的世界中，秩序的概念是否可以像经典的秩序概念一样避免特定的实质性内容。在秩序问题传统中，秩序内含的模型是简单的均衡，偏离秩序导致了回归秩序的矫正行为。通常涉及的秩序是非实质性的。秩序只是冲突和不可预测性这两者的缺席，而不是某种特定积极的实质性质。例如，在霍布斯那里，不公正被定义为未能履行契约。霍布斯的个人目标是安全和自由地去做人们想做的事情，但是他很少讨论他们具体想做什么。这被归于自由的领域。这也是不平等的领域，这一事实将在下面产生重要影响。

在一些遵循自由主义传统的作者那里有一种更宽泛的秩序概念。例如，涂尔干的规制概念(regulation)认为，社会秩序的一部分是一套规则和模式，它们明确了个人应该做的特定事情：人们应该扮演的角色，以及扮演这些角色应得的报酬。他关于有机团结的概念建立在个人之间社会性模式的差异之上。但是，即使是涂尔干也假定在个人经验领域存在很大的差异(自由)。社会力量设置了行动的倾向，但不能决定行动。所以，即使在涂尔干那里，超越社会秩序所确立的世界之外，仍有一个自由和行动的领域。因此，虽然分隔线的确切位置不同，但在实践中，契约论自由主义总是将社会实践分为两个领域：一个纯粹形式化的平等领域与一个具有殊相、差异性和不平等性的实质性世界。①

① 自由资产阶级思想关注的是形式而不是内容，这个观点已多次被人提出。一个特别精妙的分析是曼海姆的《意识形态与乌托邦》(曼海姆[1936]2002：236～237)。涂尔干特别有趣，因为他做的区分不是区域性的。霍布斯直接从普通法传统中成长起来，通过扩展法律概念来界定社会秩序本身，分离了形式/内容，因此他的普遍性和形式化的世界最终是直接受法律约束的事物的世界，除此之外都属于私人世界。尽管涂尔干在《社会分工论》中似乎遵循了这一计划，他的两种团结概念基于两种不同的规律，但他更广泛的秩序理论(在《自杀论》中)将一般社会力量(建立了倾向)与特定个人意志(以某种方式保持自由选择，如自杀与否)分开。事实上，涂尔干模型是一个概率论模型：社会秩序的力量注定了一般的概率，而个人的决定却导致了死亡。我在《攸关时间》第三章中广泛讨论了涂尔干的因果观。

我们不清楚这种分隔是否能在过程主义中起作用。第一，从过程 204
论的角度来看，社会永远不会处于均衡状态。冲突和不可预测性是社会生活的本质，因此社会秩序不能由它们的缺席构成。更重要的是，这种“非均衡”通常是实质性的，而非纯粹形式。有些冲突事关特定的事物，而不是关于如“平等”这样的形式化属性。从理论和经验的角度来看，这似乎是一种必然。在理论角度上，如果不是某些群体(实质性不平等领域中的群体)比其他群体享有更多特权的话，那么在公共(平等)领域和私人(潜在不平等的)领域之间，似乎逻辑上不可能存在界限。如柏拉图所说，界限存在的唯一理由是那些参与管理纯粹平等领域的人无可避免地享受某些优势。在实证角度上，我们看到社会运动不仅攻击它们所在社会中的实质性共识(即攻击被认为是“合法”的实质性私人不平等)，而且攻击形式平等的普遍领域，在这个领域里私人不平等正在受到裁决：投票制度、考试体系、监管系统，有时甚至是法律。后一种攻击总是在形式化的基础上进行，但很明显，大多数攻击都具有实质性的政治目的，这些目的与不平等领域中的特定群体有关。[①]

总之，对于任何秩序概念都存在一个问题，即它是否能以纯粹形式化的方式被定义，又或者它必须具有一些实质性内容。对秩序问题传统而言，这种困境可能令人担忧，对于过程主义方法则尤甚，因其基础是经验性的社会现实。

---

① 对教育成就测试(achievement tests)中“文化联系”(culture-bound)性质的攻击是一个明显的例子。这是因为有些人对特定的群体在当前的测试中表现不佳感到不安。但是当然，这些测试以几十种方式与其他文化联系在一起，而同样的攻击者并不会抱怨这些；对他们来说，重要的是特定的结果，而不是文化联系本身。在20世纪80年代对银行业监管的攻击中，人们可以看到同样的事情(不过是在政治权利方面)——在讨论自由的时候，他们高谈阔论，但实际上是为了提高特定的利润。

第二，一旦我们摆脱了无内容的秩序概念，就很难说什么时候社会是有序的，因为事物在某个时间点上的价值不一定等同于在另一个时间点上的价值。考虑到价值的这种永无止境的运动，人们无法决定从哪个时间点来判断秩序。（因此，社会秩序有一个“何时”的问题，与
205 个人结果中的问题一样严重。）如果像在秩序问题传统中一样，我们寻求一种以某种方式在跨时状态下也能生效的秩序概念，我们可能不得不想象某种实质性秩序。它不仅可以设想后继秩序概念，而且可以实际接受被后继的秩序概念取代。① 也就是说，我们必须想象不同的规范性秩序以规范性的方式互相继承。当然，有一种无关紧要且不那么令人满意的思考方式：假设子孙后代永远是正确的，该假设在受过高等教育的、具反思性的学者中和普通人中一样普遍。但是，仅仅是因为它们是后继者便认为社会过程的后期状态比前期状态更有秩序似乎是愚蠢的。② 这种对秩序时间性的同义反复，确实符合秩序问题传统中无内容、非冲突均衡的概念。但无论是作为经验性还是规范性的秩序概念，它几乎都显得故意般地无知。

第三，过程主义的观点迫使我们面对“为谁的秩序？”这个问题。我

---

① 正如我们在第四章所看到的，E. P. 汤普森的《英国工人阶级的形成》（[1963]2001）中弥漫着一种秩序的感觉，这种秩序感预见到了自己的消失。兰佩杜萨的《豹》（[1960]2016）中对一名贵族之死的精彩描绘和莱辛的《八号星球代表者的产生》（*The Making of the Representative from Planet Eight*，1983）也充满了这种感觉。

② 因此，汤普森努力将失败者从“后世的不屑一顾”（汤普森[1963]2001：5）中解救出来，这一点已在第四章中讨论过。职业的世界到处可见失败的职业：铁路外科医生、交通运输员（conveyancers）、电疗师（electrotherapists）等。政府的过去充斥着重组的机构，商业的过去充斥着失败的公司，甚至失败的公司形式。即使是历史学家也普遍站在胜利者一边。最重要的是，在历史上有一些时期，主流观点认为现在代表着过去辉煌的衰落。尽管人们通常认为这只是保守的，甚至是反动政治的形式，但也有一些时期，甚至在左翼中也普遍存在着衰落的观点：20 世纪 30 年代末的德国，军阀时代的中国，进步时代的美国。轻易接受“现在是最好的”（或“现在是目前为止最好的”）观点是一种深刻的危险。

不是说随着时间的推移，两个群体之间的相对序列会发生变化，因为这些群体可能在完全不同的基础上重新组合成新的群体。随着时间的推移，继承的稳定过程会重新编织世系；阶级会划分和重组，分化的标准会转变，消费或行为的标准都会不断地重新排列。社会的各个单位在不同的时刻相互转换。根据这样一种观点，从全社会的趋势，如“自由放任”或“清教主义”的角度来考虑秩序的继承并无可能。但即使在某一时刻，在秩序类型上也可能存在广泛的局部变化。

第四，也许是最重要的，一名过程主义者的社会生活观给我们带 206
来了在集体秩序和个人结果之间新的冲突。在秩序问题传统中，这种差异的具体形式体现为个人自由的问题，即特定个体在特定时刻追求一种不同于主导的集体秩序的能力，也许是因为他更喜欢一种能给他带来更好结果的秩序。也就是说，在这一传统中，这种差异是支配性的社会秩序与个人偏好的结果之间的差别。这一差别威胁到公共平等和私人不平等的分离，而这是自由主义解决秩序问题的核心。这种差别是一种实质性的差别(在私人领域)，被政治性的(或其他的)形式化平等制度所压制。当然，关于多数人暴政的文献也探讨了这个问题，关于比例代表制的文献也是如此。

这类冲突存在于某些抽象的瞬间时点上。① 政治理论通常将自由问题概念化为特殊情况下的问题，部分是由于法律中就是这样判定自由的，而我们的政治理论正是从法律中成长起来的。但是，对个人自

① 个人/社会冲突也以分形的形式被构想出来。例如，在关于多数人暴政的文献中，个人自由的问题通常是在一种同心和分形的框架内构想出来的。因此，驱使朝圣者前往普利茅斯岩的自由意志论者的宣言，被认为只不过是十五年以后导致罗杰·威廉姆斯(Roger Williams)离开这个朝圣者殖民地前往罗德岛的更大的版本。特殊个体和少数民族社会群体所面临的问题是一致的。虽然这一点没有在下文中使用，但在重新思考个人/社会的诠释时，仍然是重要的问题。

由的过程论描述需要一个可以随时间变化的自由概念，而不仅仅只适用于某个时刻。这是因为个人的生命周期有限，而大多数社会结构没有这样的限制。[①] 因此，个人和群体的秩序概念可能有很大的不同。社会结构可以自我补救并恢复秩序，但它不能替生命有限的个体补救因其混乱所造成的创伤。此外，在过程论的方式中，个人的自由(在一般意义上，个人生命历程与社会秩序世界的"自由"衔接)必须被定义在一段时间里，而不是在一瞬间。这一观点隐含在社会科学普遍存在的假设中，即富人比穷人"更自由"，因为他们可以利用机会获得更多的机会，诸如此类。

然而，这一假设使大多数个人层面的分析师回到了个人结果的概
207 念，而不是社会秩序的概念，正是因为个人对秩序和混乱的体验最终在时间上是有限的。那么，在过程论思维中，个人和群体利益的调和必须面对这样一个事实：个人在过多时间流逝之前就要求取得一个合理的未来结果，这可能会对社会系统的现在性质(present nature of a social system)造成巨大的约束，因为社会系统可以用更多的时间去找到一个可能更可取的秩序。[②] 此外，由于个人生活所依附的各种群体都是非中心性的，并且不断变化，这些约束的特性也在千变万化，由此个人与个人所参与的各种社会秩序之间的冲突的程度和特性也在千

---

① 如第一章所述，只有直接地依赖于个人生命的社会结构，如婚姻和其他个人契约，才能与个人一样拥有生命期限。

② 具有讽刺意味的是，尽管过程主义者通常将个体和社会实体视为事件的简单世系，因此解决了诸如"结构和能动"等先验的棘手问题，但他们仍然必须面对个体和社会秩序之间的冲突，因为个体与特定的人体相关联，因而存在的时间有限。在古典自由主义中，同时实现个人利益和社会利益最大化的问题，由以边沁主义(且完全反历史主义)的市场为基础实现大多数人的最大利益解决了。这一方案后来转化为新古典主义经济学家的"福利"(其实只是边沁理论的同义反复)。然而，在这里，我只关心社会秩序，而不关心福利水平。

变万化。“个人自由”是完全动态的问题。

这四个问题为我在下面讨论过程论秩序的概念提供了一个框架。我从秩序概念的实质内容的程度、秩序在时间上的分布、对社会世系复杂交织的处理，以及适合社会群体和个人的不同秩序类型之间的关系，对其进行了评价。因此，我的核心术语是实质性、时间、(世系的)交织和(“层级”间的)诠释。

在开始分析之前有两个重要注意事项。首先，这个对检验秩序概念的标准的讨论没有涉及我们应该在这里把秩序指定为经验规律还是道德规则的问题。无论我们采用经典方式还是过程主义者的方式，都会遇到这一困难。在这两种框架下，书写秩序的概念似乎总是会将经验和规范相结合。事实上，政治理论中秩序概念的力量很可能源于它对这两个对立的意义领域(fields of meaning)的强制性结合。尽管如此，接下来，我将尝试通过使用“**规律**”(“regularity”和“regularities”)来指代我们看到的社会以经常重复的方式行动时的秩序，而“**规范**”(“norms”)则指具有某种道德权威的规则。[①]

其次，我要指出，在政治思想中，自由主义理论下公共和私人领 208
域的区分通常与普遍和特殊的区分相混淆。(我们在涂尔干把集体意识与机械团结相联系，把特别意识与有机团结相联系时看到了这一点。)事实上，在日常话语中，公共和私人的区别常常与经验和道德的区别相混淆，因为公共世界普遍被接受，因此实际上是一个经验现实。这

---

① 因此，我在其他地方称秩序为综摄(*syncresis*)，这是一个故意含糊的术语(*Chaos of Disciplines*，p. 43)。现代用法通常模糊了我试图区分规则(rules)和规范(norms)的意图，因为计算机科学经常使用“规则”一词来表示创造过程规律的可重复的命令，而帕森斯和许多追随他的社会学家则允许他们自己至少在某些情况下把规范说成是纯粹的社会制度的经验方面。为了保持清晰，我将使用“规律”和“规范”分别指“秩序”的经验性和规范性方面。在第九章中，我将开始概述过程论思维中规范性现实的初步概念。

种混淆是在对涂尔干和帕森斯作品解读过程中的一个主要问题，他们两人实际上都相信规范性问题可以从经验上进行研究，即使律师会辩称，规范性问题只能用自己的规范性术语来“研究”(即严格审查、理解和分析)：法律受法律规则而非科学的、“对与错”(rightness)的规则支配。在下一章中，当我使用“**规范性**”(normative)这个词时，我指的是这个法律意义上的“规范性”。(第九章更详细地讨论了这些问题。)

过程论秩序的概念

本节是本章的主体部分，我研究了一些随时间推移的社会秩序概念，从最简单的均衡形式到更为详细的规范性秩序结构，如托管制(trusteeship)。本节研究了它们的内部结构，以及它们如何处理实质、时间、世系和诠释这四个过程论的标准。我大致把这些被检验的概念与最简单的秩序概念(经典的霍布斯模型，其特点是无内容、非时间性和一致性)对照，按其不同的程度，从近到远排序。[1] 本节有四个小部分。第一小部分是来自秩序问题传统产生的秩序均衡概念。第二小部分讨论了当我们放松对社会时间和社会空间秩序的一致性假设时出现的各种均衡的阐述。在这里，我考虑了时段性秩序(period order)和同
209 期群秩序(cohort order)等概念。因此，我的前两部分讨论的是最终静态的而非真正历史性的秩序概念(以便了解过程如何在其中进行)。然后，第三和第四小部分将转向完全过程论的秩序概念。第三小部分论述历史秩序的经验概念，如**再生产**和**传统**。第四小部分研究历史秩序的规范性概念，如**正当程序**和**托管**。

---

① 有趣的是，这种排序在越来越多地强调规范性而非经验性方面找到了一个平行点。我们显然认为过程论是规范的，反之亦然。

过程秩序的均衡概念

我从经典的秩序问题模型入手，从它的过程论含义的角度来看待这个模型。这为后续的比较提供了基础。

在经典模型中，秩序就是缺少冲突(即冲突的缺席)。当一个人定义了冲突或混乱的指标之后，秩序便取决于能将这些指标最小化的社会制度。在这种观点下，我们不认为社会秩序是由一系列特定的角色、一系列理想的生命历程和一系列特定的社会制度组成的，如在莫尔的《乌托邦》或涂尔干的"规制"概念中所见的那样。也就是说，社会秩序没有真正的实质。秩序就是缺少混乱。正如我之前提到的，霍布斯在《利维坦》(第一部第十五章)中明确指出了这一点；正义被简单地定义为没有不公正，而不公正在那之前被定义为了没有履行契约。社会秩序基本上形式化了。

在更普遍的自由主义社会理论中，社会秩序由"坏东西的相对最小组合的缺失"所构成(absence of some relatively minimal set of bad things)，这些坏东西最常见的名字是"犯罪"，最常见的最小组合与个人安全及其财产安全有关。当然，自由主义国家也被设想为拥有一些最小限度的共同制度来做出集体决策。霍布斯、洛克和卢梭对这些制度进行了详细阐述，但它们并不是相应社会秩序概念的焦点。相反，这些犯罪和不法行为才是焦点。大争论围绕财产的种类和范围展开，一方是霍布斯和洛克，另一方是卢梭和马克思，争论对它们的侵犯是否应被视为社会混乱(特别是相对于私人领域而言，私有财产是否可视为普遍或公共领域的一部分，因而可以受到公共秩序机制的保护)。[①]

---

① 从逻辑上讲，最小的坏东西组合不必涉及人身安全、财产和合同的可执行性。我们认为这些东西不是实质性的，因此我们可以自由地构建个人秩序，也就是说，构建充满不同现实内容的不同现实生活。这种看法只是重申了以下观点，即社会过程(转下页)

210 借助于这一定义，秩序就是将一些小混乱最小化，其中隐含的过程概念成了**均衡**(equilibrium)的概念。在这个模型中，秩序的回归是因为无序(最小集合中坏东西的爆发)引发了某种控制机制来消除无序的成因。这是由诺伯特·维纳(Norbert Wiener)等人形式化的负反馈模型(model of negative feedback)。[①]人们可以想象这样的系统存在局部发散和振荡问题，但在一个稳定系统中，这些都是在重新均衡过程中的瞬态。因此，这种秩序的概念是动态的，但仅在有限的意义上是动态的。从本质上说，负反馈思想捕获了霍布斯秩序观及其直接后代所隐含的整个时间秩序模型。

在涂尔干的构想中，外部危机可能会干扰涂尔干在普遍和公共领域中而不是特定和私人领域中发现的更大和更实质性的内容。但即使这样，这仍然是均衡的概念。涂尔干把注意力放在职业整合和规制上，用以作为衰退的宗教和家庭力量的替代品。这是一个更具体的负反馈例子。均衡的丧失迫使我们建立新的机制来保证秩序的回归。涂尔干认为职业整合将提供这种机制。

过程秩序的均衡形式自然地被类推到一个相关的**进化秩序**(evolutionary order)的概念，这个概念涉及一个正在运作的系统中随机的、

(接上页)分为两方面，一方面是有保证、合意和最小的，因此似乎是无内容的，另一方面是可塑、差异化、广泛的，因此似乎是实质性的。将社会过程的一个或另一个属性放入一个或另一个类别是任意的。例如，人们可以想象在一个社会中，人身安全得不到保证，但教育普及到了一个非常高的水平。当然，在这样一个社会里，会有很多暗杀，但教育似乎并无内容(因为对所有人来说都是一样的)，这些受过高等教育的人想象出的充满复杂形式的自我保护行为无疑会充满创造性，而他们的想象将是社会生活多样性的来源。这在大多数人看来，是最主要的实质性内容的来源。也就是说，从定义上讲，放在普适范畴内的任何事物都不能看起来是实质性的，因为它不能维持差异和(不)平等。

① 有趣的是，维纳([1948]2007：123)起初认为社会生活不能支持这种模式，因为“社会时间序列”变化太快，无法产生可用于引导调用负反馈的控制参数。后来他稍微改变了这个立场(维纳[1954]2010)。

无方向性的扩散（或分裂），然后是在新分化出的子秩序（suborders）中
均衡式的收敛。在社会理论中，我们通常称这一过程为分化（differen- 211
tiation）而不是进化，并且通常淡化子秩序内的收敛问题。但是，作为秩序的一种形式，进化/分化就像是动态均衡，因为它只是对某种规律的简单描述。它不像逻辑上相似的进步的概念那样包含规范性的内容。它只是在均衡思想之上增加了扩散和分化的思想。分化的理论家，如斯宾塞，都有这样隐含的进化秩序的概念。

在均衡和进化这两个框架中，存在各种实际的反馈机制来维持秩序。这里有社会控制的概念，混乱会产生纠正的反应（进化不同于简单的均衡，它允许这个过程在不同的子单元以及整个社会中进行）；这里还有更复杂的循环强化机制，例如，广告商给人们他们想要的东西，人们相应地渴望广告商告知他们应该需要的东西。就像维纳模型中指出的那样，收敛到均衡并不一定需要大过程和小调节器之间的反馈。它可以反映出其他类型的循环关系，这些循环关系成为自治关系。同样，均衡过程也会漂变（drift）。各种形式的误解——指代化的意义、误用等，即使在强制或涌现的均衡中也会产生相当大的漂变。这意味着均衡模型比它们看起来更适合作为社会秩序的经验概念。

就我的四个标准——实质、时间分布、世系以及个体/社会秩序的关系而言，均衡及其子代（即“进化”）相对简单。两者都不涉及太多实质性内容。它们只保证规律性，而不保证任何特定的内容。因此，它们不能对未来做出实质性的决定，随着时间的推移，均衡就成为一种动态的稳定性。除了漂变之外，没有长期的变化，因此也不存在需要确定合适的时间点从而确定秩序的直接问题。同样，由于这里的秩序概念是全局均衡，因此在给定的时间内，不存在秩序通过社会过程的不同部分变化的问题。这种局部差异只是更大稳定性的偶发因素。当然，在经验实践中，所有这些都意味着，这些秩序概念中的主要争议

与必须最小化的“混乱”集合的变化有关。政治的形式即把社会问题放在某一类别中，或者把它们从中剔除。受害者政治(the politics of vic-
212 timization)是这种政治的一个典型例子：对这个或那个特定群体造成伤害的主张涉及某种形式的普遍混乱，因此需要补救。

至于我的最后一个标准，即层级间的问题，秩序概念的均衡/进化家族通过**假设**“如果没有社会秩序，个人秩序不可能实现”，从而事先[*ex ante*]解决了先前这两者之间的冲突。这确实是这些秩序观念的核心假设(就像霍布斯的观点一样)。它们认为只有在非常形式化的条件下才会有例外——有良心的反对、个人的自由等——但首要的始终是最终社会秩序；正如卢梭和洛克所说，社会中的居民要做出同意。

因此，我的第一对秩序概念是均衡和进化。它们通常是抽象秩序的无内容模型，指定在抽象时间中，并在很大程度上忽略了实质的局部变化。但这对秩序概念具有相当具体的机制，这种机制会产生所观察到的规律：在一种情况下是简单反馈，在另一种情况下是在细分子单元内的简单反馈。众所周知，这些概念有时具有规范性质。但从概念上讲，这两种形式都是纯粹抽象的结构，任何特定的经验性实质内容都可以任意嵌入其中。

均衡秩序概念的复杂化

当我们离开这些一般模型永恒和无处不在的特性后，便能得到其他重要的经验秩序概念。通过允许时间的变化，我们可以从时段和同期群中获得秩序的概念；通过允许社会空间的变化，我们可以从区域和支配中获得秩序的概念。

我从**模板**(templates)或**快照**(snapshots)这两个术语开始讨论秩序的观念。这是历史学家对连续“时期/时段”的看法中隐含的秩序概念。历史分期(periodization)本身是一个纯粹的经验概念，标明了社会世界的连续集合(我在第一章中指出了它令人担忧的特性)。当我们把这些连续的世界看作连续的社会秩序系统时，常常称它们为“政权/体制”(regime)。因此，我们说后福特主义继承了福特主义，或者说咆哮的20世纪20年代继承了进步主义的时代。从这个意义上说，快照通过给我们一种思考全局秩序随时间变化的方式，从而改进了均衡秩序的概念。但这种改进只是任意人为的，因为仍然存在着一个关键难点：政权/体制的概念给我们留下了解释它们之间过渡的问题。举例来说，这个问题严重伤害了福柯的知识型(epistemes)概念。不管我们是从经验的角度还是从规范的角度来看，同样的问题也出现在连续的社会秩序中。它们是一种有用的分析便利，但我们没有非常有效的方法来思 213
考它们之间的继承关系。

于是，用快照的方式考虑过程的秩序概念只不过对均衡观点做了有限的改进。快照接受了秩序变化的可能性。但无论是经验上的还是规范上的改变，对于它是如何发生的，快照的方式都没有特别的想法。它不允许通过社会系统编织世系，也不允许整个社会系统可能存在多样性的秩序。与此同时，快照确实关注秩序的实质内容——规律本身的内容——而这在均衡观点中不存在。均衡模型的核心仅仅度量了无序，该度量通常被认为是一种不变的尺度。至少在快照中，我们允许对连续的实质性内容进行排序，这反过来又定义了随着时间推移我们对混乱度量的不同标准。此外，时间秩序的快照方法至少可以代表不同的个人和社会关系的继承，如在西美尔关于不同时期典型性格学(typical characterology)差异的概念中(Simmel 1950：58-84)。而快照中的思维显然体现在涂尔干对社会变革的分析中，涂尔干将过去和现在的这两个快照在分析中软化成一种(所谓)趋势。

此外，将世代概念(generation)与快照相结合，便产生了同期群秩序(cohort order)的概念。这使我们能够更有效地思考个人秩序和社会秩序之间的关系。快照秩序的一个明显问题是，个人生活跨越了政权/体制边界。正如我在第一章中提到的，咆哮的 20 世纪 20 年代中的大多数人也生活在大萧条时期，此外他们中一半以上的人活到了第二次世界大战。在某种意义上，这些时期有着根本不同的社会秩序，但我们必须从经验和/或规范的角度为生活在相异人生阶段的人们定义有序的生命历程。这两种生命历程有很大的不同：是“在 20 世纪 20 年代度过青年期，30 年代恶劣条件下建设家庭，在人生的全盛时期经历了 40 年代的战争混乱”；还是“20 世纪 30 年代在阴影下度过青年期，战争把个体从童年的个人混乱中解放出来，最终在 20 世纪 50 年代的年轻岁月里成年”。然而，每一种生命历程都必须(至少原则上)有其“有序”的版本，既有按照经验有序的典型传记，也有规范有序的“令人满意的生命历程”。这样一种同期群的秩序概念可能无法解决经验继承的解释性问题。它也不能解决我们所谓“道德继承问题”(issue of moral succes-
214 sion)：为何(a)一段生命史规范了一代人，(b)另一段生命史规范了下一代人，而(c)两代人却能以某种合乎规范的方式并肩活在互相重叠的生活中。但它至少能让我们把这些继承问题展现给我们自己，从而让它们得到分析。

快照(和同期群)方法不再坚持“均衡在一段时间中是固定的”这一假设，而使均衡的概念复杂化。相比之下，另一类秩序概念放松了“均衡在社会空间上是固定的”假设。在最简单的版本中，这些是区域秩序(regional order)的概念。其中最为人熟悉的是长期以来贫民窟研究的传统，这些研究表明，贫民窟虽然在“一般”社会规范方面显得杂乱无章，但其特点是具有自己独特的社会秩序类型。这种区域秩序提供了解决(在“多数人暴政”的版本下)个人/社会冲突的实际方案，因为它们创造了区域间流动的可能性；罗杰·威廉姆斯(Roger Williams)的例子很好地说明了这一点(见第 247 页脚注①；区域秩序通常是分形的，正如威廉姆斯的例子所示）。但是对区域秩序的研究往往集中在它们时间性的脆弱上。由于区域秩序的边界不稳定，区域秩序随着时间的推移而衰退和相互渗透，迫使我们对秩序进行全面的过程论描述，这种描述不是基于区域分离的假设，而是基于区域边界变化（或应当变化的）过程的规范性模型。这是一档完全不同的事务，正如大量关于帝国主义的研究所表明的那样。

因此，一种更先进的区域概念将区域主义和快照结合成一个秩序模型，其中连续的区域差异体现了权力差异。在这种方式下，更强大的区域能够确定社会的整体秩序，导致全面的政权/体制更迭。马克思的辩证唯物主义是这类概念最著名的版本，尽管人们在许多地方发现了这类观点。例如，约瑟夫·本-大卫指出，自 17 世纪以来，从英国到法国到德国再到美国，在科学史上占主导地位的国家有明显的继承，这是一个相当确实的区域性变化，并且他将这种继承归因于不同（区域）科学规范体系在科学和科学通讯方面的竞争力（Joseph Ben-David 1971）。

然而，这种对社会秩序的区域/快照观点并没有真正脱离均衡时间的领域。也就是说，它并没有把过程主义带到社会实体本身的层次。相反，它谈论在某一时刻秩序各个区域的相对竞争力或社会权威，并提出关于它们如何以及为什么会成功的经验问题。这种论点中隐含的 215
时间性概念并不是真正动态的概念，每一个新的现在都会带来新的可能性。相反，历史有固定的叙事，我们可以一遍又一遍地看，就像观赏一部电影一样，总是得到同样的结果。历史唯物主义以其巨大的必然性，再次成为许多地区支配和继承模式特质的最好例子。正如我们将看到的，真正的过程论秩序方法避免了这种必然性，并将重点放在继承本身的过程上。

我们可以通过将这些形式的秩序和它们的准均衡时间性与前一章的时态化和非时态化的时间联系起来，来具体说明这个“固定叙事”的问题。虽然同期群秩序、区域快照等不是简单的日期排序，但它们也不是真正的动态时态化秩序。它们并没有锚定在一个明确的、开放性的现在中。相反，它们倾向于讲述具有内在的、几乎是目的论动态的叙事。尽管马克思主义具有乐观主义和乌托邦主义的性质，但它以科学的名义进行的分析具有相当的确定性。它的预言是不可避免的，如果它们未能实现，人们并不认为是理论的错，而是认为这可以用霸权和虚假意识的恶性循环来解释。另一种说法是，马克思的分析——至少在 20 世纪和 21 世纪里被运用的方式——对其真正的规范性内容令人惊讶地模糊不清。其主要关注不是无产阶级乌托邦的正当性，而是它的必然性（也就是关于它未能实现的“谜题”）。

至此，第二类广义的秩序概念来源于放松均衡模型的假设。这给我们在时间和社会空间上的秩序提供了一些区分，但并没有使我们脱离静态的方法，这种静态的处理时间性的方法隐含在均衡秩序里。在大多数情况下，它使我们更接近于理解社会秩序的实际内容，当然也更接近于表示社会秩序的实际内容，而不是仅仅以规律性的次级度量，即冲突的缺席，来表示均衡。它还让我们看到，同期群差异和区域间迁移如何作为一种机制来缓解个体秩序和社会秩序之间的冲突，一旦我们开始进行过程论思考，这些冲突就会变得如此明显。但是，正如我所指出的，这些关于社会过程中秩序的思考方式里没有一种真正涉及这个过程的具体历史性质。

过程秩序的经验性概念

因此，我转向第三个主要的秩序概念族：这些概念更直接地集中
216 在各种社会时刻（以及社会秩序）自我延续的过程之上。它们基本上是经验性概念（我将在下一节中讨论规范性概念），因此它们都试图解释社会规律的延续。由于这些观点在有序的过程中找到了秩序的起源，

它们于是都植根于当下的动态之中。每一种观点都将秩序建立在社会过程中的某些性质上。因此，秩序不是一种社会状态(state of society)，而是一种过程状态(state of the process)，通过这个过程，真实的现在使潜在的未来变成新的现实的现在。我从那些关注短期现在的概念开始，然后转向具有更长时间范围的观点。经验性的过程秩序有三种主要概念：**习性化**(habituation)、**再生产**(reproduction)和**传统**(tradition)。

虽然今天讨论得较少，但一个世纪前，一种纯粹过程论秩序的重要概念是无意识的再生产。这在以前被称为习惯。许多社会秩序的产生是因为我们作为个体和社会群体，不断地一遍又一遍做同样的事情。换一种说法，**惯常即有序**(that is orderly which is habitual)。此外，大多数社会控制形式的相对宽松，意味着在不会产生任何总体上的变化感的情况下，一个习惯系统中可以包含大量的实际变化。例如，关于如何教授大学课程没有真正的规则，而且令人惊讶的是，对如何教课缺乏正式的控制。但是，由于习惯的存在，以及由于可能导致严重差异的变化被忽略了，不会产生太大的永久性影响，因此课程大致保持不变。习惯性秩序与巨大的局部变化相容。只有当这种变化成为系统性的或系统性地被选择时，习惯性秩序才受到威胁。

与均衡概念一样，习惯的概念不涉及任何特定的内容。习惯可以是任何事情。和均衡秩序一样，习惯性秩序和大量的漂变相容。由于我们不认为无意识再生产以一种或另一种方式被引导(至少在弗洛伊德人格理论之外如此)，“作为习惯的秩序”的概念确实意味着随机性时间变化的可能性。至于空间变化，习惯可以应用于许多不同的社会层面，当然，原则上可以在不同的社会区域发生变化。尽管在逻辑上，习惯和均衡在这一特性上似乎没有什么区别——例如，人们可以很容易地想象局部均衡——但我们通常认为不受管制的习惯性再生产比均衡更混乱。(没有负反馈来控制它。)最后，习惯不涉及个人和社会之间任何新奇的关系。习惯同时存在于两个层面，既可能互相强化，也可能互相矛盾。

217 有意识的再生产或功能主义者所说的“社会化”则有些不同。功能主义者用“社会化”指在社会规则中训练年轻人。[这个概念的法国版本是“**再生产**”(*la reproduction*)，该版本在许多逻辑上等同于功能主义者的社会化，正如我们在布迪厄和帕塞隆的作品(Bourdieu and Passeron 1977)中发现的那样。]社会化本质上是功能性“事实”的具体化(它实际上是纯粹的逻辑必要条件)，即如果社会规则随着时间而持续，那么必定有向年轻人“传授”这些规则的一种方式。不幸的是，这个假设是错误的。除了灌输在年轻人身上，规则还可以因许多其他原因而持续存在。规则可能会持续下去，因为没有压力去改变它们，或者因为在结构上不可能采取其他的行动，或者因为新一代自己发现了类似的解决常见问题的方法，等等。然而，无论社会规则是否有效，人们往往追求对其有意识的再生产，因此我们必须将这种再生产视为社会过程中秩序如何涌现的一种可能的概念。

注意，这种形式的秩序以“从社会流向个人”的控制为前提。不同于除霍布斯均衡之外的任何其他秩序概念(霍布斯均衡是一种逻辑必然)，社会化假定个体和社会之间存在一种特定的、决定性的流动。这种流动没有任何特定的内容——比起资产阶级生活形式的社会化，我们甚至可以探讨犯罪生活方式的“社会化”——但这种秩序不同于均衡秩序观中单纯的“无序”，它确实包含一项内容。这一内容可能来自所涉及的社会世界的核心，正如我提到的关于犯罪生活方式的例子所表明的那样，它可以是许多层次或范围中的任何一个。至于它的时间性，社会化通常被认为发生在一段相当长的时间内，而不是在一瞬间。在空间差异方面，虽然可以想象它在社会进程的不同区域是不同的，但通常我们不认为它本身是复杂的或内部存在差异。社会化的隐喻性模型是机械再生产，失败(至少在常见的功能主义文献中)被想象为社会化机构(学校、监狱等)的机械性故障，而不是社会化的不同形式和内容之间的冲突。

过程秩序的第三个也是最普遍的经验模型是传统：有可运转的传统的社会即有序的(society is orderly which has working traditions)。对传统的严肃理论化很罕见，因为我们关于传统的文献被讽刺漫画占据了。启蒙运动在与新专制主义的斗争中几乎从原则上否定了传统。19 218
世纪劳工、家庭和治理的巨大变化最终导致了从斐迪南·滕尼斯到埃米尔·涂尔干再到罗伯特·帕克等思想家们相信，他们时代的巨大转变是一个单向的、不断加速的破坏传统的过程。我们现在知道，这种传统观点错了：他们认为，当一个巨大而平静的水库打开闸门时，水会以飞快的速度排空。但现在水库似乎一如既往地蓄满了水。传统不仅有意识和无意识地被不断创造，而且至少在第一世界，19 世纪末的戏剧性社会变化已经放缓。事实上，为了维护对我们而言熟悉的“社会变革的世界”，我们现在必须将越来越小的事物称为“社会变革”。①

对传统更好的概念化应该始于第一步，即承认传统在很大程度上是关系性的(relational)，正如我在本书第一部分所说。多样的社会世系以不同速率发生变化。在任何社会中，一般而言有一支独特的世系或一种类型的世系比其他世系变化更慢，而这在我们的社会中不可避免地被看成“传统”的继承者。在我们现在的社会里，大部分情况下这

---

① 我在其他地方已经在某种程度上分析了这个过程(参见 *Chaos of Disciplines*, pp. 195ff)。关于变化的放缓，请注意费希尔(Fischer 1992)对电话的讨论。人们使用新的通信设备来更快地完成旧的事情。在某种程度上，互联网也是如此。必须回想一下，自 19 世纪末以来，通信媒体每 50 年就发生一次“革命”。大约在第一次世界大战期间，大众教育和报纸之后紧接着的是大众广播，第二次世界大战之后是电视，2000 年左右是互联网。这些革命在相当长的一段时间内扩散开来，其主要影响很可能是加剧了最初由大众教育造成的代际分隔。大多数人一生中可能只能处理其中的一次转换。也就是说，真正的问题是诠释社会实体和个人之间的变化。

意味着传统位于“个人的世系”中，就是说，在人身上。[①] 事实上，由于个人比绝大多数社会实体变化更慢，因此个人在传统中占据了核心地位。我们对“社会快速变化”的感受来自社会比我们变化得更快这一现实。在个体死亡速度更快的社会中，这种感受显然不成立。在那种情况下，社会机构一般比个人延续得更久，个人往往活不到看到社会机构变革的那一天。因此，这些持续时间最久的社会机构被标注为传统。现在，我们的生命变得那么长，以至于很少有社会结构显得保持不变，而保持不变是传统的定义。

这绝不是说诸如“什么是传统”这点毫无争议。相反，它暗示传统
219 的概念——社会过程中的某些部分的变化比其他部分的变化更慢——会自然产生，哪怕我们忽略过去传统的文化建构。如果我们从这个简单的相对主义传统概念开始，我们就可以看到各种其他事物的特性，包括规范性的和经验性的特性是如何加到它之中的。

然而，即使在这个简单的关系意义上，对于我的基本标准，传统也有一个特殊的设计。第一，传统有真正的内容。传统总是关于一些特定的事情。第二，传统认真对待时间的持续性；事实上，整个传统观念基于一个长时期的概念。第三，由于传统的概念假定了时间性的相对差异，它便也假定了社会空间的差异。传统比其他世系变化更缓慢这一定义性事实似乎意味着，随着变化更迅速的事件的世系重新定义了社会群体和其周围的制度，传统将被越来越广泛地共享，将被保持为共同主题。但正是由于这些重新定义，一项既定的传统会发生在越来越不同的语境里，因而具有越来越不同的含义。在现代社会里，摇滚乐在当前被认为是“传统”的，但无论是在世代之间还是在空间之上，这一传统对不同的人群意味着截然不同的东西。

---

① 本段总结了第一章的部分内容。

最后，正如我们所看到的，传统观念可以包含个人和社会结构之间相当复杂的关系。因此，举一个贯穿全书的例子，我们可以发现某些社会中，个体实际上是社会过程中最持久的实体。例如，在20世纪的第一世界社会中，劳动力市场、家庭模式、教育和培训制度的变化都快过处于其中的人。但在其他时间和场所，情况恰恰相反。

然而，传统的关系性概念并非唯一。传统远不止是我们用来标记社会过程中的某些部分相对于其他部分变化更慢的标签。它也可以指显示过程一般特征的交叠横越和互相交织的世系。因此，传统是过程论秩序中最丰富的经验性概念。同时，它也常常被明确地定义为规范性概念，正如我们将在下面的保守主义概念中看到的那样。

因此，习惯、社会化和传统是关于社会过程如何产生秩序的三个微观过程和经验概念。在这三者中，习惯有点像原假设(null hypothesis)，表示社会惯性(social inertia)与导致惯性的机制的一种形象。社会化对应着非过程论秩序观中的均衡概念，是社会秩序再生产相对机械、抽象的模型。传统是一种由过程论引出的，更具内容性和差异性的秩序观念。与其他两者不同的是，传统与社会过程的时间和空间变 220
化有着直接和经验性的联系。最重要的是，它提出了一种更加丰富的经验概念，即个人/群体的关系可以随时间变化的方式。

请注意，根据第六章的术语，这三个概念都是根本上时态化的(tensed)。也就是说，它们的时间性依赖于过去、现在和未来的观念，而不仅仅是日期或顺序。习惯总是从一个行动完全具有目的性而又尚不是惯常的现在开始。社会化总是从一张(相对的)白纸开始。传统总是从这样一个现在开始，其中有些东西是传统的，有些则不是。这三种概念根本上都与特定种类的现在联系在一起，从而描述了具有指代性的秩序的概念，指代的是一个相对移动的现在。新的现在意味着新的可能性。

同样重要的是要记住，我不是在这里把习惯、社会化和传统视为另外某种社会秩序的机制，这种秩序在霍布斯意义上被概念化为一些邪恶或混乱的缺席。相反，它们本身就是秩序：如果适当地加以实践，这些事物就构成了秩序。它们不是用来构想某种秩序的其他方式。在通常的观点中，这三者都是手段，因为它们是我们旨在减少"无序事物"数量的机制，而"无序事物"的缺席被认为是社会秩序的定义。但是在过程论的观点中，并不存在这样的事物列表；社会过程只是它本身。传统(或社会化)本身就是这个过程的某种理想形式的概念，而不是达成以另一种方式衡量的某种社会秩序的手段。

过程中的秩序：规范性概念

将习惯、社会化和传统视为秩序的定义，而不是将它们作为形成一种秩序的机制，这种解读自然而然地引导我们进入社会过程中明确规范性的秩序概念，这些概念通常不用于社会科学，而是用于其他领域：法律、伦理学等。尽管如此，它们仍然十分重要。正如我之前所说，部分原因是在秩序的概念中规范性和经验性在实践中经常结合在一起，无论是通过选择还是由于粗心。我将在本书第四部分更加强烈地指出它们之所以重要的另一个原因：无论在何种情况之下，自始[*ab initio*]社会过程就必然是一个道德过程。因此，我们必须在社会过程中考虑这些秩序的其他概念。

规范性秩序概念可以按照它们关注时间的方向进行分类，这与上一章研究的结果概念的分类非常相似。首先，我考虑一种只关注当前时刻的概念：**正当程序**(due process)。随后，我转向两种从动态变化
221 的现实中向外看的观点：**进步的理念**(the idea of progress)，以及其对未来不断进步的展望；**保守主义的理念**(conservatism)，以及它同样对过去抱有的巨大的迷恋。最后，我用一个泛时的模型来结束对秩序的

讨论：**托管制**(trusteeship)。这些社会秩序的形式直接类似于前一章中的瞬时性、前瞻性、回顾性和泛时性的秩序。

需要指出，我在这里讨论的这些观点，并不像它们在实际争论中出现的那样；它们太复杂，太多层次，不适合这样草率的分析。相反，我把它们和我以前的模型一样简单地看作在作为过程的社会生活中我们辨别(和/或规范地定义)秩序的抽象模型。

所有这些概念都包含动态移动的现在(dynamically moving present)，这是一个至关重要的事实。举两个最明显的例子，保守主义或进步的内容随着现在的发展而稳步变化。这并不是因为内部的漂变，而是简单地说，首先因为“当下在运动”(the now moves)：现在会成为过去，因此可以被保守主义触及，但过去对进步来说业已失去，于是进步继续向前看。同样，正当程序意味着当下的正当程序，它发生在现在。这三者都是时态化的概念。它们的动态性直接来自这些秩序概念的规范特性。行为选择只存在于现在，因此管理这些选择的规范必须随现在而变化。相比之下，大多数社会过程中其他的秩序观都可以“从外部”看待时间，要么是一条完整的轨迹(如马克思主义史学所分析的资本主义)，要么是一个终极稳定的动态系统，如均衡观点。甚至社会化的秩序观在某种程度上也参与了这种无内容、动态的稳定。在所有的经验性过程秩序中，只有传统观念才涉及一种真正动态的、历史性的现在观念。但是规范性的秩序观念都是这样动态的。

我从正当程序的概念开始论述。正当程序是这样一种概念：如果某些程序在当下被忠实地遵循，则规范性的秩序就存在。就像美国宪法的修正过程一样，它甚至可以声称自己是完全递归的(recursive)，也就是说，它能够改变自己。[叶尔马科夫(Ermakoff 2008)调查了一些有趣的案例，其中正当程序通过投票将让自身消失。]在许多意义上，正当程序是秩序问题理论家使用的“均衡”概念的规范性相似物。它并无内容，只涉及遵循规范性程序；因此，它不涉及公平、实质公正的概念。(事实上，主张正当程序只不过延续了实质性的不平等的观点，一直是改良主义者批评古典自由主义的核心。)从时间性的角度而言，
222 正当程序是瞬时性的；它只涉及在当前时刻强制执行一种行动，正如均衡模型只要求对当前的混乱，以及由此引发的当前的社会控制进行评估一样。正当程序几乎没有时间上的承继或改变的空间，两项事实可以说明这一点：美国宪法的大多数修正案涉及个人权利而不是政府形式，相反地，大多数对美国政府形式的改变——例如，建立大型和强大的官僚机构——只需要隐喻性的宪法批准。至于整个社会的变化，作为一种秩序的正当程序总是被设想为在社会世界中普遍和均匀一致地分布，如同它所具有的自由信念一样，在没有公民社会的不平等和区域变化的普遍政治领域中占有一席之地。最终，尽管没有内在的理由反对它成为纯粹社会秩序的模型，正当程序在实践中主要被构想于个人层面。这种对正当程序的个人强调，反映了正当程序起源于对利维坦暴政的补救措施。因此，正当程序是社会秩序均衡模型作为政府规范模型所产生问题的规范表达，是反对多数人暴政的保障。

与正当程序相比，进步和保守主义的规范性秩序概念将视线从现在转移走，在一种情况下瞻前，在另一种情况下顾后。它们都涉及实质性内容，前一种情况来自对未来的选择性想象，后一种情况来自对过去的选择性记忆。显然，它们都涉及一种真实的时间流动，并动态地处理该时间。然而，在社会的各个领域，这两个观念都不太重视秩序的分化。恰恰相反，两者都强调一种一致性和均匀性(coherence and uniformity)，而这两种特性实际上并不存在于我们实际经历的社会过程中。

无论在社会还是在个人层面上，进步的理念无疑在当代世界是主导性的过程秩序概念。在社会层面上，它为各种信仰提供了一般框架，

从科学积累到社会主义自由化、全球化、新信息经济、经济不平等的
改善、女性主义等。在个人层面上，它提供了“实现潜能”的核心理念，
无论是通过职业成就、成功的心理治疗、幸福的婚姻还是其他什么方
式。在许多意义上，进步的概念没有限制，也没有否定。可以肯定的
是，在个人层面上，它最终会与死亡相冲突，很少有人会将死亡想象
成宗教所说的重生(进步)，但大多数美国人的个人理解仍然围绕着“实
现潜能”而构建，即使只是实现潜在的快乐。在社会层面上，进步的意 223
识形态过着完全迷人的生活，不会受到社会稳定甚至社会退化的影响。

至少在理论上，进步的实现在个人和社会层面之间没有深层的联系。像约翰·杜威这样的乐观主义者认为社会和个人的进步并驾齐驱，但其中缺乏必要的联系。我们不妨回想(参见上面关于秩序的同期群概念的讨论)，社会进步往往涉及人群中某部分个人的倒退；毕竟，这就是再分配税收所实现的。简言之，两种层面的进步可以通过社会进步被联系在一起这一点尚欠理论化。同样值得注意的是，这两个层次在体育、模特和音乐表演(尽管不是学术)等领域是明显脱钩的，在这些领域里，绝对的唯才主义(有时与时尚主义结合)自动胜过纯粹的个人进步。更常见的是，这两个层次的结合由资历规则决定，这自动为那些服从它的人保证了一个上升的生命历程。迈克尔·杨关于唯才主义(meritocracy)的原著(他创造了这个词)设想了一个可怕的世界，其中的一般规则不是资历高低，而是绝对化、时刻性的唯才是用[例如，当年轻人开始做更好的工作时，教授们便失去了教职工作(Michael Young 1958)]。

尽管20世纪保守主义在很多方面都处于守势，但就像进步的理念一样，保守主义也过着迷人的生活。今天，保守的美国人正在积极倡导一种实际上从未存在过的“失落的生活方式”，正如女性主义者在过去四十年中一直在反抗一种“传统的”家庭形式，这种家庭形式至多只

在一个半世纪前才成为规范性的，而且(至少在当时)只存在于一小部分人口中。但是，这些直到最近才变得有价值或可憎的传统并不能阻止保守派接受它们，也不能阻止社会向善论者拒绝它们，这些人通常对过去(不受欢迎的)持续性持有强烈的信念。

从最一般的意义上讲，保守主义只是传统作为秩序概念的规范性版本。在这种将传统作为秩序概念的规范性使用中，两种独立的事物被结合在一起。一种是对动态过去的纯粹回顾性描述，这个过去充满了互相交织的复杂事务，一路通向现在时刻。另一种是对过去的目的论式的理解，认为它已经在某一现在时刻达到了顶点，而在这之后，至少对做出这一理解的人来说，很难看到任何改变。也就是说，我们一方面有社会过程中的秩序概念，另一方面有很大程度上属于个人的结果概念。即使是一位反思性的保守主义者通常也会忘记，如果他被
224 迫经历一些他回想时描述为“丰富多样的传统”的变化，他也会痛恨它们。就像许多保守主义者很容易忘记，他们自己也受益于最近对古老传统的修改。他们没有意识到这些修改破坏了其他更古老的传统。从这个意义上讲，保守主义是我在第六章中称之为**回顾性时态化结果**(RTO)的一种形式。它把直到某一移动的现在为止所有的变化作为合法的接受下来，但在那之后的变化则不行。因此，它以非常特殊的方式结合了社会秩序观和个人结果观。正如我们将看到的，这种组合是规范秩序概念的特征。①

① 关于延伸传统的深刻反思分析，请参见 Dix 1945。但即使迪克斯对基督教礼仪传统的丰富性进行了极有说服力的分析，有时他也会忘记，留下如此丰富的遗产需要大量熊彼特式的“创造性破坏”，甚至更大规模的蓄意、肆意的破坏。真正的个人和他们的生活是这两种破坏的受害者。改良的自由主义以一种自我安慰的思想，即所有被破坏的事物首先都是不公正的或邪恶的，来安抚自己对这种破坏的良心。但这只是汤普森“后世的不屑一顾”的另一种版本。

请注意，虽然历史上保守主义的观念一直位于政治光谱的右翼，但在过去的五十年中，人们对类似的回顾性的社会向善论(meliorism)产生了相当大的兴趣，这种兴趣包含在过去社会不法行为的赔偿(或其他交换)的概念中。这在我的技术意义上是保守的，因为它以过去的方式想象现在，但它在通常意义上并不保守，因为它不涉及通过保留过去的制度的方式来保护过去的不公平。因此，根据分析时间假设来考察过程秩序的概念可能会得出一些奇怪的结论。[①]

作为社会秩序运转的规范性表述，保守主义与进步都存在着一个根本性的缺陷。双方不仅都忽略了社会过程的整个方向，而且都对自己选择的方向持片面的看法。保守主义者们忘记了，大量的“传统”以摧毁一些早期群体高度重视的事物的形式出现。进步主义者忘记了许多变化是由重新发现(社会科学史在这里很有启发性，见《学科的混沌》第一章)和破坏现有的对社会和个人而言有价值的事物构成的。尤其是进步主义者往往忘记只有胜利者才书写历史，这必然会使我们对过去的印象偏向于空洞的假设(之前讨论过几次)，即后代永远正确。

这让我想到了我最后一个关于过程秩序的规范性概念，它可能被 225
称为泛时概念。泛时概念明确涉及几个时间位置。其中最常见的例子是法律概念，如托管、管理(stewardship)、限嗣继承(entail)，在这些例子中都直接或间接约束了某些货物的当前持有人，以保护当前不在场的持有者的权利。这些概念试图在目前维护其他时代的权利。当然，从法律上讲，过去的权利可以通过各种形式的继承法和托管而维持到现在。相比之下，现在的未来权利自中世纪以来就成了西方法律相当具系统性的攻击对象。我们在英美法系的发展过程中非常清楚地看到

---

① 当然，随着福利国家的衰落，从外行的角度来看，改良主义被定义为保守主义。它回望的是美好的过去。

了这点，从消灭严格的继承权和限制对公有土地的圈地运动，到目前期货市场和二级抵押市场法律结构中隐含的出售未来权益。

乍一看，似乎由泛时的过程秩序观念主导的社会是变革相对较少的那些社会。确实，从历史记录来看，摧毁对未来利益的一般性、长期的法律保障对西方资本主义的发展很有必要。然而，以托管制为例，静止不变似乎不是必要条件。在美国，大学和教会是在很大程度上由托管模式管理的机构的例子，这一模式属于规范性的过程秩序。在任何我们选择进行评估的历史时期，这两者都发生了相当稳定的变化。与任何泛时秩序概念一样，托管的核心问题关系到受托人在过去和未来多长的时间范围内需要履行义务，以及他们认为在过去和未来之间可以容忍的转变有多快。因此，在这样一个系统中，一个核心概念就是跨时期的容忍概念(toleration over time)。①

以我的基本标准而言，托管显然基于内容，尽管它涉及在一支世
226 系的未来实质性内容未知且可能不可知的情况下做出决策。(例如，想象一下现在规划大学图书馆的未来。)然而，在许多情况下，未来的不可知性导致托管制最大限度地去保留高度普遍化的未来资源，即资金，这恰恰导致了基于内容的决策的完全相反的结果。从时间性上讲，托管显然是一种非常复杂的概念，它植根于现在，但同时触及过去和未来。然而，它在当前时刻对各种社会秩序的认识，在实践中似乎远不如它的时间广度那么微妙，尽管它更广的时间视角确实提供了一种巨大的能力，可以容纳更复杂的随时间推移的群体关系，而这些关系在当下似乎过于相互对立。这似乎同样适用于它调和个人和集体能力的

---

① 容忍的概念是非常有趣和重要的，尤其是因为被称为“公差”的数学关系(tolerance relation，自反、对称但不可传递)比我们用的等价关系(equivalence relation，自反、对称且可传递)更好地描述大多数社会关系。不幸的是，研究容忍的形式化概念会很快使我们超出当前的主题。不过，我们将在第八章再次遇到它。

潜力。通过一种更长远的目光，托管提供了更为多样化的方式来协调这两个层面的利益交织。[①]

通过托管，我结束了对规范性概念的简要回顾，在这个回顾里我们把秩序定位于社会过程如何进行的本质。**正当程序**、**进步**、**保守主义**和**托管制**这四个概念，都是基于现在，并向各个方向展开的动态概念。所有这些都涉及在社会过程的特定部分明确地提出规范性的价值观。

在过去的两章中，我讨论了我们可以用以度量个人结果和社会秩序的广泛概念和测量方法。正如这两章所显示的，我们在社会科学中对这些问题的典型处理方法相当有限且不具反思性。当一个人认真对待过程问题时，无论是在生命历程的进展中还是在社会的永恒变迁中，很明显，一系列的问题都为理论打开了大门，既有关于社会过程本质的经验理论，也有关于理想过程的规范性理论。对于结果的思考远不止是我们熟知的社会学家的最终点结果与经济学家的时态化的"未来结果的现值"之间的区别。对于秩序的思考远不止是功能主义者作为均衡 227
的秩序和社会向善论者作为进步的秩序之间的区别。世界远比这些简单的对立的想象复杂。通过对过程的认真思考，我们可以开始驯服规范的复杂性。

---

① 我们可以想象一种基于定言令式(categorical imperative)的泛时秩序的定义：假设存在对情势的某种合理转化，采取行动以让未来的任何人可以执行你的行动。例如，这就要求人们预见到可能发生的秩序变化，它可能使他们自己当前的道德行为被定义为不道德行为。(这是我们在回顾性地判断那些，诸如剥夺了美洲原住民的现在被认为是他们应得权利的人时隐性的援引标准。问题在于我们期望人们看得有多近或多远。)顺便说一下，这是一个构想于个体层次的秩序概念。我不清楚是否有同等的社会层面的概念。

第四部分

小 引

本书最后一部分的两章继续之前结果和秩序章节中出现的规范性 229
转向。但这里规范的棱镜对准了社会学本身。

过程论方法以特别紧迫的方式提出了一个长期存在的“价值中立的调查”的问题。过程本体论表明，社会生活的所有“经验现实”实际上都是某种凝结的价值(congealed values)。“家庭”不是某种存在于超验分析空间中的“社会制度”。家庭是一种当前存在的相关个体的聚集模式。它从持续进化和转变的过程中发展而来。家庭由实际的选择、行动和价值观所驱动。每天过家庭生活的人提供了这些材料，它们不仅包括某些亲属的组群，而且还包括被编码(但仍然以世系的形式——即存在被改变的风险)的十几种文化符号和意识形态，以及自由的道德承诺。

当然，人们可以将这些复杂性视为方法论上的不便。不得已而求其次[*Faute de mieux*]，我们的定量分析必须将“家庭”或“青少年犯罪”或“种族主义”视为可靠、可测量的经验现实。除此以外我们便无能为力，因为我们的政治生活需要某种对这类事物的“度量”，即使它们原则上不可测量。正如我在第五章中所指出的那样，这种同量——通常在原则上是错误的——仍然是自由主义民主的潜在预设。

但在现实生活世界中，家庭、青少年犯罪和种族主义等因素也部分地由价值和规范性判断所界定。例如，种族主义的概念几乎总是包
含种族主义是错误的这一价值观，正如青少年犯罪的概念包含了“劫掠 230

某人是错误的”想法。但出于某种原因，使用学生活动资金，以便请自己和其他学生会领导人在年底前当之无愧地享用晚餐不是错误。至于“家庭”，它肯定是社会科学中争论最激烈的概念之一。富兰克林·弗雷泽(Franklin Frazier 1939)关于黑人家庭问题的书引发了一场延续至今的争议，其中大部分都涉及什么样的社会安排属于“家庭”的范畴。毫无疑问，这个长期争议的主要包袱是规范性的，而非经验性的。关于非裔美国人的生活安排和亲属关系趋势的争议少于他们现有的生活安排在规范性意义上是好的还是不好的争议，也少于谁应该对非裔美国人生命历程中观察到的不太理想的结果负责的争议——现有的生活安排可能(或可能没有)扮演的某种角色对这些结果起了某些作用。

其他生活世界的组成也与家庭一样牵涉到价值与规范性判断。由于过程论观点强调社会生活永久重制的特征——甚至对于显然是顽固和持久的社会结构也是如此——它强调行动的可能性和现实对真正选择的开放性。行动者——无论是个人还是社会实体——都不仅仅是超越他们的巨大社会力量的表达对象：不是各种群体身份的表达，也不是各种传统的表达。当然，那些社会力量构建了决定性的现在。它们构成约束、设施和位置。但是它们本身就像任何其他实体一样暴露于现在的风险和变化中——我们的行动可以改变它们——它们构建了一个世界，在其中我们设想行动者选择的可能性，并且确实在道德基础上判断这种选择。因此，过程论观点公开承认社会世界的性质：混合着经验和规范。这两章开始探讨这种混合作为一种分析形式对社会学的影响。

两个章节中的第一个调查了当代美国社会学的主题：不平等。它首先简单地证明了我们的不平等概念天然是规范性的。“不平等”表面上的经验特征仅仅是由社会政治的紧迫性所驱动的局部演绎，这种社会政治是我们周围的许多生态约束之一。按照第六章的概要，第八章

讨论了度量不平等产生的某些问题，说明这些不仅仅是方法论争论，
而且往往也是规范性争论。然后，这一论证特别转向了不平等概念所
引发的问题，因为它未能认识到生活世界的过程论特征：无法在生命
历程中对不平等进行连贯的叙述；机会平等概念与我们所知道的关于 231
个人自我如何发展的其他概念一样，在时间中不断变化；机会平等概
念未能诠释社会秩序和个人结果之间联系的规范性问题。该章以简短
的说明性示例结束。

第九章通过把价值无涉的争论置于社会研究者的生活中对其进行检验来更正式地处理这个问题。在这里，我将重点放在我称为知识异化的问题上：发表一种关于世界的理论，而用另一种理论来指导你的生活。我们社会科学家都发表过关于不平等的文章，以及某些儿童因家庭背景、文化资本等因素而比其他儿童占优势的事实。但是，我们几乎所有人都尽可能地为自己的孩子提供这些优势。我想，我们中很少有人希望生活在这样一个世界，在其中我们孩子的社会地位和成就将完全独立于我们自己的任何投入。然而，正如第八章所述，这实际上是不平等文献的隐含原假设。第九章回应了我自己专业领域的不一致：职业。我从这个问题开始：我书写了一个职业的理论，但后来根据一种完全不同的方式度过我的职业生涯。然后第九章考虑了关于职业道德的各种文献，包括社会学内部的和来自其他领域的文献。它还指出了韦伯在价值中立方面的立场问题。然后，它转向考察涂尔干对“道德”所做的社会学分析，接着，它检验了塔尔科特·帕森斯对职业所做的涂尔干式分析。我发现这种分析并不有效，于是提出了一个关于职业道德的实用主义说明，其中我们认识到社会过程本身同时具有经验和道德特质。

本书以一个简短的结语结束，复述了第四章首次介绍的人文主义社会学的主题。我说的人文社会学并不是指特定的方法，非实质性主

题，亦非规范性立场或政治。相反，我指的是无论我们的方法还是理论的学科都应有的一种调查的立场，在这种立场下我们首先有义务以被研究的社会现实自身的方式理解它们，无论这些社会现实在社会时间上或空间上离我们近还是远。社会学作为一项计划的核心——无论是定量的还是定性的、历史的还是当代的、公共的还是专业的——都应对我们的分析主体具有人道同情。我们理应己所不欲勿施于人，因为我们也将在某一时刻成为他人的研究对象。

第八章　作为过程的不平等[①] 233

第六章和第七章明确地提出了关于社会过程的关键的规范性问题：对个人而言社会过程如何展开，对社会世界本身而言社会过程又如何发展。但这两章实际上都是由关于日常社会学实践的简单问题所推动：我们如何看待结果，我们如何看待社会秩序。然而最终，直到我们深入社会过程那永恒流动的基础之前，这两个问题都继续产生了有问题的答案和相互矛盾的结果。本章采取了相同的设计，它始于人们熟悉且广泛使用的"不平等"概念。但关于这个概念的自相矛盾和不一致几乎立即就出现了。对度量(measurement)问题的反思开始解决其中的一些问题，但取而代之的是其他更糟的问题。[②] 我们再次发现有必要转向过程论思维。在本章结束时，我们对第六和第七章两章中所留而未

---

① 这一章是本书中最晚写成的。最初应哈雷大学教育研究所(Pedagogical Institute of the University of Halle)之邀，发表于他们关于教学问题的年度会议。原版于2014年10月初付梓。我感谢与会者的评论，也感谢法兰西公学院、牛津大学、华威大学和宾夕法尼亚大学的评论者，他们也对这篇文章提出了有益的观点。本章的一个版本被收录在那场会议的会刊中，由施普林格出版。由于这一章是最近创作的，所以它仍有些粗糙扎口，不像这本书的其他章节那样如多年陈酿般顺滑。但我对这里讨论的问题的关注由来已久，也许这些问题更适合写作。

② measure/measurement 这两个词语虽然在英文中同源，但在不同中文语境和学科翻译下都不尽相同。measure 做动词时，本书中译作"测量"，做名词时译作"度量"，相对的 measurable 译作"可测量的"，measurability 译作"可测量性"。measurement 同时采用"度量/测量"之意。——译者注

234 决的隐含问题进行了经验分析：我们如何想象一个同时对个人和对社会过程本身都是最优的社会世界？抛开了功利主义简单本体论的支撑以及它许诺我们的愉快解决个人和社会福利之间矛盾的方案，我们似乎注定要不断地寻找。

与前几章一样，本章以一个明显非过程论的问题开始，该问题几乎完美地将我们引向了本书的中心主题。这个问题以美国社会学中惯常使用的不平等概念的模糊性开始，我论证当我们说“不平等”时，我们通常指的是“不公正”。因此，本章始于现在读者已经熟悉的从经验到规范的步骤。然后我从度量问题开始，概述了社会学在思考不公正时产生的一些问题。这些都提出了关于规范性事物的可测量性的一般性问题，实际上，这一章认为，某些版本的不可测量性实际上可能是规范性的识别标志。但即便如此，问题仍然存在。这些问题不可避免地将我们转向过程论的本体论：像所有其他事物一样，当平等在生活过程中不断演变，更多地从我们周围其他人的生态中获得其意义时，我们如何看待生活过程中的某个特定点上的“不平等”？启蒙运动的社会理论——悄悄地确定了目前我们对不平等的反思的基础——被证明是非常有限的，因此我援引了过程论的社会本体论，它强调了关于不公正的社会学概念的某些核心问题。本章以一个简单的例子结束，它有效地捕捉到了这些问题，并将这个例子作为引导进一步思考的谜题。

美国社会学中的不平等概念

首先，让我讨论一下不平等的概念，考察其今天在美国社会分层文献中被应用的典型方式：代际阶层流动(intergenerational class mobility)。学术期刊每年都会发表许多文章，探讨社会经济地位高、受教育程度高、祖辈、种族等家庭因素在代际变迁中所享有的概率性优势。

虽然这些文章从未实质性地定义“不平等”，但它的操作定义相当具体。“不平等”是指在预测子代社会结果的线性模型中，社会经济地位、祖先和种族等因素的系数显著地不等于零。由此推理，平等是指这些系数与零没有显著差异的情况。

虽然从我们的定量研究实践中可以在逻辑上推断出这种隐含的平 235
等定义，但它并不十分有用。第一，我们知道，不平等从生命历程的最初就累积起来。自由社会中最贫困的阶层仅仅在生命的前六年就遭受了几乎无法弥补的损害。为了保证他们中年时对结果的代际预测系数不显著，我们必须在孩子出生时就把他们从父母那里带走，并在人为条件下抚养他们。这是任何一种大型社会从未尝试过的社会干预。文学、科幻和社会科学作者几乎一致认定这是反乌托邦的。

第二，研究不平等的社会学家通常希望看到的在代际分层面前保存下来的事物——少数族群文化、另类社会实践、庶民语言或宗教、不同的品位和欲望——很大程度上通过父母的影响来维持。例如，当研究不平等的美国社会学家认为父母说英语的孩子比父母说西班牙语的孩子有不公平的优势时，他们真正的意思是一种规范性意义上的偏好：他们希望移民能够保留自己的语言和文化。然而，这种保留的主要因果基础是家庭，正如刚刚提到的，家庭也具有使不平等再生产的特性，而这在社会层面上并不理想。

因此，虽然美国社会学中几乎每个人都对不平等感到不安，但大多数人思考不平等的方式都有些不一致。我们谴责不平等，但实际上并不相信我们使用“不平等”一词时所暗示的那种激进的平等主义。

当然，在实践中，我们忽略了这一不重要的代际间阶层传递的限制性例子，并将重点放在传递系数下降的问题上。也就是说，随着时间的推移，我们评估第二代人的阶级地位或其他衡量个人结果的指标是否越来越独立于第一代人的阶级地位和个人结果。因此，我们谈到

“随着时间的推移，这些系数的改善”。(这是第六章“趋势结果”的一个例子。)这种方法很有意义。当一个社会的收入相差十几个数量级时，我们不必忧虑绝对平等的不可能。同样，古老的熊彼特式论证(熊彼特[1950]1999)也并不适用，他认为社会主义制度将致命地削弱人们的动力，而当我们的收入相差数千倍的时候，这种数量级的差别远远大于避免缺乏动力所必需的收入差距。总之，在我们的社会里，结果没有平等到足以让限制性例子发挥作用的地步。任何迈向平等的进步都受欢迎。因此，我绝不会在这里拒绝对不平等的研究，它仍然和以前一
236 样重要。相反，我建议我们必须在经验和规范上使我们的不平等概念更加现实。

我们的不平等概念所遇到的一些困难反映了一个简单的语言问题。在大多数美国社会学中，“不平等”一词在字面意义上实际上并不意味着“不平等”。相反，美国社会学中的“不平等”一词通常是对更强大、更普遍的“不公正”(injustice)一词的委婉说法。当我们考虑经济学家和社会学家对代际预测系数的不同解释时，这一事实就变得清晰了。社会学家所说的“不平等”，就是经济学家所说的“人力资本投资”。他们所做的分析可能是完全相同的，但在分析人员认为所发现的差异是坏事还是好事这一点上，他们的解释完全不同。此外，对“无发现”(nonfindings)的解释也不尽相同。对于大多数美国社会学家而言，如果没有发现阶级、性别或种族对代际结果的显著影响，就意味着测量或模型设定的失败。相比之下，许多美国经济学家可能会将这种失败视为公正的证据。

人们可以通过考虑“不平等”和“不公正”这两个词随时间的变化频率，看到社会学家对“不平等”的委婉偏好在历史上的出现情况。我们拥有的最长的连续和一致的数据系列是发表在《美国社会学杂志》(*AJS*)上的文章。下表以十年为单位列出了 1895 年至 1995 年这一个

世纪中使用不同词语的文章数量。

表 2　1895—1905 年使用“不平等”和“不公正”的文章数

单位：篇

	不平等	不公正
1895—1905 年	38	59
1906—1910 年	20	48
1916—1925 年	30	46
1926—1935 年	13	10
1936—1945 年	9	17
1946—1955 年	14	9
1956—1965 年	15	6
1966—1975 年	57	13
1976—1985 年	153	18
1985—1995 年	168	15

在 *AJS* 的前三十年，编辑阿尔比昂·斯莫尔(Albion Small)使其成为进步主义的喉舌。因此，不平等和不公正都是重要的主题，但不公正更为重要。从 1926 年到 1965 年，美国社会学日趋科学化了，随 237
之这两个词都消失了。实际上，当我们实际阅读这些年份中包括“不平等”一词的文章时会发现，这个词经常出现在正式的数学论述中，而不是对社会不平等的讨论中。然而，在 20 世纪 60 年代的政治动荡之后，“不平等”一词在学术论文中迅速增加，尤其是与“不公正”相比。*AJS* 在最后的十年里每年发表大约 35 篇论文，所以“不平等”一词出现在了那个时期大约一半的文章中(近年来这一数字已经超过了 50%)。的确，人们可以推断出“不平等”——主要是“不公正”的意思——构成了

美国社会学的主要话题。

这种用法变化与美国政治的演变平行。20 世纪 60 年代的民权运动建立了受害者政治的模式，将美国长期存在的利益集团政治与新的利益基础结合起来：歧视。歧视的定义几乎决定了社会科学是这种政治模式的核心。在 1954 年布朗诉教育委员会(Brown v. Board of Education)的判决中，社会科学的使用表明最高法院愿意将不公正作为一个经验事实来度量，而不仅仅是通过纯粹的法律论证来证明其传统主张。当妇女、拉美裔、老年人和残疾人等群体追随非裔美国人的创新时，他们的社会平等水平也需要不断的"科学评估"。一方面，这种评估将揭示美国是否存在"平等的机会"；另一方面，这种评估可以用来评价诸如平权运动(affirmative action)等有争议的平等主义政策。此外，平等就业机会委员会(Equal Employment Opportunity Commission)和其他政府机构在 1973 年针对美国电报和电话公司(AT&T)关于性别工资歧视的协议裁决中明确表示，纯粹统计上的歧视证据将被认定为创造补偿权的基础。以前证明意图(demonstrate intent)是认定有害歧视的标准(法律)测试，现在则不再需要这么做了。实际上，美国的法律制度宣称，确认不公正是一个经验问题，而不是一个规范问题。

总之，社会学中的"不平等"一词通常传达的是政治判断，而非经验判断。因此，这么做使社会学和同类社会科学界的人们能够谈论一个世纪前，我们的进步主义前辈们毫不犹豫地称之为"不公正"的事情，但它使我们能够以一种听起来科学的而非道德或政治的方式讨论"不公正"。通过这样的说法，它逃避了来自社会主导力量的直接监察，这些社会主导力量的兴趣往往在于维持许多社会学家认为是不公正的社会状况。

不公正的度量 238

一旦我们认识到美国社会学中的“不平等”实际上意味着“不公正”，我们就可以忽略将平等定义为“所有不平等的缺席”而产生的问题。不公正是一个比不平等更为普遍的概念，而公正在字面意义上可能涉及种种不平等的形式。[例如，很少有人认为父母和孩子之间的地位差异是简单的（*tout court*）不公正。]在实践中，下一个重要问题可能涉及哪种地位不平等与公正不相容。但这是一个我想回避的政治问题。相反，我的兴趣是问一下社会学对公正概念本身的要求。虽然我已经注意到“不平等”概念在极限情况下的失败，但我没有具体说明其他可能影响各种正义、平等概念的社会学可靠性的问题。在本章的其余部分，我将讨论两大类问题。第一类和更简单的问题是度量问题。我们已经熟悉其中的一些，因此用它们开头会有帮助。第二类也是更为困难的问题是本体论，特别是那些嵌入时间、嵌入社会过程变化的流动中的本体论问题。

我将从现有的已经为人所熟悉的关于度量和指标的辩论开始考虑度量问题。这些辩论涉及关于“测量”公正需要的假设的规范性含义：是否线性、量表的组合和广义度量的制定。注意，在这里，我感兴趣的不是度量不公正的这些方面的科学问题，而是度量的规范性含义和假设。这与 30 年前我在《广义线性实在》（Abbott 1988b，转载为《攸关时间》的第一章）一文中所采用的方法相似，该文的重点不是建模的科学问题（正如许多读者认为的那样），而是线性建模的一般策略所做的本体论和哲学假设。当前的情况类似。关于不平等的度量中的科学问题，已经有一系列杰出的文献，我建议读者自行阅读。但我想从规范的角度来看待这些度量问题。

我先从最简单的事情开始。想象一下我们所使用的定义明确的单位（人、社会、社会团体）。这些单位之间的不公正在逻辑上是一个比较的概念（a comparative concept），我们说两个群体之间的关系不公正，
239 是因为我们比较了它们而且发现了差异。（因此，我在此不讨论**不公正的行为**，如奴役、压迫或欺骗。公正理论的这一分支通常不涉及“不平等”这个词，而涉及更强有力的概念。）这种比较意味着存在成对的数据，利用它们可以说明 A 组和 B 组之间的关系是公正的还是不公正的。这是一种非常普遍的数据形式——组间成对比较的“公正矩阵”。然而，在我们的大多数的实际应用中，不公正表现为一种更为具体的形式：一种线性尺度，度量诸如收入、福利、晋升概率、教育回报率等事物。统计推断的诱惑使我们对我们的指标做出了很强的线性假设，并且由此对未被度量的潜在概念也隐含地做出了很强的假设。在这些实践中，隐含着两项关于规范性世界的假设。第一，“公正矩阵”可以同时排列其行和列，直到大部分或全部“公正的”比较（“just” comparisons）靠近主对角线，而“不公正的”比较（“unjust” comparisons）远离主对角线。用形式化术语来说，公正矩阵可以“被部分排序”（partially ordered）。第二，将公正线性化需要假定我们可以定义一项公正的数量度量标准（quantity metric），在此基础上我们可以按照刚才提到的排列顺序一致地“测量”位置之间的距离。也就是说，我们不仅可以创建一个序列/秩序，而且这个序列/秩序可以在某种线性尺度上测量出差异。[①]

① partial order 在线性代数术语中也被称为“偏序”。在本段和下一段中作者使用了代数术语来描述 order。所使用的定义来自 Order Theory，中译文为“序理论”。这里谈论的“公平”是一个比较的概念，为此作者运用了数学工具，包括“偏序”“半序”“非环状秩序”来定义不同实体之间的关系。细心的读者同样会发现 order 在本章中有两种类似但不同的含义：序列和秩序。metric 在本章中被译为“度量标准”。在中文学术翻译里，这个词有多个译名——度量、距离、度规，表达的是一种计量的单位，以及相应的标尺。metricity 译为“度规条件”，指的是在正式意义下符合数学中度量标准的三种属性。metrizability 译为“可度量性”，其直译为“可度量标准性”，意思是是否可以建立一个度量标准来进行测量。但为了语言表述的简洁我做了简化。——译者注

但理论上没有理由认为大多数类型的不公正都具有这些性质。第二项假设非常强，人们使用这个假设仅仅因为它似乎隐含地存在于如收入等事物的线性尺度中，而收入等事物通常是我们度量不公正(不平等)的标准。但举例来说，由于一定的收入可在不同的地方购买到不同数量的商品，将收入假定为线性序列便存在重大问题；我们真正试图度量的是收入被分配以后个人的福利，而不是在一个未知的地方寻求福利的所需资金。此外，公正矩阵甚至可能不满足偏序关系的第一准则。当然，对这些问题的正确反应，并不是先用统计修正将固有的非线性问题转化为线性近似，然后我们将其视为一项充分的度量。更明智的选择将是利用我们自己那神秘但相当发达的代数工具谈论非线性序列/秩序。我们所认定的关于不平等的线性尺度，在大多数情况下实际上是一种半序关系(semiorder)：其形式诸如“A 和 B 一样富有”。这种关系——正式名称为**“公差”**(tolerances)——是自反的和对称的，但不可传递。当应用于收入数据等事物时，它们会以非环状秩序(acyclic order)产生出松散、重叠的集合，但这些集合不允许使用我们习惯的统计模型。如果对不公正理论的形式化方法要更具创造性，我们需要 *240*
一种适用于这样的公差秩序的推断体系，而不仅仅是想办法线性化那些原本非线性的事物。

第二个常见的度量问题不是出现在概念化单个尺度时，而是出现在将尺度混合在一起时。我们通常通过将不同类型的比较混合成复合度量来创造我们自己的不公正的度量——通常是通过构建一个加合尺度(additive scale)、使用因子分析或其他方法。但是，这些手法在规范性上并不比线性假设更无辜。例如，因子分析将一组度量中的不公正核心定义为 N 空间中的一条直线，这条直线最大化了[该度量尺度]捕获的度量方差。但是，这个程序假定了被合成的各种度量间存在概念上的“加权”，这样所有度量都具有概念上同等的重要性；而且由于方差捕获是因子分析的本质，这些不同度量在某种意义上具有“概念上有相同权重”的方差。仅仅由于我们能够“标准化”变量(及其方差)并不意味着我们成功地以某种方式逃脱了关于数据的规范性选择。我们只是拒绝有意识地做出这些选择，并且让我们(很可能是无意识地)所选的相对度量尺度代替我们做出规范性的选择。但这仍然是基于未经审视的理由。算法本身根据“信息”对变量进行加权，这意味着实际上，它强制使用自己的权重，更重视那些在很大程度上与其他变量正交的变量。除了惯例，也没有其他任何理由可以解释为何将标准差视为规范中性(normatively neutral)的排列单位，为此目的我们可以使用任何偶数闵可夫斯基度规(Minkowski metrics)。由此，将不平等或不公正尺度组合起来需要一系列的假设，所有这些假设都具有规范性和经验性的根源及后果。

第三个问题来自整个社会对不公正的概括性度量。为此，我们创建的不是成对的不公正度量，而是复合度量；基尼系数是最常见的例子。但是概括性度量标准对于什么是公正和不公正各有自己的假设。正如我们从有关阿特金森系数(Atkinson index)等度量标准的辩论中看到的那样，它可以在收入分布的不同部分以不同的方式加权不平等。这些争论确实是社会科学中规范性理论化的健康标志。但是，我们应该进行类似辩论的理由不是简单地将利害关系视为“科学的”，而是将利害关系本身视为规范的。我们应该反思，为什么公正要求我们重点关注分布的某个特定部分的不平等，重视的程度应该是什么，以及如何实现它。

因此，人们熟悉的线性、可加性和广义性问题不仅是度量不公正
241 所产生的实际问题，也是规范性问题。但除了这些熟悉的问题之外，还有另一层的度量问题：在测量公正的项目中出现的问题，它们也许并不为人所熟悉。

第一，如果我们把平等放在不公正概念的中心，我们必须认识到，在大多数概率系统中，平等是一种非常罕见的事件。假设我们有 100 项单位同等、不可区分的福利，我们将它们随机分配给 20 个不同的人。所有人只有 5 单位福利的概率大约是 10 的 13.7 次方分之一。即使是这样的排列——没有一个人拥有超过 6 个或少于 4 个福利单位，也只是这个夸张的总数的一小部分。由于这种极其罕见的完全平等是我们通常的原假设(null hypothesis)，因此我们随处都会发现不平等(尽管重要的是认识到我们发现的是模式化的不平等而不是随机的不平等)，这并不奇怪。当然，在某些物理条件下，平等是自然产生的。例如，封闭容积中的气体压力在每一点上都相等。但这是因为动能会导致分子随机地运动，使之立即填满体积中任何相对空虚的部分。相比之下，福利并不会迅速而随机地在一个很大程度上是真空的社会空间中流动。而且，福利是被消耗掉的，而非不可摧毁。更重要的是，单个气体分子的动能变化很大；只有在平均意义上——压力的度量——才存在相等。只有在像晶体这样的刚性系统中，才有真正的均匀性和平等性。正如我们在本书中所看到的那样，人类的社会制度绝非刚性的。因此，不能回避这样一个令人不安的事实：典型的随机状态是不平等，而平等并不是对特定社会状况的规范性特征进行统计推断的合理基线。

第二个更为普遍的度量问题带我们回到对不公正的更广泛关注。目前还不清楚“不公正可以被度量”这个假设涉及了什么，以及这些所涉及之事是否符合规范性论据的通常规则。度量需要度量标准(Measure requires a metric)。在数学上，一个度量标准是三元关系中一种非常具体的形式。该形式将实数集合中的任意两点相关联，并受三项要求约束：度量标准上不可区分的点相同(彼此间距离为零)，度量标准在点与点之间对称，并且这个度量标准遵守三角不等式。

但是从这个意义上讲，我们并不清楚公正的所有或大部分方面(甚至是社会生活的大部分方面)是否都可测量或符合度量标准。例如，我们都认为公正关系必须是对称的吗？路易·杜蒙([1970]2017)论证到，242 包容关系(inclusion relationship)是印度传统等级制度的基础，印度传统社会由此认为等级制度公正合法(至少在他看来)，杜蒙将其与作为线性秩序的西方“分层”概念进行了对比。然而，“A 包含 B”不是对称关系，尽管它是可传递的。

或者，我们是否认为不公正遵守三角不等式呢？即 A 在 C 下的不公正程度是否必须小于或等于 A 在 B 下的不公正与 B 在 C 下的不公正之和？然而，许多分层系统都有中间人，他们被认为同时与下属和上级都保持相对公正的关系，即使这些下级和上级之间的距离实际上无限远。当然，当我们将线性尺度应用于这些关系，正如我们对职业声望和许多其他尺度所做的那样，这些线性尺度会自动成为度量标准。但是，我们通常使用的思考公正的不平等度量已设想其满足**度规条件**(metricity)，可这并不能成为假设这些条件存在于实际社会的规范性层面的理由。

这个问题的另一个版本是一个古老的疑问：是否存在一种形式的不公正比所有其他形式更重要？在许多时间和地点，人类生活的许多维度——典型的如宗教，但民族主义的或种族的维度也是——被认为无限重要。然而，这种无限的重要性无法被度量，事实上，它将社会世界划分为完全分离的等价门类，用一个微不足道的“成员与非成员”的度量标准将每个门类与所有其他类别区分开。

这种**可度量性**(metrizability)是一个深刻的问题。规范性的核心思想可能是**不可度量性**。使某些事物具有规范性的原因可能正是它无法被度量。正如邓肯(Duncan 1984)、德罗谢尔(Alain Desrosières 1998)和许多其他人所说，现代文化基本上假定社会生活的所有社会方面都可以被度量。这一假设隐含在早期的概念中(如人寿保险)，但后来在20世纪40年代和50年代，运筹学将它传播到政治决策中，贴现将诸如未来各代人的福利等不可知因素纳入我们当前的社会核算中，从而使这一假设得到了广泛的传播。加里·贝克尔大胆的工作(如他1976年的著作)明确提出了一种普遍的度量可能性，该工作基于这样的理念，即我们总是可以根据个人愿意为之牺牲的已测量的资源价格来衡量某件事物的价值。然而，根据贝克尔的论点，我们已经危险地接近同义反复(tautology)。在现代经济学关于价值的标准定义上，他的主张不可能错误。

但这种价值的操作性定义仍然只是一种假设，一种意识形态。即 243
使是大卫·李嘉图也认为价值有两个来源，不仅来自交换带来的稀缺性，还来自劳动。李嘉图的游移不定依然存在。在社会学中，我们大多数人认为真正的价值并非定义在操作层面上，诸如“任何来自度量行为的结果”。相反，我们大多数人认为度量必须始终被认为是一种间接的、不完整的接近公正的途径，而公正本身就是一种难以捉摸的东西，在我上面的分析中，公正并不是完全可以解释的。更重要的是，也许正是公正的这种无限增殖——找到新维度和新方面的能力——标志着它是一个**概念**。也许，根据梅因的说法，这是一个地位问题而不是契约问题：它是开放而非具体的。如果是这样的话，如果公正在原则上不可度量，并且在某个时刻确实不能被最终确定，那么我们就不能再相信我们以不平等的名义采用的数学的和操作性的方法了。

总之，度量的两个抽象问题是：第一，平等本身是一种极其罕见的情形；第二，规范性可能在定义上意味着不可测量性，或者至少，由于潜在的关于公正的主张有无限种可能，它的任何测量形式必定在本质上都是不足的。我们的做法见证了对第二个问题的某种认可，因为我们通常认为数字平等是对公正的某些方面但并非所有方面的一种合理的度量方法。显而易见的公正“测量”是诸如收入、财富和死亡率之类的。至少在发达的自由主义社会，它们已经用对所有人而言都常见的测量方式——我们都已接受并认得出的同量——来表示。然而，人们仍然渴望在其他一些不那么明显可测量的事物中衡量公正：成功、成就感、生活满意度。

但是，一旦我们超越了测量本身的简单问题，就产生了第三个问题。这些不太能被测量的公正的场所在人与人之间会有所不同。个人X的成功必须基于X想要完成的某件事，而个人Y的满足必须建立在Y设想的美好生活方面上。因此，当我们考虑不公正时，我们需要能够将个人A作为看门人的年数与个人B作为销售员的年数进行比较，这种比较可能会或者不会考虑个人偏好和性格、技能匹配等因素。更糟糕的是，我们所寻求了解的不平等的个体，他们的“个人”特性可能会随着生命历程而改变。他们也可能受到“虚假意识”的影响，例如，个人的欲望可能来自外部力量——广告和霸权意识形态。我们认为应
244 该用当事人自己的方式来定义他的“成功”，如果他不受这些外部力量的影响的话。但是这些方式是什么呢?

当遇到这些问题时，我们开始挑战的不是度量不公正的想法，而是我们所想象的社会世界的性质。因为通过区分个人特性，我们开始摆脱启蒙运动中产生的独立、相同的抽象公民的政治理论，从中发展出了纯粹平等的正义思想。更具体地说，我们必须质疑这些作为政治理论基础的基本社会本体论。

公正本体论的预备条件

要理解我们关于不公正的辩论中隐含的社会本体论，一种有用的方法是反思机会平等(equality of opportunity)这一问题。正如该短语所

暗示的，有两种基本的方法来思考如何实现平等/公正。一种方法是简单地均等化社会中任何职位的报酬，创造出法国人所称的**地点平等**（equality of places）（Dubet 2010），或者在英语中所称的**结果平等**（equality of result）。① 结果平等意味着（在所有地位上）减少位置差异（lessening of positional differences）：工资、生活条件以及获得服务和安全。相反，机会平等意味着社会中的每个人在所有“成就的形式”上都有平等的机会，但这种成就意味着在不平等地位体系中的成就。如果机会平等成立，那么在真正均等的情况下，每一个社会群体都将按人口比例代表社会的各种不平等地位。但在结果平等的情况下，我们不仅可以给予不同的社会子群体相同的奖励，而且还可以在每个子群体内部也分配相同的奖励，因为不同位置之间的奖励并无区别。所以位置之间的流动性并不重要。

当然，有人反对结果平等，认为在这种情况下人们会没有动力去努力。这是前面提到的熊彼特的论点。约翰·罗尔斯（John Rawls）的“原初地位”（original position）思想试图解决这个问题。人们在事先不知道他们自己所处的情况下，提前就社会平等水平（结果差异水平）达成一致（即“原初地位”）。因此，他们选择了愿意忍受的不平等程度（罗尔斯[1971]2009）。大多数社会学家会认为这是霍布斯/卢梭传统中另一个“无法检测”的自然状态故事，而不是有助于思考现实社会不平等的分析。

但事实上，我们自己关于结果/机会的辩论涉及一种同样不现实的本体论。首先，也是最重要的一点，我们的社会流动的文献中的结果/机会辩论将社会结构视为给定的结构，或多或少拥有固定的位置。社 245

① 迪贝在一篇英文论文中如此定义“places”：“即社会结构建立的基础，所有被个人占据的位置。”参见 François Dubet，“Equality of Place，Equality of Opportunity，” *Études* 414，no. 1 (2011)：31-41。——译者注

会的主要奖赏通过这些固定位置(通常被理解为职业位置)分配。这些持续的位置将由个人(而不是家庭，如19世纪英国劳工运动的"家庭工资"位置以及20世纪"养家糊口的男性"概念的延续)占据。公正或不公正的判断源自一种比较，主要的对象是报酬，而报酬与这些固定位置永久相关。根据结果/机会辩论通常的提法，这些是横截面的比较。从结果平等的观点来看，我们关注的是位置比较：通过比较侍者的每日工资和坐过他们所清理的桌子的雅皮士的工资来度量侍者的受压迫程度。从机会平等的观点来看，研究者在某一给定的时刻研究父母的特点(和职业)与子代职业成就的关系。在两种情况中的任意一种情况下，一切都发生在一个时刻，即做调查的时刻。位置的社会世界既没有历史，穿梭其中的个人也没有生命史。相反，我们发现自己置身于古典自由主义的永恒抽象的社会本体论中。在这个本体论里，独立、相同的个体选择是否组成一个社会，以及这一社会的规则为何。对于这个古典的抽象世界，回报/机会辩论实际上只增加了另一重抽象概念：一种固定的职业分工，正如亚当·斯密首先提出的那样。在通常关于不平等的辩论中，那些相同的个体被定位在这种社会劳动分工的示意图中，分工被细分为拥有确定的奖赏的位置。因此，这些人是不变的劳动分工中的永恒专家。

这种简单而静态的本体论在当前的结果平等和机会平等的辩论中仍然被当成前提。但对双方而言，该前提都造成了根本性的问题。在结果平等方面，研究者静态地对比位置，即使比如说，在过去三十年里，美国工厂的工人相比美国手工业者的相对收入已经发生了根本上的改变。更普遍地说，这种关于稳定的假设显然有问题，因为自18世纪以来，劳动分工发生了持续和彻底的变化。此外，除了考虑工资或财富，不同的福利来源并没有被调查。但是，这种局限性制造了明显的难题，因为不同的个体对福利的概念不同，而且，更有问题的是，这些福利的概念在很大程度上由社会产生。

然而，在机会平等那一边，问题不是源自非历史，而是源自非连贯。机会平等假定了一个内在、真实的自我，只要有适当的机会，就 246
可以实现它想要的一切。但是，在生命历程中，这个真正的内在自我究竟于何时存在从而获得这一适当的机会呢？五十年的经验社会科学告诉我们，无论我们观察人生中多早的阶段，社会差异已经被生活经验深深地刻进了自我。但顺着这个事实，我们会发现没有一个有意义的时间点可以让平等的机会发生。因此，最终我们甚至无法设想机会平等，更不用说实现它了。事实上，考虑到自我是一种建立在互动中的社会结构（而不是被构想出的功利主义小矮人，整个关于自我的前提——存在一个真正的内在自我，只要被给予一个机会，便能够显示价值——在社会学上并无意义[①]）。根本没有内在、独立、真实的自我。从生命最早的时刻开始，自我就建立在互动之上。互动能做的只是传递差异——包括优势和劣势——如果差异存在且可被传递的话。此外，即使小矮人存在，他们之间的差异会为不同的奖赏辩护，这将违背契约主义者对人人平等的基本假设，从而实际上谴责了人们的基因天赋。

因此我们看到，结果平等和机会平等之间的整个争论建立在一种我们自己都不相信的社会本体论之上。这个本体论已经被一个世纪的理论和经验研究断然拒绝了。个人不是永恒的存在，而是处于不同生

---

① 小矮人/侏儒（homunculus）是一个哲学观念，历史上在诸多领域的争论中被提及，常见的如生物哲学中“先成说与渐成论”之争。可参见https://plato.stanford.edu/entries/epigenesis/。一个现代的用法参见经济学家乔治·安斯立（George Ainslie），他用这个术语指个体内部可能存在的互相矛盾、竞争、协作的但又互相独立的动机，或用他的术语“不同的动机中心”（distinct motivational centers）来指代之，参见本书亦有引用的Ainslie 1992：28，93。——译者注

命阶段的实际的人。他们不可能独立于社会生活。他们的内在充满了想法、语言、模型和价值，所有这些都来自他们周围的各种社会环境。没有一种纯粹的自我，没有一个因其独特的个人美德而“值得”获取成功的小矮人，因为不存在独特的个人化的人。人格由社会生活的碎片组成。

社会生活也是如此，它只是人们的碎片之间的互动。社会生活也有真实的历史。它的位置，特别是它的职业以令人眼花缭乱的速度变化。正如我们在第一章中所见，社会生活事实上比人格变化要快得多。毕竟，一位从 1911 年到 2007 年都生活在美国的人会经历两次世界大战，移民水平的剧烈波动，中心化制造体系的兴起和消亡，三到四种不同的就业制度，妇女社会角色的完全转变，以及政治摇摆到右，然后往左，然后又到右，再是左，接着又偏右。因此，不存在一种某些位置会得到奖赏的固定结构，就像一个人的社会位置不会保持固定不
247 变一样，因为社会位置本身一直在变化。社会世界是一个事件的世界，社会团体和个人的生活都好像是复杂的轨迹，在这波涛汹涌的事件海洋中航行。如果我们要考虑不公正，它必须在社会生活实际发生的这个真实框架内，而不是在借鉴自另一个时代自由主义理论的一些世外桃源里。

因此，我们关于公正问题争论的核心在于其规范性的社会本体论。这个本体论未能在个人和社会层面上认识到社会生活的过程论本质。因此，我们必须创造基于过程论和轨迹的公正概念。例如，在 20 多岁的时候，美国的大多数大学生都比那些从教育体系中辍学而从事手工艺工作的人穷。事实上，后者可能在相当长的一段时间内保持着稳定的经济优势地位。但是慢慢地，许多大学生进入专业性工作领域，并一开始在收入，其后逐渐在财富上超过手工艺者。即使在分工稳定的社会里，这种关系也会存在。更一般地说，随着时间的推移，不同的

教育和就业的生命历程不可避免地会有不同的收入和财富特征，这既有职业模式的生命历程的原因，也有职业和消费世界本身的社会变化的原因。

我们该如何思考这些特征的公正性呢？存在很多可能性。人们可以设想一个标准，即所有人在21岁时的预期终身收入都应具有相同的现值。尽管这可以被设定为一个标准，但很难看出如何将其永久地作为一种公正的度量标准来执行，因为这将是前瞻性的，并且会受到道德风险的影响：一个人哪怕因为过早的消费使自己一贫如洗，也可以碰运气让社会上的其他人将来照顾他。为什么我们要用21岁作为参照点呢？对现代劳动者而言，20多岁实际上是探索工作的人生阶段，他们会尝试这个职业和那个职业，这个雇主和那个雇主，作为在对某种工作做出坚定的承诺之前，寻找一种现成并可接受的就业机会的方式。也许31岁是一个更好的锚定点。

但是，正如弗兰克·奈特(Frank Knight)将近一个世纪前所指出的，在整个生命历程中都存在着不确定性。这种不确定性很容易使公正的生命历程变得不公正。哪怕一个人一生中大部分时间都享受到了公平，也无法补偿他在生命结束时受到的伤害和压迫。而即便拥有一份稳定的工厂工作20年，也并不能使一个人在工厂迁往墨西哥时，做好面对冲击的准备。然而，这种可能性表明，也许我们应该从公正或福利的角度来评估生活的整条轨迹：重要的是方向，而不是实际结果。这种立场一直是许多右翼人士的安慰，他们认为，不断增长的经济使 248
每个人都能经历不断增长的轨迹。但很明显，每个人都可以在不公正(至少在基尼系数类型的字面不平等意义上)快速增加的时候朝着积极的方向前进。

此外，这一分析假定，体验者在其公正或不公正的经验方面不会改变。当然这个假设也是错误的。那些雄心壮志被挫败的人往往会找到新的雄心，关闭工厂对一些工人来说是一个令人惊讶的恩惠，他们接受再培训然后找到新的、更有回报的工作，即使这对其他人来说是预计中的灾难(参见 Broughton 2015)。

总结这些个体层面关于不公正的本体论问题很有益。第一，个人生活在一个动态变化的社会中。因此，我们应该尝试建立一种公正生命的理论，而不是在某一时刻的公正待遇的理论。事实上，正如我的手工艺者/学生的例子所表明的那样，福利的不同轨迹可能在整个生命历程中交叉。在某些情况下，当决定选择了一条轨迹而不是另一条轨迹时，它可能(也许合理地?)与个人现有的个性相协调。(也要注意，存在不同轨迹的事实意味着横截面比较总是会发现不公正，但若要衡量一生中和生命终结时的不公正，这种横截面比较可能是一项糟糕甚至错误的指标。)

第二，正如刚才对 21 岁时的不公正、一辈子的不公正和生命终结时的不公正所做的区分表明的那样，当我们谈论整个生命历程时，我们还不清楚如何理论化结果或结局。事实上，第六章已经详细说明了这个问题是多么的复杂。

第三，由于人们在一生中不仅在拥有的工作或生活中所做的其他事情上发生变化，而且人们渴望得到的实际事物也会发生变化，甚至他们对于"现在"获得福利还是"以后"获得福利的偏好也会发生变化，所以经验、欲望和报酬之间存在着几乎无法估量的动态关系。经济学在诸如"搭便车""道德风险"和"酸葡萄"之类的话题中已经提到了这种复杂性的各个方面，但还有许多其他的现象有待分析：事后的合理化、悔恨自责等。目前还不清楚如何最好地从正义的角度来考虑这些事情。例如，我们应该试着想象一个没有悔恨的世界吗?

在社会层面上，本体论问题同样复杂。首先很明显，尽管社会世界对个人而言拥有更大的力量，但实际上它比个人的变化要快得多，

正如我在这本书中已经多次论证过的那样。这是我早先已总结，观察 249
自 1911 年至 2007 年(我父亲)的一生中发生的惊人变化的中心意义。与结果/机会辩论中采用的启蒙本体论相反，不存在一种稳定的社会结构，其中人们将获得由位置决定的奖励。工厂会关闭，专业知识会变得商品化，市场会变化，技能会转移到海外。正是由于这个原因，伟大的福利国家基于个人的公民权，而个人公民权比就业机会更持久，甚至在许多情况下比家庭更持久。在稳定的框架内思考社会不公正(甚至是具体的不公正概念下的平等)并不明智，我们只能在一个不断且经常随机变化的社会内思考它。

但是，社会层面的第二个更困难的问题是如何将社会成就(亚当·斯密称之为“国家财富”，现在通常称之为“经济效益”)与个人成就(或平等或正义)相协调。在古典自由主义模式中，这种协调由市场的无形之手实现。亚当·斯密的精妙论点在边沁那里被加固成教条：市场能够同时最大化个体欲望的实现和整个社会的产出。但是如果我们相信个体有完整和复杂的生命周期，并且社会在这些生命周期内迅速变化，那么这种横截面式、基于均衡理论形式的最大化就没有意义。如果我们必须从生命历程的角度来考虑不公正，那么我们也必须从历史的角度来考虑社会效率和产出。

因此，最根本的挑战在于人们是否能够想象对所有人都公正的生命历程，同时也能想象在这种情况下实现最大产出的社会。这显然是一个迭代的问题。在简单的功利主义均衡情况下，该问题没有可能的解析解。与此相当的另一个问题是：安排大学生注册课程。学生们有一系列他们想学的课程，但教授们在一天中的固定时间提供一套固定班额的固定课程。教授们有时会被替换、请假或转向新的兴趣爱好。这是一个非常复杂的问题。事实上，它甚至不能用迭代算法来解决，因为问题的条件随着算法的执行而不断变化。结果不可避免的是一些学生最终会失望，一些教师不得不调整课程的时间。因此，在这样的体系中，唯一可能的公正标准也许是对每个特定的个人必须遭受的不
250 公正程度设定一个上限。但这一熟悉且日常的例子只是一个更大问题的简单版本，即将个人享受的工作的生命历程与生活中实际的就业结构相协调。

正如我刚才提到的，这种同时优化需要大量的局部调整。事实上，在实践中已经有相当数量的此类调整。例如，现代社会对餐馆工作人员的需求很大，但这并不是一个很有回报的职业。家庭儿童保育也是如此。因此，在美国，这些职业基本上成了生命历程般的职业。美国17岁至22岁年龄段的劳动力总数(每年一千万人的工作机会)的一半以上在餐馆工作(男女都可以是柜台工作人员、服务员、侍应生和快餐厨子)或做私人儿童保育员(大多数看孩子的是女孩，这些数字见Abbott 2005：316)。这些工作的平均持续时间(将所有休息期加在一起)是两年多一点。因此，即使是那些最终会在社会上获得很高地位的个人也会有类似经验，无营养的工作成为长期劳动经验的一部分。这个例子更广泛地表明，我们的经济体已经在努力解决不断重复的问题，即将有个人享受的工作的生命历程与社会性运转的经济相结合。

最后一个例子

最后，让我举一个很明显的关于当前这种调整的例子。这是一项非常重要的实践，它允许我们考虑本体论上合理的公正理论。让我们考虑以下两个关于美国劳动力市场的事实。第一，美国对技能水平的需求在过去20年中没有发生实质性的变化。(这些数据很容易在*Monthly Labor Review*上刊登的两年期就业前景的统计中找到。)尽管一些经济学家持续乐观地预测了某种变化，但自1996年以来，市场上

对拥有学士学位的岗位需求是持平的，大约占劳动力总数的22%。今天那些只需要一个月在职培训的工作约占美国劳动力的40%，与18年前完全一样。一些需要技能的职业的扩张被其他职业的输出抵消了。在现实中，高科技、快速变革、高技能经济是一个神话。第二个事实同样有趣。鉴于教育的高回报，越来越多的美国人相当明智地去寻求学士学位。因此，劳动力中具有学士学位的人员比例稳步上升，从1996年的约29%上升到2012年的约36%(相关年份数据见*Statistical Abstract of the United States*)。因此，在大约20年的时间里，供求比 251
从1.3上升到1.6。

只需要简单的计算我们便可发现，这些数字意味着，在未来几十年，美国高等教育的回报率必然下降。但更重要的是，这些数字为我们思考劳动力的不平等或不公正提供了一道有益的谜题。让我们假设现在所有这些学士学位在某种意义上等效，并且它们的拥有者都具有同等的能力。基于这一点，很明显其中一些人——随着时间的推移，这些人越来越多——必将失业。事实上，一旦学士学历持有者的供给超过了需求，就没有办法保证个人之间的公平。这一因素在某种程度上是隐藏的，因为这两个数字同时上升。这是由于老一代人受教育程度较低，所以在对技能有需求的新工作中存在的就业可以集中在劳动力年龄分布的底部(即那些最年轻的人)。但随着年龄的增长，拥有学士学历的人数逐渐上升，这一缓解因素逐渐消失。

我们该如何分配工作，使劳动力中的个人得到公平的结果呢？让我们再次假设，在人才、偏好和其他方面，个人之间完全相同，而且受教育程度远远超过我们劳动力的需要，这仅仅是因为从[个人的]边际角度看，接受教育显然有利。这个公平问题的唯一解决办法是摆脱这样的观念，即在个人和工作之间存在一个简单而终其一生固定的映射。在我们指定的条件下，这种映射不可能公平。因此，人员/工作的映射必须随时间变化。认为这种变化发生在两种不同的时间尺度上似乎是一种合乎逻辑的假设，因为每种时间尺度都各有优缺点。

例如，我们可以每周“换班”一次。由于需求是供应量的五分之三，如果有学士学位的人在五个工作日中只在三个工作日从事学士级别的工作，整个系统就可以吸收更多的学士人员。所以我可以一周做三天教授，另外两天打扫办公室，这可以作为一项公平政策。这也许看起来很愚蠢。但事实上，这恰恰是发生了的变化，因为现在教员们做的大部分文书工作都是五十年前秘书们做的。当然，现在没有像五十年前那样才华横溢的秘书了，她们是聪明的年轻女性，拥有顶尖学院和大学的学士学位。具有这些特点的女性现在自己就是教员，而性别平等的代价实际上是，我们所有的男性和女性教员都一样，都自己处理自己的文书工作。当然，个人电脑使这一变化成为可能，但实际上是
252 性别平等问题推动了该转变，大学教师从事的文书工作比 50 年前要多得多，而且在许多方面，由于昨天的教员秘书成为今天的教员同事，因此这种变化才通过工作的重新分配发生。

在一种更长的时间尺度上，我们可以通过缩短生命历程的周期来解决过度教育的问题，在这个生命历程中，人们可以从事与他们受教育水平相适应的工作。这显然也是处理因过度教育而产生的不公正现象的主要机制之一。在快速老龄化的社会中，强制退休是一项类似的政策，事实上，它最初在美国被用作创造就业的政策，而不是社会保险计划。还有一种可能是把 20 岁的生命阶段转变为一段越来越长的训练和探索期。这也是这种调整形式的一个例子。

因此，我们看到，随着我们必要地拒绝了启蒙主义本体论，我们在不公正问题上接近了一种更为过程论、更为复杂的局面。我们的核心问题是理论化个人公正的生命历程和社会有效(尽管不断调整)的劳动分工的共同实现。这不是一个简单的问题。但这是唯一明智的问题。

第九章　经验与道德的职业主义[①] 253

前一章表明，没有一种规范性的朴素本体论可以让我们有效地理解现代不平等。在研究不平等或不公正等规范性问题时，选择任何的社会本体论对我们从经验上发现的问题都有着独特的含义。正如第六章所示，对人类生活质量等规范性问题的经验性研究，我们选择的任何结果概念都会有类似的含义。为什么坚持过程本体论更凸显出对社会生活进行明确的规范性反思的必要性？因为从最广泛的意义上讲，这些关于规范性的结论和我们对“善”或公正的标准，都是方法论上的原因。

在本章中，我将探讨一重更为深刻的原因：过程主义需要我们致力于规范性的反思。本书前面的章节已经几次提到过这一事实：在很大程度上，社会过程包含由价值凝结而成的社会事物，包含由选择和行动逐渐交织成事件的稳定的世系（我们称为社会实体）。价值是社会过程的核心，所以社会学无法逃避价值。我通过观察我们工作的一个特殊方面——职业主义（professionalism）——来详细研究这个问题。职业主义的问题在经验上已经很好地被理解了，而且这并不像（如）前一章中研究的不平等问题那样具有政治争议。无论是在社会过程中还是

① 这篇论文从未发表过。它最初是为 2011 年 10 月 20 日在布鲁塞尔自由大学举办的一场博士研讨会所写。

在我们对这一过程的评论中，通过研究政治负荷较小的问题，我们可
254 以更清晰地理论化道德和经验确切的相互作用。不那么有争议的话题
可以让我们在没有各种政治偏见带来的反应的情况下看到所涉及的
矛盾。①

本章从学术生活中的政治争议和价值自由问题入手，以职业主义为例进行反思。然后分析了涂尔干的经验性与规范性之间的关系，探寻了我们目前这种二分法的根源。然后，它追溯到涂尔干的继承者塔尔科特·帕森斯的关于职业的论述以及他如何运用涂尔干的立场。然而，正如这一应用所表明的那样，帕森斯式和涂尔干式的论述简单地忽略了大多数社会学反思的规范性本质，也忽略了社会过程本身价值的中心性所带来的实际问题。本章最后对这种中心性进行了分析，从过程本体论以及从中发展出来的实用主义理论的角度进行了阐述。

导言：职业主义之谜

职业主义是一种经验的概念，一种道德的概念，还是两者兼而有之？这是很棘手的问题，但它提供了一种有用的、有约束的框架来思考经验和道德认知关系之间更广泛的问题，或者用另一个术语来说，

---

① 回应这一挑战的过程也迫使我解决了一个显而易见的反问，像迈克尔·布洛维这样的同事可以用这个问题来挑战在本书后半部分逐渐建立起来的“人道同情”论点：是否存在一种情况，在其中，我自己也会成为一名具有明确政治性、激进主义的社会学家？这种情况的确存在，而且确实发生在过去十年中。在那十年的大部分时间里，我都在保护图书馆和人文知识免遭各种威胁（参见《数字论文》一书的序言，阿伯特[2014]2018）。我已经变成了一名公共社会学家——当我在写这本书的尾声时正在抨击的那种人。但正如本章将要阐明的那样，更令人担忧的是一种持续时间要长得多的情况：我没有从事过任何与职业有关的公共社会学，而这是一个我有一些专门知识的领域，更不用说伟大的埃利奥特·弗莱德森（Eliot Freidson）树立了一个鼓舞人心的榜样，将公共和专业的方法结合在一起研究职业，非常优雅。

理论和实践的关系。

我选择职业作为一个研究这些问题的现场很主观。人们可以就性别平等或社会分层等提出类似的问题。然而出于两个原因，职业是一个很好的例子。首先正如刚刚提到的，关于职业的辩论没有高度政治化。其次，虽然职业作为一种社会现象被很好地研究，但职业作为道德共同体的论述却少得多。

根据我自己的经验，这种空白显而易见。虽然我写了一本关于职 255
业主题的颇有影响力的书，但我从未就职业应该如何发展这个主题向职业协会发表过演讲。我已经向社会工作者和图书馆馆员解释过职业的历史。我为图书馆馆员和职业治疗师提供了策略建议。我已经对信息科学家和军队预言过未来。但我从未就职业的道德责任和义务向职业协会发表过演讲。事实上，我唯一一次谈到职业道德，便揭穿了它只是一种象征性的纯粹仪式(见 Abbott 1983a)。

但这并不是因为我自己不相信职业主义是一种道德现象。远非如此的是，我不仅相信职业主义，而且每天都在坚持这一原则。在《美国社会学杂志》方面，我希望我的审稿人告诉我，他们以前是否读过一篇送审文稿，他们是否认识它的作者，或者他们是否在论文上给了作者建议。[①] 在指导学生的时候，我让他们进行详细的研究，尽管这些研究永远不会付印，目的仅仅是告诉他们，他们的读者必须能够相信他们已经做了这些事情。当我把自己的作品提交到期刊上时，我希望我的同事们像我读他们的作品时一样，把他们对我作品的个人偏见放在一边。所有这些都是职业主义的道德方面，我不仅在别人身上期待它，自己也践行。我不认为它们仅仅是象征性的纯洁仪式。它们不仅是我期望的职业世界工作的方式，也是我认为职业世界应该工作的方式。

---

① 作者于 2000 年至 2016 年担任该刊物的主编。——译者注

在其他地方，我把这种情况称为**“知识异化”**(knowledge alienation)，我指的是嘴上说一套，生活中却奉行另一套。我们似乎都在这么做。作为社会科学家，我们的工作就是解释别人的行为。但作为人类，我们过着自己的生活，就好像我们是自由道德的人，康德意义下的人(Kantian individuals)。我们不解释我们自己的生活，我们活在其中：我们解释的是别人的生活。[①] 除了马基雅维利意义下的作用，“解释”在我们自己的生活中没有任何作用：我们用自己的解释技巧来预测我们计划的这个或那个行为可能产生什么结果。但是这些预测并不能决定我们是否应该采取这样的行动。对于我们大多数人来说，后一个问题属于政治、道德或者其他范畴，我们都同意这些范畴与学术研究
256 相分离。政治科学及其分支政治理论，是美国学术界这种道德分离现象的唯一例外。我们其余的人在客观和拥护(objectivity and advocacy)之间做出了尖锐的分离。

我应该顺便说一句，在这一经验/道德分隔的另一面，也存在着同等的分隔。如果我打开最近的关于职业主义的书籍(如 Kultgen 1988 和 Koehn 1994)，我会发现它们没有提及我自己的工作。在职业社会学中，只勉强提到了“冲突学派”，如埃利奥特·弗莱德森和马加利·拉尔森(Magali Larson)，他们被戏称为玩世不恭的愤世嫉俗者。“大学学科的变化，”科恩(Daryl Koehn)告诉我们，“尤其是在历史和社会学学科中，也在替换这样一种观念方面发挥了作用，即职业实践服务于公众利益。”根据这些学者的观点，她告诉我们：

> 职业没有内在的合法性。可以推断的是，它们只是一种主导

---

① 改用奥斯卡·王尔德的话说(《理想丈夫》关于时尚的部分，第三幕)：“一个人啊，自己想什么干什么才算自由。别人做什么，就不算自由了。”[改写自余光中的中译文(1998：60～61)。——译者注]

> 性的意识形态，可以被真正以公共利益为目标的机构或实践所取代。(Koehn 1994：2)

科恩的目标是替代所有这些文字。

> 这本书试图对抗和反驳这一对权威和职业道德的挑战，表明[它们的]权威建立在一个安全和道德合法的基础上。(Koehn 1994：1)

此外，她还这样说(有点类似我在本章的立场)：

> 断言“职业没有内在含义，而是由其所有或大部分成员在某个时间点所做的事情的总和构成”是规范性的问题。(Koehn 1994：7)

因此，有关职业的分析的历史和社会学工作在道德分析中基本消失，反之亦然。我稍后再回到这一点上。

但现在，让我把这个有趣的二元性放在一边。我想回到一个论点，回到我们在社会科学中所做的客观和拥护之间的尖锐分离。至少在美国，我们中的许多人经常哀叹学术界的政治化。我们觉得我们的许多同事在学术上或多或少追求明确的政治议程：有时是女性主义，有时
是自由主义，有时是这个或那个宗教或意识形态，或其他什么。我们 *257*
有充分的理由来谴责这种政治化，因为我们已经见过政治化的学术界能做什么。苏联的马克思主义社会科学，李森科式的生物学，纳粹的种族研究，反叛乱研究(counter-insurgency studies)：这是一个很长的名单。

然而，即使是那些反对政治化的社会学家——也许是他们中的大多数人——也在追求一种我们可以称之为“政治走私”(politics *à la contrebande*)的东西。① 他们悄悄地而非公开地引入自己的政治。考虑一下第八章中的例子：我们中的许多人都研究不平等。但是，没有纯粹的经验原因来支持为何不平等需要被解释。恰恰相反，正如我们刚才看到的：分布理论告诉我们，在概率上，纯粹的平等是一种极其不寻常的结果。因此，假定平等是社会生活的默认价值，即必须解释从平等的偏离，这一点是引人注目的政治行为。当然，大多数美国社会学的文章都这样假设。我可以举出无限多这样的例子：深入研究同性恋者，而他们实际上只是现代人口的一小部分；使用政治化了的，可能是无意义的种族定义来收集数据，等等。所有这些都表明了政治走私的持续存在。

然而，与其他研究领域相比，有关职业的文献不存在重大的政治化问题，甚至不存在政治走私。在大多数社会中，职业并不是一个重要的政治问题。当然，人们关心职业的特权——他们的高收入，他们的自治，他们对其他职业的权力。人们担心这些特权在某种意义上是否应得。这显然是一个政治问题，在职业社会学的早期被人们公开地辩论。帕森斯和功能主义者认为，职业应该得到它们的特权，而以弗莱德森和拉尔森为例的冲突学派则清楚地表明特权并非应得的。但这一问题自 20 世纪 70 年代以来已基本上从职业社会学中消失了。可以肯定的是，许多工作岗位仍然担心它们是否“真的是”或“真的不是”职业，这显然是一个政治问题。但至少 50 年来，职业社会学文献都不曾担心过这个问题，尽管职业内部的作者们对此充满热情。②

258 因此，研究职业的文献是考察经验事实与道德事实之间关系问题

① “政治走私”这个短语是由法国社会学家埃蒂安·奥利翁(Etienne Ollion)提出的，我与他讨论过这些问题。

② 事实上，我收到的大多数与职业团体交谈的邀请都很含蓄，希望我让邀请者们放心，他们“真的是一种职业”。

的一个很好的环境，因为它不是明显政治化了的文献。而更重要的是，我们本身都是职业人士，因此我们必须生活在职业主义的矛盾中：被解释的职业主义和被体验的职业主义之间的矛盾，职业精神的经验事实和道德义务之间的矛盾。很明显，我们应该实践我们所宣扬的客观性。同样很明显的是我们没有这么做。

要参与这个话题，就要跨越道德的卢比孔河。因为一旦我们认识到职业具有某种道德性的存在，我们就必须开始在道德的标志下对其进行判断，即，在道德和政治的**对与错**(right or wrong)的术语中，而不是——或可能是——从认知层面的**真与假**(truth or falsehood)。但是一旦这么做，我们便拒绝了韦伯在《科学作为天职》(韦伯[1946]2018)中的著名论断，我们拒绝了价值中立的科学。

当然，我们有很好的理由来这么做。使韦伯的立场站不住脚的原因有两个。第一个也是更重要的是——正如我在这本书中所指出的——社会过程本身主要由凝结的价值组成。“少年犯罪”(juvenile delinquency)听起来像是一个科学术语，当然在特定的地点和时间，它可能是具体的各种特定的犯罪。我们可以使用经验选项创建一个尺度作为定义青少年犯罪的“度量”。但我们非常清楚，将某些事物包括在这一范畴内而忽略其他事物是一个价值过程，而不是一个科学过程。那些声称自己的作品是艺术而非故意破坏的涂鸦的艺术家们正确地指出了这一点：“故意破坏”是一个社会产生的价值类别，而不是科学现实。在整个社会过程中也是如此。大多数看似稳固的社会结构只不过是一些过去价值判断的顽固残余，而这些判断总是会重获新生。它们可以再一次变得偶然，并对价值问题敞开。

与一些人所说不同，这一事实并没有消除社会科学的可能性，因为存在程度上的差异。某些事物比其他的事物更具价值倾向。在我看来，从很多意义上讲这可能是正确的。有时，称某件事有“价值倾向”

(value-laden)只是简单地用经验性的话语描述现在关于它的争论比关于其他事情的争论更多。在其他时候，称一些事具有“价值倾向”是说它们道德上具有绝对性，如不能杀人。在其他另一些时候，称之为“价值倾向”可能仅仅意味着它不容易度量，或者原则上不可度量，就像我
259 们说一个人不能为生活确定一个价值，说生活“有它自己独特的价值”。但是，即使考虑到这些程度的差异，韦伯的立场也无法成立，因为价值在社会过程的所有部分都扮演着中心角色。

然而，这个立场的失败还有另一个原因。由于韦伯自己的知识异化，他的论点实际上在内部自相矛盾。在韦伯著名的《科学作为天职》一文的正文中，他宣扬了一种价值中立的**科学**(*Wissenschaft*)，将其应用于我们周围的社会世界。然而，他以对职业学者价值观的赞颂结束了这篇文章。他是否真的认为这些价值本身可以被“价值中立”地分析？这些价值能被学者的兴趣或其他机械的社会力量“解释”吗？显然不是。他认为它们是超越的、自由的。韦伯的文章发表在德国最黑暗的时刻——一个死亡、失败和毁灭的时刻——是他**为自己一生的辩护**(*apologia pro vita sua*)。韦伯对学术有着深刻的信仰，他的信仰是道德性和规范性的。他相信科学正确和有益，而不仅仅在于它的发现是真的。在这篇文章中，他试图通过论述学术理想而传播它，通过从字面上命名它的存在来实现它。没有比这更道德的行为了。当然，在文章的最后几页，他对学者那种“朴实的理智诚实”(韦伯[1919]2018：45)的赞美必须被视为一种幻想，与被他温和地嘲笑了的(宗教)人士所持有的那些幻想相同，他说他们“无法像男人一样承受我们时代的命运”。他自己的立场完全是宗教式的，与那些他在结语中轻蔑地斥为“传统教会”的信条别无二致。

到目前为止，我提出了一个问题：我们如何在道德和经验的事实基础上理解职业主义？我认为，所有研究职业的学者都以两种方式体

验职业主义：一种是在我们研究的职业中解释它，另一种是在我们自己的职业生活中实践它。我认为，在任何情况下，事实和价值在社会世界中的重叠都不可避免，因为社会过程本身包含大量凝结的社会价值，这些价值随时都可能“复活”。

在本章的其余部分，我将对这个问题进行新的分析。我将首先研究涂尔干在事实和价值上的立场，这在我看来是对这一问题的大多数社会学思考的基础。然后，我将考虑帕森斯在他对职业的研究中对这个立场的勾勒。在拒绝帕森斯的立场之后，我将转向一种更抽象的取径以研究社会学中事实和价值的一般问题，从中我将试图勾勒出一种实用主义的、过程论的职业主义理论，作为一个同时具有经验性和道德性的计划。与第三章一样，本章也将以职业的例子作为研究现场， 260
来研究社会理论中的一般问题。

定义和涂尔干

在我继续之前，我想给出一些具体的定义。理论上的疑惑在这一领域很常见；事实上，人们有时故意寻求模糊。我们需要避免这种情况。因此，以下是一些定义：

(1)在本章中，我所说的“职业”是指看起来或多或少如美国医学或法律的专家工作(expert occupation)。对于大多数研究而言，这是一个毫无价值的定义。但这对我们来说已经足够了。

(2)“经验事实”是指通过调查、访谈或其他形式的社会数据收集，通常可以确定的事实。经验事实的判断标准是真或假。我并不特别担心一些经验事实比其他经验事实更容易判断。不言而喻的是，在唯物论(materialist)文化中，如我们自己的文化中，经验事实的概念一点也没有争议。事实上，大多数严肃的唯物论者认为经验事实是唯一存在的事实。①

(3)关于“道德”和“道德事实”，我指的是一系列的人类现象。在经验的现象学中，这些现象被视为根植于“应然”(oughtness)的概念，对它们的判断并不是根据**真或假**的标准，而是根据**对或错**的标准。我的最基本假设是“人类有道德体验”，人类把某些意图理解为道德。当然，在像我们这样的唯物论文化中，道德事实的存在对于严格的哲学来说通常是一种尴尬，但这并不能阻止唯物论哲学家在他们的个人生活中做出各种[根据我的标准]道德的判断。因此，实际上，他们在生活实践中承认道德判断的存在。他们的理论有时不会这么说(例如，他们会试图“解释”道德)，不过这一点在这里不是最重要的。

(4)我将用“规范性”这个词作为“经验性”的反义词。因此，我说的是“经验性社会学”与“规范性社会学”相对。也就是说，规范性的事物对我来说仅仅是简短的应然。它们不像帕森斯所说的那样，是[根据我的标准]道德的因素在经验世界的投射。它们从根本上讲是道德的：**对与错**，而非**是与否**。

(5)我将用“价值”这个词来指人类行动者对经验的某种品质或方面的应然或可取性的主观分配。这项分配的任意性不是我们作为分析人
261 士从外界所认同的，而是指行动者经验的一个方面：一位女孩坠入爱河，由此某个男孩对她来说是有“价值”的；一位画家认为“摄影式”绘画并不有趣，他会在一点点灯光下作画；诸如此类。经验现象学中的这种“价值设定”是否在某种本体论意义上“真实”，将是一个理论和研究的问题。

这些定义并不意味着任何形式的强势立场。它们的存在只是为了

① 此处的 materialist 并非在中文里常见的马克思语境下的“唯物主义”，作者试图说明的是一种认识论立场，“在物质世界之外别无他物”，也可译作“物理主义”；而非一个政治立场。——译者注

防止误解。误解的产生是因为这些词，特别是“道德”和“规范”这两个词，在某些社会学经典中的使用方式。这些误解的主要制造者是涂尔干，他说服自己他已经解决了关于事实和价值的重大问题。所以让我们检验一下他的立场。

涂尔干从《社会分工论》的导言部分就攻击事实/道德问题。[①] 他首先将劳动分工视为纯粹的经验事实。他按顺序记录了劳动分工的扩散过程，将分工作为一种经验现象，以及来自经济学家、生物学家以及其他作者的兴趣。然后他开始讨论专业化，这与分工并不完全相同。(后一个概念假定相互依赖，但前一个概念没有。)他接受了生物学家关于动物“尺度”的看似评估性的概念，并断言有机体在这个尺度上的等级由其内部分工的精细程度决定。他强调分工不仅仅是源自人类智力和意志的社会制度(涂尔干[1998]2017：3)，而是一种普遍的生物现象。他称之为一种规律(a law)，存在的条件。所有这些似乎都在试图让劳动分工看起来像是一项纯粹的经验现实，一个科学问题，一种**真与假**的事物。

但突然之间，在第 4 页，他想知道这样的事实是否一定不能影响我们的“道德建设”。这个词从天而降。在此之前，涂尔干尚未引入道德，也没有表现或推测可能存在“道德建设”这样的事情。但他继续前进，并想知道我们是否有责任顺应或者背离劳动分工。当然，这在我的标准下是道德陈述。但是涂尔干并没有通过某种道德分析直接回答该道德问题，如对法学理论，或法理反思，或公正理论，或个人成长的规范概念的研究。他没有那样做。相反，他指出，关于是否接受或抵制分工，公众舆论存在多样性。也就是说，他注意到了这个道德问 262

① 所有的参考页码来自法语版，本章源于一次面对讲法语的听众们的演讲。英文翻译是我自己做的。(涂尔干的这两本著作都有中译版，所以本章直接采用现有的中译版本。——译者注)

题存在意见分歧的经验事实。涂尔干试图让我们认定这样的讨论本身涉及道德(在我的意义上总是如此)，通过援引康德式的“定言令式”(涂尔干[1998]2017：5～6)，他概括了对分工的观点：分工是一件好的和积极的事情。在整个分析过程中，他使用了一项明显的经验事实(即对道德问题存在分歧)来拒绝道德可能是一种有节制、严谨的(用他的话来说，“科学的”)对世界的理解形式(我故意在这里避免使用“知识”这个词)。[①] 他驳斥了所有一般化的道德理论，因为它们未能完全保持一致，他也驳斥了所有关于道德的经验理论，因为它们不够一般化。

我们有必要看看这里发生了什么。涂尔干只研究了道德问题的经验差异，对法理学、法律理论、规范政治等领域中长期、严格的论证传统视而不见。他拒绝将道德作为一个独立的理解领域完全基于这样一个事实：道德不符合他自己关于实证科学的模式(他含蓄地将实证科学定义为唯一有效的理解形式。如果我们在这里使用“知识”而不是“理解”一词，我们会部分承认这一论点)。涂尔干说，要使道德成为真正的知识，就需要有演绎的规律性。正如他接着对伟大的道德理论家所做的总结性陈述：

> 这些概括根本总结不出真正表现在一个特定社会或既定社会形态中的道德规范的本质特征。不管[道德家]个人所能感受到的种种渴望是何等真挚，也没什么能让我们从中看到道德现实的真

① 法文版原文如此：“En un mot，par un de ses aspects，l'impératif catégorique de la conscience morale est en train de prendre la forme suivante：Mets-toi en état de remplir utilement une fonction déterminée。”在中译文里未体现：“总之，就某一方面看来，道德意识的强制性在今天应该采取这样一种形式：即各为其用，各尽所能。”(涂尔干[1998]2017：5～6)——译者注

相及贴切恰当的解释。(涂尔干[1998]2017：7)[①]

也就是说，道德不是一种非经验性的事实(它和其他任何事实一样，只是经验性的)，原因有三：(a)因为涂尔干认为它不够合意；(b)因为我们不能用只测量经验性事实的方法来测量它；(c)因为道德家之间存在差异(就好像科学家之间不存在差异一样?!)。涂尔干只承认道德的一种现实，这一现实体现在人们对他们的职责、义务、正当性的看 263
法中道德留下的经验性痕迹。这些经验性痕迹都是他要“测量”的——道德问题上的分歧——而它们似乎缺乏涂尔干要求的“科学”必需的一致性。[②]

当然，就像这整个论证适用于道德立场一样，它也很容易适用于科学立场。虽然在科学中存在一个学科共同体来裁决科学辩论，但在法律中也同样存在一个类似的共同体，涂尔干只是忽略了它。他的整个论点似是而非。根据他的逻辑，道德和科学之间没有经验上的区别。两者都受到广泛的争论，既不能完全演绎，也没表现出共识。涂尔干假设这种单一类型的知识是“科学”，通过该论证，他坚持了两种主张。首先，只存在一种知识。其次，它恰恰比任何其他知识都更接近当前被我们称为“科学”的特定认知活动。他还假设这(一)种知识建立在物质现实之上。事实上，这些只是他论点的前提假设，而不是从中得出的结论。

因此，从一开始涂尔干就将道德性体验重新定义为经验性体验。

① 此处改写了涂尔干原文的中译文(生活·读书·新知三联书店版)，并突出了与下文呼应的“渴望”一词。——译者注

② 作者对于涂尔干的道德实践有一项详细的经验研究，参见“Living One's Theories: Moral Consistency in the Life of Émile Durkheim,” *Sociological Theory* 37, no. 1 (2019)：1-34。——译者注

无论是在这里还是在整本书中，他都将利用这一论点，把科学的方法应用到道德规则中。更准确地说，他将对他从经验上定义为“道德”的行为采取经验度量，然后假设他因此实现了道德在生活世界和经验现象学中的严格和充分的表述。请注意，我说的是严格的表述，而不是科学的表述。在涂尔干那里，科学这个词实际上是“唯物论”的意思。涂尔干在这几段经验性的文字中不遗余力地坚持认为，整个经验的道德领域仅仅是一项经验性的事物，它与任何其他形式的活动在本质上没有任何不同。他像往常一样，通过提出问题来结束这一伟大的介绍性段落：

> 如果我们发现它[劳动分工]的作用与其他一些实践(其道德属性和正常属性是没有问题的)具有相似性，如果它由于发生了反常
> 264 的偏差而不能发挥这些作用，如果它得以形成的基础还决定了其他的道德规范，那么我们就可以得出它与其他规范自成一类的结论。(涂尔干[1998]2017：7～8)

也就是说，他会将劳动分工视为一项道德事实，(a)因为劳动分工与其他毫无争议的道德事物一样(他从未定义这些究竟为何物)；(b)因为劳动分工具有社会功能；(c)因为当劳动分工不具这种功能时，它看起来很反常(遵循先验的事物)。整个段落都简单地忽略了道德生活的现象学经验，包括作者对自身道德生活的经验。鉴于他是一位充满激情的反对者和捍卫德雷富斯的人，所以不管从什么角度来说，这无疑都是相当重要的。

因此根据我的定义，道德事实在涂尔干那里消失了。像柏拉图的理型(forms)一样，道德只存在于它们在经验世界所投下的阴影中。涂尔干对职业主义的分析就是从这一点开始的。对他来说，正如对大多

数研究职业的社会学家来说一样，职业主义只是职业生活中一种可测量的经验现象。例如，我们度量伦理准则的存在；我们对它们的内容进行分类；我们创建道德困境的片段，并将其施加到职业人士身上，以获得个人的职业主义的量表。最重要的是，我们将所有这些度量视为另一件需要解释的事。它们是经验事实巨链中的一部分，这巨链是唯物主义者的社会过程构念。研究者通过自利和冲突这样的概念来解释它们，从而通过它们所产生的封闭的结构化结果来决定和解释职业的社会地位。

30 年前，我写了一篇关于职业伦理的论文。[1] 我提到了职业道德活动源自经验实例的五种基本属性：普遍分布，与职业内部地位的相关性，依赖于可见性的执行情况，个人层面的执行情况，以及对同事间义务的强调。我通过一个包含五个变量的方向性因果图解释了这五种因素，这五个变量是职业道德活动、职业外的地位、对地位的威胁、新技能和对技能的控制。在该文中没有任何关于职业伦理的道德(以我在这里的定义为标准)特征，尽管显然有政治走私：我指责在医学中道德被当成一个纯粹的个人问题，我的批评基于剖腹产的发生率和安排，这是一种仅在加总统计数据中才显而易见的不法行为，就像涂尔干在
分工或全国自杀率方面的“道德”规律一样。但除此之外，我只关注职 265
业主义在经验之墙上投下的阴影。我确实看得仔细，但仅仅是对着墙看。

因此，在涂尔干的方法下，职业主义是一个经验事实。正是由此，它可以这样被“解释”：职业主义可以由先行变量“引起”。当然，这一因果关系的事实违反了大多数伦理或道德体系的基本规则，即责任的

① 参见“Professional Ethics,” *American Journal of Sociology* 88，no. 5（Mar.，1983)：855-885。——译者注

概念应包括履行这项责任的自由能力，尽管圣奥古斯丁的“**不能不犯罪的自由**”（*non posse non peccare*）依然成立。出于各种“因果”的原因，我们很难接受这样一种其中某些人比其他人更具有道德性的道德体系。一旦人们写下这句话时就会意识到，印度教伦理清楚地包含了这个体系，而“道德规则必须是普遍原则”这一概念可能只是西方法律中的一种意识形态偏见。

帕森斯与职业的功能主义分析

帕森斯对职业的分析接受了涂尔干那经验化了的道德，但他将其隐藏在功能主义的抽象下。这一举动使得帕森斯的分析对社会学职业本身产生了吸引力，尽管从长远来看，帕森斯的社会学同行似乎认为这种分析还不够有分析性，同时政治上也比较保守。事实上，帕森斯接受了各职业自称的道德性的表面价值；他把它们当作（根据我的定义）道德事实，代表着真正非经验的、充满意志的承诺，至少在“对社会有益”或“对社会无益”的意义上如此，这些道德事实最终受制于对与错的标准。此外，他以一种功能性的论点为自己接受职业道德辩护。事实上，这个论点与各职业本身所提出的论点几乎没有什么不同：由于职业服务于重要的社会功能，它们的成员理应享有特殊而特别的权利。从后来的职业理论家的观点来看，帕森斯仅仅出于职业事先[*ex ante*]对社会服务的奉献，便简单地接受了它们自己的描述，认为它们是从社会封闭中获益的慈善团体。

帕森斯关于职业的两篇最重要的著作是 1939 年的《职业与社会结构》（*Professions and Social Structure*）和《国际社会科学百科全书》（*International Encyclopedia of the Social Sciences*，*IESS*）第二版中的“职业”条目。在第一篇文章里，帕森斯试图通过辩称职业人员的利他主义

是由职业本身的“制度化道德秩序”所保证的，从而削弱“个体专业人士 266
是利他主义的”这一观点。用大白话说，这意味着个体医生和其他以成就为导向的现代社会行动者一样，为获得成功和成就而奋斗，但他们的成功是由包括道德(以我的标准)秩序作为其内容一部分的尺度来度量的。也就是说，医生努力实现医生的卓越成就，这么做一部分是为了获得经济回报，但为了获得这种经济回报，他们必须以合乎道德的方式行事，这种行事方式是卓越的一部分。当然，这一观点只是把问题推到了群体层面，因为建立这些包括道德要求本身的尺度的专业规则需要解释。而在帕森斯那里，这些标准来自职业的社会功能，即职业是致力于公共福祉的慈善机构。

当然，这种承诺只是一种功能主义的假设。它本身就是对道德的理想化。一位纯粹的经验主义者会说这种理想化“是社会中正在发生的事情”。最坏的情况是——这将会成为冲突学派的论点——整个功能主义的学说仅仅是一个职业企图进行社会封闭的幌子。冲突学派认为这纯粹是为了争夺权力和资源。不过，在最好的情况下，帕森斯式的分析可以作为对职业地位的一种真正的道德分析。

以这样的方式来解读，这种道德分析正是帕森斯在他的 *IESS* 文章中给出的。在对职业的定义中，他遵循当时占主导地位的“特征”观点，认为职业必须有智识基础和适用的技能。但他也坚持认为，“一个成熟的职业必须(must)有某种制度上的手段来确保这种能力将被用于有社会责任的用途”。注意这里“必须”的含义。在英语里这句话有三种可能的解析，帕森斯特别指出的似乎是其中一种。在他那里，“必须”一词并不意味着“根据定义，一个成熟的职业需要有这样的制度手段”，即若没有这些手段存在，一些合法化的权威将剥夺其作为职业的许可；因为毕竟，尽管各种层次的法律认可的确存在，这种权威和许可却都不存在。帕森斯也不是说“创造职业的先验社会原因也会产生另一种后果，即根据确定性因果关系，每一个成熟的职业都会具有这种制度手段”。不，帕森斯的意思是“一个成熟的职业应该有某种制度上的保证手段，使其在社会上负责任地使用它的能力，而没有这种手段的专家群体是道德上败坏的职业”。也就是说，帕森斯的论点（根据我的定义）显然是规范性的，而不是任何形式的经验陈述。

267 但是，当我们从纯粹经验的意义上看待帕森斯的著作，就像他的许多读者所做的那样，他所做的只是把任何已存在的事物都标记为“规范性秩序”，就像亚历山大·蒲柏（Alexander Pope）所说的“凡存在的都正确”。按照这个标准，大学由此被称为“机构复合体”，等等。在行话的背后，帕森斯似乎只是简单地理想化了一种特定的经验秩序。他简直在说不管这个经验秩序是什么，根据它已存在的事实，都必须是正确的。（这个问题类似于“后代总是对的”的立场所引发的问题，这在之前已经被多次提及。）因此他说，“法律尤其是社会性的，法律关注了社会秩序的规范性基础的知识深化与系统化”（Parsons 1968：540）。本质上这就是同义反复。如果有人认为法律服务于某项社会功能（而不是认为法律是一群人，或一系列组织，或其他），那么这可能是对什么“是”法律的最佳定义。如果我们已经对什么是法律的理想功能有了一些模糊的概念，那么我们可以使用这样的定义（而不是以人、团体或文本等为基础的定义）来体现这一定义，并为我们确定某一类活动是“法律”，我们通过给出这一定义来描述法律的边界和限制。

但是，正如帕森斯的许多批评者所说，这样非常接近于采用灌输式的社会理论。帕森斯并不认为他在采用灌输式的社会理论，而是认为他在采用经验性的社会理论，这一错误可以直接追溯到涂尔干。卡米克在分析帕森斯对“规范性”一词的灵活使用时强调了后者陷入了这一境地（Charles Camic 1989：66）。帕森斯有时用“规范性”表示“道德良好”，有时用来表示“典型”，有时则表示“被某种社会规则所支配的行动者感知”。帕森斯倾向于将“规范”置于“更大的规范秩序”中，进而体现“价值”，甚至是“终极价值”。这显然使他进入了纯粹的道德或宗教领域，尽管如此，他仍然坚持将这些规范视为一个纯粹的经验世界。

让我们总结一下至此的讨论。我首先提出了一个问题，即我们如何将职业主义理解为一种经验事实和一种道德事实。我坚持认为，研究职业的学者以两种方式体验职业主义，一种是在我们解释自己所研究的职业时，而另一种不同的方式则是在我们自己的职业生活里。我认为这种矛盾，或我所说的“知识异化”，是不可避免的，因为社会过程本身包含大量凝结的社会价值，这些价值观随时都可能“活过来”。它不能用纯粹的经验主义来研究。

在对道德和经验领域进行了一些定义性区分后，我发现涂尔干处 268
理道德事实的方法是只关注它们在经验世界中所投下的阴影——“道德”行为的数量、法律文本等，并将这些阴影视为可解释的社会事实。涂尔干声称这构成了对道德的非经验意义上的分析。这一观点是错误的：涂尔干只是无视或拒绝了纯粹道德(在我的意义下)调查的严格传统。

帕森斯延续了涂尔干的这一主张，他认为经验分析足以满足对道德分析的需要，尽管他对职业的分析可以理解为一种纯粹的道德分析，而且在此意义下可能是非常优秀的分析(例如，它肯定与一开始我就引用的伦理学家科恩的建议有着密切的相关性)。也就是说，我们可以考虑把帕森斯式的职业分析当作分析关于职业和专业人士“应该”做什么的合适的基础，这可能值得用一本书的篇幅来阐释。但正如这种分析所示，帕森斯的分析法和涂尔干的一样，是一种经验分析，他声称“解释”了道德现象，而实际上只是忽略了道德现象的起源。

一个实用主义观点

我现在想解决涂尔干所忽略的问题：一种活动和意识存在于社会过程中，此一存在简单来说是道德性的。[①] 我继续以职业主义为例。

269 谜题仍然如下。我们可以用“经验/实证”来测量职业主义，就像涂尔干以经验方式测量自杀一样。我们可以开发测量职业道德行为的尺度：前面提到的片段和度量。我们可以找到测量过去职业行为的变量，如职业的相对地位，专业人员的相对地位，对这种地位的威胁，等等。我们可以创建一个以职业主义作为最终因变量的模型，展示这些事物是如何以某种顺序“导致”(cause)彼此的，以及它们是如何“导致”职业主义(和/或社会封闭)的。我们可以用这个模型“解释”大量的变化差异。

但这么做并不能从某种程度上摆脱一个事实：如果从现象学的角度来看，成千上万的专业人士，包括他们自己在内，经历了复杂的职业主义困境，并试图用他们理解的道德术语来解决这些困境。即使这

① 我应该说明的是，我可以很容易地在这里使用“政治性”这个词，因为用前一章的话来说，我的论点同时适用于道德和政治。实际上，我更喜欢使用“规范性”这个词(它包括道德和政治)，但我担心由于帕森斯对这个词的使用，它会造成困惑。我在《学科的混沌》第七章中考虑了道德和政治之间的差异。那一分析集中在两种社会学遭遇社会过程的规范性方面时所产生的区别：一种是政治性的社会学，强调试图改变被视为不公正的社会过程；另一种是道德性或人文的社会学，强调试图“按它们自己的方式”理解社会的复杂性和多样性。那个论证的大部分内容都是针对我以前认为，现在仍然持有的观点：政治性社会学在规范性上的不一致。本书的“规范性”章节试图阐述道德/人文主义立场，而这仅仅在《学科的混沌》中做了勾勒。但是，那本书所说的政治家和道德家之间的对立存在于一个更大的对立之中，这个对立使得两个群体都与纯粹的经验主义者对立，后者完全没有看到社会进程的内在价值本质。政治家和道德家都发现涂尔干的立场和它所涉及的知识异化存在着根本性的错误。

些决定可能在某种程度上以我们可以预测的方式出现，也不能使他们所有的经历变成某种噪声或无意义。

涂尔干再一次提供了一个有指导意义的例子。《自杀论》一书中，在第三编第一章末尾的一个著名脚注中，他痛苦地宣布，他对自杀中某些社会模式的规律性的论证，以及他将这些规律具体化为他所称的“社会力量”的做法，并没有贬低自由意志。正如他告诉我们的那样，他的论证只保证某一群体中有一定比例的人自杀，而不是确定哪一个群体会自杀(涂尔干[1951]2001：351)。[①]

当然，他的论点在这里不重要，或者说，充其量是行不通的。他应该认为，社会性决定(social determination)是影响个人决定的几个因素之一，其他因素还包括直接的背景情境、道德规则和同侪压力。理论化道德的问题接着可以变成“理论化自我如何面对这些影响的混合”。但实际上，涂尔干认为在现代意义上，实际的、有意志的行为本质上是噪声；这种行为只是我们测试“真实力量”、社会力量的误差方差。在这个意义上，涂尔干只是概率论因果关系概念的众多先驱之一。

---

① 这个脚注的全文如下：“由于不想提出一个我们不必讨论的形而上学问题，所以我们必须指出，这种统计学理论没有义务否认人有各种各样的自由。相反，这种理论比把个人看成社会现象的根源更不能解决自由意志的问题。实际上，不管集体表现的规律性出于什么原因，这些原因不可能不产生影响，因为，否则的话，这些不变的影响就会任意变化。如果这些原因是个人所固有的，那么它们就不可能不影响这些个人。因此，在这种假设中，看不到摆脱最严格的决定论的办法。但是，如果人口统计资料的这种稳定性产生于某种外在于个人的力量，那么情况就不同了。因为这种力量可能不影响这些人而影响另一些人。这种力量要求一定数量的行为，而不是要求这些行为来自这些人或那些人。可以承认，这种力量遭到某些人的抵制而只能在另一些人身上得到满足。归根结底，我们的设想只是在物理的、化学的、生物的和心理的力量之外，再加上在外部像这些力量一样影响人的社会力量。因此，如果社会力量并不排斥人类的自由，那就没有理由认为前几种力量排斥人类的自由。两者所引起的问题是相同的。当一种流行病爆发时，它的强度预先就决定了由此而导致的死亡率的大小，但是并不由此而决定哪些人必定得病身亡。自杀的情况和引起自杀的趋势也是这种关系。”——译者注

但是只有当分析师们选择将人类的意志行为看作噪声时，它们才真的是噪声。事实上，无论我们将意志行为分割得多小进行考虑，我们总是可以发现它们含有一些社会根源，或者更普遍地说，含有一般而言具有决定性的根源(在涂尔干的意义上)。但这种发现并没有解决我们的问题，即在任何经验意义下，这种充满意志的行为大部分都是“道德性的”，需要以“对的或错的”来进行判定，而非真的或假的，也不是已解释的或未被解释的。毕竟，如果我们承认一项以个人责任为
270 前提的规律的合理存在，那么我们必定承认这种判定方式。而据我所知，社会学家实际上普遍认可个人责任这一前提。

一个比喻可以使我的观点更清楚。涂尔干的程序——事实上是现代“解释性”社会学的主要程序——相当于只从一个孩子的男性祖先角度看待这个特定的孩子。每个孩子都有 2 位祖父和 4 位曾祖父，由此一直追溯到 128 位曾曾曾曾曾祖父。我们可以通过观察这些所有的祖父，甚至那些在“母系”方面所有的祖父(母亲的母亲的父亲)等，一直到孩子，来解释关于孩子的很多事情。但是，仅仅因为我们可以从祖父的角度来创建关于孩子的一些论述，并不意味着我们就免去了理解祖母贡献的义务。我们也不应该将这种贡献视为“噪声”，而我们目前的统计方法正是如此。从现象学角度看，道德经验在涂尔干的分析中消失仅仅是因为他拒绝去审视它，而不是因为道德经验本质上是不真实的。但涂尔干的方法非常诱人，事实上，导致当前行为的这种阵列中的每一个“家庭单位”，在涂尔干的方法中都由它的“因果”部分来代表：一对父母中的父亲那一方。因此可以说，我们“看到了一部分”关于每一个行为的前序行为。问题在于它总是同一种类型的部分。

此外，涂尔干把他的分析完全集中在**决定**上，使这一“因果”论述看起来像是唯一可能的论述。在我的比喻中，男性祖先影响孩子的方式是“决定”他(或她)，而女性祖先——在这个比喻中的道德性——则

作为一种道德祖先与孩子有关，不管那可能是什么。也就是说，正是这种因果关系本身的概念——以及在我们试图理解社会世界的过程中，将因果关系提升到中心地位的做法——使得道德经验消失了。正如科恩在本章开头引用的书中所指出的那样，认为我们可衡量的和被决定的事物是我们能够严格理解社会生活的唯一事物，是一种意识形态。当然，这是我们作为社会学家的核心思想之一。但由于在价值立场上，我们不愿意或不能接受负面证据，在此意义下，我们的思想成为一种意识形态。

应该记住，我们确实有很多方法可以将职业主义等道德层面的内容贬低为无形。我们可以像涂尔干一样，简单地把道德观念的冲突看作道德探究失去效度的表面证据。或者，我们可以像他一样，简单地把道德看作不可测量的，然后测量与之相关的东西，接着宣布我们已经测量了最初那不可测量的事物。抑或我们可以将职业主义定义为一 271
种默会技能，或者我们可以说职业主义是“一些只能通过学徒制来教授的东西”。我们确实有很多方法避免看到我们分析的社会过程内的道德特质，即使我们一分钟都不会活在这样的生活里：按我们的决定性因果祖先为我们设计的因果计划生活，无论是真正的祖父母还是涂尔干的社会力量。

到目前为止，我认为行动有两支祖先起源：一支是因果的，另一支是道德的。此外，我认为，这些祖先分支具有不同的性质：两者都是理解和联系的手段，但一支涉及因果关系，而另一支涉及道德血统，这是一个尚未展开的概念。

让我们检阅法律和法理学的文献，这将有助于阐述这一概念。在那些文献中，涂尔干特征性的“因果”分析确实出现了，却是在一个完全相反的立场上出现的。法律分析假设人们出于自由意志而做他们所做的事情。在极端情况下，法律分析可以考虑一个行为的“因果起源”。

例如，在少年法庭里，家庭情况可能被视为“解释”犯罪行为的一重因素，否则犯罪行为将被视为源于道德选择。正如在社会科学中，自由意志成为围绕决定论核心事实的遥远的半影——围绕着社会决定论的现实的噪声——同样，在法律理论中，因果决定有时会成为允许修改法律责任的正式规则的剩余解释(residual explanation)，围绕着自由意志的现实的“噪声”。

同样需要注意的是，对这一点的分析与詹姆斯(William James)、库利(Charles Cooley)和米德所预示的实用主义的自我理论非常吻合。在米德式的表述中，“主我”是独立行动的自我，是一位不受社会因果制约的创始者。这是我迄今为止分析的道德行动者，也是伦理性职业主义文献中的道德职业人士。相比之下，米德式的“客我”是被社会约束的自我，建立在社会经验的基础上，从而在行动方式上被“引起”。

同时，这种区分并不完全对应。米德本人一直认为，行动起源于“主我”，即使“客我”立即改变、修改或重新解释了这种行动。米德会认为道德规则是“概化他人”(generalized other)的一部分，因此是“客我”，而不是“主我”的一部分。所以这种对应并不确切。然而遵照这个逻辑，米德应该会将道德规则视为某种经验性的事物：经验职责的实际定义。但他可能会认为，附属于他们的义务与管束纯粹经验处方的
272 义务不同：因此，一份道德处方将会是“你应该表现得像一个负责任的专业人士，因为这是正确的做法”，而纯粹的经验处方是“你应该表现得像一个负责任的专业人士，因为不这么做的话，你会被剥夺资格”(个人后果)或“因为(不这么做的话)这个职业将名誉扫地，而其他职业将占据我们的工作领域”(社会后果)。在这个例子中，为自身目的而行动是道德性的，而为了更进一步的目的而做同样的事情是简单的工具主义。

这种分析似乎意味着血统、结果和后果是经验联结的指标，而瞬

间所包含的价值则是道德地位的指标。然而，实用主义伦理学非常明确地将责任定义为与未来有关，特别是与成长或对未来进行阐述的概念有关。相反，因果关系涉及过去。在《人性与行为》里，杜威明确地说：

> 道德问题关注的是未来：它是处于盼望之中的。……道德难题就是改变那些现在正在影响未来结果的各种因素。（杜威[1922]2012：16）
>
> 因果关系问题是自然问题而不是道德问题，除非当它关注于未来的后果时。借口与谴责正是作为未来行动的原因，才必然都被考虑。（杜威[1922]2012：15）

或者，正如杜威和塔夫茨在《伦理学》中所说：

> [义务]体现在已形成的肤浅的、紧迫的倾向中部分孤立的自我，把义务归于呈现在抱负中的理想的自我。这些抱负，由于它们尚未形成习惯，对自我没有系统的控制。只有通过习惯的自我有些痛苦而困难的重建，它们才可以组成习惯的倾向和兴趣。（杜威[1909]2012：256）。

正如杜威和塔夫茨所指出的，这构成了康德欲望自我和理性自我之间对立的相对化关系。在这样的背景下，道德总是与个人轨迹中的某个点（或者，举个例子说，在职业中的某个点）有关。更重要的是，它们也与时间和地点有关。世界上存在各种各样的“道德”并不能证明道德本身的不连贯性（如涂尔干所想），而是证明了道德非凡的创造力和想象力。事实上，在杜威看来，不管是在这个例子里还是在别处，道德 273
的核心是**渴望**（aspiration）。尽管杜威对习惯的看法比韦伯乐观得多，但他清楚地知道纯粹的习惯是人类精神的樊笼。他可能会争辩说，任何职业都不能真正实现职业主义。恰恰相反，对杜威而言，职业主义在于对改进、经验的拓展、同情心的广度等的永恒渴望。

毫无疑问，实用主义者确实承认有意义的道德行为可能会退化为单纯的常规行为，失去道德意义的姿态。杜威倾向于否认这种常规，而“常规”对他来说是“习惯”的正面名称。例如，他认为“习惯的本质就是后天获得的各种反应方式或模式的一种倾向，但不是特定行为的倾向，除非在特殊的条件下，这些行动表现了一种行为的方式”(杜威[1922]2012：28)。然而，后来在同一本书中，他承认韦伯式“常规化”类型的僵化习惯：有“两种习惯：理智性习惯和常规性习惯。所有的生命都有它的冲动，但只有僵化的习惯流行，生命才会偏向纯粹冲动的路上去”(杜威[1922]2018：44)。一个僵化的习惯不再是一个为更大的渴望服务的习惯。对杜威来说，真正的专业人士会以一种渴望来进行最为常规的面试或服务，渴望能让面试更生动、更具服务性、更真实。职业主义不是一种既定的事物：一套道德准则，一种典型的面对客户的立场，一组安全的日常习惯。相反，它应该是一种动态的、不断增长的专业工作经验，总是在充满意志的专业精神的道德纪律下带来新的工作，不断调整专业技术、专业组织、专业关系的变化。

杜威非常明确地指出，这些环境关系，像其他任何事情一样，都可能发生变化。社会过程是行动者和团体之间不断适应的过程。对于他来说，职业主义或任何其他形式的道德行为都没有绝对的个人(而不是部分的社会性)特征。因此，在刑事处罚问题上，他如此评论：

> 通过杀死作恶者或把他关进石头房子，我们使自己能够忘记他的产生是由我们和他共同作用所致。社会通过谴责罪犯而为自身开脱责任，而罪犯则反过来归咎于先前不良的环境、其他人的

> 引诱、机会的缺乏，以及法律公务员们的迫害。除了双方互相指
> 责这一总体特征外，这两者都是正确的。但是，对这两者所产生
> 的效果却是要使整个问题回到先前的因果作用，即一种拒绝把问
> 题引入真正的道德判断中去的方法。因为道德不得不处理仍然处 274
> 在我们控制中的、仍然要被实施的行为。(杜威[1922]2012：15)

于是在这里，我们又有了道德的概念，它与未来(而不是过去)有关，这个概念同时也坚持道德责任遍及社会，因为道德责任涉及一个行为的所有条件。

> 诚实、纯洁、恶意、易怒、勇气、轻浮、勤奋、责任和不负责任都不是一个人的私有物，它们是个人能力与周遭各种力量的有效适应。所有的美德和邪恶都是综合了各种客观力量的习惯，它们是个体性格中的组成要素与外部世界所提供的要素之间互相作用的产物。(杜威[1922]2012：14)

因此，对杜威来说，职业主义的增长将是职业及其服务对象的进步，因为社会和个人都来自同样的东西。作为一种现实，职业主义不是个体职业人士或个体职业的属性，而是个体职业人士和职业习惯与周围不断变化的世界之间的一种关系。就像其他一切一样，这是一个过程。

那么，我们似乎有可能创造一种职业主义的观点，这种观点融合了社会学家所遵循的涂尔干的因果方法与我们可能从杜威和实用主义哲学家那里发展出来的道德观念。职业及其成员随着时间的推移而稳步发展。它们和社会进程中的所有其他事物一样，都是在一个不断再创造和改变的过程中展开的事件的世系。它们作为社会实体的稳定性——一方面是我们称为**职业**的社会结构，另一方面是我们称为**性格**

的个人结构——是通过一件又一件的事件稳定地建立起来的，由行动把决定的线索编织在一起。这些线索由过去面对着现在的可能性而来，根据未来的道德潜力而来。

这是一种非常抽象的说法。但这意味着，在任何特定的时刻，一位专业人士都包含了他所有的特点和过去的经验，无论是专业的还是其他方面的，并且必定在他即将到来的行动中重塑他自己。这些行动是开放的，因为现在不断变化；也因为正如我们已指出的，存在新的技术、新的同事和新的服务对象，以及他作为家庭成员、社会人物等的生活中的一百种不相关的新奇事物。职业作为整体也是如此，它是一种更为分散的行动者，也许是在职业协会的正式现实和结构中才具
275 体化，但这种具体化也体现在职业学校、教科书和专业人士自己身上。它也有现在的特点和过去的经验，所有这些都能塑造它的行为，它也面临着一个现状，这个现状很大程度上不由它自己过去的逻辑来定义，而是由竞争性的职业环境、新的想法、新的可能的管辖权、变化中的更大的条件，以及一切巨大的职业系统的生态来定义。

正是**行动**在从一种情形到另一种情形的前进中，将这些可能性捆绑成被定义的事件，而这些事件本身又向后来的事件发送决定力量。这样的行动可以遵循各种逻辑，但其中之一就是道德职业主义的逻辑。为了与杜威保持一致，我将把职业主义定义为一种尝试，这种尝试根据一套我们所有人都足够熟悉的理想化规则有意识地塑造情势。这些规则自身可以被研究，而且这样的研究可以形成一类文献，与涂尔干不同，这类文献既严谨又兼具传统。在一篇较长的著作中，我们可以发展出这个论点的几个方面。但最重要的是，职业主义与其说是一种特殊的内容，不如说是一种成为专业人士的特殊活动方式。这并不是说职业主义的内容不存在。恰恰相反，专业人士一直在生产这样的内容，并将其体现在文本、伦理准则、简介以及我之前提到的我们可以

测量的所有事物中。但这些都不包含职业主义。杜威在《民主与教育》中说，不可能把一个想法告诉别人。对于另一个人来说，他只会把想法听成一个事实，听成一种僵硬的东西。这就是(道德)职业主义的内容会发生的事。它们变成了僵硬死板的事实，可能会或可能不会激发这个或那个专业人士真正的思考。这种真正的思考成了职业主义，或者更恰当地说，这种渴望就是职业主义。

然而，与此同时，这些僵硬的内容确实产生了因果效应。而且，正如许多人所说明的，伦理准则的一个明显后果是社会封闭，并最终演变成职业地位的上升。从某种意义上说，这是道德职业主义的一个意料外的后果。当然，它们也常常是其他人和一些专业人士意料中的结果，他们可能非常渴望社会封闭带来的回报，而不是职业化的道德实践。因此我们可以看到，这种方法使我们相信在职业史上会出现明显的因果规律，正如冲突学派所指出的那样。这种因果规律可能是有意也可能是无意出现的。但是，这种方法也允许一种对专业人士而言真正的道德行为，也就是职业主义，尽管这不是一个特定的内容，而是一种行为方式，因此职业主义不能直接教授。据此，我们允许一种 276
发展的历史传统的可能性，这种传统基于(道德)职业主义理论。

不断演变的职业主义传统不仅可能包括通常的伦理准则、个人规则等，还可能与我在很久以前关于职业伦理的论文中提到的各种团体行为做斗争：剖腹产的数量和时间安排。也就是说构成这类职业道德文献的元素之一，需要的是对职业层面潜在的道德和伦理问题的社会学检验。

这一最后的建议将我导向一个收尾问题：一旦我们认识到职业历史和职业生涯发展中道德和因果关系的相互渗透，我们该如何继续从事职业的社会研究？我认为在这个问题上前进的道路在于考虑行动的分形本性，甚至是考虑情境的分形本性。像任何道德类型的行动一样，职业主义必须被扩展以适应各种不同的情境，并管束在技术、教育、欲望、利益甚至道德特质上差异很大的人的行为。因此我们的职业主义概念必须包含这种复杂性，正如我在其他地方所论证的(《学科的混沌》第七章)，我认为这涉及一种对康德伦理学的分形细分。但这已经是另一个话题了。

结　语 277

在这篇结语中，我想论证社会学最深的根源在人文学科（humanities），尽管除如民族志和档案分析那些传统上被视为更人文主义的致知形式外，社会学在追求人文目标的同时，必须经常使用如统计推断和模式搜索这样的科学致知形式（scientific forms of knowing）。要理解这个断言的含义，我们需要进行一些延伸反思。[1]

正如我在前言中提到的，这本书的起始章节是用所谓抽象的理论风格写成的。第一章的“历史性”、第二章的“过程论思想中的人性”、第三章的“关联的生态”以及第五章的“过剩”都是从它们所讨论的过程之外的角度进行呈现的。这些章节可以由来自另一个星球的社会学理论家写成。只有关于抒情社会学的第四章才理所当然地——它坚持一种作者的情感，特别是人道同情的概念——认为社会学家必然是他或 278

---

① 这篇结语部分借鉴了应 Robert Zussman 之邀所写的一篇论文，作为对迈克尔·布洛维的“公共社会学”概念的回应（原文：“On Humanistic Sociology,” in D. Clawson et al.，*Public Sociology*，Berkeley：University of California Press，2007，pp. 195-209），收录于一个作品集中。但在这里我完全改变了那篇早期论文的目标。还要注意的是，尽管我在这篇结语中谈到的是“社会学”，但根据本书的语言，这里的论点可以推及所有的社会科学。在本段及后面的段落中，“科学”与“人文”知识的明显区别，应该在知识的分形观念（经验的和规范的）下进行理解，我在《学科的混沌》中对分形观念进行了阐述，特别是第一章和第七章。正如我在那里所论证的，没有一种区分是彻底的；人文主义中总是包含科学，反之亦然。

她所创造的社会生活图景的一部分。

离开这种局外人的姿态，四个结束章节遵循第四章的指引，在创造出的图景中找到社会学家那无法被除去的位置——在这四章中，我没有把社会学家当作一种情感的存在，而是作为一个道德说教者和行动者。选择一个结果度量，选择一个社会秩序的概念，概念化不平等的类型，想象一种真正的职业生活：这些不仅仅是对社会世界的理论感知，而且是对社会世界的实际行动。在许多方面，它们是道德说教的行为，我们应该清楚地意识到这一点。此外，它们的道德判断可以被视为一个通向明确政治愿望的驿途，将社会过程导向一些新的方向。

至此，我们似乎有两种互相分离的理论化：一种是冷静的理论化，处于社会过程的外部；另一种是承诺的理论化，处于社会过程的内部（就像存在两种时间性，一种在过程外部，另一种在过程内部）。这确实是迈克尔·布洛维（[2005]2007b）在其著名的公共社会学论文中的立场，他将这两种方法分别称为“专业的”和“批判的”社会学。（对于布洛维来说，专业社会学意味着在方法和科学性上最大限度地提高精度，而批判社会学则意味着解决这门学科的哲学和规范性基础。）但我要说的是，这两者不是可以分离的实践，而是在我们进行社会学工作时采取的一种统一实践的两个相互渗透的部分。

为了理解为什么需要一种统一的实践，不妨让我先陈述本书第三部分和第四部分中的三个主题。第一，所有人类都相信自己能够自由行动。通过涂尔干式的统计分类获得的“决定性原因”可以部分解释人类的活动，但这一点并不能证明他们不具备自由行动的能力，而且在当下所有社会实体对行动是开放的，这为由道德价值而非因果关系控制的自由行动提供了一个明显可能的位置。在这种情况下，我们必须将规范性行为视为“真实的”，这与我们将“被解释的”行为视为真实，具有完全相同的意义。决定和自由在社会过程中都有体现，二者互不为对方的剩余(residual)。

第二，社会过程是局部的。同情、行动、意义：这三者总是位于特定的时间和(社会)空间。普遍主义的策略——无论是作为政治还是作为科学——最终无法摆脱这种特殊性，因为普遍主义最终忽略了人类经验的决定性方面——作为一个特定的人、位于某个特定的地方、处于某个特定的时间。这一点对社会“科学”而言与对任何其他尝试普
遍主义计划的活动一样，都是如此；“显然的”结果度量和“显然的”不 279
平等观念被证明充满了特定的规范和价值假设。但是尽管如此，我的三个主题中的第一个暗示着我们的特殊性(因此，连带我们解释的特殊性)只是部分的。我们是特殊的，但我们有一些方法来克服这种特殊性。

第三，正如整本书我所强调的，社会过程在很大程度上是由“事物”构成的，这些“事物”本质上是凝结的价值(congealed values)：社会实体、现象和人格属性在整个过程的不同区域由于价值关注的不同而被选择性地编码、表达或“世系化”。人们可以假装——基于良好的政治动机，这是来自古典自由主义的令人钦佩的遗产——诸如“社会流动”“家庭”“科层制”和“女性主义”等可以像水分子般被视为固定的社会事物。我们的政治制度产生了强有力的激励使这种固定的外观看起来像是真的。但这并不能让它成为真的。人类社会跨时间和跨空间所展现的惊人的多样性揭示出，这些社会中的社会实体或是社会抽象是已经完成或者正在进行的社会价值的具体化。这些多样性不是来自某些“致因”，而是来自人类之间关于某些特定性质的无休止的对话：什么具有价值、什么应该发生，以及什么是好的。对社会科学而言，这一事实意味着即使是一个纯粹任意或随机挑选的待解释物，也将涉及把某些事物视为自然——不需要解释——因此必然隐含了价值选择，即使研究者本身魔术般地是普遍主义者。

这三个主题对抽象的普遍主义计划施加了一定的绝对限制。这一计划的思维特征体现在第一、第二、第三和第五章中，对于任何在当前工作并于20世纪初起受训练的社会科学家来说都是熟悉的：一种进步的、积累的，并将解释或预测越来越多人类行为的社会科学理想。归根结底，社会生活不能独立于任何形式的价值承诺而仅有如此抽象的描述。人们可以说确实有这样的事：经济学就是经典的现代例子。但只有忽视一切不符合自己观点的事物，尤其以经济学为例将人类生活中所有重要的(实际上具有决定性的一切)事物都放在“效用”和机会这样不可剖析的领域，同时创造——实际上是强制了——一个世界，其中那些不符合经济学家规则的行为将受到严惩，人们才能提出这样的主张。最终的结果不是普遍真理，而是伪装成真理的表演性意识形
280 态。无论是社会过程的价值本质，还是其推论，即任何绝对普遍化的对社会过程的理解策略都包含固有的局限性，这两点我们都无法逃避。

如果我们必须放弃建立关于社会过程的普遍抽象知识这一可能性，这绝不意味着我们简单地屈从于某些特定价值。相反，我们必须创造一种统一的实践形式，在受到彼此限制的同时，追求普遍的和特殊的理解。

为了理解这个统一的实践，我们可以详细地考虑一下前面提到的布洛维的论点，但首先不是从已经提到的经验性/规范性区分开始，而是考虑一下布洛维对社会学的两类听众/接收者做出的第二种区分。对布洛维而言，社会学的第一类听众是学科本身，而他正是在这类听众中定位了专业(经验性)社会学和批判(规范性)社会学之间的对比。他的第二类听众是学科以外的世界。在这里，专业社会学和批判社会学之间的对比变成了“政策社会学”(为合法政治制度所选择的实际政策进行经验评价)和“公共社会学”(在公民社会中维护一般的政治态度，以及可能的对合法政治制度的批判)之间的对比。

以其他专业人士为听众的社会科学与以政治家和公众为听众的社会科学在复杂性和风格上存在差异，这不足为奇。但是，内部和外部之间更重要的差异在于，大多数现代社会对拥有关于自己的深层知识（或为其买单）并不感兴趣，而社会科学学科恰恰聚集了那些对深层知识最感兴趣的人。因此，更重要的是要说明为什么社会科学家致力于社会生活的深层知识。

关于社会的深层知识在两个方面有价值。首先，它本身就是值得追求的。布洛维（[2005]2007：16）和许多其他人认为了解社会的唯一原因是为了改变社会。这是错误的。各种各样的知识——社会的、纪念的、艺术的、工艺的、系谱的，等等——是人类伟大的工程之一。说“我们没有工具性以外的理由去了解社会”就像说我们没有工具性以外的理由去了解如何演奏安比拉琴，如何关注板球，如何化妆，或者如何理解相对论。创造关于事物的知识——甚至是关于逝去的或不重要事物的知识——是我们这个物种的主要活动之一，除故意的邪恶知识（例如，如何虐待和杀戮）之外的所有形式的知识都是好东西。而改进这些知识——光“改进”的方向这一点本身，就构成了一个由承诺的 281
团体和个人组织进行的辩论和调查的主题——也是同样重要的人类追求。

但是，对社会的深入了解之所以重要有第二个，也许是更重要的原因。正如布洛维所说，它可以帮助引导社会过程。社会学这样的社会科学学科能够也应该在这一引导中发挥关键作用。这正是因为社会学有道德义务——按照第七章的术语——将自己视为了解社会的这个长期项目的受托人之一，一名试图超越某些特定利益，超越对特定的社会场所和特定的社会时刻的关切的受托人。这种托管不涉及无处安放的普遍性视角。那样的视角并不存在。但这确实意味着要认识到，现在这个时刻——连同它的理想和生活标准——是一个正在流逝的时刻，它必须永远被视为无限流动的事物的一部分。受托人必须使用的条款和标准应该努力超越当前时刻和当前社会。受托人必须试着想象在社会空间和时间上解决差异的各种模式，这些模式是规范的，但又恰好不至于是完全普遍的(当然，如果它们完全是普遍的，就没有任何意义了)。跨越时间创造这样的联系比在某个时刻跨越社会空间更困难。但是，这门学科必须遵循 E. P. 汤普森的建议来地方化现在(provincialize the present)。

当然，要说服社会将自己地方化很困难。为了未来或过去，在现在做出牺牲也很难，特别是为了现在的利益而牺牲其他所有时间段的利益是我们这个时代的主导思想——资本主义思想——的一个基本要素。但是社会学不能这么狭隘。它必须扩大其视野的时间范围，正如它必须扩大其社会空间范围以超越其目前的局部区域一样。这两者都不能通过纯粹的普遍化来实现。因为除去了自己的特殊内容，便否认了拥有特殊性是一种普遍的人类经验。不，社会学家必须是一名旅行者，跨越时间，超越社会空间。只有作为相伴的旅人，我们才能成为我们旅行所经历的更大过程的实际受托人。我们必须发现——或者更确切地说，必须想象的是——适用于这一旅程的人道的、公正的和创造性的规则。①

282 布洛维的内部/外部区别的实际含义似乎很清楚。学科应为本学科托管项目(disciplinary project of trusteeship)保存其最安全的资源，并应尽可能多地将其可替代资源用于与该托管相关的特定子项目——学

① 多丽丝·莱辛的小说《八号星球代表者的产生》(*The Making of the Representative from Planet Eight*)中有一个有趣的关于旅行和托管问题的虚构论述。细心的读者会注意到，我自己的立场可以用来表明，刚刚提出的托管论点在原则上不可能实现。即使是托管制也最终位于时间和社会空间中，并且不能逃离这个位置。换言之，即使将理想行为设想为某种形式的“不可避免的变化过程中的理想参与”，最终也可能从社会过程中消失，正如许多形式的托管在资本主义思维的支配下所发生的那样，根据这种思维，贴现会故意让未来贬值，以及故意对忽视过去保持无知。

科本身认为真正重要的，但政府或其他资助者可能会发现不重要或甚至有威胁性的子项目。由于高等教育长期以来是社会学的主要替代资源基础，而高等教育的变革迫在眉睫，因此这一点显得尤为重要。一方面，教学正朝着职业培训方向发展，而研究正朝着纯粹的应用工作方向发展，即便在精英大学也是如此。另一方面，这些学科本身也在院长们的领导下屈服于他治，它们追求的是一种幻想，想用无意义的指标“度量”创新。这些变化意味着学科本身受到了严重的威胁，更不用说将我们与社会过程的接触转移到此处和此刻之外的托管项目了。

因此，根据布洛维的内部/外部差异所提出的问题让我们第一眼看到了对社会学的经验/规范结合作用进行过程论思考的重要性。但更复杂的问题是另一种区分，即我开始使用的两种思维类型：**外部的/经验性/以手段为基础的思维**和**内部的/规范性/以目的为基础的思维**。

在过程论的观点中，手段/目的的区分并不成立。这种区分可以在任何给定的时间做出，但随着时间的推移它变得毫无意义。每一个目的既是一个完成的时刻，也是新计划的起点。每一个现在都变成过去，所以每一个目的都会消失。没有目的是永久稳固的，因为即使是过去，也永久不断地按照现在被重写，并且在未来仍将被重写。在任何情况下，都没有一个不变的自我可以来决定手段/目的的状态。从历时性角度来看，所有对手段/目的的区分都不成立。

但是，即使是作为一种理解单一时刻的方法，手段/目的的区分实际上会产生问题，因为它强制了一种奇怪的倒置。我们通常期待目的更重要，但在两者区分的共时性应用中，这种期望不一定成立。

在任一特定时刻，社会的各个方面只有在稳定、不变和指定的情况下，才能作为达到特定目的的手段。这种社会手段将产生于个体和 283
社会实体之中——那些在当时的社会过程中以及在有争议的社会区域中被认为是理所当然的个体和社会实体之中：社会过程中那些“最凝

结”的方面，以及过程的价值内容中最不明显的方面。然后，这些个体和社会实体可以被视为“客观事实”，可以用“科学方法”来理解，以支持“预期的政策影响”，等等。现代社会中的一个例子是“经济学规律”或者是“民主制度”。这两者在目前几乎都是完全固定不变的、类似于法律的制度。但事实上，两者都是社会建构的价值观的长期积累；两者在一定程度上都被持续编码，以数千亿美元的代价将其作为客观真理来教授；而且，就像之前的许多类似的积累一样，两者都可能被社会过程中许多的潜在转变破坏。尽管如此，在当下，出于解释性的目的，人们可能会在大体上认为它们具有实质性，因此忽略其中凝结的价值。即便正是这种忽视导致了它们是社会中最重要的价值。

由于这种瞬时的绝对价值相对来说没有争议，所以它们可以作为处理其他有争议价值的手段。因此，民主那不被质疑的理想和工具被用作实现各种目的的手段：同性婚姻、提高妇女地位、以自己的方式崇拜神的权利、小政府或其他目的。在这样的日常经验中，“目的”是指那些在理所当然的核心的价值结构中尚未明确规定的事物的价值差异。核心是“手段”，因为它是暂时固定的；它是“人类本性”；它是“普遍事实”。因此矛盾的是，在社会过程中最强大的价值建构凭借的是以其自身的力量成为通向其他价值的手段，而其他价值之间存在着“正当的冲突”。

此一手段/目的逻辑是布洛维的“专业社会学”(内部)和“政策社会学”(外部)的特征。例如，社会学家需要科学正确地解释造成不平等的原因(专业社会学)。然后，他们可以参与民主政治(一种手段)来决定如何处理这种情况(作为公共社会学家)，并可以评估这种做法(作为政策社会学家)。这就相当于在立法机关就私人差异问题(有价值的目的)进行辩论，然后根据“正当程序”“宪法规则”等(即通过这些手段)决定如何处理这些问题，而这些手段并无争议。我们已经在第七章中看到了此类模式，它装扮为自由主义解决秩序问题的方式。

但是正如布洛维的区分所表明的那样，也同样存在一个关键的外 284
围(critical periphery)，它甚至有兴趣将“隐藏的”(凝结的、暂时不变的)社会价值提到可见的程度。有这样一个群体，他们认为目前社会上被视为普遍的“手段”实际上只是某一特定价值目标的特定版本，人们实际上可以设想可行的替代方案。显然，这一论点将吸引一些人，在当前他们的理想目的并没有被普遍接受的公共决策手段实现。

社会学中的一个例子就是批判社会学家。他们论证“控制变量”的整个概念充满政治性。由于通过对现代社会中高度详细的就业数据使用数量充分的控制变量，人们事实上可以证明，男性与女性在同等工作中获得的工资几乎相等。在批判社会学的观点中，当我们的“科学”找不到预期的(并且是这一群体政治上偏好的)答案(即妇女遭受歧视)，那么科学就存在问题。例如，在这种情况下，他们认为问题涉及在统计模型中对职业选择、每周工作时间和经验程度的控制，因为这些控制变量隐含地假定妇女可以自由选择职业、工作时间和经验，而女性主义者则会争辩说，要么妇女是被迫在职业上、时间上、经验上处于较低的地位，要么她们不应该因为选择承担家庭义务，以至于间接但不可避免地被推入如此低的职位而受到惩罚。对于“专业社会学家”来说，当研究工作在专业内部进行时，否定“显然的控制变量”有用性的那些批判性工作，将看起来是非科学或非知识(non-knowledge)；而当研究工作在专业外部进行时，将会看起来像政治化了的。但对其作者来说，提出这些指控是一种尖锐的批评；也就是说，当指向内部时，它将是(布洛维意义下的)“批判社会学”，而当指向外部时，它将是“公共社会学”。与自由主义政治的类比同样如此。任何对自由主义社会(议会、法律、规则和规章)中解决冲突的通常形式所体现的价值的绝对批判，在古典自由主义者看来都是对正当程序或宪法形式本质的攻击。但在批评的作者看来，这似乎是获得任何政治话语权的唯一途径，因为他们自己的愿望被“正常程序”自动压制。正如《联邦党人文集》的读者会记得的，这可能同时是保守派和民主派的恐惧。

因此，在手段/目的的区分上总是存在内部矛盾。对于一个群体来说，最凝结、最稳定的价值仅仅是解决(较小的)目的争端的手段。与
285 此同时，稳定的、凝结的核心价值观不是手段，而是对其自身目的的被合法化了的永久拒绝。

应当指出，这种关系是结构性的，而不是实质性的。它来自社会过程中涌现的时间稳定性。这种关系不管是其正统或异端的一面都不含有任何必要的特殊内容。特别是，“手段”一方(专业社会学家)不必(正如布洛维所认为的)是保守的，“目的”一方也未必是左倾(在通常意义上，从行动自由和国家支持的角度扩展少数族群权利)的，例如，在一个强大而成功的社会主义国家内部，异端必将采取的形式是攻击过度的平等和强加的平等——会导致渴望和动机的匮乏，会熄灭对智识、艺术和精神的激情，从而无法想象未来的巨大崭新的意义，以及国家内部不可避免的巨大官僚机构的腐败可能性。这些都是托克维尔的《论美国的民主》中对民主的批判的主要主题，正如奥尔特加·伊·加塞特(Ortega y Gasset)的《大众的反叛》([1932]2012)和熊彼特的《资本主义、社会主义与民主》([1950]1999)中对大众社会的批判。他们也是苏联许多内部批评的核心重负。在任何日常意义下，所有这些工作都(曾经)是“批判社会学”，尽管它与布洛维政治的内容不一致。异端仅仅是异端，不是任何一组特定的价值。

异端/正统关系是一种结构性关系，这意味着每一方的内容都随着社会过程本身而变化。这反过来又削弱了布洛维试图调和科学社会学的外部/经验/手段世界与批判社会学的内部/规范/目的世界的方法。基本上，布洛维提出的是一种分工。社会学计划的认知和价值分支将

由许多不同的群体进行——作为“主流”的专业社会学和作为“忠诚反对派”的批判社会学家——只要他们持续对话。

但在实践中这行不通。当一位“专业社会学家”忽略了社会过程中的价值内容时就会发生错误，就像任何一个错误地设定了(misspecify)回归方程的人所犯的错误那样。这个计划隐含的价值倾向通过其他方面的伪装，找到了通向结果的出路。第六章和第八章详细说明了这一点。但这个问题也出现在常规的实证分析中。社会学分析通过将人们编码为具体化的种族、族群、职业和社会经济地位类别，从而不可避 286
免地促进了这些类别的具体化，进一步对现代社会产生了巨大的影响。通过忽略价值，社会学隐藏了它们，改造了它们，把意识形态当作事实，等等。对不法行为进行研究就是接受资助者对不法行为的定义，而一种刚开始是已知的、有意识的牺牲可能很快就会成为一种消沉的习惯，甚至是一种公开的政治行为。

当然，有人可能会有理由反驳说，如果当前权力世界的这种诱惑是工具性、手段性社会学的病理，那么教条主义和趋附时尚就是反身性、目的性社会学的病理。但这种“双方都不得好报”的反应表明，真正的问题在于错误地决定从手段和目的、正统和异端、内部和外部来区分我们自己。要成为一名纯粹的工具性或反身性的社会学家，就必须立刻面对势不可挡的压力，这些压力会自动导致刚刚提到的病理：一边是奴性，另一边是教条主义。

但是，如果分工不是一种选择，换个方法，我们能用职业生命周期来阐述这些不同的活动吗？也许我们可以在年轻时从事专业社会学，然后随着年龄的增长进行反思。毕竟，年龄确实带来了一种有益的经验，那就是我们都变得无关紧要，并借此经验认识到社会过程不停滞的本质。但这也不能奏效。通常情况下，年轻人对批判抱有最大的野心(因为批判的地位很高，而且在一定范围内，它的回报很高)，也许因为年轻人还具有最大批判能力(因为年轻带来的勇气)。生命历程模式是不可行的;任何社会学家都必须同时以手段和以目的为中心,既专业又批判。

为了在实践中寻求正确的方式来实现这种二元性,我们似乎最好再次回到基础。正如我在前几章中的几处所暗示的,从情感、行动和意义三种关系的角度来思考社会过程很有用。[①] 情感捕捉到了我们自己的存在感,以及我们对其他各种人的直接同情。(这里的"同情"是其字面意义上的"与另一个人共感",而不是"为另一个人提供情感支持"。后者是行动的一种形式。)行动捕捉了我们的愿望,希望另一方有所为并得到对方的回应。意义捕捉了我们对行动本身进行抽象的能力,并
287 以某种可以吸引第三方的可转移符号来表示行动的能力。在这个三元组合中,行动需要情感,因为我们只有针对我们(在某种"即刻"的意义上)理解为人的对象时,才能设想行动[envision action only with respect to other beings whom we understand (in some immediate sense to be beings)]。同样,我们只能在行动的基础上创造抽象的意义。事实上,抽象的创造本身就是一种特殊的行动形式,一种努力摆脱特殊性的创造。(这最后一点是标准的皮尔士符号理论:标志符号仍然完全嵌入行动和特殊性,象征符号旨在摆脱它们。)

在这一论点上,社会学必须以同情开始,直接理解他人及其特殊性,而不是以象征性的方式将其表示为具有特定性质的普遍抽象。我说"社会学必须从直接理解开始",指的是它以分形的方式在不同的层面上展开。在最抽象的层面上,一个社会学职业必须从一股明确的个

---

① 这三重分裂的直接根源是查尔斯·皮尔士(Charles Peirce)的第一性、第二性和第三性。但其中的一部分同样可以追溯到亚当·斯密的《道德情操论》、米德式的社会心理学和许多其他来源。我在这里主要使用它作为一个组织工具,尽管我正在其他地方更正式地发展这个论点。

人热望开始，冀求直接的理解，但在一个更特殊的层面上，任一研究项目应该始于直接理解其对象，在最特殊的层面上，任一阅读行为或统计分析应该从直接理解——同情——手头的材料开始。社会过程由人组成，我们对他们的分析也必须从人道同情开始，并在某种程度上从直接理解的结果开始。

举例而言，这种人文主义并不意味着，我们不能用编码变量来描述人。（也就是说，实证主义在我的意义上可能是人道的。）但人文主义确实意味着我们必须问问自己，在价值和意义空间中，我们这样编码是如何对这些人的本性施加暴力的。他们的本性是道德性的存在，存在于价值和意义空间里。正由于他们的人性，这种空间不可避免地属于他们自己。我们必须不断地修正我们的实践，朝着使它越来越人道的方向，而不是朝着使它越来越“科学”或“干净”的方向，因为这么做直接忽略特殊性越来越多的重要方面。这并不一定意味着像通常假设的那样，更模糊、更含混或更民族志。例如，它可能意味着拥有完全另类的编码形式来重新具体化另类的特殊性。（事实上，我们已经有了这些，却看不到它们是什么；我们通常认为它们是纯粹的替代性“认知”。）修正实践还意味着“让研究对象发声”——不一定是通过奇怪但荒谬的程序，断章取义地引用他或她，而是通过弄清楚如何将那些研究对象的存在和道德活动翻译为我们自己的方式，从而想象社会过程中发生了什么。

我认为，这一人性化翻译项目可以使我们避免像在斯库拉和卡律
布狄斯之间做出选择那样，避免在自我参照脱离（皮尔士三元体中的纯 288
粹意义）和教条主义政治化（纯粹行动）之间做出选择。这个项目之所以
可以避免这个两难，是因为它始于同情，而同情先于纯粹的行动和普
世主义的脱离。我所研究的任何对象都是人，值得付出我在理解自己
时同样的尊严和关怀。然而，在不同的方面和不同的层次上，所有这

些对我来说都是不同的，只有通过不断的翻译才能达到。

这涉及各种巨大的挑战。作为一名人文主义者，我必须接受那些我试图翻译进自己世界的一切，以便理解它。作为一个根植于特定社会位置的学者，我在这项任务中不可避免地会遇到重大问题。此外，如果我把泰伦提乌斯的规则——“人类事物的一切我都不陌生”——设定在我自己身上，那么我将不仅把美好的、可理解的、优秀的事物转化进我自己的意义宇宙里，与这些事物的相识将扩大和发展我，同时也会把一些可怕的、奇怪的、可怖的事物纳入我自己的宇宙，这很可能会使我感到恐惧。最后这些不仅包括我在政治上反对的事物，而且包括不道德和邪恶的事物，尽管这些事物是社会过程的产物，至少必须被人类理解才能被避免。①

总之，我正在论证社会学作为一项人文主义的、根本上道德性的事业。我不认为这会迫使我们采取某种特定的研究方法。我们没有理由不去设想一种实证主义，实现的方式是通过放松古典实证主义中一些哲学上比较空泛的假设。这种实证主义是人文的。事实上，这正是20年前我的目标，创造一种“叙事实证主义”，将真实历史——而不是

---

① 从过程论的角度来看，回避意味着想象一种生活在社会过程中的方式，该方式保证不会产生这样的恐怖。这并不意味着一个人简单地宣称“以下的事情不会发生”，这是古典自由主义的解决方案：把被禁止（或被保护）的事物列成一个清单，然后让所有的政治都以把事情放在清单上或从清单上去掉的形式出现。不，一种成功的过程论规则只会是这样：当生活在每一个特定时刻，规则都会不断迭代，它的效果会是永远避免这种负面价值（或最小化处于其中的时间）。如果我们用马尔可夫的术语来思考，这意味着“创造下一个时刻”的规则，即最大化从邪恶状态退出的概率，而不是尝试在原则上不可能完成的任务，即永远不进入那些邪恶状态。然而情况可能是，邪恶的定义标志是它不能通过人道的努力被翻译；尽管我承认，我们可能几乎重新回到了我试图逃避的政治和道德同一性。我们关于邪恶的社会学有太多的观点是不切实际的和被驯化的，仅仅是寻找“好人”和“坏人”的问题。不幸的是，当我们以不同的方式、面对不同人时，都同时是好人和坏人。

简单的等待时间——引入实证主义社会学方法中：为我们实际体验生活的序列框架创造一个实证主义方法的空间(见《攸关时间》第六章)。 289
非实证主义方法的运用也无法保证我们的人文主义。在过去的20年里，非实证主义方法论的实践，如民族志和档案工作，在没有任何人道同情的情况下已经朝明确的政治化走了很长一段路。因此，认为人文主义是一种迫使我们成为非实证主义者的道德立场，或者认为非实证主义以某种方式保证了我们的人文主义，都是过去40年来破坏社会学想象的奇异混同。①

至此，社会学必须从人道同情开始。我们中的一些人会发现这是学科工作最重要的阶段——我就是这样一个人。这种人文主义者首先感兴趣的是了解社会世界(作为一个价值计划)，而不是改变它。人文主义者认为社会学家判断他人的对错可能是自以为是的。人文主义者从一个假设开始，即他人是人类的一个版本(a version of humanity)，需要以他或她自己的方式被认真对待以获得尊严，需要用无论什么研究方法被理解和翻译，成为其原有的世界中以及分析人员所在的世界中都可以识别的对象。虽然不是坚决否定，一名人文主义的社会学家，却会迟疑地接受其他人是受“虚假意识”影响这一观点；接受这一观点意味着我们社会学家自认比研究对象更清楚他们自己的需要。在我看来正是在后一种意义上，即通过将他人(根据定义就是不完美的)翻译进我们的世界来理解他们，社会学确实变成了“为知识而追求知识”。布洛维对这一立场的错误否定，源于他相信道德行为的唯一形式是最广泛意义上的政治行为。也就是说，他认为一个理解社会过程道德本质的有道德的人必定会想要改变它。我不同意。对我来说，理解社会

① 我在《学科的混沌》第一章中详细阐述了混同问题。关于当代档案研究的问题，请参阅我关于图书馆研究的书中讨论道德研究的段落(阿伯特[2014a]2018：175～182，294～296)。

过程的项目本身就是一个道德过程，这个项目也只能被如此分析。理解社会过程这一项目在本质上似乎是一个道德项目，不管我们是否继续行使我们毋庸置疑的政治权利来推动变革。

不管怎样，社会学分析必须以直接理解为目标，这种理解基于人道的同情，而不是基于任何特定的判断，无论是政治的或其他的。只有这样，社会学才能进入这个项目的分析阶段。分析可能是为了行动，然而我们也必须同时认识到任何针对行动的分析必然涉及分析人员自
290 身的特殊性。在某种意义上，任何此种特殊性都固有地包含了判断——道德的判断或政治的判断。另一种说法是，在一个人首先对自己的研究对象展现同情之前，在一个人对自己的特殊性表现出谦逊并承担受托人的(不可解决的)责任之前，他并不真正有资格开始对他人进行规范性判断。否则，这个人只是一个冒充科学家的政治家。

在我看来很清楚，无论是从职业生涯的角度，还是从每年、每月甚至每天的角度，这项分析的准备工作中核心和持续的部分都是重申我们与社会世界惊人变化的相遇。我们必须由此开始，并强迫自己去正视这些变化。我们还必须强迫自己面对不断产生新的差异和粉碎旧的差异的过程。只有在重新遇到这种多样性之后，才能采取有意识的规定性立场。这一演练远远超出了这些章节中提出的论点，在这里我主要是为了表明我们早前关于社会科学规范性的思考方法有着深刻的局限性。我在其他地方，通过与芭芭拉·塞拉伦特(Barbara Celarent)教授的长期合作，追求以特殊与多样的方式与多样性接触。①

① 作者以一个虚构的身份“芭芭拉·塞拉伦特教授”于2009年至2015年在《美国社会学杂志》上发表了36篇书评，所评书的作者都是已作古的、主要来自欧美思想界以外的社会研究者。通过回顾这些历史作品，塞拉伦特探索了世界各地关于社会的规范性思考。这些书评于2017年集结成册：Barbara Celarent，*Varieties of Social Imagination*，Chicago：University of Chicago Press，2017。——译者注

但布洛维正确地指出了只有人道同情并不够。我们事实上从事的是研究工作。不管我们喜欢与否，研究工作都构成了道德行为。此外，正如布洛维所见，许多社会学家肯定希望把社会学应用于政治行动。对我来说，这里的问题不在于政治行动的意图，社会学家和其他人一样拥有此项权利；问题在于行动的执行方式。这门学科的实证部门远比其规范部门发达。我们有各种关于方法论的杰出文献。但我们并没有对规范性思维进行系统的探讨，因此事实上，我们提出的政治行动通常是异常头脑简单的。也许除了马克思主义理论，其他方案几乎没有从政治理论的正式文献中汲取任何思想。我们几乎没有从历史法理学(historical jurisprudence)中汲取任何东西，尽管这个领域远早于社会学(它提供了马克斯·韦伯绝大多数的理论思想)并在许多世纪以来已经讨论了那些我们通过少量引用参照正典作家的说法来掩盖的那些议题。此外，我们甚至很少从主流自由主义政治理论中汲取什么。当然，我们几乎完全不关注西方正典之外的规范性传统。(例如，伊斯兰银行业对资本主义经济学的批评与马克思对其的批判一样透彻。)第八章对不平等概念的分析表明，要使我们的政治贡献配得上这门学科的雄心壮志，还需要做许多工作。

那么看起来，社会学和更广泛的社会科学需要一个更大、更多样 291
性的规范性分支学科：它在其规范性反思方面像法学一样严格。这样的一个分支学科将类似于政治理论，其作为政治科学的分支致力于规范性的论证。但它需要超越这个政治理论的狭隘以进入其他社会科学领域。目前的政治理论——至少在美国——几乎完全限于自由主义思想和启蒙本体论的范围内。正如本书最后四章所显示的那样，从几个方面来看，这样一种有限的本体论根本不足以构成一个严肃的规范性世界观。“普遍的、无特征的公民”类型的自由主义曾经是一种历史必要，而且事实上，我无法设想一种切实可行、更可取的替代方案以作为政治的实践基础。我自己也不想生活在一个不自由的社会里。但我可以意识到，几十亿人已经且正在这样生活。不愿意承认这一事实的人类社会生活的规范性描述，以至于甚至不愿意考虑在所有社会形式中都具有某种意义的规范性规则，最后很容易变得与很大一部分的人类无关。

这种规范性的分支学科必须建立在与人类社会惊人的多样性充分接触的基础上。我所说的多样性，并不是指他们吃什么、穿什么和说话的方式，尽管这些多样性当然也存在。相反，我的意思是，他们如何想象人类生活，他们重视什么，以及他们认为理想的未来是怎样的等方面的多样性。这往往是文化误认带来的痛苦多样性，而不是多元文化主义的轻率愚行。人们将继续以根本不同的方式生活在根本不同的社会中。他们将组成不同的世界，因为这样做是人类的天性。一旦你开始生活在充满象征性想象的空中城堡里，你将永远不会停止这样做。

过程主义无疑是这些城堡之一。就像所有社会世界的一般方法一样，它也受制于罗素悖论——在这个例子中，通过声称自己是正确的，并同时声称所有的观点(包括自己)最终都会改变而陷入困境。但在当今世界，过程主义似乎是对其他思考社会的主要取径所产生的问题的一种可行的回应。它意味着接受这样一个事实：在我们象征性工具的各个层面上，差异将不断产生——过程无法逃避。我们无法通过自由主义理论那独立的相同公民或市场交换来逃避。在这种理论中，为交换一些可能是大量但最终是有限的多样性核心，最终的差异消失在巨
292 大的普遍性之后。我们无法通过涂尔干的绝对主义来逃避，尽管他明智地看到一个衰落的普遍性框架，并认为团结可以拯救我们，但他没有认识到团结在未来不可避免的分裂和重组。我们无法通过马克思的冲突理论来逃避，因为那太历史主义了，冲突理论没有识别出社会主

义国家内部会出现新的差异，包括可能完全改变它的元差异。我们也无法通过迷宫般梦幻的纯粹符号来逃避——因为人类不仅是符号主义者，也是做事的行动者。正如我在这本书的第一页所指出的，这些都是杰出的传统，都有其杰出的智识纪念碑。过程主义只是另一种选择：一个行动者的世界，但没有个体和群体的具体化；一个强大力量的世界，但这些力量必须永远不断复制自己或浪费殆尽；一种没有历史决定论控制的历史主义；一种不忘记同情和行动中心性的象征性分析。

对于我来说，具有讽刺意味的恰恰是我的过程论观点似乎永远不会结束。我没有完成那早该完成的关于社会过程的论文，而是出版了这第二本集子。那本书的草稿有四百页：最初写于 1997 年，在随后的几年中几经修改、重写和编辑。也许我自己的作品很好地说明了过程论的方法。我不能长久冻结我的思想来写作。相反，就像第四章一样，我觉得必须告诉读者此刻的想法，告诉他们伴随每篇文章的洞察情感，以免我带给读者一本僵化的巨著。也许这些理论上的抒情比无人阅读的伟大史诗更重要。

参考文献

Abbott, A. 1982. "The Emergence of American Psychiatry, 1880-1930." Unpublished PhD dissertation, University of Chicago.

——. 1983a. "Professional Ethics." *American Journal of Sociology* 88: 855-885.

——. 1983b. "Sequences of Social Events." *Historical Methods* 16: 129-147.

——. 1988a. *The System of Professions*. Chicago: University of Chicago Press. 安德鲁·阿伯特:《职业系统——论专业技能的劳动分工》,李荣山译,北京:商务印书馆,2016。

——. 1988b. "Transcending General Linear Reality." *Sociological Theory* 6: 169-186.

——. 1990. "Positivism and Interpretation in Sociology." *Sociological Forum* 5: 435-458.

——. 1992. "From Causes to Events." *Sociological Methods and Research* 20: 428-455.

——. 1997. "Of Time and Place." *Social Forces* 75: 1149-1182.

——. 1999. *Department and Discipline*. Chicago: University of Chicago Press.

——. 2001a. *Chaos of Disciplines*. Chicago: University of Chicago Press.

——. 2001b. *Time Matters*. Chicago: University of Chicago Press.

——. 2005. "The Sociology of Work and Occupations," in N. J. Smelser and R. Swedberg, eds., *Handbook of Economic Sociology*. New York and Princeton, NJ: Russell Sage Foundation and Princeton University Press, pp. 307-330.

——. 2006. "Mobility: What? When? How?" in S. L. Morgan, D. Grusky, and G. Fields, *Mobility and Inequality*. Stanford, CA: Stanford University Press, pp. 137-161.

——. 2014a. *Digital Paper*. Chicago: University of Chicago Press. 安德鲁·阿伯特:《数字论文——运用图书馆、互联网资料研究与写作指南》,余慧明译,北京:高等教育出版社,2018。

——. 2014b. "The Excellence of IT," in M. Herbst, ed., *The Institution of Science and the Science of Institutions*. Dordrecht: Springer, pp. 147-165.

Abbott, A., and A. Tsay. 2000. "Sequence Analysis and Optimal Matching Analysis in Sociology." *Sociological Methods and Research* 29: 3-33.

Abell, P. 1989. "Games in Networks." *Rationality and Society* 1: 259-282.

Adorno, T. 1989. "Lyric Poetry and Society," in S. E. Bronner and D. M. Kellner, eds. *Critical Theory and Society*. New York: Routledge, pp. 155-171.

Ainslie, G. 1992. *Picoeconomics*. Cambridge: Cambridge University Press.

——. 2001. *Breakdown of Will*. Cambridge: Cambridge University Press.

Alihan, M. 1938. *Social Ecology*. New York: Columbia University Press.

Art, R. J., V. Davis, and S. Huntington, eds. 1985. *Reorganizing America's Defense*. Washington: Pergamon.

亚里士多德:《亚里士多德全集》,苗力田编,北京:中国人民大学出版社,2016。

Auerbach, E. 1953. *Mimesis*, tr. W. R. Trask. Princeton, NJ: Princeton University Press. 埃里希·奥尔巴赫:《摹仿论——西方文学中现实的再现》,吴麟绶、周新建、高艳婷译,北京:商务印书馆,2014。

Austing, R. H., B. H. Barnes, and G. L. Engel. 1977. "A Survey of the Literature in Computer Science Education Since Curriculum '68." *Communications of the ACM* 20: 13-21.

Bachelard, G. 1957. *La poétique de l'espace*. Paris: PUF. 加斯东·巴什拉:《空间的诗学》,张逸婧译,上海:上海译文出版社,2013。

Barthes, R. [1966] 1981. "Introduction à l'analyse structurale du récit," *Communications*, 8: 7-33. 罗兰·巴特:《叙事结构分析导论》,见《符号学历险》,李幼蒸译,北京:中国人民大学出版社,2008。

——. [1953] 1972. *Le degré zéro de l'écriture*. Paris: Seuil. 罗兰·巴特:《写作的零度》,李幼蒸译,北京:中国人民大学出版社,2008。

——. 1974. *S/Z*. New York: Hill and Wang. 罗兰·巴特:《S/Z》,屠友祥译,

上海：上海人民出版社，2012。

Bataille, G. 1991. *The Accursed Share*. New York: Zone Books. 乔治·巴塔耶：《被诅咒的部分》，刘云虹、胡陈尧译，南京：南京大学出版社，2019。

Becker, G. S. 1965. "A Theory of the Allocation of Time." *Economic Journal* 75: 493-517.

——. 1976. *The Economic Approach to Human Behavior*. Chicago: University of Chicago Press.

丹尼尔·贝尔：《资本主义文化矛盾》，严蓓雯译，南京：江苏人民出版社，2007。

Bell, M. M. 1994. *Childerly*. Chicago: University of Chicago Press.

罗伯特·N. 贝拉：《心灵的习性：美国人生活中的个人主义和公共责任》，周穗明、翁寒松、翟宏彪译，北京：中国社会科学出版社，2011。

Ben-David, J. 1971. *The Scientist's Role in Society*. Englewood Cliff s, NJ: Prentice Hall.

Benveniste, E. 1971. "Correlation of Tense and the French Verb," in *Problems in General Linguistics*. Coral Gables, FL: University of Miami Press, pp. 205-215.

Berelson, B. R., P. F. Lazarsfeld, and W. N. McPhee. 1954. *Voting*. Chicago: University of Chicago Press.

Berger, P. L., and T. Luckmann. 1967. *The Social Construction of Reality*. New York: Doubleday. 彼得·伯格、托马斯·卢克曼：《现实的社会建构：知识社会学论纲》，吴肃然译，北京：北京大学出版社，2019。

Bergson, H. [1889]1910. *Time and Free Will*, tr. F. L. Pogson. London: Allen Unwin. Original title: *Essai sur les données immédiates de la conscience*. 亨利·柏格森：《时间与自由意志》，冯怀信译，合肥：安徽人民出版社，2013。

Berlant, J. 1975. *Profession and Monopoly*. Berkeley: University of California Press.

Berman, E. P. 2002. "Creating a National Medical Field." Unpublished paper, Department of Sociology, University of California, Berkeley.

Blake, E. V. 1901. *History of the Tammany Society*. New York: Souvenir Press.

Bosworth, B., G. Burtless, and E. Steuerle. 2000. "Lifetime Earnings Patterns, the Distribution of Future Social Security Benefits, and the Impact of Pensions Reform." *Social Security Bulletin* 63: 4: 74-98.

Bourdieu, P., and J-C Passeron.

1977. *Reproduction in Education, Society, and Culture*, tr. R. Nice. Beverly Hills, CA: Sage.

费尔南·布罗代尔：《地中海与菲利普二世时代的地中海世界》第 2 卷，吴模信译，北京：商务印书馆，1996。

Breslau, D. 1997a. "Contract Shop Epistemology." *Social Studies of Science* 27: 363-394.

——. 1997b. "The Political Power of Research Methods." *Theory and Society* 26: 869-902.

Brint, S., and J. Karabel. 1989. *The Diverted Dream*. New York: Oxford University Press.

Broughton, C. E. 2001. *Reforming Poor Women*. Unpublished PhD dissertation, University of Chicago.

——. 2015. *Boom, Bust, Exodus*. Oxford: Oxford University Press.

Brown, R. C. E. 1922. *History of the State of New York: Political and Governmental, Vol III: 1865 1896*. Syracuse, NY: Syracuse Press.

Brown, R. H. 1977. *A Poetic for Sociology*. Cambridge: Cambridge University Press.

Bryk, A. S., and S. W. Raudenbush. 1992. *Hierarchical Linear Models*. Newbury Park, CA: Sage. 斯蒂芬·W. 劳登布什、安东尼·S. 布里克：《分层线性模型：应用与数据分析方法》，郭志刚译，北京：社会科学文献出版社，2016。

Burawoy, M. 1979. *Manufacturing Consent*. Chicago: University of Chicago Press. 迈克·布洛维：《制造同意——垄断资本主义劳动过程的变迁》，李荣荣译，北京：商务印书馆，2008。

——. 1998. "The Extended Case Method." *Sociological Theory* 16: 4-33. 迈克·布洛维：《拓展个案法》，吕鹏译，见《公共社会学：迈克·布洛维论文精选》，沈原等译，北京：社会科学文献出版社，2007，77～135 页。

——. 2005. "For Public Sociology." *American Sociological Review* 70: 4-28. 迈克·布洛维：《保卫公共社会学》，胡丽娜、闻翔译，见《公共社会学：迈克·布洛维论文精选》，沈原等译，北京：社会科学文献出版社，2007，3～57 页。

Burton, J. W. 1988. "Shadows at Twilight." *Proceedings of the American Philosophical Society* 132: 420-433.

Camic, C. 1989. "Structure after Fifty Years." *American Journal of Sociology* 95: 38-107.

Campbell, A., G. Gurin, and W. E. Miller. 1954. *The Voter Decides*. Chicago：Row-Peterson.

Campbell，A.，P. E. Converse，W. E. Miller，and D. E. Stokes. [1960] 1980. *The American Voter*. Chicago：University of Chicago Press.

Capetti，C. 1993. *Writing Chicago*. New York：Columbia University Press.

Capshew，J. H. 1999. *Psychologists on the March*. Cambridge：Cambridge University Press.

Carrier，N. "La depression problematique du concept de contrôle sociale." *Deviance et société* 30：3-20.

Carson，R. 1962. *Silent Spring*. Greenwich，CN：Fawcett. 蕾切尔·卡森：《寂静的春天》，吕瑞兰、李长生译，上海：上海译文出版社，2011。

Castells，M. 1968. "Y a-t-il une sociologie urbaine?" *Sociologie du travail* 10：72-90.

Chambliss，D. F. 1989. "The Mundanity of Excellence." *Sociological Theory* 7：70-86.

Chandler，J. 1998. *England in 1819*. Chicago：University of Chicago Press.

Chateaubriand，F-R. [1802] 1926. *Atala and René*. New York：Oxford University Press. 夏多布里昂：《阿达拉·勒内》，曹德明译，桂林：漓江出版社，1996。

Christakis，N. A. 1999. *Death Foretold*. Chicago：University of Chicago Press.

Clifford，J. 1986. Introduction to J. Clifford and G. F. Marcus，eds.，*Writing Cultures*. Berkeley：University of California Press，pp. 7-26. 詹姆斯·克利福德：《导言：部分的真理》，见詹姆斯·克利福德、乔治·E. 马库斯编：《写文化——民族志的诗学与政治学》，高丙中、吴晓黎、李霞等译，北京：商务印书馆，2006。

Cockton，P. 1988. *Subject Catalogue of the House of Commons Parliamentary Papers，1801-1900*. Cambridge：Chadwyck Healey.

Comstock，T. G. 1868. "Experience in the Late Epidemic of Cholera in St. Louis." *Transactions of the Twentieth Session of the American Institute of Homeopathy* 3：34-47.

Creedy，J. 1977. "The Distribution of Lifetime Earnings." *Oxford Economic Papers* 29：412-429.

——. 1990. "Lifetime Earnings and Inequality." *Economic Record* 67：46-58.

Crosby，T. L. 1976. *Sir Robert Peel's Administration*. Newton Abbot，UK：David and Charles.

Csikszentmihalyi, M. 1990. *Flow*. New York: Harper and Row. 米哈里·契克森米哈赖:《心流:最优体验心理学》,张定绮译,北京:中信出版社,2017。

Dahl, R. A. 1961. *Who Governs?*. New Haven: Yale University Press. 罗伯特·A. 达尔:《谁统治:一个美国城市的民主和权力》,范春辉、张宇译,南京:江苏人民出版社,2011。

Danto, A. C. 1985. *Narration and Knowledge*. New York: Columbia University Press. 阿瑟·丹图:《叙述与认识》,周建漳译,上海:上海译文出版社,2007。

Davis, V. 1985. "The Evolution of Central U. S. Defense Management," in R. J. Art, V. Davis, and S. Huntington, eds., *Reorganizing America's Defense*. Washington: Pergamon, 149-167.

Dear, M. 2002. "Los Angeles and the Chicago School." *City and Community* 1: 5-32.

De Man, Paul. 1983. *Blindness and Insight*, 2nd ed. Minneapolis: University of Minnesota Press.

——. 1984. *The Rhetoric of Romanticism*. New York: Columbia University Press.

——. 1993. *Romanticism and Contemporary Criticism*. Baltimore: Johns Hopkins University Press. 保罗·德曼:《文学史与文学现代性》,见《解构之图》,李自修译,北京:中国社会科学出版社,1998。

Demeny, P., and G. McNicoll. 2006. "World Population 1950-2000." *Population and Development Review* 32: Supp: 1-51.

Desrosières, A. 1998. *The Politics of Large Numbers*. Cambridge, MA: Harvard University Press.

Dewey, J. [1922]1988. *Human Nature and Conduct*. Carbondale: Southern Illinois University Press. 约翰·杜威:《杜威全集·中期著作·第十四卷:人性与行为》,罗跃军译,上海:华东师范大学出版社,2012。

——. 1927. *The Public and Its Problems*. New York: Henry Holt. 约翰·杜威:《杜威全集·晚期著作:第二卷(1925—1927)》,张奇峰、王巧贞译,上海:华东师范大学出版社,2016。

Dewey, J., and J. H. Tufts. 1909. *Ethics*. New York: Henry Holt. 约翰·杜威:《杜威全集·中期著作·第五卷:伦理学》,魏洪钟、乐小军、杨仁瑛译,上海:华东师范大学出版社,2012。

Dix, G. 1945. *The Shape of the Liturgy*. London: Dacre.

Dolton, P. J., G. H. Makepeace, and

W. Van der Klaauw. 1989. "Occupational Choice and Earnings Determination." *Oxford Economic Papers* 411: 573-594.

Dubet, F. 2010. *Les places et les chances*. Paris: Seuil.

Duffy, J. 1968. *A History of Public Health in New York City, 1625-1866*. New York: Russell Sage.

——. 1974. *A History of Public Health in New York City, 1866-1966*. New York: Russell Sage.

Dumont, L. 1970. *Homo Hierarchicus*. London: Paladin. 路易·杜蒙：《阶序人：卡斯特体系及其衍生现象》，王志明译，杭州：浙江大学出版社，2017。

Duncan, O. D. 1984. *Notes on Social Measurement*. New York: Russell Sage.

Durkheim, E. [1893] 1998. *De la division du travail social*. Paris: Quadrige/Presses Universitaires de France. 涂尔干：《社会分工论》，渠敬东译，北京：生活·读书·新知三联书店，2017。

——. [1897] 1951. *Suicide*. New York: Free Press. 涂尔干：《自杀论》，冯韵文译，北京：商务印书馆，2001。

Einhorn, R. 1991. *Property Rules*. Chicago: University of Chicago Press.

Ekman, P. 1972. *Emotions in the Human Face*. New York: Pergamon.

Elias, N. 2000. *The Civilizing Process*. Oxford: Blackwell. 诺贝特·埃利亚斯：《文明的进程：文明的社会起源和心理起源的研究》，王佩莉、袁志英译，上海：上海译文出版社，2009。

Eliot, T. S. [1919] 1975a. "Hamlet," in *Selected Prose of T. S. Eliot*. New York: Harcourt/Farrar, pp. 45-49. 托·斯·艾略特：《哈姆雷特》，见《传统与个人才能：艾略特文集·论文》，卞之琳、李赋宁等译，上海：上海译文出版社，2012。

——. [1920] 1975b. "The Perfect Critic." in *Selected Prose of T. S. Eliot*. New York: Harcourt/Farrar, pp. 50-58.

Erickson, A. B. 1952. *The Public Career of Sir James Graham*. Oxford: Basil Blackwell.

Evans-Pritchard, E. E. [1937] 1976. *Witchcraft, Oracles, and Magic Among the Azande*. Oxford: Clarendon Press. E. E. 埃文思-普里查德：《阿赞德人的巫术、神谕和魔法》，覃俐俐译，北京：商务印书馆，2014。

E. E. 埃文思-普里查德：《努尔人——对一个尼罗特人群生活方式和政治制度的描述》，褚建芳译，北京：商务印书馆，2014。

Fabian, J. 1983. *Time and the Other*. New York: Columbia University

Press. 约翰纳斯·费边：《时间与他者：人类学如何制作其对象》，马健雄、林珠云译，北京：北京师范大学出版社，2018。

Fabiani, J-L. 1999. "Les règles du champ," in B. Lahire, ed., *Le travail sociologique de Pierre Bourdieu*. Paris: La Découverte, pp. 75-91.

Finer, S. E. 1952. *The Life and Times of Sir Edwin Chadwick*. London: Methuen.

Fischer, C. 1992. *America Calling*. Berkeley: University of California Press.

Fitzpatrick, R. 1996. "Alternative Approaches to the Assessment of Health-Related Quality of Life," in A. Offer, ed., *In Pursuit of the Quality of Life*. Oxford: Oxford University Press, pp. 140-162.

Fleck, L. [1935] 1979. *The Genesis and Development of a Scientific Fact*. Chicago: University of Chicago Press.

Foster, L. 1984. *Religion and Sexuality*. Urbana: University of Illinois Press.

Fox, D. M. 1967. *The Discovery of Abundance*. Ithaca, NY: Cornell University Press.

Frazier, E. Franklin. 1939. *The Negro Family in the United States*. Chicago: University of Chicago Press.

Freidson, Eliot. 1970. *Professional Dominance*. New York: Atherton.

——. 1986. *Professional Powers*. Chicago: University of Chicago Press.

——. 2001. *Professionalism: The Third Logic*. Chicago: University of Chicago Press.

Friedman, M. 1953. "The Methodology of Positive Economics," in M. Friedman, *Essays in Positive Economics*. Chicago: University of Chicago Press, pp. 3-43.

Frye, N. 1966. *Anatomy of Criticism*. New York: Atheneum. 诺思罗普·弗莱：《批评的剖析》，陈慧译，北京：北京大学出版社，2021。

Furner, Mary O. 1975. *Advocacy and Objectivity*. Lexington: University Press of Kentucky.

Gal, S. 2011. "Polyglot Nationalism." *Langage et société* 136: 31-51.

Galbraith, J. K. 1958. *The Affluent Society*. Boston: Houghton Mifflin. 约翰·肯尼思·加尔布雷思：《富裕社会》，赵勇、周定瑛、舒小昀译，南京：江苏人民出版社，2009。

Gamson, W. A. 1975. *The Strategy of Social Protest*. Homewood, IL: Dorsey.

Gans, H. J. 1962. *The Urban Villagers*. New York: Free Press.

——. 1967. *The Levittowners*. New York: Vintage.

——. 1997. "Bestsellers by Sociologists." *Contemporary Sociology* 26: 131-135.

Gash, N. 1953. *Politics in the Age of Peel*. London: Longmans.

——. 1965. *Reaction and Reconstruction in English Politics, 1832-1852*. Oxford: Clarendon Press.

——. 1972. *Sir Robert Peel*. Totowa, NJ: Rowman and Littlefield.

Gellner, E. 1988. " 'Zeno of Cracow' or 'Revolution at Nemi' or 'The Polish Revenge: A Drama in Three Acts,' " in R. Ellen, E. Gellner, G. Kubica, and J. Mucha, eds., *Malinowski Between Two Worlds*. Cambridge: Cambridge University Press, pp. 164-194.

Genette, G. [1972]1980. *Narrative Discourse*. Ithaca, NY: Cornell University Press. 热拉尔·热奈特:《叙事话语·新叙事话语》,王文融译,北京:中国社会科学出版社,1990。

Gerdtham, U-G., and M. Johannesson. 2000. "Income-Related Inequality in Life-Years and Quality-Adjusted Life-Years." *Journal of Health Economics* 19: 1007-1026.

Gigerenzer, G. 2000. *Adaptive Thinking*. New York: Oxford University Press. 格尔德·吉仁泽:《适应性思维:现实世界中的理性》,刘永芳译,上海:上海教育出版社,2006。

Ginzburg, C. 2000. *No Island Is an Island*. New York: Columbia University Press. 卡洛·金兹伯格:《孤岛不孤:世界视野中的英国文学四论》,文涛译,上海:华东师范大学出版社,2014。

Gluckman, M. 1967. Introduction to A. L. Epstein, ed., *The Craft of Social Anthropology*. London: Tavistock, pp. xi-xx.

——. 1947a. "Malinowski's 'Functional' Analysis of Social Change." *Africa* 17: 103-121.

——. 1947b. "Malinowski's Contribution to Social Anthropology." *African Studies* 6: 41-46.

——. 1955. *Custom and Conflict in Africa*. Glencoe, IL: Free Press.

——. 1958. "Analysis of a Social Situation in Modern Zululand." *Rhodes-Livingston Institute Papers*, #28. Manchester, UK: Manchester University Press for the Rhodes-Livingston Institute.

——. 1963. Introduction to *Order and Rebellion in Tribal Africa*. London：Cohen and West，pp. 1-49.

Goethe，J. W. ［1774］1984. *The Sorrows of Young Werther and Novella*. New York：Modern Library.

Goffman，E. 1963. *Behavior in Public Places*. New York：Free Press. 欧文·戈夫曼：《公共场所的行为：聚会的社会组织》，何道宽译，北京：北京大学出版社，2017。

Gold，M. R.，J. E. Siegel，L. B. Russell，and M. C. Weinstein. 1996. *Cost-Effectiveness in Health and Medicine*. New York：Oxford University Press.

Johnson，D. H.，and G. H. Makepeace. 1997. "Occupational Advantage in the Eighties." *Work，Employment，and Society* 11：401-411.

Goldman，J. A. 1997. *Building New York's Sewers*. West Lafayette，IN：Purdue University Press.

约翰·沃尔夫冈·冯·歌德：《少年维特的烦恼》，杨武能等译，见《歌德文集》第6卷，北京：人民文学出版社，1999。

Gouldner，A. 1968. "The Sociologist as Partisan." *American Sociologist* 3：103-116.

Halperin，M. H. 1974. *Bureaucratic Politics and Foreign Policy*. Washington：Brookings.

Halperin，M. H.，and D. Halperin. 1985. "Rewriting the Key West Accord，" in R. J. Art，V. Davis，and S. Huntington，eds.，*Reorganizing America's Defense*. Washington：Pergamon，pp. 344-358.

Hamlin，C. 1998. *Public Health and Social Justice in the Age of Chadwick*. Cambridge：Cambridge University Press.

Hammack，D. C. 1982. *Power and Society*. New York：Russell Sage.

Hammond，J. D. 1848. *The History of Political Parties in the State of New York*. Syracuse，NY：L. W. Hall.

Hannan，M. T.，and J. Freeman. 1977. "The Population Ecology of Organizations." *American Journal of Sociology* 82：929-964.

Hawley，A. H. 1950. *Human Ecology*. New York：Ronald Press.

霍布斯：《利维坦》，黎思复、黎廷弼译，北京：商务印书馆，1985。

Hoffman，F. 1999. "Goldwater-Nichols after a Decade，" in W. Murray，ed.，*The Emerging Strategic Environment*. Wesport CN：Praeger，pp. 156-182.

Hsiung，C. 2010. "Young Women

and Dress: A Study of Intellectual Life." Unpublished MA paper, MAPSS Program, University of Chicago.

Hughes, E. C. 1971. *The Sociological Eye*. Part III: Work and Self. Chicago: Aldine.

Huot, S. 1987. *From Song to Book*. Ithaca, NY: Cornell University Press.

简·雅各布斯:《美国大城市的死与生》,金衡山译,南京:译林出版社,2006。

Janowitz, M. 1975. "Sociological Theory and Social Control." *American Journal of Sociology* 81: 82-108.

Jenkins, J. S. 1846. *History of Political Parties in the State of New York*. Auburn, NY: Alden and Markham.

Jenkins, T. A. 1996. *Parliament, Party and Politics in Victorian Britain*. Manchester, UK: Manchester University Press.

纪贯之等编著:《古今和歌集》,王向远、郭尔雅译,上海:上海译文出版社,2018。

Johnson, S. [1765]1958. "Preface to Shakespeare," in *Rasselas, Poems, and Selected Prose*. New York: Holt, Rinehart and Winston, pp. 239-287.

Johnson, W. F. 1922. *History of the State of New York: Political and Governmental, Vol II: 1822-1864*. Syracuse, NY: Syracuse Press.

Johnson, W. R. 1982. "On the Absence of Ancient Lyric Theory," in *The Idea of Lyric*. Berkeley: University of California Press, pp. 76-95.

Kahnemann, D., and A. Tversky. 1984. "Prospect Theory." *Econometrica* 47: 263-291.

——. 2000. "Choices, Values, and Frames," in D. Kahnemann and A. Tversky, eds., *Choices, Values, and Frames*. Cambridge: Cambridge University Press. New York: Russell Sage, pp. 1-16.

伊曼努尔·康德:《论优美感和崇高感》,何兆武译,北京:商务印书馆,2001。

Katz, E., and P. F. Lazarsfeld. 1955. *Personal Influence*. New York: Free Press.

Kaufman, M. *Homeopathy*. Baltimore: Johns Hopkins University Press.

Keynes, J. M. 1923. *A Tract on Monetary Reform*. London: Macmillan. 约翰·梅纳德·凯恩斯:《货币改革略论》,李井奎译,北京:中国人民大学出版社,2017。

——. [1930]1963. "Economic Possibilities for Our Grandchildren," in *Essays in*

Persuasion. New York：Norton，pp. 358-373. 约翰·梅纳德·凯恩斯：《我们后代在经济上的可能前景》，2015。

Koehn，D. 1994. *The Ground of Professional Ethics*. New York：Routledge.

Kokinshu：A Collection of Poems Ancient and Modern [ca. 905]，tr. and annotated by L. R. Rodd and M. C. Henkenius. Boston：Cheng and Tsui.

Kornhauser，A.，and P. F. Lazarsfeld. [1935]1955. "The Analysis of Consumer Actions，" in Lazarsfeld and M. Rosenberg，eds.，*The Language of Social Research*. Glencoe，IL：Free Press，pp. 392-404.

Krugman，P. 1994. *Peddling Prosperity*. New York：Norton. 保罗·克鲁格曼：《兜售繁荣》，刘波译，北京：中信出版社，2010。

Kultgen，J. H. 1988. *Ethics and Professionalism*. Philadelphia：University of Pennsylvania Press.

Di Lampedusa，G. T. 1960. *The Leopard*，tr. A. Colquhoun. New York：Pantheon. 朱塞佩·托马西·迪·兰佩杜萨：《豹——兰佩杜萨文集》，费慧茹、艾敏等译，济南：山东画报出版社，2016。

Larson，M. S. 1977. *The Rise of Professionalism*. Berkeley：University of California Press.

Laumann，E. O.，and D. Knoke. 1987. *The Organizational State*. Madison：University of Wisconsin Press.

Lauwerier，H. 1991. *Fractals*. Princeton，NJ：Princeton University Press.

Lazarsfeld，P. F.，and H. Gaudet. 1948. *The People's Choice*. New York：Columbia University Press. 保罗·F. 拉扎斯菲尔德、伯纳德·贝雷尔森、黑兹尔·高德特：《人民的选择——选民如何在总统选战中做决定》，唐茜译，北京：中国人民大学出版社，2012。

Leach，E. R. 1954. *Political Systems of Highland Burma*. Boston：Beacon. 埃德蒙·R. 利奇：《缅甸高地诸政治体系——对克钦社会结构的一项研究》，杨春宇、周歆红译，北京：商务印书馆，2010。

Leifer，E. 1988. "Interaction Preludes to Role Setting." *American Sociological Review* 53：865-878.

Levi-Strauss，C. 1955. *Tristes Tropiques*. Paris：Plon. 克洛德·列维-斯特劳斯：《列维-斯特劳斯文集》第15卷《忧郁的热带》，王志明译，北京：中国人民大学出版社，2009。

Levine，G. 1981. *The Realistic Imagination*. Chicago：University of Chicago Press.

Levrault, L. 1902. *La poésie lyrique*. Paris: Librairie Paul Delaplane.

Lewis, R. A. 1952. *Edwin Chadwick and the Public Health Movement*. London: Methuen.

Lindner, R. 1996. *The Reportage of Urban Culture*. New York: Cambridge University Press.

Lockwood, D. 1992. *Solidarity and Schism*. Clarendon, UK: Oxford.

Logan, J. R., and H. L. Molotch. 1987. *Urban Fortunes*. Berkeley: University of California Press.

Long, N. 1958. "The Local Community as an Ecology of Games." *American Journal of Sociology* 64: 251-261.

Loudon, I. 1986. *Medical Care and the General Practitioner*. Oxford: Clarendon Press.

Lovejoy, A. O. 1936. *The Great Chain of Being*. Cambridge, MA: Harvard University Press. 阿瑟·O. 洛夫乔伊：《存在巨链——对一个观念的历史的研究》，张传友、高秉江译，北京：商务印书馆，2015。

Loewenstein, G., and D. Prelec. 1991. "Negative Time Preference." *American Economic Review* 81: 347-352.

——. 1992. "Anomalies in Intertemporal Choice," in G. Loewenstein and J. Elster, eds., *Choice over Time*. New York: Russell Sage, pp. 119-145.

Lusted, L. B. 1968. *Introduction to Medical Decisionmaking*. Springfield, IL: C. C. Thomas.

罗伯特·S. 林德、海伦·梅里尔·林德：《米德尔敦：当代美国文化研究》，盛学文、马春华、李筱鹏译，北京：商务印书馆，1999。

Maclean, N. F. 1940. "Theory of Lyric Poetry in England from the Renaissance to Coleridge." Unpublished PhD dissertation, University of Chicago.

Makepeace, G. H. 1996. "Lifetime Earnings and the Training of Young Men in Britain." *Applied Economics* 28: 725-735.

Malinowski, B. [1922] 1961. *Argonauts of the Western Pacific*. New York: Dutton. 布罗尼斯拉夫·马林诺夫斯基：《西太平洋上的航海者——美拉尼亚新几内亚群岛土著人之事业及冒险活动的报告》，弓秀英译，北京：商务印书馆，2017。

——. 1935. *Coral Gardens and Their Magic*. London: Allen Unwin.

——. 1938. "The Anthropology of Changing African Cultures," in *Methods of Study of Culture Contact in Africa*. International African Institute, Memorandum XV. London: Oxford University Press for the International African Institute, pp. vii-xxxviii.

——. 1945. *The Dynamics of Cultural Change*, ed. P. M. Kaberry. New Haven: Yale University Press.

——. 1989. *A Diary in the Strict Sense of the Term*. Stanford, CA: Stanford University Press. 勃洛尼斯拉夫·马林诺夫斯基:《一本严格意义上的日记》,卞思梅、何源远、余昕译,桂林:广西师范大学出版社,2015。

Malthus, T. R. [1798]2008. *An Essay on the Principle of Population*. New York: Oxford University Press. 马尔萨斯:《人口原理》,朱泱、胡企林、朱和中译,北京:商务印书馆,1996。

Mandelbaum, S. J. 1965. *Boss Tweed's New York*. New York: Wiley.

Mandeville, B. [1724] 1989. *The Fable of the Bees*. New York: Penguin. 伯纳德·曼德维尔:《蜜蜂的寓言:私人的恶德、公众的利益》,肖聿译,北京:中国社会科学出版社,2002。

卡尔·曼海姆:《意识形态与乌托邦》,黎鸣、李书崇译,北京:商务印书馆,2000。

Marx, K. [1852] 1963. *The Eighteenth Brumaire of Louis Bonaparte*. New York: International Publishers. 卡尔·马克思:《路易·波拿巴的雾月十八日》,中共中央马克思恩格斯列宁斯大林著作编译局译,北京:人民出版社,2001。

——. [1887] 1967. *Capital*. New York: International Publishers. 卡尔·马克思:《资本论》,中共中央马克思恩格斯列宁斯大林著作编译局译,北京:人民出版社,2004。

Massey, D., and N. Denton. *American Apartheid*. Cambridge, MA: Harvard University Press.

Maulpoix, J-M. 2000. *Du lyrisme*. Paris: José Curti.

Mayhew, B. 1990. *Researches in Structural Sociology*, ed. John Skvoretz. Columbia, SC: Department of Sociology, University of South Carolina.

McAdam, D. 1982. *Political Process and the Development of Black Insurgency*. Chicago: University of Chicago Press.

McCormick, R. L. 1981. *From Realignment to Reform*. Ithaca, NY: Cornell University Press.

McDonald, T. J. *The Parameters of Urban Fiscal Policy*. Berkeley: University of California Press.

McDonald, T. J., ed. *The Historic Turn in the Human Sciences*. Ann Arbor:

University of Michigan Press.

McNamee, L. F. 1968. *Dissertations in English and AmericanLiterature*. New York: Bowker.

——. 1969. *Dissertations in English and American Literature*, Supplement 1964-1968. New York: Bowker.

McTaggart, J. M. E. 1908. "The Unreality of Time." *Mind* 17: 457-474.

Mellor, D. H. 1981. *Real Time*. Cambridge: Cambridge University Press.

卡尔·门格尔:《国民经济学原理》,刘絜敖译,上海:上海人民出版社,2001。

Miles, J. 1942. "Wordsworth and the Vocabulary of Emotion." *University of California Publications in English* 12, no. 1.

Mills, C. W. 1959. *The Sociological Imagination*. New York: Oxford. C. 赖特·米尔斯:《社会学的想象力》,李康译,北京:北京师范大学出版社,2017。

Miner, E., H. Odagiri, and R. E. Morrell. 1985. *Princeton Companion to Classical Japanese Literature*. Princeton, NJ: Princeton University Press.

Monkkonen, E. H. 1995. *The Local State*. Stanford, CA: Stanford University Press.

Morris, A. 1975. "The American Society of Criminology: A History 1941-1974." *Criminology* 13: 123-167.

Muennig, P. 2002. *Designing and Conducting Cost-Effectiveness Analyses in Medicine and Health Care*. San Francisco: Jossey-Bass.

National Academy of Sciences 1971. *Rapid Population Growth*. Baltimore: Johns Hopkins University Press.

New York, Secretary of State, various years. *Legislative Manual*.

Newbould, I. 1990. *Whiggery and Reform, 1830-1841*. Stanford, CA: Stanford University Press.

Newman, C. 1957. *The Evolution of Medical Education in the Nineteenth Century*. London: Oxford University Press.

Nord, E. 1999. *Cost-Value Analysis in Health Care*. Cambridge: Cambridge University Press.

Novick, P. 1999. *The Holocaust in American Life*. Boston: Houghton Mifflin. 彼得·诺维克:《大屠杀与集体记忆》,王志华译,南京:译林出版社,2019。

Nussbaum, M. 1988. "Narrative Emotions." *Ethics* 98: 225-254.

Ortega y Gasset, J. 1932. *The Revolt of the Masses*. New York: Norton.

Padgett, J. F., and C. K. Ansell. 1993. "Robust Action and the Rise of the Medici." *American Journal of Sociology* 98: 1259-1319.

Paine, H. M. 1867. "Epidemic Cholera." *Proceedings of the Nineteenth Session of the American Institute of Homeopathy* pp. 126-141.

Park, R. E., E. W. Burgess, and R. D. Mackenzie. 1925. *The City*. Chicago: University of Chicago Press. 罗伯特·E. 帕克、欧内斯特·W. 伯吉斯:《城市:有关城市环境中人类行为研究的建议》,杭苏红译,北京:商务印书馆,2016。

Parris, H. 1969. *Constitutional Bureaucracy*. London: Allen Unwin.

Parry, J. 1993. *The Rise and Fall of Liberal Government in England*. New Haven: Yale University Press.

Parsons, T. 1939. "Professions and Social Structure." *Social Forces* 17: 457-467.

——. 1968. "Professions." *International Encyclopedia of the Social Sciences*. 12: 536-547.

——. 1949. *The Structure of Social Action*. New York: Free Press. 塔尔科特·帕森斯:《社会行动的结构》,张明德、夏翼南、彭刚译,南京:译林出版社,2003。

Patten, S. N. 1902. *The Theory of Prosperity*. New York: Macmillan.

Paxton, P. 2002. "Social Capital and Democracy." *American Sociological Review* 67: 254-277.

Perrow, C. 1984. *Normal Accidents*. New York: Basic.

Piven, H., and A. Alcabes. 1968. "Education and Training for Criminal Justice." *USDHEW, Office of Juvenile Delinquency and Youth Development. JD Pub* #78. Washington: Government Printing Office.

Plutarch. n. d. *Lives*. New York: Modern Library. 普鲁塔克:《希腊罗马名人传》上册,陆永庭、吴彭鹏等译,北京:商务印书馆,1990。

Price, C. 1993. *Time, Discounting and Value*. Oxford: Blackwell.

Propp, V. A. 1968. *Morphology of the Folktale*. Austin: University of Texas Press. 弗拉基米尔·雅可夫列维奇·普罗普:《故事形态学》,贾放译,北京:中华书局,2006。

Raiffa, H. 1968. *Decision Analysis*. Reading, MA: Addison Wesley.

Rawls, J. 1971. *A Theory of Justice*. Cambridge, MA: Harvard University Press. 约翰·罗尔斯：《正义论》(修订版)，何怀宏、何包钢、廖申白译，北京：中国社会科学出版社，2009。

Reader， W. J. 1966. *Professional Men*. New York：Basic.

Reay，M. 2004. "Economic Experts and Economic Knowledge." Unpublished PhD dissertation，University of Chicago.

大卫·李嘉图：《政治经济学及赋税原理》，郭大力、王亚南译，北京：商务印书馆，2004。

Richards，A. I. 1939. *Land*，*Labour and Diet in Northern Rhodesia*. London：Oxford University Press for the International African Institute.

Richards， I. A. 1929. *Practical Criticism*. New York：Harcourt.

Rieder，J. 1985. *Canarsie*. Cambridge，MA：Harvard University Press.

Riesman，D. 1950. *The Lonely Crowd*. With N. Glazer and R. Denney. New Haven：Yale University Press. 大卫·理斯曼：《孤独的人群》，王昆译，南京：南京大学出版社，2002。

Riesman，J. M. 1991. *A History of Clinical Psychology*. New York：Hemisphere.

Rosen，S. 1981. "The Economics of Superstars." *American Economic Review* 71：845-858.

Rosenberg，C. E. 1962. *The Cholera Years*. Chicago：University of Chicago Press.

Rosenfeld，P. 1984. "Protecting the Public or Promoting the Profession?" Unpublished PhD thesis，State University of New York at Stony Brook.

Rothstein， W. G. 1972. *American Physicians in the Nineteenth Century*. Baltimore：Johns Hopkins University Press.

Rotolo， T.， and J. M. McPherson. 2001. "The System of Occupations." *Social Forces* 79：1095-1130.

Routh，D. K. 1994. *Clinical Psychology Since 1917*. New York：Plenum.

Russell， C. A.， N. G. Coley， and G. K. Roberts. 1977. *Chemists by Profession*. Milton Keynes，UK：Open University Press.

Ryder，N. B. 1965. "The Cohort as a Concept in the Study of Social Change." *American Sociological Review* 30：843-861.

Sahlins，M. 1972. *Stone Age Economics*. New York：Aldine. 马歇尔·萨林斯：《石器时代经济学》，张经纬、郑少雄、张帆译，北京：生活·读书·新知三联书店，2009。

Saiedian， H. 2002. "Bridging Academic Software Engineering Education and Industrial Needs." *Computer Science Education* 12：5-9.

Sanjek R. 1991. "The Ethnographic Present." *Man* NS 26：609-628.

弗里德里希·席勒：《论崇高》，见《审美教育书简》，冯至、范大灿译，上海：上海人民出版社，2003。

Schumpeter，J. A. 1950. *Capitalism，Socialism，and Democracy*. New York：Harper and Row. 约瑟夫·熊彼特：《资本主义、社会主义与民主》，吴良健译，北京：商务印书馆，1999。

Shackle，G. L. S. 1961. *Decision，Order，and Time in Human Affairs*. Cambridge：Cambridge University Press.

Simmel，G. 1950. *The Sociology of Georg Simmel*，tr. K. Wolff. New York：Free Press. 盖奥尔格·西美尔：《社会学——关于社会化形式的研究》，林荣远译，北京：华夏出版社，2002。

——. [1922] 1955. "The Web of Group Affiliations，" in G. Simmel，"*Conflict*" *and* "*The Web of Group Affiliations*." New York：Free Press，pp. 125-195.

齐奥尔格·西美尔：《时尚的哲学》，费勇等译，广州：花城出版社，2017。

Singh，J. V.，and C. J. Lumsden. 1990. "Theory and Research in Organizational Ecology." *Annual Review of Sociology* 16：161-195.

Skocpol. T. 1979. *States and Social Revolutions*. Cambridge：Cambridge University Press. 西达·斯考切波：《国家与社会革命——对法国、俄国和中国的比较分析》，何俊志、王学东译，上海：上海人民出版社，2013。

Small，A. E. 1876. *Manual of Homeopathic Practice*. New York：Boericke and Tafel.

亚当·斯密：《国富论》，谢宗林、李华夏译，北京：中央编译出版社，2010。

Snook，S. A. 2000. *Friendly Fire*. Princeton，NJ：Princeton University Press.

Spann，E. K. 1981. *The New Metropolis*. New York：Columbia University Press.

Stinchcombe，A. L. 1968. *Constructing Social Theories*. New York：Harcourt，Brace，and World.

Strawson，G. 2004. "Against Narrativity." *Ratio* 17：428-452.

Suttles，G. D. 1990. *The Man-Made City*. Chicago：University of Chicago Press.

Teaford，J. C. 1984. *The Unheralded Triumph*. Baltimore：Johns Hopkins

University Press.

Thompson, E. P. 1963. *The Making of the English Working Class*. New York: Vintage. E. P. 汤普森:《英国工人阶级的形成》,钱乘旦、杨豫、潘兴明等译,南京:译林出版社,2001。

Todorov, T. 1969. *Grammaire du décameron*. The Hague: Mouton.

Toffler, A. 1970. *Future Shock*. New York: Random House. 阿尔文·托夫勒:《未来的冲击》,蔡伸章译,北京:中信出版社,2006。

Torrance, G. W. 1986. "Measurement of Health State Utilities for Economic Appraisal." *Journal of Health Economics* 5: 1-30.

Tsuchiya, A. 2000. "QALYS and Ageism." *Health Economics* 9: 57-68.

Turner, J., and S. Turner. 1990. *The Impossible Science*. Newbury Park, CA: Sage.

Tversky, A., and D. Griffin. 2000. "Endowment and Contrast Judgments," in D. Kahnemann and A. Tversky, eds., *Choices, Values, and Frames*. Cambridge: Cambridge University Press. New York: Russell Sage, pp. 702-725.

Uberoi, J. P. S. 1962. *The Politics of the Kula Ring*. Manchester, UK: Manchester University Press.

Van Velsen, J. 1967. "The Extended-Case Method and Situational Analysis," in A. L. Epstein, ed., *The Craft of Social Anthropology*. London: Tavistock, pp. 129-149.

——. 1964. *The Politics of Kinship*. Manchester, UK: Manchester University Press.

Van Ingen, P. 1949. *The New York Academy of Medicine*. New York: Columbia University Press.

Vaughan, D. 1987. *Uncoupling*. New York: Vintage.

Venturi, R., D. S. Brown, and S. Izenour. 1972. *Learning from Las Vegas*. Cambridge, MA: MIT Press.

Verdery, K. 1983. *Transylvanian Villagers*. Berkeley: University of California Press.

Vieillard-Baron, M. 2001. *Fujiwara no Teika et la notion d'excéllence en poésie*. Paris: Institut des Hautes Etudes Japonaises, Collège de France.

Waite, L. J., and M. Gallagher. 2000. *The Case for Marriage*. New York: Doubleday.

Walsh, J. J. 1907. *History of the Medical Society of the State of New York*.

Brooklyn, NY: New York State Medical Society.

Wallerstein, I. 1976. *The Modern World-System*. New York: Academic. 伊曼纽尔·沃勒斯坦:《现代世界体系》第1卷，郭方、刘新成、张文刚等译，北京：社会科学文献出版社，2013。

Warner, N. H. 1858. "On Epidemic Cholera." *Proceedings of the Fifteenth Annual Meeting of the American Institute of Homeopathy*, pp. 102-119.

Warner, S. B. 1968. *The Private City*. Philadelphia: University of Pennsylvania Press.

Weber, M. [1919]1946. "Science as a Vocation," in H. Gerth and C. W. Mills, eds., *From Max Weber*. New York: Oxford, pp. 129-156. 马克斯·韦伯:《科学作为天职：韦伯与我们时代的命运》，李康译，北京：生活·读书·新知三联书店，2018。

Weinrich, H. 1973. *Le Temps*, tr. M. Lacoste. Paris: Seuil.

Weinstein, M. C., and H. V. Fineberg. 1980. *Clinical Decision Analysis*. Philadelphia: Saunders.

Werner, M. R. 1928. *Tammany Hall*. Garden City, NY: Doubleday.

White, H. 1973. *Metahistory*. Baltimore: Johns Hopkins University Press. 海登·怀特:《元史学：19世纪欧洲的历史想象》，陈新译，南京：译林出版社，2013。

——. 1987. "The Value of Narrativity in Representations of Reality," in *The Content of the Form*. Baltimore: Johns Hopkins University Press, pp. 1-25.

Whyte, W. F. 1958 "Urban Sprawl," in *The Exploding Metropolis*, ed. by the editors of *Fortune*. New York: Doubleday, pp. 115-139.

Wiener, N. [1948]1962. *Cybernetics*. Cambridge, MA: MIT Press. 维纳:《控制论：或关于在动物和机器中控制和通信的科学》，郝季仁译，北京：北京大学出版社，2007。

——. 1954. *The Human Use of Human Beings*. New York: Anchor. 维纳:《人有人的用处——控制论与社会》，陈步译，北京：北京大学出版社，2010。

王尔德:《理想丈夫与不可儿戏——王尔德的两出喜剧》，余光中译，沈阳：辽宁教育出版社，1998。

Williams-Ellis, C. 1928. *England and the Octopus*. London: Geoffrey Bles.

Williamson, G. E. 1935. "Mutability, Decay, and Seventeenth-Century Melancholy." *ELH: A Journal of English*

Literary History 2：121-150.

Wordsworth，W.［1801］1965. “Preface to the Second Edition of Lyrical Ballads，” in J. Stillinger，ed.，*William Wordsworth*，*Selected Poems and Prefaces*. Boston：Houghton Mifflin，pp. 445-464. 威廉·华兹华斯：《〈抒情歌谣集〉序言》，曹葆华译，见刘若端编：《十九世纪英国诗人论诗》，北京：人民文学出版社，1984。

威廉·华兹华斯：《序曲：或一位诗人心灵的成长》，丁宏为译，北京：北京大学出版社，2017。

川端康成：《美丽与哀愁·蒲公英》，徐建雄译，沈阳：万卷出版公司，2016。

Young，M. 1958. *The Rise of the Meritocracy*. London：Thames and Hudson.

Young，M.，and P. Willmott. 1957. *Family and Kinship in East London*. Harmondsworth：Penguin.

Zorbaugh，H. 1929. *The Gold Coast and the Slum*. Chicago：University of Chicago Press.

主题索引

A

Abbott，Andrew：*Chaos of Disciplines*，42，59，64，82，111，149，153，207，218，224，268，276-277，289；*Department and Discipline*，23，50，172；*The System of Professions*《职业系统》，14，36，40，42，43，48，50，56，275；*Time Matters*，23，77，78，82，168，182，203，238

abstraction 抽象，85，91，97，107，201，277；as excess strategy ～作为应对过剩的策略，151

abundance，definition of 丰富：～的定义 124

actors 行动者，39-41，43-44，46，48，50-51，53，57-58，61-62

ahistoricality 非历史性，245-249

alliance 联盟，37，46-49

ancestors plot 始祖情节 96，168，177，183

anthropology，discipline of 人类学：～学科，107-108，111，113，155

anticipation 期待，28，193，195

arena 竞技场，40，52，71

Aristotle 亚里士多德，20，22，83-84，126，140，182-183，190-191，194

artifice 技巧，91，93，96-97

ascription 先赋，188

aspiration 渴望、渴求，273，275

atomism 原子论，39，73

audiences 接收者，36，42，118

avatars 化身，64-70

B

Bataille，Georges 乔治·巴塔耶，122-123，125，133-134，146，156

Becker，Gary 加里·贝克尔，130，134-138，242

Bergson，Henri 亨利·路易·柏格森，105-106，111-112，126，167-168，181，195

bundles 束，44-45，47，53，59，61，63

Burawoy，Michael 迈克尔·布洛维，86，

106-108，254，277-285，289-290

C

canons 正典，145，148，158
capitalism 资本主义，4-5，225，281
causality 因果，269-271，275，278
Chadwick，Edwin 埃德温·查德威克，60-62
Chicago School 芝加哥学派，31，35，114，172，199
choice 选择，28-29，136-139，144，159，177，189，194
Christakis，Nicholas 古乐朋，92-93，114，117
cohort 同期群，5，11-12，15
cohort order 同期群秩序，213-215
commentative voice 评论的声音，101-102
competition 竞争，45，49，55，58，67，70-72
computer science，discipline of 计算机科学：～学科，65-66
concreteness 具体性，80，91
conflict 冲突，143-144，209
conservatism 保守主义，219，221-224
consumption 消费，134-136，150，167-168，171-172
contractarianism 契约论，200-201，203-206，209，246，249
coordination problem 协调问题，140-141
criminology，discipline of 犯罪学：～学科，66-67
critical sociology 批判社会学，278-280，284

D

Danto，Arthur 阿瑟·丹图，27，116
de Man，Paul 保罗·德曼，100-103
Democracy 民主，149-150，283
Democratization 民主化，174-175
Denton，Nancy 南希·丹顿，79-82，86，89，92，115
determination 决定，270，272，275，278
Dewey，John 约翰·杜威，20，28-30，143，223，272-275
differences 差异，120-121，239. *See also* particularity 另见“特殊性”
differentiation 分化，210-211
disciplines，academic 学术学科，17-18，64-70，147-148，155，157-158. *See also* individual disciplines 另见“个体学科”
discounting 折现，29，177-180，196-197，247
disposition，concept of，倾向的概念 113-114
disruptive mechanism 破坏性机制，145-146
division of labor 劳动分工，14，152，261-264，285-286
drift 漂变，211，216，221

due process 正当程序，221-222
duration 持续，216-219
Durkheim，Emile 埃米尔·涂尔干，74，115，126，131-133，145，156，201，203，208-210，213，218，231，254，259，261-275，278，292

E

ecological argument 生态论点，35，40-46
ecologies：merger of ～的融合，43，49，70；properties of ～的属性，35，46
ecology 生态，34，37，42，45，73-74；political 政治～，36，43-44；professional 职业～，36，40，43，64-70；properties of ～的属性，47-48；temporality of ～的时间性，47-48，63；university 大学～，41，43，64-70
economics，discipline of 经济学学科，17-18，69，126-131，177-181，187，190，236，248，279
emergentism 涌现论，34
emotion 情感，21，30，85-90，93-97，106，114-117，152，286-287
empirical facts 经验事实，260，267-271，275
empirical/normative distinction 经验/规范的区别，31，207-208，220，253-254，258，260-265，282
encoding 编码，11-15，25，34
engagement 接触，88-89，91，106，115，121
equality of result 结果平等，244，245
equal opportunity 机会平等，244-246
equilibrium 均衡，172，203-204，210，212-216，221
ethnography 民族志，87，105-113，287
events 事件，3-4，12，24-25，28，32，109，201，247
evolutionary order 进化秩序，210-212
excess 过剩：122-125；adaptive strategies for 应对～的适应性策略，146，153-156；algorithms for 应对～的算法，137-138；creative strategies for 应对～的创造性策略，146，156-157；defensive strategies for 应对～的防御性策略，146-151；definition of ～的定义，124；general theories of ～的一般性理论，133-134；as obverse of scarcity ～作为稀缺的对立面，134-139；as problem ～作为问题，139-146；reactive strategies for 应对～的反应性策略，146，151-153；reductive strategies for 应对～的减少策略，146-153；rescaling strategies for 应对～的重新标度策略，146，153-157；and scarcity，past theories of 过去关于～和稀缺的理论，126-134
extended case method 拓展个案法，107

F

fashion as excess strategy 时尚作为应对过剩的策略，149

figurative language 形象化语言，80，91，97，99

flow 心流/流动，190

formal/contentful 形式/内容，22，203-204，206，209，211，216-217，219，221-222，225，285

fractals 分形，59，134，149，152-153，191-192，276，287

freedom 自由，28，159，203，206-207，231，255，259，265，269，271，278

Freud，Sigmund 西格蒙德·弗洛伊德，20-22，89，132-133，143，156，195，216

functionalism 功能主义，22，39，45，108-109，111，265-267

funnel of causality 因果漏斗，170，173

future 未来，13，27-32，101-105，158-159，165-166，225-226，272-274

G

Gluckman，Max 马克斯·格鲁克曼，107-111

H

habit 习惯，28，30，273

Habituation 习性化，32，141-143，146，216-217，273-274

health outcomes 健康结果，178-179，192-193

hierarchization 层级化，144-145，149-153

hinges 铰链，48-49，56，60-61

historical action at a distance 远处的历史行动，14，34，109-111

historicality 历史性，3-15，27，31，73

history，discipline of 历史学科，155

Hobbes，Thomas 托马斯·霍布斯，22，132，144，150，156，199-203，208-212，217，220，244

homunculus 小矮人，246

humane sympathy 人道同情，117-121，278，281，287-290

humanities 人文学科，277

human nature 人性，16-32；defined 定义，19-20；dimensions of ～的维度，20-23；processual account of 过程论的～论述，23-32

I

image 形象，85，87，91-92，97-99

individualism 个体主义，methodological 方法论～，34

individuals 个人/个体，3-16，19，24，31，73，178，198，200，202，206-207，218，222-223，246，248

inequality 不平等，177，203-204，251-252，257，284；standard concept of 标

准的～概念，234-237
inexhaustibility 不可穷尽，135，243，275
injustice 不公正，236；formal metrizability 形式化的可度量性，239，241-242；measurement of ～的度量，237-244；nonmetrizability as definition of ～作为不可测量性的定义，242-243

J

Japanese aesthetics 日本美学，88，97，103
jurisdiction 管辖权，36，42，45，47，51，57-58，71
justice：bilevel concept of 两个层级上的公正定义，249，251-252；ontological assumptions of 对～的本体论假设，245-250；particularity of ～的特殊性，243

K

Kant，Immanuel 伊曼努尔·康德，22，119，126，255，262，272，276
Keynes，John Maynard 约翰·梅纳德·凯恩斯，4，69，125，130，149，156，157，166
knowledge alienation 知识异化，255，259
knowledge systems 知识系统，19-20，36

L

law 法律，263，267，271
Lazarsfeld，Paul 保罗·拉扎斯菲尔德，9-10，162，167-176，182-183，195，197
leisure 闲暇，130，136，149，156，157
levels 层级，4-5，8-9，14，34-35，106，108-110，113，139-140，147-156，168，176，185，206-207，212，214，216-219，222-223，226，246-249
libraries 图书馆，136-138
life course 生命历程，3-4，11-12，154，190-191，195，198，206，213，234-235，246-249，286
ligation 联繫，40，43，47，51，54，62-63
lineage 世系，24-25，28-29，73-74，145，202，205，219，225，274，279，283
linkage 联系，46，55，59-60
linked ecologies argument 关联生态的论点，35-39，48-50
locality 局部、特定位置，30，211，278
location：indexicality of 位置：～的指代性，112-113；location（space）空间位置，112-114；as stance～作为姿态，89
locations（in ecologies）生态中的位置，39-46，51，53，57，63
Locke，John 约翰·洛克，22，200-201，209，212
lyric 抒情，82，85，100-104，120-121；concept of ～的概念，78，83-87；and emotion ～和情感，114-121；literary the-

ory of ～的文学理论，83-84，100-105
lyrical sociology 抒情社会学，79-99，119

M

Malinowski，Bronislaw 布罗尼斯拉夫·马林诺夫斯基，21-22，85，89-90，104，106-111，117-118
Malthus，Thomas Robert 托马斯·罗伯特·马尔萨斯，127-130，150-151，156，200
Manchester School 曼彻斯特学派，107
Mandeville，Bernard de 伯纳德·曼德维尔，22，127-128，130
Markets 市场，140-141，149-150，153
Markov processes 马尔可夫过程，169，175，288
Marx，Karl 卡尔·马克思，129，145，209，214-215，221，257，290，292
Massey，Douglas 道格拉斯·马西，79-82，86，89，92，115
McTaggart，J. M. E. 约翰·麦克塔加特，105，110-112，180-183，186
measurability 可测量性，137-138，141，148，229-230，258，263，269-270，282
mechanism 机制，39，73，217
medical licensing 医疗执照，50-64
medical professions of Great Britain 英国的医疗职业，57-63
medical professions of New York 纽约的医疗职业，50-64
medical prognosis 医学预后，92-93
memory 记忆，6-11，26，28，193，195
mimesis 模仿，91，93，96-97
misinheritance mechanism 误传机制，145-146
mobility 流动，185，225，234，247-248
momentaneity 时刻性、瞬时性，81，90，106，221-222，245
moral 道德：action 行动，272-274；fact，definition of ～的定义，260；facts ～事实，260-270；order ～秩序，266
morality as empirical fact 作为经验事实的道德，262-263
multiculturalism 多元文化主义，155-156
multiple selves as excess strategy 多重自我作为应对过剩的策略，154
mutability 易变性，22，103-104，117-120

N

narrative 叙事，78，81-84，87-88，92，94，96，99，100-104，111-113，116，119-122，172，183，215；literary theory of ～的文学理论，100-105；positivism ～实证主义，288；verbs 叙述性动词，27，29，32
negative feedback 负反馈，142，210-211
normative：order 规范性：秩序，267；stance 姿态，207-208，229-231，234，

253，259，266，276，278，288-290；subdiscipline 子学科，290-291
nostalgia 怀旧，115-116
numéraire 等价物，138，141，150

O

occupations 职业，11，13-14，245-252
optativity 选择性，31-32
order 秩序，109，112；pantemporal 泛时～，205，225；period concepts of ～的时段概念，212-215；in process 过程中的～，202-208；regional 区域～，214-217，222，226
organism 有机体，39，73
orthodoxy 正统，284-285
outcome 结果，206，248；final 最终～，172-176，184-185；interim 过渡～，176-177，184，185；Lazarsfeld's concept of 拉扎斯菲尔德的～观，166-172；paradigmatic concepts of 范式化的～概念，184；period 时段～，183，185，point 点～，177，183，185；possible concepts of ～的可能观念，183-195；trend 趋势结果，176-177，184-185，235
—tensed 时态化～，186-187，195；momentary 瞬时～，189-193；pantemporal 泛时～，195；prospective 前瞻性～，187，189-190；retrospective 回顾性～，193-194，224
—untensed 非时态化～，185-187，195；prospective 前瞻性～，187-189
outrage 愤怒，115-116
overdetermination 过度决定，71-73
overeducation 过度教育，250-252
overload 过载，141-143，146

P

Park，Robert Ezra 罗伯特·帕克，35，85，117，143，218
Parsons，Talcott 塔尔科特·帕森斯，50，199-202，208，231，254，257，259-260，265-268
particularity 特殊性，107，117-120，201-204，208，219，222，280
passage 流逝，14，34，77，90，101，103-104，111，114，117
period events 时段事件，5，9，12-13
personality 人格，24-25，28
personification 拟人，91，97-98
policy sociology 公共社会学，280
political ecology of Great Britain 英国的政治生态，58-62
political ecology of New York 纽约的政治生态，53-56
political science，discipline of 政治科学学科，255
political theory，discipline of 政治理论学科，132

pragmatism 实用主义，19，31，271
present 现在，28-29，109，281；spatial 空间性～，30，108，113-116；temporal 时间性～，14，30，33-34，77-78，101-102，105，108，116
process order：empirical concepts 过程秩序：经验概念，216-220；equilibrium concepts 均衡概念，209-215；normative concepts 规范性概念，220-226
profession 职业，256-257；definition of ～的定义，260，266；military 军事，71-72；as moral community ～作为道德共同体，265；nursing 护士，65；police 警察，66
professional ethics 职业道德，255，264
professionalism：as empirical fact 职业主义：作为经验事实，264；as empirical or normative 作为经验或规范性，254-260；Parsons's view of 帕森斯对～的观点，265-268；pragmatic theory of，实用主义的～理论 268-276
professional sociology 专业的社会学，278-280，285
progress 进步，29-30，211，222-224
psychology，discipline of 心理学学科，68
public/private 公共/私人，201，203-204，208-210
public sociology 公共社会学，86，278，280，284

R

randomness 随机性，147，151，216
rarity 稀有，124-125，135
redefinition of past value 重新定义过去的价值，187，194
reductionism 还原论，39，73
regulation（Durkheim）涂尔干的规制，203，210
Ricardo，David 大卫・李嘉图，128-129，243
Rousseau，Jean-Jacques 让-雅克・卢梭，44，200-202，209，212，244

S

Scarcity 稀缺，122-125，140；artificial 人为的～，143-144. *See also* excess 另见过剩
scarcity problems retheorized 重新理论化的稀缺理论，157-159
sequentiality 序列性，27，29，32
serialism as excess strategy 序列主义作为应对过剩的策略，149，154
settlements 解决方案，42，45，47
Simmel，Georg 盖奥尔格・西美尔，20，143，154，213
Smith，Adam 亚当・斯密，20，127-130，149，245，249，286
Snook，Scott 斯科特・斯努克，93-97，170

social change 社会变迁，6，111，218，225
social control 社会控制，199，211
social entities 社会实体，25，29，31，73，143，145，148，198，200，202，205-206，214，218，222，248，274
social forces 社会力量，4-5，8-9，15，85，106，108，110，168，203，269
socialization 社会化，217，221
social knowledge 社会性知识，280-281
social movements 社会运动，4，173-174
social order，general issues 社会秩序的一般问题，198-209
social space 社会空间，40，112-114，214-217
social structure 社会结构，6-8，14，34，40-41，74，106，113，245
sociology，discipline of 社会学学科，8，17，49，131-132，166，177，180-182，187-188，196-197，236，270，277-292
solidarity 团结，25
specialization as excess strategy 专业化作为应对过剩的策略，152-153
stability 稳定性，16，23-24，33，169
stereotypes as excess strategy 刻板印象作为应对过剩的策略，147
structuralism 结构主义，83-84，107-111
subjectivism 主观性，89-91，112
subsumption as excess strategy 包含作为应对过剩的策略，152
superstars 超级明星，148
surfeit 过量，139-144

T

"take the best" algorithm "选最好的"算法，138
teleology 目的论，82，105，111，114，174，215，223
temporality 时间性，15，104-105，109-111；diachronic 历时，94，100；two concepts of 两种～概念，180-183，186，195，220-221，278
tense（grammatical）语法上的时态，81，105，109，112
Thompson，E. P. E. P. 汤普森，98-99，104，117-118，205，224，281
tolerances 公差，225，239
tradition 传统，23，25，217-219，223-224；as excess strategy ～作为应对过剩的策略，147-148，151；as relational ～作为关系，23，218
transition 过渡，90，91，107，117
trusteeship 托管制，155，225-226，281-282，290

U

unintended consequences 意外的结果，275
universalism 普遍主义，201，208-209，

222，278-281

V

value contextuality 价值互文，137-143，146

value-free social science 价值无涉的社会科学，196-197，258-259，285

values 价值，260，267，279，283；in social process 社会过程中的～，161-163，183，196-197，220，229-231，253，258-259，268-271，279，287

variables 变量，4，27，34，78，82，84，91-92，97，99，171，175-177，182，225，240，265，269，284，287

voting 投票选举，10，168-171

W

Weber，Max 马克斯·韦伯，28，30，85，145，180，191，231，258-259，273，290

welter 过杂，139，142-143

Wordsworth，William 威廉·华兹华斯，84-86，90，97，100-103

Z

Zorbaugh，Harvey 哈维·佐鲍尔，79-83，86-89，104，117，118-119

译后记

对于大部分我的同行来说，研究生涯是从一个议题跳到下一个议题，就好像通过观察不同的叶片来了解一棵树的形态。但有的人不是这样：从叶片，追溯到叶脉，到枝干，到根系。阿伯特教授这本书便是如此。不是所有我的社会科学同行们都会觉得它有趣，甚至有用。但它解答了一些困扰我已久的问题，他讨论的不单单有社会学这棵树，同时还描绘出其他的树是以怎样的形态生长的。我很难想象我的好奇心被任何其他方式满足。这是一项对我而言个人意义甚大的工作，在一个很特别的时点进入我的职业生活，但我不准备在此深入谈论它。关于阿伯特教授的著作也必有比我更了解他的人来写。在此我只想提一下，摩根·茹弗内(Morgan Jouvenet)为本书写过一份很系统的评论，他追溯了阿伯特教授的从博士论文以来的思考路径，希望了解过程论发展的读者，可以从这里着手。[①] 此外，"一致性"(consistency)虽然不是所有社会学者都认可的准则，但若各位读者有意，可以通过阅读阿伯特教授的著作来体验一致性所带来的强大的思维能量。

这本书的翻译始于偶然，我在2018年年底听到了《专业知识的未来》("The Future of Expert Knowledge")的演讲，出于兴趣译成了中文

① Morgan Jouvenet, "Contexts and Temporalities in Andrew Abbott's Processual Sociology," *Annales* (English ed.), 71, no. 3(2016): 361-392.

与几位朋友分享。在她们的鼓励下又陆续翻译了几篇，终于在2019年年初开始了本书的工作。在此期间王慧敏承担了大部分的一校工作，她细致认真的工作为本书增色不少。特别感谢刘文楠，没有她的鞭策和鼓励，我不会有信心开始这个项目。还要感谢赖立里、肖索未、田耕和严飞所提供的意见建议，以及出版人谭徐锋先生的支持。同时感谢我的妻子，没有她每周末早上允许我在无人打扰的办公室度过，这个项目无法可想。其他需要致谢的对象包括针对某些历史、文学以及文字细节与我进行过讨论的诸豆瓣网友、王希教授以及我的同事Damian Shaw教授和徐慧敏教授。翻译中出现的任何错误都来自我自己的疏失。

最后，借塞拉伦特教授的观点结束这篇译后记，她很好地说出了这个项目对我的意义：

> 一种无处安放的社会科学(a social science from nowhere)缺乏人性，因为没有人生活在无处。因此，一种有献身精神的社会科学具有双重价值。但同时，一门纯粹特殊的社会科学也同样存在问题，它否定了他人经验的有效性。人文社会科学的根源就在于翻译，在于从一种社会立场到另一种社会立场的系统性飞跃。①

为此我们不断劳作。

2020年1月于澳门

① Barbara Celarent, *Varieties of Social Imagination*, Chicago: University of Chicago Press, 2017, pp. 104-105.

图书在版编目（CIP）数据

过程社会学/（美）安德鲁·阿伯特著；周忆粟译；王慧敏，周忆粟校．— 北京：北京师范大学出版社，2021.7

（历史—社会科学译丛）

ISBN 978-7-303-26923-5

Ⅰ.①过… Ⅱ.①安… ②周… ③王… Ⅲ.①社会学 Ⅳ.①C91

中国版本图书馆 CIP 数据核字（2021）第 058812 号

北京市版权局著作权合同登记号：图字 01-2018-3956

Processual Sociology/Andrew Abbott

Licensed by The University of Chicago Press，Chicago，Illinois，U. S. A.

营销中心电话 010-58808006

北京师范大学出版社谭徐锋工作室微信公众号 新史学 1902

GUOCHENG SHEHUIXUE

出版发行：北京师范大学出版社 www. bnupg. com

北京市西城区新街口外大街 12-3 号

邮政编码：100088

印　　刷：北京盛通印刷股份有限公司

经　　销：全国新华书店

开　　本：880 mm ×1230 mm　1/32

印　　张：12.75

字　　数：340 千字

版　　次：2022 年 5 月第 1 版

印　　次：2022 年 5 月第 1 次印刷

定　　价：79.00 元

策划编辑：谭徐锋　　责任编辑：曹欣欣

美术编辑：王齐云　　装帧设计：王齐云

责任校对：段立超　　责任印制：赵　龙